IRMÃS DO ATLÂNTICO

YNAÊ LOPES DOS SANTOS

IRMÃS DO ATLÂNTICO

Escravidão e espaço urbano no Rio de Janeiro e em Havana (1763-1843)

1ª edição

Apresentação de
Flávio dos Santos Gomes

CIVILIZAÇÃO BRASILEIRA

Rio de Janeiro
2025

Projeto gráfico e diagramação: Ligia Barreto | Ilustrarte Design
Iconografia: Marcos Nascimento
Capa de Leticia Quintilhano sobre colagem criada a partir das imagens: Frédéric Miahle, *Alameda de Paula, Isla de Cuba Pintoresca*, 1839. Cuban Heritage Collection, University of Miami Libraries [acima]; e Leandro Joaquim, *Boqueirão com o aqueduto da Carioca ao fundo*, c. 1780. Museu Histórico Nacional/Ibram. Foto de Jaime Acioli.

CIP-BRASIL. CATALOGAÇÃO NA PUBLICAÇÃO
SINDICATO NACIONAL DOS EDITORES DE LIVROS, RJ

S239i

Santos, Ynaê Lopes dos
Irmãs do Atlântico : escravidão e espaço urbano no Rio de Janeiro e em Havana 1763-1843 / Ynaê Lopes dos Santos. - 1. ed. - Rio de Janeiro : Civilização Brasileira, 2025.

ISBN 978-65-5802-198-8

1. Escravidão - Rio de Janeiro (RJ) - História. 2. Escravidão - Havana (Cuba) - História. 3. Tráfico de escravos - Atlântico - História. 4. História social. I. Título.

25-98427.0 CDD: 381.44
CDU: 326(815.3+729.111)

Gabriela Faray Ferreira Lopes - Bibliotecária - CRB-7/6643

Este livro foi revisado segundo o Acordo Ortográfico da Língua Portuguesa de 1990. Nas citações, manteve-se estilo da época com ajustes pontuais, preservando o registro dos diferentes documentos históricos.

Direitos desta edição adquiridos pela
EDITORA CIVILIZAÇÃO BRASILEIRA
Um selo da
EDITORA JOSÉ OLYMPIO LTDA.
Rua Argentina, 171 — 3º andar — São Cristóvão
Rio de Janeiro, RJ — 20921-380
Tel.: (21) 2585-2000.

Seja um leitor preferencial Record.
Cadastre-se em www.record.com.br
e receba informações sobre nossos lançamentos e nossas promoções.

Atendimento e venda direta ao leitor:
sac@record.com.br

ISBN 978-65-5802-198-8

Impresso no Brasil
2025

Para meus pais, Ana e Luiz, que me contaram
as primeiras histórias e ensinaram que elas
podem mudar sonhos e realidades.

SUMÁRIO

APRESENTAÇÃO

Flávio dos Santos Gomes*

Em *Irmãs do Atlântico*, a historiadora Ynaê Lopes dos Santos atravessa oceanos para desembarcar em outras margens das Américas. Com aparato bibliográfico atualizado e reflexão comparada, invade espaços urbanos, recuperando estruturas econômicas e sobretudo lógicas políticas. Na perspectiva de *mares de história* – Brasil e Cuba –, a autora escolhe ondas com agitações únicas. Assim não se distrai com palcos das *plantations*, ao contrário, procura cidades e seus arrabaldes. Encontramos Havana e Rio de Janeiro, onde milhares de escravizados, africanos e seus descendentes se misturaram com marinheiros, religiosos, negociantes, médicos, militares, viajantes, elites ilustradas e setores múltiplos da economia mundial e os *mundos do trabalho*.

Nasceriam duas irmãs que inventaram *diásporas cruzadas*. Elas constituíram sociedades escravistas com extraordinários índices de população negra (aqui chamados *pretos* e *pardos* e lá também denominados *morenos* e *mulatos*[1] nos censos) livre. No final setecentista, no Rio de Janeiro, freguesias urbanas somavam milhares de africanos escravizados e libertos. Em Cuba, nessa época, representavam 31% da população, sendo também notável o crescimento do contingente de negros livres, alcançando 11%. A concentração escravista nessas áreas urbanas só aumentou ao longo dos anos. Em 1821, a urbe carioca contabilizou quase 56 mil cativos. Em Cuba, o recenseamento de 1817 apontava 15%

* Historiador e professor da Universidade Federal do Rio de Janeiro. Dentre outros livros, escreveu *O alufá Rufino* (com João José Reis e Marcus J. M. de Carvalho, Companhia das Letras, 2011), vencedor do Prêmio Casa de las Américas, e organizou o *Dicionário da escravidão e liberdade* (com Lilia Moritz Schwarcz, Companhia das Letras, 2018).

dos escravizados em Havana. A entrada de africanos se tornou uma avalanche comercial no Brasil e em Cuba. Só na primeira metade da década de 1790, calcula-se a entrada de mais de 32 mil. E mais: homens e mulheres africanos desembarcados, batizados e vendidos ganhavam nomes cristãos acompanhados de classificações genéricas relativas às origens. Eram batizados como Juan ou João, e aquelas como Maria ou Mary, e recebiam as denominações *Angola*, *Congo*, *Guiné*, *Mina*, *Arara*, *Benguela*, *Mandinga*, *Carabalí* etc.

Enfim, a escravidão se disseminou de modo peculiar nessas duas cidades, revelando culturas, escondendo práticas, protegendo lucros e armazenando interesses. Um pouco de tudo. Surgem personagens exemplares, entre escravizados que povoavam corações senhoriais e mentes burocratas coloniais, passando pelos anúncios de jornais, registros policiais e a vasta correspondência entre Portugal, Espanha e estas Américas, desvelando conexões e articulando narrativas de poder e domínio. Sob detalhes de castigos, roupas, leilões, temores, posturas, devassas, imagens, trabalho urbano, festas e moradias, é possível caminhar sob improvisados ancoradouros da vigilância, do controle, dos projetos e das experiências.

Fugindo das armadilhas de uma suposta *história nacional* da escravidão para esta ou aquela região colonial, mas mirando contextos *atlânticos*, este estudo explora possibilidades outras para o entendimento da escravidão nas Américas. Vislumbram-se faces de *cidades negras*, entre o final do século XVIII e a primeira metade oitocentista. Emergem originais cativeiros urbanos, fundamentais no refundar dos espaços pós-coloniais de Brasil e Cuba.

INTRODUÇÃO

A ordem dos fatores não altera o produto.

Essa é uma máxima que faz sentido em muitas situações. Mas não aqui, neste livro.

O primeiro ímpeto que motivou sua escrita foi analisar parte das dinâmicas que organizaram a vida dos escravizados naquelas que foram as duas maiores cidades escravistas do mundo. Em grande medida, tal ímpeto refletia um desejo, ainda que "semivelado", de identificar manifestações de resistência escrava em contextos urbanos considerados potencialmente explosivos. Afinal de contas, a escravidão urbana tinha características que a diferenciava do cativeiro vivido no campo.

O trabalho de ganho era uma modalidade típica do mundo citadino, no qual os escravizados poderiam arrendar sua força de trabalho para terceiros, repassando parte do dinheiro recebido para seu proprietário. Essa condição de trabalho estava assegurada por meio de acordos apalavrados entre cativos e senhores, nos quais ficava estabelecida não só a quantia a ser repassada, mas também a sazonalidade com a qual o pagamento deveria ser feito – que geralmente era diária ou semanal.

Ao ganhar as ruas e os estabelecimentos das cidades, o escravizado urbano experimentava maior possibilidade de trânsito. Tinha, por isso, uma autonomia que não se restringia apenas às atividades laborais. Era frequente que muitos escravizados urbanos "vivessem sobre si", residindo fora das casas senhoriais, muitas vezes com a anuência de seus proprietários. Também cabia aos cativos garantir – e por que não escolher – o que comeriam, algo apenas possível graças ao recebimento de ganho advindo do seu trabalho. O aluguel de escravizados também era mais praticado nas cidades, inclusive – e sobretudo – por órgãos de Estado.

O dinamismo urbano permitiu um número mais elevado de alforrias, complicando relações interpessoais nas cidades marcadas pela presença de escravizados e libertos. A convivência difusa tornava mais difícil distingui-los – o que muitas vezes significou uma brecha para o cativo. Fugas e formações de mocambos e quilombos se somavam à oportunidade de viver e construir uma cidade-esconderijo. E a própria instituição escravista foi, em diferentes ocasiões, colocada em xeque por meio de revoltas de escravizados que não só conheciam como utilizaram os cantos das cidades a seu favor. Por muito tempo, essas características alimentaram a percepção de que o escravizado urbano já se encontrava, por definição, com um pé fora da escravidão.

A liberdade parecia andar de mãos dadas com a vida nas cidades. Uma frase bonita que, no entanto, passa ao largo do escravismo citadino. Durante um longo período, a escravidão urbana foi tratada pela historiografia de maneira simplista. Chegou a ser interpretada como uma espécie de anomalia do sistema escravista, já que muitos modelos explicativos priorizaram a perversa cadência de trabalho imposta pelas *plantations* que sangraram o continente americano.

Mas não é de hoje que diversos autores ressaltam a complexidade da escravidão urbana. A pesquisa que culminou neste livro começou justamente com o propósito de integrar-se a um amplo conjunto de estudos dedicados a elucidar as dinâmicas e singularidades que moldaram a experiência dos escravizados no meio urbano – abandonando qualquer tipo de cumplicidade com a percepção rasa e reducionista de que haveria uma escravidão *menos violenta* nas cidades. Tal perspectiva, além de equivocada, ignora que os signos da violência impetrados contra os escravizados não eram necessariamente os mesmos no campo e nas cidades.[1]

De tal modo, as ações e reações dos escravizados urbanos – tanto os africanos como os nascidos nas Américas – são o chão a partir do qual este livro se organiza. E, no entanto, este não é um livro sobre escravidão urbana.

O que pretendo analisar nesta obra são as *cidades escravistas*. E não quaisquer cidades. Como já mencionado, Rio de Janeiro e Havana foram as duas maiores cidades escravistas do mundo, o que não se deu por mero acaso. Esse título pouco honroso, compartilhado pelas duas urbes, era fruto de conexões atlânticas e escolhas políticas que, sem dúvida alguma, são maiores que as próprias cidades. Mas, como tentarei demonstrar ao longo deste trabalho, Rio de Janeiro e Havana se tornaram espaços privilegiados para compreender tais conexões e escolhas, porque suas respectivas urbanidades estavam sendo significativamente forjadas e transformadas pela presença cada vez maior de homens e mulheres escravizados. Ao mesmo tempo, esse crescimento expressivo dos cativos citadinos revelava questões mais amplas que diziam respeito, inclusive, a pactos que mantiveram o trabalho forçado nas duas últimas possessões da América a abolir a escravidão.

A fronteira entre os conceitos de *escravidão urbana* e *cidade escravista* é, por vezes, imprecisa – o que não significa algo necessariamente ruim. No entanto, a decisão de qual termo deve figurar como substantivo e qual como adjetivo não é uma questão meramente estilística: trata-se de uma escolha teórica que revela posicionamentos epistemológicos adotados ao longo da pesquisa. Essa distinção, aparentemente sutil, expressa preocupações fundamentais que estruturaram o percurso investigativo deste trabalho e que podem ser organizadas em torno de três categorias analíticas: trabalho, raça e poder.

Trabalho. Esta é, talvez, a categoria mais incontornável quando se pensa a escravidão moderna. Foi em nome da racionalização econômica do trabalho compulsório que se construiu uma das maiores tragédias humanas da história: a captura e a venda de mais de 12 milhões de africanos e a consequente subjugação de seus descendentes nascidos no continente americano. Um trabalho que fez nascer o sistema de *plantation* que produziu tabaco, açúcar, arroz, algodão, café e farinha de mandioca; que extraiu prata e ouro das regiões mineradoras; que criou gado e produziu charque; que arrumou cama, fez comida, limpou casa e amamentou filhos de proprietários. O mesmo trabalho que, nas cidades, calçou ruas, construiu edifícios, fortes e aquedutos, embarcou e desembarcou produtos nos navios aportados, cozinhou e vendeu comida, curou chagas e ajudou muita mulher a parir.

O trabalho que moveu as cidades escravistas foi, sobretudo, o trabalho escravo. Uma afirmação que, embora aparentemente evidente, carrega uma obviedade que pouco reverbera nas narrativas históricas tradicionais. Em vez de iluminar, essa evidência tende a ser naturalizada e, consequentemente, silenciada. Grosso *modo*, nos estudos que analisam as histórias das cidades do Novo Mundo (tanto na área da história, mas sobretudo no urbanismo), as dinâmicas dos escravizados urbanos, principalmente o trabalho executado por eles, são abordadas ora como parte do cenário citadino, ora como anedotas pitorescas, sendo poucas vezes entendidas como elementos ordenadores das múltiplas dimensões formadoras das cidades. Sendo assim, reconhecer que a urbanização e o funcionamento das cidades coloniais estiveram profundamente ancorados na exploração do trabalho escravizado é fundamental para reconfigurar as lentes com as quais se observam as dinâmicas urbanas das Américas, tanto no período de vigência da escravidão como depois de abolida a nefanda instituição.

Tomando de empréstimo a interpretação de Michel Rolph-Trouillot, é fundamental pontuar que o silêncio persistente acerca da escravidão nos estudos sobre as cidades americanas deve ser lido à luz da centralidade que a categoria *raça* exerce em meio à construção do saber histórico.[2] As escolhas teórico-metodológicas que ordenam esses estudos dizem menos sobre a escravidão urbana e mais sobre as limitações dos próprios paradigmas que moldaram o campo. Isso significa assumir que a exclusão dos escravizados e suas dinâmicas sobre a cidade não foram acidentais: decorreram de uma lógica racial que hierarquiza sujeitos e práticas políticas, sociais, econômicas e culturais nos estudos sobre urbanidade.

Causa estranhamento que, nos estudos acerca das cidades escravistas das Américas, seja possível perceber uma preferência pelo debate sobre os traçados dos centros urbanos – ruas, praças, edifícios – em detrimento da análise dos modos como o escravismo urbano redefiniu os usos do espaço público. Tal escolha, longe de ser neutra, revela uma limitação analítica importante: a dissociação entre forma e prática social. Compreender as cidades escravistas exige, portanto, que ambas as dimensões sejam articuladas, uma vez que o espaço urbano foi tanto construído quanto vivido sob os imperativos de uma escravidão racializada. Por fim, também é inquietante o fato de que, no mundo citadino, por muito tempo o reconhecimento dos trabalhadores como categoria histórica relevante só se tenha consolidado com a chegada massiva de imigrantes europeus às Américas no final do século XIX, como se o conceito de *trabalhador urbano* não pudesse abarcar os escravizados e seus descendentes (muitos deles livres e libertos).[3] Durante séculos, foram esses homens e mulheres negros e não brancos que sustentaram o funcionamento material e social das cidades coloniais.

A pergunta que se impõe é: por que o trabalho escravizado, racializado e urbano não foi – e muitas vezes ainda não é – reconhecido como legítimo na literatura tradicional sobre as cidades? Esse apagamento não é acidental e se torna ainda mais agudo na medida em que nos confrontamos com a quantidade e a qualidade das pesquisas sobre a escravidão urbana em diferentes cidades americanas. Reverter esse quadro exige uma revisão crítica dos marcos analíticos tradicionais e a incorporação de novas lentes, capazes de reconhecer as cidades americanas não apenas como construções físicas (ainda que seja fundamental entender quem as construiu), mas como espaços vividos e disputados por sujeitos historicamente marginalizados, cujas contribuições foram decisivas para a conformação das sociedades urbanas escravistas do Novo Mundo.

E então chegamos ao *poder* – e a forma como o poder determina os modos de produzir história. Um dos grandes desafios em examinar o passado da escravidão moderna colonial é a imensa dificuldade em encontrar documentos produzidos pelos sujeitos que foram reduzidos à escravidão. Na realidade, esta é praticamente uma condição imposta pela lógica colonial e escravista: silenciar os escravizados e organizar os arquivos de maneira que esse silêncio possa ser mantido.[4] Daí a imposição da leitura a contrapelo de Walter Benjamin, lição que a historiografia da escravidão vem executando com esmero nos últimos cinquenta anos.

Mas como este é um livro sobre cidades escravistas, lidar com a crueza do poder foi uma escolha metodológica. Tal escolha determinou as tipologias das fontes analisadas: a maior parte dos documentos examinados foram produzidos pelos (ou para) órgãos responsáveis pela administração municipal do Rio de Janeiro e de Havana. Isso nos ajuda a entender como essas instituições lidaram com a realidade de cidades que dependiam, cada vez mais, do trabalho escravo. Um aspecto importante sobre a escolha em investigar documentos de Estado é torná-lo também objeto de análise. Principalmente em um livro que, tomando de empréstimo a expressão de Michael Zeuske,[5] argumenta que nesse intervalo específico de oitenta anos, entre 1763 e 1843, duas cidades que não pertenciam ao mesmo império nem falavam a mesma língua se irmanaram graças ao compartilhamento de um chão comum: a escravidão. Sem a força do Estado para impor e organizar o escravismo, as sociedades ibero-americanas não seriam como são.

E por isso é preciso ressaltar outra dimensão que a categoria *poder* exerce neste livro. Além de cidades escravistas, entre 1763 e 1843, Rio de Janeiro e Havana eram importantes lócus de poder dos impérios espanhol, português e, após 1822, brasileiro. Embora o peso político das duas cidades não tenha sido o mesmo nesses oitenta anos, vale ressaltar que as duas urbes não só dependeram da escravidão para funcionar como mantiveram a aposta na escravidão no período que, no mundo atlântico, foi cunhado como Era das Revoluções.[6]

Em um momento no qual boa parte das possessões americanas lutava em nome da *liberdade* e da *igualdade*, cubanos e luso-brasileiros repaginaram esses dois conceitos por meio da defesa de seu direito à propriedade, reforçando assim sua condição de senhores de escravos. O êxito da política pró-escravista luso-brasileira e cubana fez com que a escravidão passasse a ser operada numa escala nunca vista até então. As duas cidades portuárias funcionavam como ponto de chegada, e a intensificação do tráfico de africanos escravizados para o Brasil e para Cuba fez com que Rio de Janeiro e Havana recebessem grande parte desse contingente de cativos.[7]

Como sublinhado por Fernand Braudel, mesmo quando a cidade não era a responsável pela fabricação do crescimento socioeconômico do capitalismo, era nela que "este jogo revela-se melhor do que em qualquer outro ponto de observação".[8] Rio de Janeiro e Havana não foram apenas exemplos do sucesso da política pró-escravista, também foram cidades capitais na articulação da escolha escravocrata de seus respectivos impérios. Essa vereda criou uma dupla pertença: as irmãs do Atlântico foram colonizadas por europeus brancos e, ao mesmo tempo, se tornaram cidades negras e africanas – o que causou tensões diárias entre quem tentava manter a ordem escravista e quem subvertia essa prescrição em nome da liberdade possível e imaginada.

PARTE I

Escravidão e *cidade* foram duas instituições que os europeus reinventaram no Novo Mundo. As diversas articulações entre ambas foram marcadas não só pelos projetos coloniais levados a cabo pelas metrópoles europeias, mas também pela diversidade que formou as populações urbanas – sobretudo no que diz respeito ao segmento escravo. Foram essas marcas que definiram o papel que as cidades desempenharam dentro dos impérios ultramarinos em que estavam inseridas.

No contexto ibero-americano, a formação das cidades foi marcada por um modelo urbano que conjugava elementos da tradição peninsular com as exigências de dominação colonial. Em trabalhos clássicos, Ángel Rama e Sérgio Buarque de Holanda, ainda que por caminhos teóricos distintos, apontam para o caráter projetado e normativo dessas cidades.[1] Em *A cidade das letras*, Rama argumenta que a urbe colonial hispano-americana nasceu como uma extensão do poder metropolitano, orientada por uma racionalidade letrada que se impunha de cima para baixo: antes mesmo de existir fisicamente, a cidade já existia no papel, desenhada por engenheiros e juristas. O plano urbano era símbolo da ordem e da civilização que a Coroa desejava transplantar para o Novo Mundo. Essa urbanização burocrática e padronizada refletia a lógica da centralização do poder espanhol, cujo aparato administrativo buscava reger o território com base em normas escritas, símbolos e monumentos.

Sérgio Buarque de Holanda, por sua vez, traçou anos antes um contraste entre o espírito português e o espanhol na fundação das cidades americanas em "O semeador e o ladrilhador". Enquanto os espanhóis operavam como "ladrilhadores", isto é, como construtores metódicos e geométricos das cidades coloniais, os portugueses se comportavam como "semeadores", cuja ocupação do território era mais orgânica, difusa e adaptável às condições do ambiente. Para Buarque, as cidades luso-americanas, embora menos rigidamente planejadas, não deixavam de participar de uma lógica colonizadora, ainda que moldada por improvisação e flexibilidade. Apesar das diferenças formais, tanto o modelo hispânico quanto o luso partilhavam um traço essencial: ambos visavam à afirmação da presença europeia e a hierarquização do espaço social, racial e político nos territórios coloniais.

Embora menos radicais do que pareçam, há diferenças no planejamento das cidades coloniais espanholas e portuguesas. Tanto o desenho urbano propriamente dito como seu significado na política colonial da Península Ibérica são objeto de estudo de importantes obras.[2] As mudanças causadas pelo Renascimento e o desenvolvimento das urbes centro-europeias em meados do século XV foram relidos em meio ao processo colonial iniciado no fim do período quinhentista. Por meio de planos que seguiam o esquema de Gridiron ou a releitura do modelo medieval de cidades amuralhadas (com ruas estreitas e sinuosas),[3] as nações ibéricas fizeram da materialidade do espaço urbano um dos símbolos de seus projetos de conquista e colonização nas Américas. É nesse quadro que se insere um dos aspectos mais decisivos da modernidade colonial nas Américas: o uso sistemático da mão de obra escravizada e/ou forçada na constituição material das cidades.[4] Uma escravidão que era, por excelência, racializada.

Se por um lado as cidades eram erigidas como centros de civilização e autoridade, por outro lado sua infraestrutura era sustentada pelo trabalho forçado de populações africanas e indígenas. A aparente dicotomia entre letramento e brutalidade desaparece quando se compreende que os alicerces da *cidade letrada* foram construídos por sujeitos a quem o direito à letra, à voz e à cidadania eram negados. As ruas calçadas, os prédios administrativos, os mercados e os portos que simbolizavam a racionalidade urbana colonial foram erguidos por mãos escravizadas, fazendo da violência da escravidão um dos pilares do projeto urbano e burocrático das metrópoles ibero-americanas.

Portanto, tanto em contextos hispânicos quanto luso-brasileiros, as cidades coloniais constituíram-se como espaços que eram ao mesmo tempo centro de poder simbólico, jurídico e político, mas também palcos de práticas cotidianas de exploração, disciplina e resistência. A *cidade letrada* não excluiu a *cidade escravizada*; ao contrário, fez da escravidão seu motor de funcionamento.

Nunca houve uma métrica exata para o uso e o peso exercidos pela escravidão nas cidades americanas. As variantes eram muitas e, em grande medida, estavam condicionadas ao papel desempenhado pelas cidades dentro dos impérios de que faziam parte, e também ao acesso facilitado, ou não, da mão de obra escrava – principalmente a africana. Variantes que, vale dizer, estavam condicionadas por determinantes externos às cidades, ainda que anunciassem o tamanho de sua importância no mundo colonial. Houve a escravidão observada nas vilas e cidades construídas ao redor das minas de ouro e prata; mas também havia um cativeiro experimentado nos grandes centros portuários das Américas, que, por sua vez, era muito diferente da escravidão existente nos pequenos vilarejos: existiram tanto a escravidão nas cidades como a *escravidão das cidades*. Aqui trataremos do segundo caso.

Por vezes, as articulações entre cidade e escravidão ultrapassaram as fronteiras dos impérios coloniais e de seus padrões étnicos e urbanísticos. Um dos casos mais notórios se deu, justamente, entre aquelas que se tornaram as duas maiores cidades escravistas das Américas.

Por muito tempo, aquilo que Havana e Rio de Janeiro tinham de parecido não designava uma relação especial entre elas. Assim como outras cidades portuárias das Américas, ambas foram estruturadas para integrar e articular as colônias ao sistema econômico mercantilista europeu, funcionando como pontos de entrada e saída de mercadorias, pessoas e informações. Além de seu papel econômico, essas cidades portuárias desenvolveram estruturas administrativas, eclesiásticas e militares que as transformaram em núcleos de poder colonial, atraindo elites locais, comerciantes e agentes do Estado. Seu crescimento e sua complexidade refletiam a importância estratégica que ocupavam na consolidação do controle imperial sobre os territórios americanos.

A própria fundação de cidades como Havana e Rio de Janeiro evidencia a preocupação dos impérios ibéricos em consolidar e proteger seus domínios ultramarinos, sobretudo diante das ameaças externas. Havana foi inicialmente estabelecida em 1515 por Diego Velázquez, na costa sul da ilha de Cuba. No entanto, em virtude das condições naturais desfavoráveis, a cidade foi transferida em 1519 para a costa norte, local estrategicamente escolhido por sua posição vantajosa no circuito marítimo do Caribe e pela facilidade de defesa. De modo semelhante, a fundação do Rio de Janeiro, em 1565, deve ser compreendida como uma resposta direta da monarquia portuguesa à ocupação francesa da baía de Guanabara, ocorrida em 1555 com a criação da chamada França Antártica. A instalação da cidade e sua posterior fortificação foram decisivas para a expulsão dos franceses e para a afirmação do controle luso sobre o litoral atlântico sul-americano.

A partir do século XVII, houve uma intensificação das disputas coloniais entre as potências europeias que transformou o espaço atlântico em um campo de batalha por possessões territoriais, rotas comerciais e recursos naturais. Impérios como o espanhol, o português, o britânico, o francês e o holandês competiam por territórios nas Américas, empregando estratégias diplomáticas, militares e também o uso de corsários e piratas para enfraquecer rivais e assegurar seus interesses comerciais. O Caribe, em particular, tornou-se o palco central dessas disputas, por isso Havana foi fortemente militarizada. No contexto luso-brasileiro, a lógica de defesa e controle territorial também foi central para a administração portuguesa, que enfrentou não apenas a ocupação holandesa no nordeste da colônia, mas, como será examinado mais adiante, outras tentativas francesas de se estabelecer na região do Rio de Janeiro.[5]

A disputa pela hegemonia no mundo atlântico ganhou novos contornos em meio à Guerra dos Sete Anos (1756-1763), considerada um dos primeiros grandes conflitos de dimensão verdadeiramente global, envolvendo diversas potências europeias e seus respectivos impérios coloniais em combates simultâneos na Europa, na América do Norte, no Caribe, na costa africana, e no sul e sudeste da Ásia. De um lado, formavam-se as alianças lideradas pela Grã-Bretanha e pelo Reino da Prússia (e, mais tarde, Portugal); do outro, estavam a França, a Áustria, a Espanha e a Rússia.

Nas Américas, os impactos da Guerra dos Sete Anos foram profundos e multifacetados, afetando a geopolítica, a economia e as relações coloniais – também as que diziam respeito aos povos indígenas.[6] Como será visto com mais vagar, a tomada de Havana pelos ingleses, em 1762, foi um alerta não só para as autoridades hispânicas – que haviam perdido uma de suas possessões mais estratégicas no Novo Mundo –, mas igualmente para governantes lusitanos, que, temerosos de que algo semelhante ocorresse em seus domínios, iniciaram profundas mudanças político-administrativas na América portuguesa.

A assinatura do Tratado de Paris, em 1763, por Grã-Bretanha, França, Espanha e Portugal, formalizou a vitória britânica na Guerra dos Sete Anos e promoveu uma profunda reconfiguração no equilíbrio de poder entre os impérios coloniais europeus. É a partir desse marco geopolítico que as trajetórias de Havana e do Rio de Janeiro passam a convergir de maneira mais evidente. A partir daquele ano, ambas as cidades foram alçadas à condição de capitais coloniais e passaram a ser concebidas como pontos estratégicos no sistema de defesa e da administração do Atlântico Ibérico.

As transformações políticas e urbanísticas que se seguiram em Havana e no Rio de Janeiro tiveram efeitos significativos sobre a estrutura da escravidão nas duas cidades. Como será explorado nos capítulos seguintes, entre 1763 e 1790, essas duas cidades escravistas precisaram se adaptar às novas exigências impostas pelas reformas urbanas e militares, que priorizavam a segurança e a defesa das praças coloniais. Nesse contexto, observa-se o crescimento da centralidade do cativeiro urbano, com os escravizados desempenhando um papel cada vez mais relevante na manutenção, na expansão e no funcionamento das dinâmicas sociais e econômicas dessas cidades fortificadas e portuárias. Nasce então a irmandade entre Rio de Janeiro e Havana.

CAPÍTULO 1

As chaves do Atlântico Ibérico

"Considero hoje o Rio de Janeiro a *chave* deste Brasil pela sua situação, pela sua capacidade, pela vizinhança que tem dos domínios de Espanha e pela dependência que desta cidade têm as Minas com o interior do país, ficando por esse modo sendo uma das pedras fundamentais em que se firma a nossa Monarquia."

CONDE DE OEIRAS, 1765.

"Confieso el poco que me ha costado el título que le he puesto a este opúsculo; porque no es invención debida a mi voluntad y discurso, sino un glorioso epíteto con que ha querido la real grandeza distinguir y condecorar a La Habana, llamándola *Llave* del Nuevo Mundo."

FÉLIX ARRATE Y ACOSTA, 1766.

"Chave."

Esse foi o termo utilizado para caracterizar as cidades do Rio de Janeiro e de Havana em meados da década de 1760. Os homens que empregaram o termo sabiam bem o que estavam dizendo. O conde de Oeiras era ninguém menos que o futuro marquês de Pombal (título concedido em 1769), uma das figuras políticas mais proeminentes do Império Lusitano daquele momento. Félix Arrate y Acosta era um *criollo* nascido em Cuba que também teve grande atuação política na colônia, além de ser considerado por muitos como o primeiro historiador da ilha.

Tanto o conde de Oeiras como Arrate y Acosta estavam preocupados em garantir que a localização estratégica do Rio de Janeiro e de Havana – cidades identificadas como *chave* – continuasse sob a salvaguarda dos impérios português e espanhol, respectivamente. Tal preocupação tinha uma razão muito concreta: o medo causado pela turbulência da Guerra dos Sete Anos no mundo atlântico.

Considerada o primeiro conflito de dimensões mundiais, a Guerra dos Sete Anos (1756-1763) representou um momento ímpar na disputa pela primazia global entre ingleses e franceses. Desde o início do século XVIII, Grã-Bretanha e França vinham expandindo suas possessões nas Américas em um quadro de rivalidade crescente, que andava *pari passu* com a competitividade do comércio realizado também no oceano Pacífico. Os primeiros conflitos ocorreram na Europa e na América do Norte, em batalhas travadas entre ingleses e franceses, tendo para cada lado seus respectivos aliados. No entanto, durante os primeiros anos da guerra, Espanha e Portugal se mantiveram distantes, desfrutando de certa neutralidade.

Essa posição começou a mudar em 1759, quando o rei Carlos III assumiu o trono da Espanha. Membro da dinastia bourbônica, o novo soberano espanhol renovou o Pacto de Família (1761), oferecendo apoio ao também Bourbon Luís XV, rei da França. O governo britânico não viu essa aliança com bons olhos e, em janeiro de 1762, declarou guerra à Espanha. A ofensiva demonstrou a superioridade da marinha inglesa. Por fim, o apoio que o exército de Jorge III recebeu dos colonos norte-americanos resultou na ampliação do território britânico na América do Norte, na conquista de parte das Antilhas francesas e na tomada das cidades de Manila (localizada nas Filipinas) e de Havana, que passou ao domínio inglês em junho daquele ano.

A notícia da queda de Havana se espalhou feito rastilho de pólvora pelo Atlântico. Em 19 de outubro de 1762, Ricardo Wall,[1] secretário de Estado e do Despacho da Guerra da Espanha, recebeu um ofício baseado no testemunho de um comerciante espanhol que deixara a Grã-Bretanha havia poucos dias. Aquele homem (cujo nome não foi revelado) fora apresado pelos ingleses quatro meses antes, quando saía de Buenos Aires. Depois de passar mais de setenta dias em solo inglês, retornou para a Espanha confirmando o que já era sabido pelas autoridades: Havana havia capitulado.[2]

Três dias depois, o mesmo secretário recebeu outro ofício sobre a situação da cidade. Dessa vez, as informações foram obtidas com o oficial da marinha espanhola, don Manuel Barcazan, feito refém pelos ingleses (junto com sua tripulação) durante uma travessia atlântica. No período em que ficou preso, Barcazan obteve dados detalhados sobre a invasão de Havana. Segundo o oficial, no dia 22 de junho, os ingleses conquistaram El Morro (uma das principais fortificações da cidade) por meio da ação conjunta entre um bombardeio naval e um ataque terrestre. Na semana seguinte, conseguiram tomar a Plaza Mayor e todos os navios que estavam no porto. Ao que tudo indica, os colonos ainda ofereceram resistência por mais dez dias, mas com pouca possibilidade de vitória – além da superioridade bélica, os ingleses haviam dominado a Zanja, principal fonte de água potável da cidade. Sem saída, os habitantes de Havana se renderam no dia 12 de agosto de 1762.[3]

MAPA 1 Plano de Havana em 1762

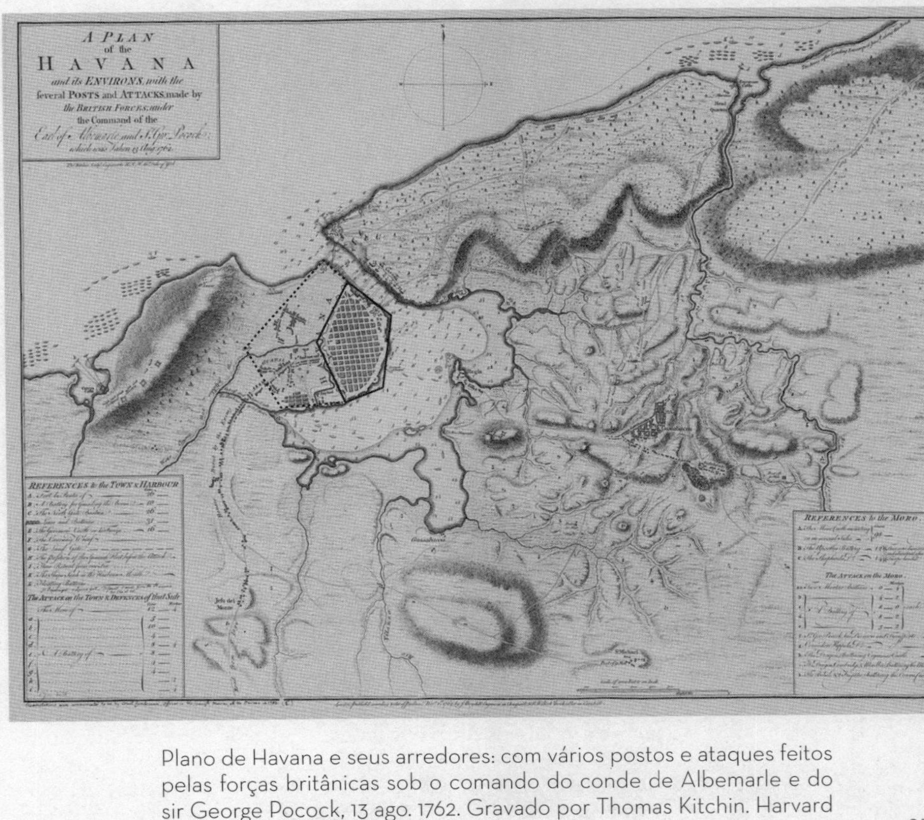

Plano de Havana e seus arredores: com vários postos e ataques feitos pelas forças britânicas sob o comando do conde de Albemarle e do sir George Pocock, 13 ago. 1762. Gravado por Thomas Kitchin. Harvard Library Digital Collections.

O plano de Havana foi desenhado pelo cartógrafo inglês Thomas Kitchin e demonstra o conhecimento detalhado que as autoridades britânicas detinham da geografia de Havana e seus arredores, indicando que a marinha e o exército do rei Jorge III fizeram uso desse conhecimento para atacar a cidade. No mapa de Kitchin, é possível observar uma série de números e letras representando uma das ações estratégicas utilizadas por sir George Pocock e pelo conde de Albermale durante as batalhas na Guerra dos Sete Anos. O plano ainda permite observar a posição privilegiada de Havana (cujo porto principal era naturalmente protegido), bem como sua porção amuralhada (linha contínua) e o território localizado extramuros (linha pontilhada).

A Grã-Bretanha tinha bons motivos para comemorar a tomada de Havana. A conquista ampliou seu domínio no Atlântico e selou a vitória inglesa na Guerra dos Sete Anos.

IMAGEM 1 A tomada de Havana (1762)

Dominic Serres, [Capture of Havana, 1762. Plate 11], 1764-1765. © National Maritime Museum, Greenwich, Londres. Esta é uma das doze imagens que compõem o conjunto pictórico de Dominic Serres sobre a captura de Havana pela Grã-Bretanha em 1762. Representa a invasão pelo portão norte da cidade que se deu com a tomada do Castillo San Salvador de la Punta (conhecido também apenas por La Punta), fortaleza que guardava a entrada da baía.

O mesmo Pacto de Família, que colocou franceses e espanhóis como aliados, acabou definindo uma mudança na postura do marquês de Pombal em relação à Guerra dos Sete Anos, obrigando Portugal a abandonar a neutralidade no conflito. Por mais inconveniente que fosse, era preciso tomar partido. Sua decisão, contudo, divergiu da Espanha. Mesmo a contragosto, os lusitanos se colocaram ao lado dos britânicos em oposição à possível hegemonia de Luís XV no mundo atlântico.

Dois episódios foram fundamentais para a guinada da Coroa portuguesa. O primeiro deles foi o conflito entre espanhóis e portugueses durante os meses de abril e novembro de 1762. A não aceitação do Pacto de Família por parte da Coroa lusitana levou os espanhóis a reunir mais de 40 mil homens e marchar para Trás-os-Montes com o objetivo de conquistar as terras do soberano português dom José. Chamada de Guerra Fantástica, tal conflito foi, na realidade, uma sucessão de guerrilhas levadas a cabo por milicianos, a ponto de o acordo de paz ter sido assinado antes mesmo que a primeira batalha fosse travada. Todavia, para além da ironia, essa guerra "fantástica" acabou revelando a precariedade militar dos países ibéricos e sua dependência crescente de ajuda estrangeira.

O marquês de Pombal hesitou em pedir ajuda aos britânicos no embate contra os espanhóis. Razões para isso não faltavam. Muitos estudos apontam que Pombal tinha uma postura claramente antibritânica. Por um lado, tal comportamento era fruto de certo orgulho lusitano encarnado pelo marquês ante o descaso das autoridades inglesas nas relações econômicas com Portugal. Por outro, tal posição indicava a veemente crença no que seria o plano britânico para tomar as possessões ultramarinas do Império Português – havia, inclusive, a suspeita de que, depois de Havana, a próxima cidade a ser invadida por Jorge III seria o Rio de Janeiro.[4] No entanto, com a surpresa da invasão hispânica, não lhe restou alternativa a não ser deixar o comando do exército luso nas mãos do inglês conde de Lippe. Desse modo, a aliança entre portugueses e britânicos estava feita.

O segundo episódio que definiu a entrada de Portugal na guerra diz respeito ao reaquecimento de um antigo conflito entre os ibéricos no Cone Sul. Desde fins do século XVII e início do século XVIII, portugueses e espanhóis disputavam o controle da Colônia do Sacramento nas fronteiras ao sul da América portuguesa e a sudeste da região que, a partir de 1776, viria a ser o vice-reinado do Rio da Prata.

Estrategicamente localizada, a cidade de Colônia do Sacramento oferecia fácil acesso às águas do rio da Prata e, embora pertencesse aos espanhóis, desde meados dos Seiscentos servia como centro do contrabando feito por britânicos e portugueses. O Tratado de Madrid (1750) definira que Portugal devolveria o controle da região para a Coroa hispânica em troca de Sete Povos das Missões. Desavenças diplomáticas anularam os termos desse tratado e, até 1761, a Colônia do Sacramento permaneceu em mãos lusitanas. A tomada de decisão das autoridades portuguesas frente ao Pacto de Família serviu, então, como boa desculpa para que os espanhóis invadissem a região sob o comando de Pedro de Cevallos, na época governador de Buenos Aires.[5]

Em meio ao conflito na região sul da colônia, em abril de 1761, o marquês de Pombal enviou ordens expressas para que Antônio Gomes Freire de Andrade, primeiro conde de Bobadela, deixasse a cidade do Rio de Janeiro e assumisse o governo do estado na capitania da Bahia. No entanto, os quase trinta anos de experiência como governador e capitão-general do Rio de Janeiro, bem como a análise cirúrgica da conjuntura internacional, fizeram com que Gomes Freire recusasse a ordem expressa.[6]

Na carta em resposta a Pombal, o conde de Bobadela informou que seria um erro abandonar a capitania do Rio de Janeiro naquele momento, tendo em vista a ausência do governador em Minas Gerais e os conflitos travados contra as tropas hispânicas pelo domínio da Colônia do Sacramento. Em um contexto de disputas acirradas, deixar o Rio de Janeiro sem mando seria correr o risco de perder um dos territórios mais estratégicos da colônia, quiçá a totalidade da América portuguesa. Nessa carta, Gomes Freire argumentou que

> ainda que ao presente esteja na regularidade e obediência devida, temo que em qualquer tempo que medeie possa haver desordem, e introduzida esta em uma Província que é o manancial de que pende e se fortifica a conservação do reino e das Conquistas, poderá, rôta a âncora, padecer o todo.[7]

O conde de Bobadela tinha conhecimento de causa. Vale lembrar que nos primeiros anos do século XVIII, o Rio de Janeiro sofreu dois grandes ataques chefiados por militares franceses: em 1711, a cidade chegou a ser tomada pela esquadra de Duguay-Trouin e só retornou ao domínio português mediante pagamento de significativo resgate exigido pelas autoridades francesas.[8] No contexto da Guerra do Sete Anos, os franceses continuavam rondando a cidade, como bem demonstra o mapa a seguir.

MAPA 2 Plano da entrada do porto do Rio de Janeiro em 1762

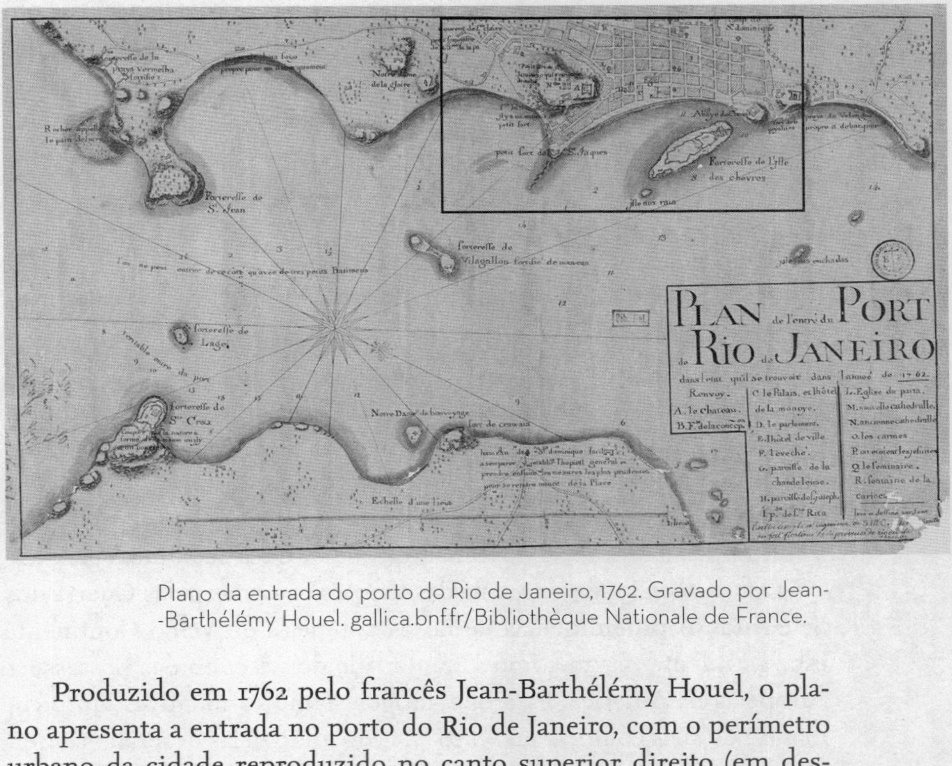

Plano da entrada do porto do Rio de Janeiro, 1762. Gravado por Jean--Barthélémy Houel. gallica.bnf.fr/Bibliothèque Nationale de France.

Produzido em 1762 pelo francês Jean-Barthélémy Houel, o plano apresenta a entrada no porto do Rio de Janeiro, com o perímetro urbano da cidade reproduzido no canto superior direito (em destaque no mapa 2). O objetivo era colher as informações necessárias para que a esquadra de Luís XV, em retaliação à aliança luso-britânica, conseguisse invadir a baía de Guanabara com êxito, em um feito equiparável ao dos britânicos em Havana. Sendo assim, mais do que uma negativa ao remanejamento para a Bahia, os argumentos apresentados pelo conde de Bobadela lembravam às autoridades portuguesas sobre a importância de manter posição na cidade do Rio de

Janeiro diante das investidas francesas, que representavam riscos reais ao domínio lusitano na baía de Guanabara.

Ainda que o Rio de Janeiro não tenha capitulado e a invasão espanhola em territórios do reino de Portugal tenha sido contida, os conflitos dos últimos momentos da Guerra dos Sete Anos também revelaram a fragilidade militar das tropas que serviam ao rei dom José, demonstrando, assim, que a reconfiguração política do Brasil colonial precisaria levar em conta o atual arranjo de interesses internacionais.

Naquele momento, a América portuguesa se via em um novo contexto econômico. A região nordeste não representava mais o centro do poder colonial, uma vez que as lavouras perderam o protagonismo para a mineração. As preocupações ilustradas de Pombal em controlar todas as instâncias financeiras do Império Lusitano fizeram-no dar mais atenção às regiões auríferas e impuseram a necessidade de reconfigurar o lócus político no Novo Mundo, principalmente no que dizia respeito à defesa dos domínios ultramarinos.

Além das frequentes visitas francesas, a tomada de Havana pelos ingleses era um lembrete quanto à urgência em reforçar a proteção das feitorias portuguesas. Ainda em 1762, Gomes Freire foi incumbido de transferir a capital de Salvador para o Rio de Janeiro.[9] Contudo, a vergonhosa derrota sofrida pelas tropas luso-brasileiras na Colônia do Sacramento parece ter sido um golpe maior do que o conde de Bobadela poderia suportar. No dia 1º de janeiro de 1763, Gomes Freire faleceu sem cumprir a última incumbência que o marquês de Pombal lhe dera.

O ano de 1763 seguiu a sina das tensões causadas pelas Guerra dos Sete Anos. A proeminência de novas potências do Velho Continente estava evidente, assim como a fragilidade do desenho das possessões europeias na América. Para que antigos senhores mantivessem o comando de suas colônias no Novo Mundo, mudanças deveriam ser feitas em localidades que ficaram – ou correram o risco de ficar – em mãos inimigas.

Portugal já havia entendido a necessidade de reorganizar suas colônias e não demorou muito para concretizar a retirada da Bahia do título de capital do vice-reino da América portuguesa. Apesar de o contexto da transferência da capital colonial estar bem delimitado dentro das questões que assolaram o Novo Mundo a partir de meados de 1750, a historiografia é unânime ao afirmar certo obscurantismo quanto aos pormenores da decisão tomada pelas autoridades lusas ainda em 1762. Contudo, é possível apontar algumas razões para o feito. Desde o final do século XVII, o Rio de Janeiro havia se tornado o epicentro da reorganização administrativa e política do Império Português na América – não só por conta da entrada massiva de africanos escravizados e do escoamento do ouro da região das minas, mas também por estar mais próximo das disputas travadas no Cone Sul. Pelo viés da organização econômica e militar, fazia sentido, portanto, que a cabeça do vice-reinado fosse transferida para a baía de Guanabara. Deve-se levar também em consideração os rumores sobre a tomada de Havana para a decisão de Pombal.[10] A mudança para o Rio de Janeiro seria a resposta para a necessidade de se construir uma capital mais resistente a ataques estrangeiros.

De tal modo, por meio de uma carta régia expedida em 27 de janeiro de 1763, definiu-se que o Rio de Janeiro se tornaria a capital e "cabeça do Estado do Brasil". Era para lá que o novo vice-rei deveria ser encaminhado, assim que fosse escolhido, como de fato ocorreu. Em junho daquele mesmo ano, Antônio Álvares da Cunha, o primeiro conde da Cunha, aportou no Rio de Janeiro. Deu-se início a um novo momento da história da cidade e um novo capítulo da colonização portuguesa.

A Espanha, mesmo derrotada, não aceitou a perda das duas cidades que desempenhavam papel estratégico na organização de seu império ultramarino (uma situada no golfo do México e outra no Pacífico, nas Filipinas), inviabilizando qualquer possibilidade de paz. Caso um acordo não fosse firmado, novos embates seriam inevitáveis. A possibilidade de novos conflitos, por sua vez, não era bem-vinda para ninguém, nem mesmo para a já vitoriosa Inglaterra. A continuidade da guerra representaria aumento expressivo das dívidas contraídas pelo governo inglês durante o conflito, tendo em vista a necessidade de garantir a segurança dos territórios recém-adquiridos. Além das questões financeiras, o Parlamento britânico estava sendo fortemente pressionado por seus colonos, que temiam a concorrência da produção açucareira nas Antilhas.[11]

Tais motivações fizeram com que o governo britânico aceitasse, em fevereiro de 1763, participar das reuniões que levariam à assinatura do Tratado de Paris. Em abril daquele ano, representantes de França,

Espanha, Grã-Bretanha e Portugal assinaram o acordo que ratificava o triunfo britânico na Guerra dos Sete Anos, ao mesmo tempo que reorganizava as possessões no Novo Mundo, com o intuito de satisfazer as potências envolvidas. Como o tratado estabeleceu a retirada da França do comando de territórios na América do Norte, Luís XV abriu mão de suas terras no Canadá, mas voltou a controlar Guadalupe e Martinica (medida que também contemplava os interesses dos colonos britânicos). Também abdicou do governo da Louisiana em favor da Espanha, sua aliada durante a guerra. Por fim, o rei espanhol Carlos III cedeu a Flórida para os ingleses em troca de Havana.[12] Depois de onze meses sob o domínio britânico, Havana voltava assim para a Espanha. Logo se vê que a localização estratégica da capital cubana era preciosa para as autoridades espanholas, a ponto de uma única cidade valer o mesmo que uma vasta porção de terras na América do Norte.

Para as irmãs do Atlântico Havana e Rio de Janeiro, a Guerra dos Sete Anos representou um evento que mudou o rumo do desenvolvimento econômico e da influência política. O ano de 1763 foi marcante por reforçar o papel-chave de ambas as cidades, aproximando-as quando, a princípio, apenas a condição colonial e o litoral atlântico eram por elas compartilhados. A partir de então, Havana, que já era tida como uma joia, foi disputada a ferro e fogo pelos espanhóis, graças ao reconhecimento de sua localização estratégica no Atlântico hispânico, enquanto o Rio de Janeiro emergiu em seu novo status de capital colonial da América portuguesa, situação que mudaria para sempre o destino da cidade. Refletindo boa parte dos acontecimentos que marcaram a primeira metade do século XVIII, as duas cidades portuárias – cada uma a seu modo – se impuseram como centros nodais, cujo domínio deveria estar assegurado.

A irmandade comungada a partir de 1763, além do fulgor econômico e da importância estratégica, tinha a escravidão como chão comum e como horizonte de futuro. A escravidão em si não era uma novidade para nenhuma das duas cidades. Na realidade, grande parte das urbes atlânticas das Américas dependiam, em maior ou menor grau, do trabalho de escravizados. Desse modo, um sobrevoo no passado escravista do Brasil e do Caribe ajuda a compreender por que a equação entre espaço urbano e escravidão mudou de maneira tão significativa, e ao mesmo tempo tão semelhante, Rio de Janeiro e Havana.

Havana e Rio de Janeiro antes da virada de 1763

Desde sua fundação, a localização geográfica de Havana foi um aspecto fundamental na sua trajetória. De acordo com Moreno Fraginals, a cidade parecia "ter sido posta no lugar preciso, na encruzilhada exata do caminho marítimo de volta à Europa".[13] A primeira fundação da cidade ocorreu em 1515, na região sul da ilha de Cuba. No entanto, no ano de 1519, a cidade foi transferida para a Puerto Carenas, na costa norte. Graças ao porto natural de águas profundas e à proteção terrestre em torno da enseada, San Cristóbal de La Habana se transformou, ainda no século XVI, em um ponto estratégico na ligação entre diferentes partes do Império Espanhol. Não por acaso, foi propositadamente transferida para a parte ocidental de Cuba, desfrutando assim de uma localização ímpar que facilitava sua relação com a metrópole e também com as demais ilhas caribenhas de todo o golfo do México – em especial com o sul das Treze Colônias inglesas (futuramente, Estados Unidos). Justamente por isso, no final dos Quinhentos, a cidade tinha uma economia portuária pulsante, sendo alvo de investidas de outras nações europeias.

Em 1553, a Audiência de Santo Domingo determinou que a cidade se transformasse na capital da ilha. A partir de 1570, quando foi instaurado o sistema de frotas (também conhecido como Carrera de Indias), Havana tornou-se ainda mais importante economicamente. Seu novo status a transformou em um dos maiores e mais expressivos entrepostos do império, já que era o primeiro ponto de chegada de todos os navios que saíam da Espanha, e o último porto das embarcações que deixavam a América hispânica em direção ao Velho Continente. A construção de um estaleiro que produzia navios de guerra, o cultivo de tabaco e a criação de gado ampliaram ainda mais a economia havaneira, permitindo, assim, a criação de verdadeiras fortunas na cidade e em seus arrabaldes.[14]

Entre os séculos XVI e XVII, o crescimento de Havana foi acompanhado pela setorização, econômica e racial, do espaço urbano. A região central, perto do porto, logo foi ocupada por famílias abastadas de mercadores e oficiais militares espanhóis e *criollos*. As margens da Plaza de Armas, considerada a melhor localização da cidade, foram tomadas por casas cada vez mais suntuosas e resistentes, construídas com pedra ou tijolos, moradias de uma população majoritariamente branca e rica.

Regiões mais afastadas do centro, como o bairro de Campeche, tinham uma população miscigenada. Cerca de 20% dos lotes de terra desse bairro estavam sob a posse de homens e mulheres negros e livres, que em grande parte construíam casas menores e de materiais mais baratos do que aquelas encontradas próximo à Plaza de Armas. Embora a escravidão e até mesmo as atividades exercidas pelos "homens de cor" livres tivessem importância crucial no cotidiano da cidade, a presença de negros crioulos e africanos (escravizados ou não) deveria obedecer a uma determinada lógica de ocupação do espaço. Em outras palavras, fossem escravizados, libertos ou livres, a região de morada da população negra se localizava nos bairros *extramuros*, nas zonas mais distantes e pobres de Havana.[15]

Se entre os séculos XVI e XVIII é possível afirmar que não existia o sistema de *plantation* na ilha, as diversas atividades econômicas de Havana fizeram com que a ilha *fosse* a cidade.[16] As atividades portuárias e toda a rede de serviços oferecidos por uma cidade-porto (hospedarias, tabernas e pequenos comércios) eram, em grande parte, executadas por escravizados. Ainda que para esse período não existissem jornais que noticiassem a compra e a venda de cativos urbanos, outros registros sugerem sua importância na dinâmica cotidiana de Havana. Em 1680, por exemplo, o primeiro diocesano de Cuba produziu uma série de regulamentos sobre a escravidão, que revelam parte das implicações do cativeiro humanos. Preocupado com a conduta cristã, o clérigo defendia que mulatas e negras (livres e escravizadas) deveriam ser proibidas de sair de suas casas para "ganhar jornal" (trabalhar) depois de anoitecer, prática essa que, sem dúvida alguma, poderia acobertar a prostituição. O trânsito dessa "classe" de mulheres pelas vias e tabernas de Havana horrorizava o autor das posturas, que também se mostrava decepcionado com os senhores, já que eles permitiam que

> las dichas esclavas jornaleras vivan fuera de sus casas, alquilándoselas en la ciudad a otras personas, sino que las recojan de noche en las suyas, para que debaxo de su mano y disciplina, vivan honestas y recogidamente, y se eviten los daños referidos; y ser las casas que alquilan dichas esclavas lugares públicos.[17]

Ao que tudo indica, algumas leis divinas não se aplicavam ao cotidiano escravista, e boa parte das mulheres "de cor", escravizadas ou não, continuou ganhando seu sustento nas ruas da cidade. Muitos *bandos de gobierno* (leis municipais) publicados ao longo do século XVIII apontam que a retidão católica esteve longe de pautar a dinâmica dos trabalhos exercidos pelos escravizados citadinos. Assim como o código elaborado em 1680, tais documentos tentavam legislar sobre costumes decorrentes da maior autonomia desfrutada pelos cativos urbanos: possibilidade de "morar sobre si",[18] fugas e pequenos delitos cometidos por esses escravizados foram pautas de alguns *bandos* publicados pelos capitães-generais que governaram Havana. Todavia, a reincidência dos assuntos levantados pelas autoridades nos séculos XVII e XVIII demonstra que essas práticas continuaram recorrentes na capital cubana, corroborando a tese de que Havana era uma cidade escravista muito antes da implementação do sistema de *plantation* em Cuba.[19]

A existência dos *cabildos de nación* (associações de pessoas negras, similares às irmandades) são uma indicação importante de que o espaço citadino foi apropriado pela população escravizada e pelos seus descendentes, assim como foi ressignificada a setorização racial que desde cedo marcou a experiência urbana de Havana. Os *cabildos* de negros existiam em Sevilha, na Espanha, desde meados do século XV, e foram transplantados para quase todas as colônias hispano-americanas. Existe certo debate historiográfico em relação à definição desses espaços, mas, *grosso modo*, tais *cabildos* de negro, ou *cabildos* de nação, eram associações criadas por escravizados e libertos de origens específicas em torno da devoção a um santo católico negro. Boa parte desses *cabildos* – que em Havana datam do final do século XVI – estava vinculada a igrejas ou monastérios. A intrincada relação dessas associações com a Igreja Católica acabou facilitando que homens e mulheres negros criassem, legalmente, associações que iam além dos rituais e festividades litúrgicas, que, por sua vez, permitiram outros usos do espaço urbano, alicerçando a própria reconstrução de identidades africanas em Cuba e a luta pela liberdade.[20]

Como em praticamente todo o Novo Mundo ibérico, os *cabildos* também foram associações de ajuda mútua que cuidavam de um assunto de extrema importância para os africanos transplantados para a América e seus descendentes: a morte. Embora fosse tarefa de todo bom cristão cuidar dos rituais fúnebres de seus irmãos de fé (independentemente de condição social), boa parte dos senhores de escravizados não estava muito preocupada com as condições em que seus cativos eram enterrados. Para além da falta de interesse senhorial, a morte tinha um significado diferente para a maior parte das sociedades da África Subsaariana, que assim como os católicos, a entendiam como uma etapa crucial dentro de uma concepção de mundo nada cartesiana. Para essas comunidades, a morte era concebida como a transição para outro estágio da existência e, justamente por isso, deveria ser celebrada de forma adequada.[21]

A complexidade que a escravidão tomou nas Américas acabou alargando os usos e sentidos desses *cabildos* de nação. Os *cabildos* tornaram-se locais em que cativos e libertos, geralmente da mesma procedência na África, se encontravam não só para *cuidar dos seus*, mas também para realizar festas e (re)estabelecer os laços de solidariedade e familiares que a travessia atlântica e a vivência em cativeiro haviam cortado. Embora tais organizações seguissem normas respaldadas pela Igreja e pelos decretos reais, em Havana os *cabildos* ganharam tamanha expressão que, em 1681, houve uma tentativa de proibir que seus membros realizassem as festas costumeiras em lugares fechados. Ainda que fosse para festejar o Dia de Reis ou a festa de Nossa Senhora dos Remédios, a junção de dezenas de homens e mulheres oriundos de regiões muito próximas (as chamadas nações africanas) deixava as autoridades temerárias em relação a possíveis desordens públicas – que podiam ter tons de festejos mas também de rebelião.

Contudo, as normas publicadas pelos monarcas e pelo clero não obstaculizaram as ações dos "homens de cor" de Havana, que continuaram tendo o *cabildo* como uma importante instituição identitária, por melhores condições de vida e na luta pela liberdade. Em 1755, ao realizar um exame detalhado sobre tais organizações na capital cubana, o bispo José Agustin Morell de Santa Cruz elencou 21 *cabildos* de nação: 5 pertenciam aos carabalís e outros 5 aos congos; os minas possuíam 3 *cabildos*, seguidos pelos lucumís, ararás e gangás, que tinham 2 *cabildos* cada; os mandingas e os popós só tinham 1 *cabildo* em Havana.[22]

Mesmo que na época boa parte dessas organizações estivesse alojadas em outras instituições, a existência e a pluralidade desses *cabildos* atestam que as origens e identidades africanas foram reconfiguradas no contexto da escravidão cubana e que a escravidão e seu legado exerceram influência direta na configuração urbana da capital. Em alguma medida, tais *cabildos* eram o preço tolerável que os proprietários (particulares ou a Coroa espanhola) pagaram para ter uma cidade que dependia cada vez mais da mão de obra escravizada e do tráfico transatlântico para funcionar.

Tais organizações também apontam para a complexidade das relações criadas entre escravizados, libertos e homens livres de Havana. Se, por um lado, os *cabildos* pareciam reforçar a estrutura de uma sociedade escravista, tendo em vista que eram raros os casos em que cativos podiam ocupar cargos de chefia, por outro, essas organizações também garantiram a compra da liberdade de muitos escravizados.

A própria existência de uma expressiva população de "homens de cor" livres e libertos bem como a sociabilidade criada por eles eram fortes indícios da natureza da escravidão urbana de Havana. As atividades citadinas colocavam os escravizados constantemente em contato com dinheiro, o que potencializava a compra da liberdade – fosse ou não por meio da coartação, a alforria comprada a prestação. A trajetória dos *cabildos* de nação, das confrarias e até mesmo dos batalhões de Pardos e Morenos (negros) Livres de Havana[23] também aponta para as complexidades de uma sociedade que dependia do trabalho escravizado e, em grande medida, das possibilidades de trânsito desfrutadas por esses cativos que, em Havana, permitiram que grande parte das atividades que marcavam a intensa vida econômica e portuária da cidade fosse exercida por escravizados.

Ainda no centro de Havana, nas cercanias do porto havia um sem-número de tavernas, alojamentos, prostíbulos e pequenas hospedarias, uma rede de serviço montada para dar conta da demanda gerada pelas frotas. Muitas negras alforriadas e escravizadas ofereciam seus préstimos como cozinheiras e lavadeiras para os marinheiros. E trabalho era o que não faltava: no final do século XVI, a população de Havana – que girava em torno de 4 mil pessoas – quase triplicara de tamanho com a chegada das esquadras.[24]

A conjuntura internacional do início do século XVII acabou levando a Carrera de Indias ao colapso. Se durante o período quinhentista a região das Antilhas tinha sido palco de inúmeras disputas de potências europeias via piratas e corsários, as primeiras décadas da centúria seguinte foram marcadas por certa estabilidade e até mesmo algum desinteresse de países como Inglaterra, França e Holanda, que já haviam conseguido colonizar algumas regiões do Caribe e parte do continente. O contrabando, fomentado pela presença de outras nações do Velho Mundo nas Américas, passou a ser uma das atividades de maior lucratividade e retirou da Espanha o monopólio sobre as transações comerciais atlânticas. O sistema de frotas perdia assim parte de sua significância, embora tenha sido mantido até 1765.[25]

A segunda metade do século XVII é ainda pouco analisada pelos historiadores que se debruçam sobre a história de Havana. Contudo, é fundamental assinalar que a desaceleração do sistema de frotas não diminuiu a importância da capital cubana no quadro mais amplo do Império Espanhol. O desenvolvimento do comércio ilícito em praticamente todas as ilhas do Caribe e a ampla rede de interesses mercantis de diferentes potências da Europa exerceram forte influência sobre Havana, na medida em que mantiveram pujante a atividade portuária da cidade, embora boa parte dos produtos exportados circulasse apenas nos mares caribenhos.

Vale pontuar que a participação de Havana na rede de comércio ilegal criada no Caribe só foi possível graças ao desenvolvimento da atividade agrária nas regiões rurais circunvizinhas. Entre as décadas de 1620 e 1670, houve um aumento significativo de pedidos de uso da terra no *cabildo* de Havana – órgão governamental, equivalente à Câmara Municipal. Os solicitantes eram, em sua maioria, comerciantes e funcionários da Coroa espanhola que, percebendo a "mudança de ventos" na economia da cidade e das Antilhas, passaram a investir em terras.[26]

Ainda no século XVII, Havana foi marcada pelo incremento das camadas médias da sociedade, formadas por *criollos* menos abastados, migrantes europeus e negros forros, bem como pela ampliação do perímetro urbano, o surgimento de edifícios grandiosos e o aumento significativo de igrejas e outras construções eclesiásticas (como conventos e monastérios). Desse modo, à agricultura de subsistência e à criação de gado foi somada a produção cada vez mais sistemática de açúcar e tabaco, gêneros de ampla circulação no mercado ilícito. No mapa 3, de 1740, é possível observar não só a região intra e extramuros da cidade, mas também algumas propriedades que ficavam próximas, muitas delas produtoras agrícolas.

MAPA 3 Havana e sua hinterlândia em 1740

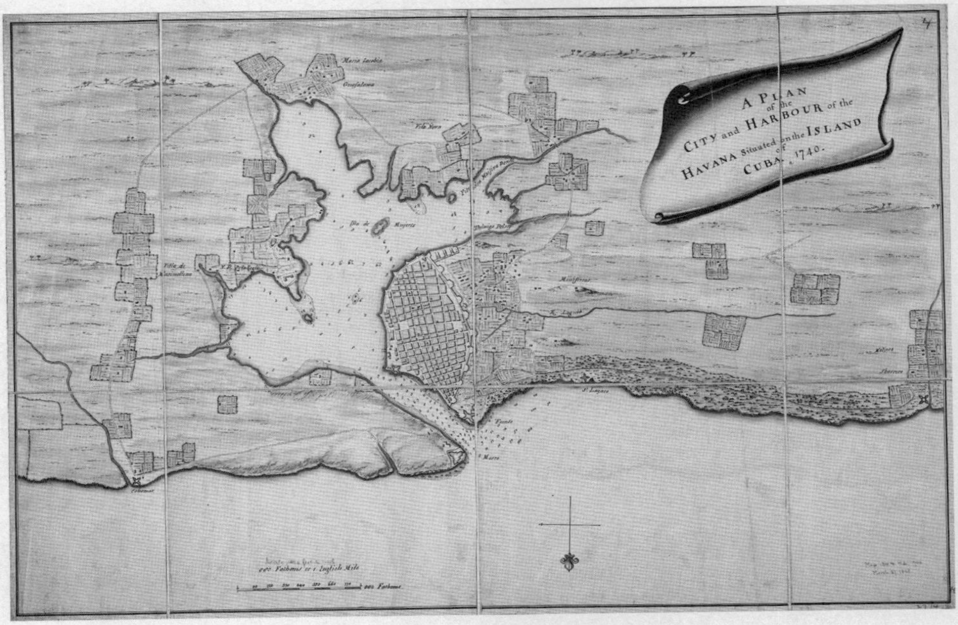

Plano da cidade e do porto de Havana, 1740. Gravado por autor desconhecido. Norman B. Leventhal Map & Education Center, Boston Public Library.

Essa pluralidade agrária repercutiu na dinâmica urbana de Havana, desenvolvendo uma gama de atividades artesanais que, de algum modo, estava atrelada à produção ou ao escoamento dos produtos cultivados na *hinterland*, que também dependia do trabalho escravizado. Um dos exemplos mais emblemáticos eram os *esclavos tabacaleros*, ou seja, os cativos que processavam as folhas de tabaco produzindo charutos, fomentando uma indústria fundamentalmente urbana. O tabaco era um importante gênero para a economia cubana. Seu cultivo, a manufatura dos charutos e a exportação do produto fizeram com que a indústria do tabaco se tornasse responsável pelo crescimento da população da cidade e pelo emprego de boa parte dos escravizados que viveram na Havana setecentista.[27]

Na realidade, a produção e a comercialização do tabaco compõem um capítulo importante na história de toda a ilha de Cuba. Assim como ocorreu com outras regiões do Caribe, a produção do tabaco teve papel de destaque no assentamento de colonos em terras americanas, pois havia grande demanda do produto no mercado internacional. Os lucros advindos do fumo levaram a Coroa espanhola a criar, em 1717, La Real Factoría de La Habana, que controlava o monopólio de compra e de distribuição do tabaco cubano no mercado metropolitano e em outros domínios do Império Espanhol. Essa demanda adentrou o século XVIII e, sob a salvaguarda da Real Compañía de La Habana (criada em 1740), foi peça central na articulação estabelecida pela Coroa espanhola e por colonos particulares com o tráfico de africanos escravizados. Parte da compra desses africanos era paga com tabaco, que por sua vez era produzido por escravizados, criando um ciclo que marcou outras localidades da América, mas que foi de grande importância para que os colonos cubanos pudessem comprar africanos escravizados, mercadoria cujo acesso era relativamente difícil e demorado.

Além disso, parte significativa dos escravizados empregados no fabrico do tabaco participava daquilo que ficou conhecido como *esclavos del rey*. A Coroa espanhola foi uma das mais importantes proprietárias de escravizados em Cuba, sobretudo na cidade de Havana – situação que ficou cristalizada durante os primeiros anos de funcionamento da Compañia de La Habana. Tais escravizados desempenharam diversas atividades que garantiram a centralidade da capital cubana em meio ao Império Espanhol.[28]

O século XVIII foi marcado pela ascensão da dinastia bourbônica ao trono da Espanha, e assim uma série de mudanças administrativas teve início. Em Havana, essa nova política teve reflexos intensos, e um dos exemplos mais notórios foi a construção do Real Arsenal de Havana, iniciada em 1717 e concluída em 1723, na região extramuros, perto do Campo de Marte. A escolha pela capital cubana foi resultado de anos de pesquisa e reforçava uma vez mais a estratégica localização da cidade, já conhecida no Império Espanhol. A decisão não poderia ter sido mais acertada: entre as décadas de 1720 e 1750, o estaleiro de Havana foi responsável por um terço da produção naval da Espanha. Nos trinta anos seguintes, mais de 62 embarcações foram construídas, sendo 19 delas destinadas à Real Armada.

Grande parte da mão de obra empregada na construção naval era composta por escravizados, inclusive na execução de ofícios que necessitavam de certa formação, como os *carpinteneros de lo blanco* – uma carpintaria específica da Espanha medieval, especializada em treliças e telhados de madeira –, torneiros mecânicos, trabalhadores de motor e ferreiros. Geralmente, os escravizados que tinham algum ofício eram propriedade de mestres ferreiros e carpinteiros, que alugavam seus cativos para o Real Arsenal. Mas também existiam escravizados da Coroa, que exerciam trabalhos menos especializados na construção de embarcações, como a derrubada de árvores.[29]

A escravidão era, pois, uma mola propulsora da cidade de Havana. Não só pelo fato de os escravizados comporem grande parte da mão de obra que executava um sem-número de atividades fundamentais para o funcionamento de uma cidade portuária, mas também porque parte dessas atividades estava atrelada à própria reprodução da escravidão não só para Cuba, mas todo o mundo hispânico da época. Justamente por ser uma cidade escravista, Havana passou a ter uma economia diversificada e dinâmica, com a circulação de produtos de diferentes regiões do mundo, tornando-se assim um dos pontos mais cobiçados por nações estrangeiras. Tal cobiça se materializou com a invasão inglesa, em 1762.

Todavia, a despeito do intenso uso de escravizados nos serviços citadinos, a aquisição de cativos não era fácil para os colonos cubanos. Prova disso é que, em 22 de março de 1752, o secretário Sebastián Eslava recebeu um ofício no qual os *criollos* pediam que

> Sua Majestade se digne facilitarles algún modo de proverse de Negros. Y por lo que mira a estos solos Pretendientes, se verifica del todo que su carestía marca de no tener donde comprarlos; pues alegan, no haber podido tomarlos de la Compañía de la Habana que se los vendia mitad a dinero decontado, y mitad a frutos de la cosecha, por no hallerse con lo primero.[30]

Segundo os *criollos* que assinaram o documento, embora muitas localidades do Império Hispânico não precisassem de africanos escravizados, a economia de Cuba só teria a ganhar com isso, pois esses homens e mulheres vindos da Guiné formariam a mão de obra necessária para a produção agrícola, fosse de tabaco, fosse de cana. A necessidade de escravizados era tamanha que os autores do documento não se fizeram de rogados: caso seu pedido não fosse atendido, se manteria aberto "*un amplíssimo campo a el contrabando*".[116] A história de Havana a partir de 1763 está diretamente vinculada ao pleito de seus colonos: as autoridades espanholas deveriam facilitar a entrada de africanos escravizados na ilha.

Até 1763, esta talvez tenha sido a maior diferença entre Havana e Rio de Janeiro no que diz respeito a condição de cidades escravistas: a facilidade, ou não, de adquirir escravizados.

São Sebastião do Rio de Janeiro foi fundada no contexto de conquista e colonização do século XVI, que obrigou os portugueses a responder de forma mais efetiva às invasões da França em terras lusitanas de além-mar. Em 1555, a capitania do Rio de Janeiro foi, em parte, tomada pelo francês Villegagnon, que ali ficou por cinco anos. A eficácia da investida francesa no Brasil deveu-se, em certa medida, à ausência do aparato metropolitano na região. Em 1555, a futura cidade do Rio de Janeiro era uma porção de terras alagadiças habitada por indígenas – na sua maioria tamoios – que contava apenas com uma pequena casa-forte na praia da Saudade, construída por Martim Afonso de Sousa na década de 1530.

Embora as atenções das autoridades portuguesas estivessem voltadas para a região nordeste da colônia – que, em meados do século XVI, já era importante produtora de açúcar para o mercado mundial –, a invasão francesa no sudeste foi um lembrete, no mínimo incômodo, da necessidade de ocupar efetivamente toda a região costeira das possessões do Novo Mundo. Importante destacar que a escolha geográfica da França Antártica não foi aleatória. Conforme sugerido pelo "Plano de entrada do porto do Rio de Janeiro" (1762), essa região da baía de Guanabara tinha um dos portos com a melhor defesa natural em toda a América: uma entrada marítima estreita com quatro morros circundando-a. As mesmas vantagens naturais que levaram franceses a invadir essa parte da América portuguesa também mobilizaram os lusitanos para ocupar a região.[31] Nesse cenário de reconquista, destacou-se o nome de Mem de Sá, o reinol responsável pela expulsão dos franceses.

O marco zero do Rio de Janeiro foi construído em Vila Velha em 1º de março de 1565, quando o padre Gonçalo de Oliveira ergueu uma igreja ao pé do morro do Pão de Açúcar. Dois anos depois, seguindo a lógica defensiva e os critérios de sobrevivência, a vila foi transferida para o morro do Castelo, onde havia maior oferta de água, mais ventos e maior segurança. Ali, a Câmara, a cadeia, a casa do governador, as igrejas e algumas casas abastadas foram muradas de acordo com um modelo urbanístico profundamente militarizado.[32]

A partir da segunda metade do século XVI, o Rio expandiu seu espaço geográfico e sua importância política. Após a vitória sobre os tamoios e o fim das ofensivas espanholas e francesas, a vila desceu o morro, e a várzea passou a ser ocupada pelos habitantes e pelo apostolado. Na realidade, diferentemente do que ocorreu na primeira centúria de ocupação de Havana, no Rio de Janeiro a Igreja foi uma instituição forte. Uma característica que, como bem lembra Fania Fridman, foi compartilhada por outras cidades da América portuguesa, nas quais a organização espacial dos centros urbanos coloniais foi realizada quase que inteiramente pela Igreja Católica: as leis eclesiásticas e a própria religiosidade criaram uma dinâmica de cotidiano nas vilas e cidades até as Reformas Pombalinas no final do século XVIII. Não por acaso, em meados dos Oitocentos, o Rio de Janeiro ainda era formado basicamente de casas térreas, e os maiores edifícios, na sua grande parte religiosos, estavam localizados nos morros, mostrando as fachadas do século XVII.[33]

Mas não era apenas pelo soar dos sinos, pela magnitude de seus edifícios e pelas visitações do Santo Ofício que a Igreja Católica fazia sentir sua presença. Também preocupada com a segurança da vila, as diferentes ordens religiosas tiveram forte participação na construção das primeiras muralhas e dos incipientes fortes. Além disso, do nascimento à morte, a Igreja e a religião católica fizeram parte da vida de todos os habitantes da cidade. A sociabilidade desse período era, em boa parte, criada a partir das missas, dos funerais, das festas litúrgicas e de instituições que funcionavam como "braços" da Igreja, tais como a Santa Casa de Misericórdia (fundada em 1582) e as Irmandades de Ordem Terceira, que a partir dos Seiscentos cresciam a olhos vistos.

Jesuítas, franciscanos e beneditinos não se limitaram a povoar a recém-criada Vila de São Sebastião. Aproveitando-se das facilidades geográficas do entorno do Rio de Janeiro, composto por mais de trinta rios que desaguavam na baía de Guanabara, ainda no período quinhentista os clérigos tiveram papel de destaque na ocupação da hinterlândia carioca. Se em Havana a colonização das regiões rurais circundantes ao perímetro urbano foi um processo marcadamente civil (chefiado em grande parte pelas famílias *criollas*), no Rio de Janeiro tal processo teve início como *um negócio de padres*. Entre os séculos XVII e XVIII, inacianos, beneditinos e franciscanos foram não só proprietários de terras situadas na hinterlândia do Rio de Janeiro (sobretudo na região correspondente hoje à Baixada Fluminense e na região de Santa Cruz), mas também de escravizados que cultivavam essas terras. O que ali era produzido se inseriu na crescente economia fluminense, sobretudo a farinha da mandioca, oriunda de pequenos e médios engenhos da baía de Iguaçu. Ainda que a maior parte da escravaria dessas ordens estivesse alocada nas regiões suburbanas ou rurais, uma parcela desses escravizados (principalmente de homens e mulheres negros nascidos na América portuguesa) trabalhava em igrejas e mosteiros localizados no Rio de Janeiro. Em uma cidade marcada pelo catolicismo e cada vez mais escravista, não era de estranhar que a Igreja Católica fosse uma das maiores proprietárias de escravizados – talvez até a *maior* proprietária.[34]

A despeito dos maus ventos – que dificultavam o contato com a metrópole – e da pouca preocupação da Coroa, o crescimento da vila foi acompanhado pelo fomento das relações comerciais empreendidas pelos colonos. A União Ibérica (1580-1640) facilitou os negócios dos vizinhos fluminenses com a região do Prata e incrementou os negócios com Angola.[35] Entre finais dos Quinhentos e 1640, o Rio de Janeiro se transformou em uma espécie de entreposto do Atlântico Sul, pois era dali que saía boa parte dos africanos escravizados que seria trocada pela prata de Potosí em Buenos Aires.[36] Tal comércio promoveu a produção de farinha de mandioca e de cachaça na região – produtos utilizados no comércio com Angola. Ainda que não fosse comparável com a de Havana, a indústria naval também encontrou pouso estratégico no Rio de Janeiro, que em meados do século XVII obteve autorização real para a instalação de estaleiros, efetivando assim sua inserção no mundo atlântico, não sem promover o catolicismo que marcava o cotidiano carioca: a primeira embarcação construída na ilha do Governador foi batizada de Pai Eterno.[37]

Em 1641, o Rio se tornou a sede das capitanias do sul, confirmando a proeminência de suas atividades portuárias.[38] O desenvolvimento urbano foi significativo, a ponto de a vila ganhar o título de *muy leal cidade* em 1647. No ano seguinte, o Rio de Janeiro passou a ser o centro administrativo de Angola, recém-reconquistada dos holandeses, o que ampliou ainda mais a relação da cidade (e de parte de seus habitantes) com o tráfico transatlântico de escravizados.

No entanto, com o fim da União Ibérica em 1640 e os conflitos travados contra os batavos, as atividades comerciais e portuárias do Rio arrefeceram, diminuindo também o ritmo das exportações e importações feitas na baía da Guanabara – com exceção do tráfico de africanos escravizados. Muitos negociantes voltaram seus esforços e economias para a produção de gêneros básicos e para o cultivo da cana, apontando as múltiplas atividades que os vizinhos fluminenses podiam desempenhar. Entre a segunda metade do século XVI e a primeira do século XVII, as vantagens naturais da hinterlândia carioca fizeram com que a ocupação das zonas rurais próximas fosse economicamente mais vantajosa do que a vida em São Sebastião.

Ainda no período quinhentista, um número relevante de colonos vindos de São Vicente também povoou a hinterlândia. Interessados na produção do açúcar (que havia duplicado de preço durante a segunda metade do século XVI), tais colonos fizeram uso de sua forte ligação com os bandeirantes paulistas. Por sua vez, a relação com os paulistas e o comércio com Angola fizeram com que o acesso à mão de obra escrava, fosse indígena, fosse africana, estivesse minimamente garantido para os proprietários que viviam na região.[39]

Vê-se logo que, diferentemente do que ocorria em Havana, os habitantes do Rio de Janeiro (assim como a totalidade da América portuguesa) não tinham grandes empecilhos para a obtenção de cativos, principalmente os de origem africana.[40] Navegadores, comerciantes e governantes lusitanos já haviam estabelecido fortes relações comerciais com diferentes localidades da costa atlântica da África antes mesmo de chegarem ao Brasil e antes também da colonização da América portuguesa. O escravizado era mercadoria corrente – o que fez de muitos portugueses importantes traficantes do mundo atlântico. Já no final do século XVI, os africanos escravizados tornaram-se peça-chave nas engrenagens do mundo colonial, transformando o tráfico transatlântico em um negócio extremamente lucrativo para os portugueses e, mais tarde, para os colonos que capitanearam tais travessias.

Além de indicar uma intricada rede comercial com diferentes localidades africanas, a presença de escravizados no Rio de Janeiro apontava que a cidade tinha uma vivência urbana significativa, sobretudo no que dizia respeito às atividades mercantis. Juntamente com os ofícios mecânicos, artesanais e marítimos, havia um número expressivo de escravizados de ganho que, desde 1638, eram registrados por seus proprietários na Câmara Municipal. Tal medida era uma tentativa das autoridades lusitanas de garantir um controle mínimo dos preços que eles cobravam pelos diferentes serviços realizados.[41]

Assim como ocorrera em Havana, os escravizados e libertos que viveram no Rio de Janeiro também utilizaram as brechas deixadas pela colonização católica para criar instituições que facilitassem a reconstrução de laços de identidade e de família. As irmandades negras existiam em Lisboa desde meados do século XV e tinham como objetivo principal converter ao catolicismo e promover amparo espiritual para os africanos recém-escravizados, além de garantir certa proteção para os ladinos, muitas vezes auxiliando na compra de alforria dos membros que, porventura, fossem escravizados.[42]

Na América portuguesa, essas irmandades tinham natureza semelhante aos *cabildos de nación* do mundo espanhol. Nelas escravizados e libertos de origens específicas se reuniam para adorar um santo ou uma santa negros.[43] A criação e a localização das irmandades negras indicam a importância que a população "de cor" já tinha na urbe: até 1700, a Irmandade de Nossa Senhora do Rosário e São Benedito dos Homens Pretos (fundada 1639) funcionou dentro da Igreja Jesuítica de São Sebastião, localizada no morro do Castelo, um dos melhores sítios do Rio. A preocupação com a morte também foi a questão axial dessas instituições, que tinham como um dos seus pilares a garantia dos ritos fúnebres e de um enterro digno para seus membros. A celebração feita em torno da morte dos escravizados que faziam parte dessas irmandades acabou se tornando uma oportunidade para que a população negra (livre ou escravizada, africana ou crioula) pudesse ressignificar o espaço urbano.

No entanto, o número de africanos e negros nascidos na América portuguesa que puderam participar de irmandades foi pequeno.

Grande parte da população escravizada do Rio de Janeiro não pôde contar com empatia e solidariedade quando se encontrava convalescida, em seu leito de morte, ou mesmo nos rituais fúnebres e enterros, que muitas vezes não respeitavam as liturgias católicas e as precauções sanitárias. Ainda que o Rio de Janeiro seiscentista tivesse dois cemitérios destinados ao enterro dos escravizados – um controlado pelos franciscanos e outro destinado aos pretos novos, próximo à Igreja de Santa Rita –, era relativamente frequente que a Câmara Municipal recebesse reclamações de corpos encontrados em rios e praias, ou enterrados precariamente em regiões periféricas da cidade. Celebrada ou ignorada, a morte também pode ser entendida como uma forma de averiguar o crescimento da população escravizada e da sua importância para o funcionamento da cidade.

O início do século XVIII foi marcado por mudanças no papel que o Rio de Janeiro desempenhava na América portuguesa, graças à confirmação da descoberta de minas nas regiões sudeste e central da colônia.[44] Na realidade, a concretização do sonho do El Dorado desencadeou uma série de mudanças significativas no Império Português, gerando uma preocupação muito maior por parte das autoridades lusitanas no que dizia respeito à viabilização e ao controle da extração e exportação do ouro, mas também em como a chegada desse ouro se daria no mercado europeu.[45]

Já estabelecido como o rei mais rico do Velho Continente, dom João V, antecessor de dom José, criou uma série de cargos e órgãos com o intuito de controlar as atividades auríferas, ao mesmo tempo que manteve uma política que incentivava as ações individuais em busca de novas minas. Assim, por questões geográficas, a "corrida do ouro" acabou dinamizando as atividades portuárias e agrícolas do Rio de Janeiro. De um lado, a cidade transformou-se no principal porto de saída de ouro e diamantes para a Europa e de entrada de milhares de africanos escravizados, cujo destino principal era a região das minas. De outro lado, a efervescência e até mesmo a instabilidade que caracterizaram a atividade aurífera transformaram a hinterlândia fluminense em uma das localidades responsáveis pelo abastecimento de gêneros primários para as cidades mineradoras.[46] As famílias fluminenses que, desde meados do século XVI, já eram proprietárias de sítios e chácaras nas proximidades do Rio, bem como aquelas que estavam envolvidas no tráfico de africanos escravizados, passaram a lucrar ainda mais.

Como esperado, o reaquecimento da economia fluminense e carioca graças à mineração teve impactos expressivos na composição da população da cidade, cuja proporção de escravizados aumentou significativamente. Ainda que boa parte dos africanos escravizados que aportavam no Rio fosse destinada às atividades auríferas, o desenvolvimento das atividades de serviços de uma cidade portuária contou com a presença cada vez mais forte de cativos – escravizados e crioulos – e de libertos. Tal presença acabou emprestando novos sentidos ao espaço urbano, como na rua do Açougue Velho que, nas primeiras décadas do século XVIII, já era conhecida como a "rua que vem da quitanda dos pretos", graças à grande quantidade de negros (libertos e escravizados) que ali vendiam legumes e frutas.[47]

Outro exemplo, contemporâneo ao "batismo" da rua da quitanda, pode ser observado no caso da Irmandade de Nossa Senhora do Rosário e São Benedito. No alvorecer do século XVIII, a irmandade conseguiu construir sua própria igreja, na rua da Vala, que na época ficava no limite do perímetro urbano do Rio. Graças ao crescimento significativo da cidade, em 1737, a nova igreja tornou-se sede episcopal, só sendo dali transferida em 1808.

O posto de principal porto de entrada dos africanos escravizados que iriam trabalhar nas minas teve impacto direto no cotidiano do Rio de Janeiro. Em primeiro lugar, é importante pontuar que mesmo com a intrincada relação com Angola, desde sua fundação em 1555 até a descoberta das minas em 1700, aproximadamente 263 mil africanos escravizados tinham entrado na América portuguesa pela região sudeste, sendo o Rio de Janeiro o principal porto. Entre 1701 e 1760, esse número subiu para pouco mais de 410 mil africanos escravizados.[48] Ainda que a maior parte desses cativos não ficasse no Rio de Janeiro, seu desembarque transformou-se em um assunto espinhoso da cidade. Em 1758, os membros do Senado da Câmara registravam sua preocupação ante o "prejuízo causado [pelos] escravos que estavam à venda pública pelas principais ruas" do Rio de Janeiro – já que o desembarque dessas pessoas era visto como um espetáculo terrível, que maldizia a governança da cidade.[49]

A apreensão das autoridades devia-se tanto aos horrores do espetáculo do desembarque – que, anos mais tarde, seria utilizado pelo marquês do Lavradio como um dos principais argumentos para a transferência do mercado de escravizados para a região do Valongo – como ao medo gerado pela formação no local de magotes (grupos) de negros da Guiné. A inquietação foi tamanha que, além da proibição de agrupamento de escravizados, esses mesmos vereadores definiram que os cativos que ainda não tivessem sido comprados estariam proibidos de circular no perímetro urbano do Rio. Os proprietários desejosos de comprar escravizados com o intuito de levá-los para as minas deveriam informar ao Senado da Câmara sobre sua compra, então passava a contar o período de permanência dos cativos na cidade de, no máximo, oito dias; findo o prazo, os que não tivessem sido levados do Rio de Janeiro corriam o risco de ser detidos, e os proprietários obrigados a pagar multa.[50]

Em consonância com os números do tráfico transatlântico, os dados dos livros de batismo durante as primeiras décadas do século XVIII explicam, em parte, as ações tomadas pelos homens responsáveis por manter a ordem e o governo do Rio de Janeiro. De 1718 a 1760, foram registrados 4.913 escravizados na freguesia da Sé (a mais populosa da cidade). Ao analisar a vida religiosa e a reconstrução étnica dos escravizados urbanos do Rio de Janeiro, Mariza Soares apontou que, na década de 1750, cerca de 6 mil cativos passaram pela pia batismal das diferentes igrejas da cidade.[51]

Sob o governo do marquês de Pombal, que assumiu o poder do Império Lusitano quando as atividades auríferas já estavam em declínio, a Mesa de Inspeção foi instaurada no Rio de Janeiro e em outras três cidades portuárias da colônia, com o objetivo de promover o controle qualitativo e quantitativo das exportações de *commodities* coloniais.[52] No mesmo ano de 1751, o Rio de Janeiro se transformou na sede do segundo Tribunal de Apelação da América portuguesa. Nesse período, o responsável direto pela capitania e pela cidade era o conde de Bobadela (1733-1763), que, além de cuidar de todos os assuntos referentes à sua capitania, também se preocupou com as questões práticas da cidade, tais como a edificação da Casa dos Governadores (1743); a melhoria do abastecimento de água por meio da construção do aqueduto da Carioca (1750) e do chafariz do Carmo; e a construção do Convento de Santa Teresa (1757).

IMAGEM 2 Vista do Rio de Janeiro em 1760

Miguel Ângelo Blasco, *Prospectiva da cidade do Rio de Janeiro*, 1760. Vista da parte norte, a partir da ilha das Cobras. Arquivo Histórico do Exército.

As construções durante o governo de Bobadela foram, em sua maioria, realizadas por mão de obra massivamente escravizada. Também eram os escravizados que trabalhavam na alfândega, garantindo assim que a vida portuária se efetivasse – mesmo sujeita a uma série de variáveis, como a diminuição da exportação de ouro a partir de 1750. A vista panorâmica do Rio de Janeiro, feita pelo engenheiro português Miguel Ângelo Blasco a pedido do conde de Bobadela em 1760, comprova a intensa atividade portuária do Rio de Janeiro. Demonstra também como aquela era uma cidade pequena, com poucos edifícios suntuosos (apenas o Mosteiro de São Bento se destaca na imagem), composta por apenas duas freguesias (Sé e Candelária) que se espremiam entre os quatro morros que protegiam o perímetro urbano. Era essa a cidade que se tornaria o principal lócus de poder da América portuguesa a partir de 1763.

CAPÍTULO 2
Reconstruções urbanas e sentidos escravistas (1763-1765)

Retomada e reconstrução de Havana

Em meio às batalhas que marcaram a tomada de Havana pelos ingleses, um grupo de escravizados liderado pelo cativo Gabriel Borba se organizou e, por iniciativa própria, pegou em armas para lutar contra os britânicos. Ainda que não tenham logrado êxito, a valentia inquestionável dos escravizados foi reconhecida pelas autoridades metropolitanas e, logo depois que Havana voltou para o controle espanhol, em junho de 1763, Borba foi alforriado e recebeu uma medalha de ouro, dando início a uma longa e respeitável trajetória militar no Batalhão de Pardos de Havana.[1] E ele não foi o único. A bem da verdade, antes mesmo do fim da invasão britânica, o rei espanhol recebeu informações sobre a bravura de soldados negros, tanto escravizados como homens livres pertencentes às milícias compostas pelos mulatos[2] e negros livres. Quando chegou a Cuba, o conde de Ricla já tinha uma lista com alguns dos nomes que deveriam ser condecorados.[3]

O conde, novo capitão-general de Cuba, ficou com a incumbência de reconstruir Havana, executando com maestria tal tarefa. E, em certa medida, o sucesso de seu governo já podia se fazer sentir na distinção pouco usual que ele concedeu a um grupo de escravizados. Por um lado, o reconhecimento da bravura de homens que nada tinham a ganhar colocando sua vida em risco em nome do rei espanhol contrastava com a atitude vexaminosa de muitos soldados peninsulares, súditos "respeitáveis" de Carlos III, que fugiram o mais rápido que puderam quando perceberam a supremacia militar dos ingleses.

Por outro lado, a medida de Ricla fez parte da sofisticada equação para recolocar a capital cubana na estratégica posição que desfrutava no Império Espanhol. Entre os ingredientes dessa equação, o conde de Ricla soube implementar um bom plano de reconstrução militar: ouviu e, na medida de possível, atendeu às demandas dos colonos e se valeu do uso da mão de obra escravizada em uma escala até então inédita na ilha de Cuba.

Parte do que foi considerado como "imperdoáveis erros cometidos pelos chefes militares durante as batalhas contra os ingleses"[4] foi compilado pelos havaneiros ainda em 1762 e serviu como base para o inquérito aberto contra as lideranças militares que administravam Cuba na ocasião. Todas as autoridades diretamente ligadas à derrota espanhola em território cubano foram inquiridas em um processo que não só buscava os possíveis culpados por tamanha vergonha mas também apresentava novos nomes que passaram a exercer importante influência no governo de Carlos III. Ainda que a pena de morte tenha sido aventada para o governador Juan de Prado, que ocupava o mais alto posto de comando em Cuba quando Havana capitulou, a maioria das sentenças determinou que os envolvidos seriam expulsos das forças militares e da Corte espanhola e teriam seus bens confiscados, a fim de quitar parte das dívidas contraídas com o Estado.[5]

Embora humilhação e revolta tenham sido sentimentos que marcaram a vida dos habitantes de Havana em meio à invasão inglesa, a presença britânica trouxe algumas benesses na vida prática desses homens e mulheres. Até então, a única forma legal de adquirir escravizados oriundos do continente africano era por meio do *asiento*, sistema em que indivíduos ou companhias comerciais obtinham da Coroa espanhola o monopólio da venda de um número específico de escravizados, com a contrapartida de pagar os impostos exigidos. Os entraves fiscais acabavam elevando os valores desses escravizados, afastando pequenos e médios proprietários desse comércio. Se durante a primeira metade do século XVIII Havana chegou a ter mais de 30% da sua população composta por cativos, isso se deveu em grande parte às aquisições da Coroa e ao avultado volume de contrabando que ocorria nos numerosos portos naturais da ilha.[6]

Os onze meses de domínio inglês haviam suspendido o monopólio exercido pela Coroa espanhola, permitindo que a elite havaneira experimentasse as vantagens do livre-comércio e da surpreendente entrada – legalizada – de aproximadamente 4 mil africanos escravizados.[7] A dominação inglesa não só abalou o sentimento de pertença dos havaneiros, mas instaurou outro paradigma de relação comercial que passava ao largo dos ditames do mercantilismo monopolista. Parte desses africanos se juntou aos cativos que já viviam na cidade, executando serviços essenciais para o funcionamento diário de Havana.

IMAGEM 3 Vista do mercado da cidade de Havana (1762)

Elias Durnford, *A View of the Market Place in the City of the Havana*, 1762. Gravado por C. Canot e T. Morris. Library of Congress Prints and Photographs Division.

Produzida pelo engenheiro britânico Elias Durnford, em 1762, e publicada em Londres, em 1768, a gravura retrata o mercado de Havana no início da década de 1760. No centro e em segundo plano, é possível ver um dos muitos pelotões de soldados britânicos que garantiram a ocupação inglesa de Havana por onze meses. Em retângulos pretos foram destacadas figuras de homens e mulheres negros executando diferentes atividades no principal mercado da cidade, como a venda e a compra de gêneros alimentícios (à esquerda) e o carregamento de água em um dos chafarizes da praça.

Em alguma medida, tal facilitação parecia ter desnudado o quão vantajosa era a mão de obra escravizada para o funcionamento de uma cidade dinâmica como Havana. Tal vantagem era conhecida e por isso mesmo ansiada pelos moradores da cidade, mas também foi muito bem aproveitada pelas autoridades espanholas incumbidas de reconstruir o sistema de defesa da cidade.

É preciso pontuar que, a partir de agosto de 1763, a reestruturação de Havana não era apenas uma questão de honra para a Coroa espanhola. O poder metropolitano precisou organizar sua administração em duas frentes: por um lado, retomar o domínio efetivo daquela que foi reconhecida como a *Llave del Nuevo Mundo*, criando condições materiais e militares que impedissem novas invasões; por outro, exercer o controle efetivo da cidade, sem deixar de ampliar o diálogo com a elite havaneira que, embora fiel à Casa de Bourbon, soube utilizar a experiência do domínio britânico para elaborar sua plataforma de reivindicações: a elite *criolla* ansiava por maior liberdade comercial e por mais braços escravizados.

Valendo-se da experiência militar adquirida na Guerra da Sucessão Austríaca (1740-1748), da vivência administrativa em outras partes do Império Hispânico e do trânsito fácil na Corte, o catalão Ambrosio de Funes Villalpando Abarca de Bolea, conde de Ricla, propôs uma reorientação radical da estratégia de defesa da ilha, que envolvia a polêmica criação de três regimentos de milícia – com três batalhões cada – compostos por colonos.

Durante dois meses, Carlos III e seus principais ministros estudaram a proposta de Ricla, pontuando os possíveis riscos gerados pela preparação militar dos *criollos*. No entanto, a belicosidade que marcava o contexto atlântico deixou a Coroa espanhola sem alternativas, mesmo porque o contingente de soldados peninsulares já havia se mostrado incapaz de resguardar a totalidade das fronteiras do império. A questão amplamente debatida foi como viabilizar, economicamente, a criação desse braço do exército sem onerar os cofres públicos.

Os ideais ilustrados que pautaram o governo bourbônico desde o início do século XVIII também balizaram a decisão final da Coroa.

Com a ajuda do marquês de Esquilache – secretário da Real Hacienda e, depois, da Guerra, além de braço direito do rei espanhol –, Carlos III aceitou a proposta de Ricla, com a contrapartida de que, em Cuba, a reformulação do exército espanhol fosse acompanhada por mudanças fiscais que demandassem dos próprios *criollos* o financiamento da defesa colonial. Havana acabou se tornando um "laboratório" na implementação da política bourbônica nas Américas.[8]

O aceite da proposta do conde de Ricla veio junto com sua nomeação para governador e capitão-general de Cuba. A ideia era que ele, pessoalmente, levasse a cabo o projeto elaborado meses antes. Ainda que não lhe faltassem as prerrogativas para ocupar o cargo, Ricla contou com o apoio decisivo do marechal Alejandro O'Reilly, futuro capitão-general de Louisiana. De origem irlandesa, educado na Prússia e com uma trajetória militar sólida, O'Reilly foi investido do cargo de subinspetor-geral da Milícia e do Exército Regular. A antiga amizade entre os dois impediu possíveis disputas de poder, favorecendo a boa execução do projeto. Enquanto o conde de Ricla ficou responsável por restaurar a administração da ilha – supervisionando a reconstrução das fortificações e o desenvolvimento dos meios financeiros que garantiriam a expansão militar –, O'Reilly se viu livre para cuidar, especificamente, da formação das tropas *criollas*.[9]

Foi com muito gosto que o recém-empossado capitão-general de Cuba, conde de Ricla, contou de próprio punho como eram as festividades em comemoração pela retirada dos ingleses, em junho de 1763.[10] A alegria que descrevera na carta endereçada à Sua Majestade parecia anunciar a esperança depositada em seu futuro governo, que teria a árdua tarefa de reconstruir Havana – material e simbolicamente. A bem da verdade, sua chegada foi muito bem recebida pelos habitantes de Havana, que organizaram diferentes festejos para comemorar o retorno da autoridade espanhola à cidade.

Uma das primeiras medidas tomadas por Ricla foi a reorganização da cidade: os bairros de Havana foram divididos em quatro quartéis, seguindo a posição geográfica de cada um. Isso facilitaria o reconhecimento da cidade, pré-requisito para a manutenção da segurança da urbe. Paralelamente, Ricla pôs em prática seu plano de reestruturação do sistema de defesa de Havana. A reconstrução da fortaleza de San Carlos de La Cabaña talvez seja um dos maiores exemplos da reordenação militar encetada pelo novo capitão-general. Tal obra (só finalizada em 1774) acabou criando um verdadeiro complexo militar situado na entrada da baía de Havana, pois ligava a fortaleza aos fortes El Morro e La Punta, que também passaram por reparos, já que haviam sido parcialmente destruídos pelos ingleses. O conde de Ricla garantiu, ainda, a construção da nova fortificação de Atares (1763-1767) e das baterias de la Pastora e el Polvorín.

MAPA 4 Fortificações na entrada do porto de Havana

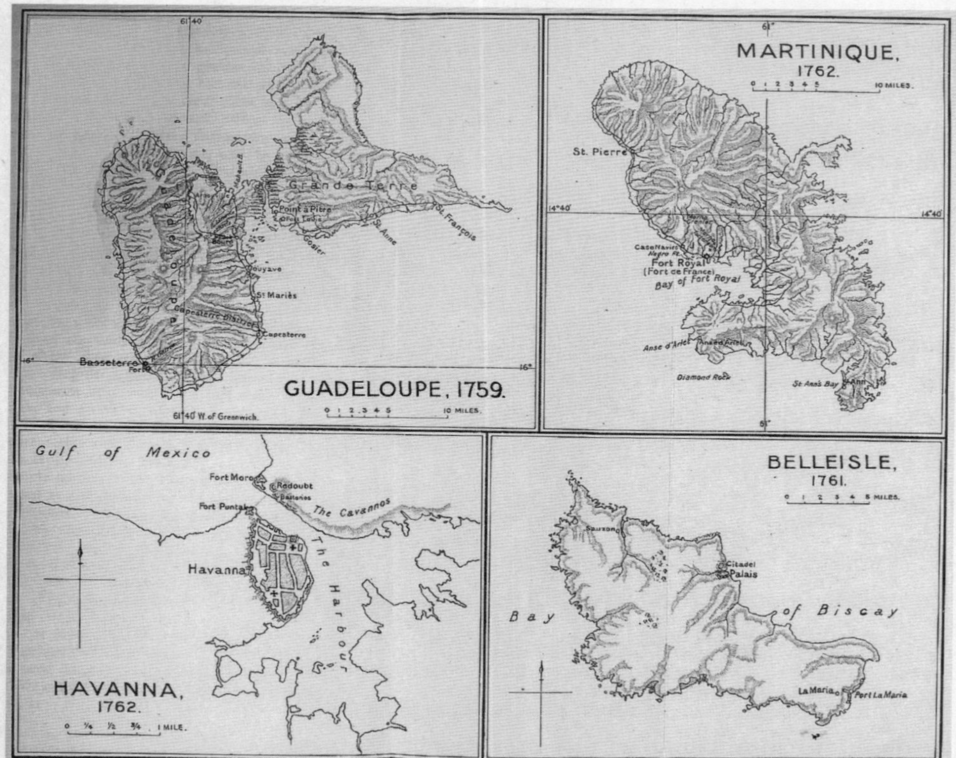

Também produzido pelos britânicos em 1762, o mapa permite observar a localização dos três principais fortes de Havana, todos situados na entrada do porto. Com o intuito de restaurar a segurança, as ações iniciais do conde de Ricla privilegiaram, justamente, a reconstrução dessas três fortificações (La Cabaña, La Punta e El Morro). J. W. Fortescue, *History of British Army*, v. 2, 1911, p. 544.

A reconstrução do Real Arsenal – localizado extramuros, próximo ao Campo de Marte – também foi assunto de máxima urgência. Durante a primeira metade do século XVIII, o Real Arsenal transformou-se em um dos mais importantes estaleiros do Império Hispânico, tendo sido o local de construção de parte significativa das embarcações que compuseram a Real Armada. Com o intuito de impedir que a Espanha recuperasse seu poder naval rapidamente, antes da retirada de Havana, em abril de 1763, os ingleses arrasaram o arsenal, destruindo praticamente todas as ferramentas e máquinas utilizadas na edificação e no reparo de embarcações, além de queimar os navios que estavam no estaleiro. Para reerguer o Real Arsenal, o capitão-general de Cuba chegou a contratar 4 mil homens que, sob o comando de Lorenzo Montalvo e com um investimento de mais de meio milhão de pesos, conseguiram entregar dois navios com capacidade para oitenta canhões cada ainda em 1765.[11]

Alejandro O'Reilly, por sua vez, fez um inventário da situação militar da colônia. Assim que compreendeu que uma série de interesses e redes pessoais comprometera o desempenho bélico de boa parte dos soldados espanhóis fixados em Cuba, O'Reilly conseguiu a aprovação metropolitana que diminuía para dois anos o tempo de permanência das tropas espanholas na ilha; passado esse período, ocorreria um rodízio entre os oficiais peninsulares. Seu objetivo era enfraquecer o poder das tropas veteranas, para que as milícias *criollas* – organizadas por ele – se tornassem o pilar da defesa colonial. Utilizando os conhecimentos demográficos, econômicos e sociais sobre a ilha, O'Reilly formou as Milícias Disciplinares de Cuba. No caso específico de Havana, foram criados um regimento de infantaria com dois batalhões e um regimento de cavalaria – ambos constituídos exclusivamente por homens brancos –, um batalhão de infantaria pardo e um batalhão de infantaria leve (especializado em emboscada) composto por negros livres.[12]

IMAGEM 4 Uniforme do Batallón de Morenos de la Habana (1763)

Uniforme do Batallón de Morenos de la Habana, 1763. Autor desconhecido . Archivo General de Indias. Desde 1586, as autoridades espanholas utilizavam mulatos[13] e negros livres na composição das tropas voluntárias em Cuba. Como apontado por diversos especialistas, a organização dessas tropas era reflexo da estrutura escravista da ilha, na medida em que a relação (direta ou indireta) com a escravidão criava uma série de diferenciações entre os batalhões de "homens de cor" e as demais milícias cubanas. Todavia, ainda dentro da lógica escravista, tais organizações foram fundamentais para a mobilidade social e a criação de laços de solidariedade de muitos egressos do cativeiro, que fizeram da sua pertença ao exército espanhol um elemento de distinção econômica e status social, o que muitas vezes eram expressos pelas vestimentas.

O exame preciso que O'Reilly havia feito da sociedade cubana lhe permitiu perceber que a única maneira de instalar a cobrança de impostos, necessários para a manutenção das milícias disciplinares, seria transformar as próprias milícias em instituições de prestígio e poder. Sendo assim, além da uniformização ornamentada (que levava em consideração as diferenças existentes dentro dos batalhões *criollos*) e da nomeação de importantes figuras da elite cubana para as mais altas patentes militares, O'Reilly e Ricla garantiram que os integrantes das milícias, quando necessário, seriam julgados pelo *fuero militar* – o que lhes daria diversas vantagens em comparação ao sistema jurídico destinado aos demais colonos. As medidas tomadas por O'Reilly e Ricla surtiram o efeito desejado: os *criollos*, que até 1758 compunham aproximadamente 17% das forças militares de Cuba, passaram a representar 40% em meados da década seguinte. Dessa maneira, o empoderamento das tropas *criollas* conseguiu atrair o maior número possível de soldados, cujos baixos salários e o pagamento de impostos foram recompensados política, judicial e simbolicamente.

Já foi visto que a condição imposta por Carlos III para aceitar o ousado plano de militarização proposto por Ricla era vinculá-lo ao aumento da cobrança de tributos na ilha. A partir de 1763, a coleta de impostos passou para as mãos de profissionais leais à Coroa que, sob o comando do marquês de Esquilache, criaram taxas e aumentaram diversos tributos. Uma medida importante foi o aumento da *alcabala* – tarifa cobrada sobre a venda de imóveis, escravizados e gado em todo o território americano. Em Havana, tal taxa representava 2% do valor cobrado nos itens tributáveis, percentual que aumentou para 4% e depois para 6%, além de ser imputado a outros produtos, como a aguardente e o rum. Tal aumento foi essencial para garantir a manutenção das novas tropas criadas em Cuba e a consolidação do sistema de taxação da ilha – o que, anos mais tarde, viria a ser fundamental para a prosperidade da produção açucareira cubana.[14]

No entanto, o aumento dos impostos era apenas um aspecto das reformas bourbônicas em Cuba. Para que o incremento dos diversos setores da economia local fosse administrado por uma burocracia profissional e moderna, o poder metropolitano – representado na figura do capitão-general ou dos ministros peninsulares – fundou em Havana instituições já existentes na metrópole. No início de 1764, foi criada a Intendencia de Correos (1764), órgão que passou a centralizar todas as comunicações postais das colônias hispânicas na América. Alguns meses depois, o conde de Ricla solicitou que a Coroa espanhola adotasse a Intendencia General de Ejército y Hacienda na ilha. Era a primeira vez que tal órgão era instituído no Novo Mundo, demonstrando, uma vez mais, os princípios ilustrados que nortearam a reconstrução de Havana. Chefiada por um intendente (geralmente *criollo*) que tinha comunicação direta com o rei, à Intendência coube administrar assuntos relativos a finanças, guerras, fortificações e terras reais,[15] o que fez de seu chefe um homem com poderes comparáveis apenas aos do capitão-general.

Atendendo às necessidades criadas pela própria reforma militar e pela elite havaneira, Ricla utilizou seu poder e rompeu alguns entraves que existiam para a importação de gêneros básicos como a farinha, permitindo que os colonos negociassem diretamente com comerciantes estrangeiros (sobretudo com norte-americanos e ingleses), o que, por sua vez, facilitou a entrada de mais alimentos e escravizados.[16] Afiançada pelo rei, a medida tomada pelo conde de Ricla em 1764 foi ampliada no ano seguinte, quando Carlos III aboliu o monopólio da Companhia Real del Comercio de la Habana com os portos de Cádis e Sevilha. Em semelhança ao sistema de livre-comércio imperial britânico, a Coroa hispânica viabilizou certa dinamização da economia havaneira, permitindo a comercialização dos seus produtos com nove portos espanhóis.

Observa-se então que o projeto ilustrado de Carlos III foi acompanhado por uma série de concessões à elite cubana. Os mediadores desse intrincado jogo de interesses foram o conde de Ricla e o marechal O'Reilly que, fazendo uso da boa relação criada nos dois lados do Atlântico espanhol e da fina análise que haviam feito das dinâmicas da sociedade cubana, cumpriram o que haviam prometido ao monarca: transformaram Havana na primeira praça forte da América hispânica sem colocar em risco o domínio da Coroa sobre a ilha.

A rapidez com a qual o conde de Ricla e o marechal O'Reilly reergueram Havana foi possível graças ao emprego de centenas de prisioneiros de guerra, homens livres e, principalmente, escravizados. Para que não houvesse falta de trabalhadores, o capitão-general conseguiu autorização real para a entrada de milhares de africanos na ilha. Nos primeiros quinze meses do governo de Ricla, aproximadamente 7 mil africanos escravizados chegaram em Cuba, a maioria em Havana.[17] Traficantes britânicos e alguns franceses trouxeram escravizados da África Central (33%), da baía de Biafra (43%), da região da Senegâmbia (7%), da Costa do Ouro (3%) e da Costa da Mina (14%).[18]

Em certa medida, a liberação do comércio de escravizados entre 1763 e 1765 acabou reforçando a importância que Havana – mais do que a totalidade de Cuba – tinha dentro do mundo hispânico. Mesmo porque, conforme pontuado por Tornero Tinajero, o tráfico africano não foi um evento isolado; ele acabou fomentando o comércio com outras nações, o que não fazia parte do pacto colonial imposto pela Espanha.[19] Com o intuito de conter os excessos da colônia, os peninsulares criaram, em 1765, a Compañia Gaditana de Negros, sediada em Cádis. Entretanto, tal empresa não obteve sucesso na tentativa de controlar a entrada de africanos na ilha.

Seguindo a lógica de uma cidade-porto que detinha um dos mais importantes estaleiros do mundo atlântico, não é de espantar que a maior senhora de escravizados da cidade fosse a própria Coroa espanhola.[20] Jennings demonstra como a compra de africanos escravizados pela metrópole – que ficaram conhecidos como os *esclavos del rey* – era uma prática corrente na cidade desde o século XVII. A necessidade constante de garantir o bom estado das fortificações, a construção de embarcações no Real Arsenal e, principalmente, a produção de tabaco demandavam a compra dos "escravizados reais".

Durante o governo de Ricla, aproximadamente 90% dos trabalhadores empregados na reconstrução do sistema de defesa de Havana eram africanos recém-adquiridos – os outros 10% eram compostos por trabalhadores livres (negros e brancos), prisioneiros e escravizados foragidos que haviam sido capturados. Diante das duras condições impostas pelo regime de trabalho forçado, Ricla tomou medidas para garantir a mínima sobrevivência, buscando mitigar as taxas de mortalidade e preservar a funcionalidade de sua força laboral. Entre essas medidas, destacava-se a distribuição de duas mudas anuais de vestuário, incluindo calças e camisas feitas com tecido rústico (costuradas por mulheres escravizadas), um casaco e, ocasionalmente, chapéus. Barracões de 40 m × 4 m foram construídos na região extramuros e abrigavam, em condições insalubres, duzentos escravizados. O conde de Ricla também teve a preocupação de equipar um hospital destinado exclusivamente ao atendimento de escravizados, com médico, cirurgião, enfermeiros e intérpretes que auxiliassem os africanos recém-chegados.

A aquisição dessa mão de obra representou um significativo investimento da Coroa espanhola. Além da exploração em atividades que demandavam força física (sobretudo no carregamento e construção dos fortes), houve a preocupação em promover a especialização de parte desses escravizados em funções estratégicas, como tanoaria, carpintaria, ferraria, alvenaria e armeiria, formando um quadro permanente de trabalhadores qualificados para atender às demandas da Coroa, no sistema de defesa, na construção naval e na manufatura do tabaco. E mesmo aqueles que não tinham qualquer especialização poderiam ser realocados para outros serviços, principalmente o trabalho doméstico nas residências das autoridades espanholas.[21]

Em meio ao governo de Ricla, Evelyn Jennings chamou atenção para a criação de uma comunidade de cem artilheiros escravizados. Esses homens recebiam treinamento especial para utilizar canhões e estar aptos a suplementar as forças do corpo de artilharia reformado. Para manter a lealdade desse corpo especial, o capitão-general cuidou para que tivessem uma série de privilégios se comparados aos outros *esclavos del rey*. Um deles era a possibilidade de constituir família com cem mulheres escravizadas especialmente designadas. Sua vida familiar também tinha maior privacidade, com quartos separados e condições materiais muito melhores. Além de acomodações mais confortáveis – camas e lamparinas –, as mulheres recebiam melhores provisões e tinham autorização para cozinhar em seus cômodos. Os filhos desses casais muitas vezes eram treinados para executar atividades especializadas e se tornavam ferreiros, carpinteiros e pedreiros.[22]

É importante pontuar que o conde de Ricla também esteve atento às exigências dos *criollos*, e a facilitação da compra de africanos escravizados promovida em seu governo fez com que aproximadamente 4 mil escravizados pudessem ser adquiridos por particulares, que os utilizariam como escravizados de ganho, nos serviços domésticos e também na produção agrícola nas cercanias de Havana. Todavia, a despeito das boas intenções de Ricla, a demanda por cativos continuava sendo uma das maiores reivindicações das elites locais, sobretudo aqueles que desejavam investir na produção monocultora na hinterlândia da cidade.

Conforme a capital cubana se reestruturava, a urgência por escravizados parecia aumentar ainda mais.

O caso de Jossef Antonio parece ilustrar muito bem os múltiplos usos e limites da escravidão urbana naquele momento da história da cidade. Escravizado do rei, Jossef trabalhava na construção da fortaleza La Cabaña quando fugiu, em meados de 1765. O fato em si não aponta novidade relevante, tendo em vista se tratar de uma das principais formas de resistência à escravidão nas Américas. O curioso foi que Jossef ficou pouco tempo foragido. Ainda em 1765, ele foi apresado por Jacinto Tapia, morador da cidade. No entanto, ao contrário do que se poderia esperar de um leal súdito de Carlos III, Tapia não devolveu Jossef para as autoridades. Sem muitos questionamentos morais, Jacinto Tapia outorgou-se senhor de Jossef, que ficou (ilegalmente) sob seu poder por doze anos. A fraude só foi descoberta em 1777, quando Jacinto, por intermédio de seu irmão Philipe, tentou vender Jossef para José Antonio Quintana. Ao solicitar os documentos que atestassem a posse do escravizado, Quintana percebeu a irregularidade e foi atrás das autoridades competentes, que prenderam Jacinto e recolheram Jossef.[23]

Não é possível afirmar se foi oportunismo ou simples má-fé que levou Jacinto Tapia a apoderar-se de Jossef Antonio. O caso é que o longo período em que Jossef ficou em poder da família Tapia ilustra não só as dificuldades em se adquirir um escravizado em Cuba na década de 1760 como também sugere que o reconhecimento de um escravizado foragido não era tarefa simples na Havana de então. Embora a Coroa tenha tomado atitudes que diferenciassem os trabalhos exercidos por escravizados e libertos em Havana – a partir de 1763, as atividades aduaneiras (descarga e transporte de mercadorias) ficaram proibidas aos cativos, tornando-se trabalho exclusivo dos negros e mulatos livres[24] –, uma cidade cujo percentual da população escrava girava em torno de 35% era um bom esconderijo para cativos foragidos, que ainda poderiam ser confundidos com os outros negros livres e libertos que ali viviam.

A possibilidade de fuga dentro da própria cidade apenas reforça o argumento de que Havana já havia incorporado o modelo de trabalho escravista em meados do século XVIII. Mesmo porque, como apontado pelo caso de Jossef, o anonimato desfrutado pela população negra nos grandes centros urbanos poderia, por vezes, beneficiar outros sujeitos que não os escravizados foragidos. Se muitos cativos fizeram de Havana seu esconderijo, alguns senhores conseguiram se aproveitar para "reescravizar" cativos de terceiros, sem que isso chegasse ao conhecimento das autoridades.

A partir de finais de 1765, quando grande parte da reforma do sistema de defesa já tinha sido concluída, a Coroa espanhola autorizou a venda de parte dos africanos escravizados adquiridos nos dois anos anteriores. O objetivo era diminuir as despesas com esses cativos e aumentar a receita da cidade, uma decisão que foi muito bem recebida pelos habitantes, que seguiam ansiando por mais braços escravizados. Quando deixou Havana, Ricla havia cumprido seu plano inicial e devolvido à cidade um sistema de defesa digno de sua importância para o Império Espanhol. Tal plano foi factível graças aos conhecimentos militares do capitão-general, às boas relações estabelecidas com a elite local e, sem dúvida alguma, ao uso massivo de africanos escravizados.

Rio de Janeiro: um novo vice-reino

O sucesso do governo do conde de Ricla não encontrou paralelo no Rio de Janeiro nos meses que se seguiram à sua elevação a vice-reino da América portuguesa. Fora de próprio punho e com muito pesar que Antônio Álvares da Cunha afirmava não ter feito um bom governo entre 1763 e 1767. Na carta endereçada ao secretário do Estado da Marinha e do Ultramar, o conde de Cunha dizia não ter sido amado nem benquisto pelos súditos do rei dom José durante o tempo em que ocupou o cargo de vice-rei do Brasil.[25] Embora substituir o conde de Bobadela não fosse tarefa simples, o marquês de Pombal acreditou que Antônio Álvares da Cunha tinha os pré-requisitos necessários para o posto: em uma longa trajetória de serviços prestados ao Império Ultramarino Português, destacavam-se a experiência como governador de Angola (1753-1758) e o conhecimento militar que o fizera conselheiro de guerra e comandante da artilharia em 1762.[26]

Na carta em que solicitava sua substituição, o conde de Cunha elencou o que lhe pareceram as razões principais de seu malogro. Paradoxalmente, o relativo fracasso de seu governo teve peso na decisão de elevar o Rio de Janeiro a capital da colônia lusitana na América:

quando se tornou vice-rei, no alvorecer de 1763, Álvares da Cunha encontrou uma cidade muito menos suntuosa do que a Havana do mesmo período, mas que, havia muito, contava com uma intrincada rede de poderes locais.

Desse modo, nem mesmo as mudanças feitas durante o governo do conde de Bobadela e a significativa quantidade de dinheiro que passou a circular no Rio de Janeiro após a descoberta das minas foram suficientes para aplacar sua decepção com a cidade. Embora já abrigasse praticamente todos os órgãos administrativos do poder colonial,[27] o Rio não parecia fazer jus à sua nova condição de sede da colônia. Aos olhos do vice-rei, a demanda criada pelo contexto internacional contemplava apenas parte do que ele defendia como projeto ilustrado de cidade. Importante lembrar que, naquela época, o Rio de Janeiro ainda era uma urbe pequena, composta por duas freguesias principais (Sé e Candelária) espremidas entre os quatro morros que protegiam a cidade.

Assim com a reconstrução impetrada pelo conde de Ricla em Havana após 1762, um dos objetivos principais de Antônio Álvares da Cunha era garantir a segurança colonial, em especial de sua sede, pois "perdida uma vez essa Capital, se perdem consecutivamente as Minas e também se pode considerar perdido todo o resto do Brasil".[28] Não por acaso, a reconstrução da Fortaleza de Santa Cruz foi uma das suas primeiras ações como vice-rei.

O vice-rei atribuiu seu insucesso à péssima relação que estabelecera com os principais vizinhos fluminenses. A importância que a cidade e seus arredores ganharam com a descoberta das minas e com a corrida do ouro permitiu que os habitantes mais influentes (sobretudo os produtores de gêneros básicos e os traficantes de escravizados) tivessem um poder de barganha nada desprezível perante as autoridades governamentais. Em tempos de guerra, por exemplo, muitas famílias abastadas do Rio de Janeiro e de sua hinterlândia conseguiram colocar-se ao abrigo do recrutamento.[29] Contudo, a retidão com a qual se propôs a cumprir os ditames de um governo ilustrado fez com que o conde de Cunha entrasse em conflito aberto com as famílias mais influentes da cidade, o que acabou encurtando sua administração na colônia.

IMAGEM 5 Fortaleza de Santa Cruz, Rio de Janeiro

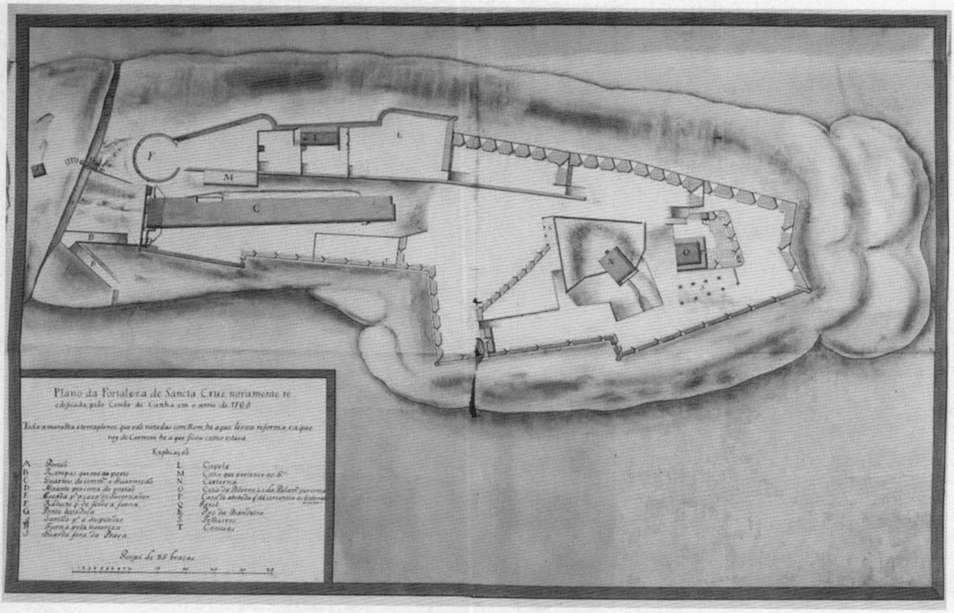

Desenho aquarelado da Fortaleza de Santa Cruz, de 1765, localizada na barra da baía de Guanabara. Anexado à consulta do Conselho Ultramarino de 17 mar. 1766, na qual o vice-rei do Brasil expôs sobre as obras das fortalezas do porto da cidade do Rio de Janeiro e sobre o Hospital dos Lázaros. Gravado por autor desconhecido. Arquivo Nacional da Torre do Tombo.

Como bem demonstrado por Izabela Gonçalves, as principais razões para as desavenças entre o vice-rei e as elites fluminenses decorreram, em grande parte, das tentativas do governante de implementar medidas de centralização administrativa e de reforço do poder régio defendidas pelo rei José I e pelo marquês de Pombal. A busca por maior controle sobre os agentes administrativos e judiciários da colônia, incluindo os desembargadores e o chanceler do Tribunal da Relação do Rio de Janeiro, gerou intensos atritos. O vice-rei denunciava que esses agentes protegiam indivíduos endividados com a Real Fazenda e resistiam às suas tentativas de impor uma administração mais eficiente e alinhada às ordens régias . Assim, o projeto de centralização encontrou oposição não apenas entre membros da burocracia colonial, mas também entre setores da elite econômica e religiosa, que viam suas prerrogativas ameaçadas.

A militarização da colônia, implementada no contexto das Reformas Pombalinas, constituiu um importante foco de tensão durante o governo do conde da Cunha. O envio de tropas diretamente do reino e a nomeação de oficiais estrangeiros para posições de comando representaram uma inflexão significativa na estrutura das forças militares locais, minando a autoridade dos oficiais coloniais e gerando insatisfação entre os quadros que tradicionalmente exerciam influência no âmbito castrense. Paralelamente, as elites mercantis e proprietárias manifestaram resistência à ampliação do recrutamento, uma vez que o alistamento compulsório comprometia a força de trabalho disponível, sobretudo em atividades econômicas fortemente dependentes da mão de obra local.

A esse quadro somou-se a oposição de setores do clero, frequentemente acusados pelo vice-rei de proteger potenciais recrutas ao absorvê-los em funções eclesiásticas, o que reduzia ainda mais o efetivo militar disponível. Tais conflitos revelam como a tentativa de centralização e modernização administrativa esbarrava em interesses consolidados e múltiplas formas de negociação entre os poderes locais e o Estado metropolitano.[30]

Vale ressaltar que, no caso do Rio de Janeiro, a maior adesão militar ocorreu, justamente, nos batalhões de negros e pardos. Boa parte da população negra e mestiça livre ou liberta encarava essas instituições como um fator de distinção social[31] e, em alguns casos, como possibilidade de reconstrução de laços de identidade. A história da milícia negra do Rio de Janeiro, também conhecida como o Terço dos Henriques, ainda não foi analisada de forma sistemática pela historiografia, sobretudo no que diz respeito à apropriação que a "população de cor" livre e liberta fez dessas organizações. Alguns estudos de caso apontam que tais terços foram fundamentais na política ilustrada da segunda metade do século XVIII, bem como se tornaram organizações-chave na dinâmica de sociedades escravistas, em que o trabalho, as possíveis identidades africanas e o pertencimento às organizações legitimadas pelo poder colonial criaram amplas redes de sociabilidade, todas tangenciadas pela escravidão e pelas diferentes formas de lutar e se distanciar dela.[32]

É interessante notar que parte significativa dos homens que ocuparam o alto escalão do Terço dos Henriques no Rio de Janeiro também teve papel de destaque nas irmandades negras da cidade. Mariza Soares analisou as relações entre as lideranças dos batalhões no Rio de Janeiro setecentista com o papel executado por esses mesmos homens nas irmandades religiosas.[33] O estudo se atém com maior profundidade aos casos dos africanos transportados da Costa da Mina, na baía do Benim, para o Rio de Janeiro durante o século XVIII. Entretanto, Soares deixa evidente a intrincada rede de prestígio criada em uma cidade que ampliava sua importância militar e política na mesma intensidade com que aumentava sua população de escravizados.

Em uma sociedade cada vez mais talhada pela escravidão racializada, não é de estranhar que o recrutamento de homens negros e pardos não tenha se dado da mesma forma que o de homens brancos. No entanto, é preciso pontuar que o alistamento de colonos era parte de uma política militar mais ampla, que teve outros desdobramentos na cidade. Em 29 de dezembro de 1763, o vice-rei fundou o Arsenal de Marinha em terras cedidas pelos beneditinos no sopé do Mosteiro de São Bento. Mesmo sendo um marco importante das intenções da Coroa lusitana, tal estaleiro não teve a mesma pujança do Real Arsenal de Havana, tendo construído, durante todo o século XVIII, apenas a nau São Sebastião – um número que em parte se explica devido à escassez de madeira e também à robustez de estaleiros localizados em outras capitanias da colônia.[34] Ainda preocupado com a segurança da cidade, Antônio Álvares da Cunha reformou a Casa do Trem, erguida no ano anterior pelo conde de Bobadela. Tal construção foi edificada ao lado da Fortaleza de Santiago – em um dos pontos mais estratégicos da cidade –, cuja função principal era guardar armamentos (ou "trem de artilharia", daí seu nome). O vice-rei também mandou erguer o Arsenal de Guerra (1764), que possuía uma oficina para consertos de armas, além de uma fundição, e ordenou a transferência dos paióis de pólvora para a ilha da Pombeba, próxima ao porto da cidade.

Ainda que a documentação não seja vasta, ela indica que as mudanças levadas a cabo pelo conde de Cunha contaram com a força de trabalho dos escravizados que viviam na cidade, sobretudo daqueles que pertenciam à Coroa. Nas portarias expedidas pela Provedoria da Real Fazenda do Rio de Janeiro durante o governo de Cunha, escravizados da cidade foram listados como auxiliares de tropas enviadas para Minas Gerais. Em 1766, foi estipulada uma módica quantia mensal para a Ferraria do Arsenal a fim de assistir dois escravizados do rei português que trabalhavam como ferreiros. No ano seguinte, a Real Fazenda mandou mantimentos para doze escravizados que trabalhavam no corte de lenha.[35]

IMAGEM 6 Casa do Trem e Arsenal (1765)

Perspectiva da cidade do Rio de Janeiro, 1765. Gravada por James Forbes. Fundação Biblioteca Nacional. Detalhe da vista panorâmica do Rio de Janeiro apresenta as duas principais construções militares feitas pelo conde de Cunha: a Casa do Trem (onde atualmente se localiza o Museu Histórico Nacional) e o Arsenal. Ambas tinham o objetivo de incrementar a segurança da cidade, uma questão de enorme importância durante o governo do rei dom José e de seu secretário, o marquês de Pombal.

Além dos trabalhos especificamente vinculados às transformações que visavam ampliar a segurança militar do vice-reino, a escravidão constituiu parte do "pano de fundo" do governo do conde de Cunha. Isso porque, entre 1763 e 1767, o desembarque de africanos escravizados se intensificou significativamente. De acordo com os dados do site Slave Voyages, nos quatro anos de governo do conde de Cunha aproximadamente 50 mil africanos escravizados desembarcaram na região sudeste da América portuguesa, que tinha o Rio de Janeiro como principal porto. Esse número corrobora o que parte da historiografia brasileira tem mostrado sobre a importância do tráfico na formação das fortunas fluminenses, mesmo depois do declínio das atividades auríferas nas regiões mineradoras. Vale lembrar que, nesse mesmo período, Havana recebeu pouco mais de 7 mil africanos escravizados – graças à bem-sucedida política do conde de Ricla. No contexto mais amplo da América portuguesa, o desembarque de africanos escravizados para a região sudeste representou 45% do total de africanos escravizados desembarcados na colônia.

No trabalho em que analisa lavradores de cana em uma freguesia rural do Rio de Janeiro entre 1740 e 1799, Jerônimo da Cruz demonstra que uma parte importante dos africanos era comprada por pequenos e médios proprietários rurais. Esse estudo corrobora achados anteriores que demonstram como o Rio de Janeiro recebeu grande parte dos africanos alocados na produção alimentícia da colônia, tanto na hinterlândia fluminense como na capitania de Minas Gerais ou na de São Paulo. Essa ressalva é especialmente importante porque era comum que os maiores senhores rurais da região tivessem casas na cidade do Rio de Janeiro, além de redes de negócio que envolviam a compra de escravizados (africanos em sua maioria) e também a venda de seus produtos. E, como esperado, a maior parte dessas residências urbanas de proprietários rurais tinha ao menos um ou dois escravizados domésticos que garantiam o funcionamento da casa.

A consolidação do Rio de Janeiro como importante porto de desembarque de africanos também entrou na conta da governança. Entre 1765 e 1767, o conde de Cunha foi obrigada a intervir em um assunto que havia algum tempo causava conflitos na cidade. Os vereadores do Rio de Janeiro, apoiando senhores de engenho e lavradores da capitania, denunciaram os valores abusivos praticados por atravessadores que vendiam os escravizados recém-desembarcados. A pedido do marquês de Pombal, o vice-rei emitiu dois pareceres sobre a questão. Em ambos, o conde de Cunha (com a consultoria de Antonio Pinto de Miranda) não hesitou em defender a figura dos atravessadores. Segundo ele, sem esses homens, os africanos escravizados

> morreriam todos os que aqui vêm doentes e magros, pois que estes não compram os senhores de engenho e lavradores de

> cana, e muito menos os mineiros, só sim os pobres, que deste gênero de negócio vivem, tratando deles e curando-os com o maior trabalho; que se proibisse essa útil negociação, nem haveria quem fosse resgatar à Costa da África, nem se achariam venda senão pelos grandes preços que tiveram nos tempos em que não havia ainda essa pequena negociação com os que não têm valor pelos sobreditos motivos.[36]

A posição do conde de Cunha revela uma rede complexa e tensa de interesses relacionados a compra e venda de africanos no Rio de Janeiro, uma atividade que estava diretamente vinculada às riquezas e fortunas da capitania, à posição central que o vice-reino desfrutava dentro desse comércio e aos múltiplos interesses em jogo.

E as disputas não pararam aí. Durante o governo do conde de Cunha ocorreu outra celeuma envolvendo o tráfico de africanos escravizados no Rio de Janeiro. Desde o final da década de 1750, ficou acordado que o desembarque de africanos seria transferido da rua Direita, principal via da cidade na época, para o Caminho do Valongo, a fim de evitar que possíveis epidemias advindas dos navios negreiros sangrassem a cidade. Como bem-demonstrado por Claudio Honorato, essa medida trouxe muito descontentamento entre os comerciantes de africanos. Alguns deles obedeceram à recomendação do Senado da Câmara e iniciaram a mudança de suas casas para a periferia da cidade. No entanto, um número expressivo ainda manteve o desembarque e a venda na região central. Para tanto, contaram com um apoio de peso. Em 1765, um conjunto de médicos e cirurgiões que trabalhavam para os traficantes alegou que o medo dos vereadores era infundado, pois em mais de vinte anos de trabalho esses profissionais nunca teriam testemunhado uma epidemia oriunda do desembarque de escravizados. O médico Mateus Saraiva foi ainda mais enfático e atestou que

> os escravos novos vindos da costa da África e Guiné, antes que se desembarque para a Alfândega são primeiro visitados pela Visita de Saúde, a que eu vou como médico da Saúde, por Provisão real, para que, no caso que identificar algum mal contagioso, se ordena dar-se-lhe quarentena e também mais que nas casas da minha vizinhança e onde há muitos anos se administram

> a venderem os negros escravos, nada se observa de epidemias, nem mal contagioso, por esses escravos, nem nas famílias das citadas casas, ou quaisquer outras casas aonde venho assistindo, com escravos novos.[37]

Observa-se, pois, que os princípios ilustrados da política pombalina que balizavam a governança do vice-reino estavam sendo acessados de forma distinta entre os vereadores e moradores, contrários à venda de africanos escravizados no centro da cidade, e os comerciantes e traficantes, que insistiam no cumprimento de práticas sanitárias. O conde de Cunha não tomou qualquer atitude que definisse a situação – durante seu governo, a região da alfândega continuou sendo palco do desembarque dos pretos novos.

Porém, é preciso dizer que o vice-rei tomou atitudes relativas à formosura do espaço urbano.[38] Embora crítico de seu antecessor, Antônio Álvares da Cunha deu continuidade às melhorias urbanísticas realizadas por Gomes Freire, construindo o Hospital dos Lázaros e outro para os soldados, abrindo e saneando vias e aterrando a principal vala da cidade, que escoava água para o largo da Carioca, havia muito foco de inúmeras doenças. Graças a tais obras, o perímetro urbano do Rio se expandiu, e na segunda metade do Setecentos a cidade já contava com dois espaços de ocupação: o primeiro, próximo ao mar, era o berço do Rio, onde estavam localizados os principais edifícios da cidade; o segundo, prova do esforço humano na luta contra a natureza, ficava próximo à rua da Vala, região habitada pela população mais pobre da cidade e que havia sido recentemente arruada.[39] De acordo com Luís Edmundo, a melhoria dessa segunda porção da cidade havia rendido elogios ao vice-rei, que ganhou a confiança das camadas populares.[40]

No entanto, nem a simpatia do povo, nem as melhorias do aparato urbano, muito menos a presteza com que fechou as lojas de ourives que faziam contrabando de ouro na cidade e desarticulou uma conspiração promovida pelos agentes dos jesuítas (expulsos da colônia em 1759) serviram para aplacar o desânimo do vice-rei ante o comportamento dos colonos mais influentes. Pego de surpresa, as súplicas feitas em 1767 foram ouvidas e, no mesmo ano, o conde de Cunha foi substituído por um seu conterrâneo, dom Antônio Rolim de Moura Tavares, o conde de Azambuja.

Assim como seu antecessor, Azambuja já possuía experiência na administração colonial, tendo sido governador das capitanias de Mato Grosso e da Bahia. Todavia, Moura Tavares assumiu o cargo quando já estava doente e por isso seu mandato não só foi rápido como pouco relevante para a história do Rio de Janeiro.

A despeito das crises internas na política colonial e da significativa queda das atividades auríferas desde meados do século XVIII, vale dizer que nos primeiros anos como vice-reino da América portuguesa o Rio de Janeiro continuava sendo um importante porto de desembarque de escravizados. Somando os dados relativos ao governo do conde de Cunha e o conde de Azambuja, pouco mais de 65 mil africanos entraram na região sudeste da colônia, sobretudo através dos portos do Rio de Janeiro. Esse número demonstra a forte assimetria existente entre Havana e Rio de Janeiro no que diz respeito ao volume do tráfico negreiro nas duas cidades – o que se justifica principalmente pela dimensão das colônias.

O avultado tráfico para a América portuguesa entre 1763 e 1769 confirma que a Coroa lusitana (sobretudo quando orientada pelo marquês de Pombal) fez os ajustes necessários para a manutenção do trabalho forçado em meio à disseminação dos ideais ilustrados, reafirmando assim a ideologia escravista.[41] No que diz respeito às colônias, observa-se a dinâmica de sociedades coloniais que, a cada dia, tinham mais e mais cativos e deles dependia de maneira crescente, ao mesmo tempo que enriqueciam e empoderavam as famílias vinculadas ao tráfico. Os diversos conflitos travados entre pequenos e grandes comerciantes de escravizados junto às autoridades locais revelam parte dessa dependência e evidenciam o peso que tal comércio granjeou durante o setecentos.[42]

Apesar do precário estado de conservação, o volume expressivo de documentos relativos à compra e venda de escravizados no Rio de Janeiro reforça as evidências já discutidas: a cidade, elevada à condição de sede do vice-reinado a partir de 1763, não se limitou a funcionar como ponto de desembarque e redistribuição de africanos recém-chegados, desempenhando também um papel ativo como mercado consumidor de cativos. Essa dupla função – entreposto negreiro e espaço de apropriação direta da mão de obra escravizada – conferia ao Rio uma centralidade particular nas dinâmicas do tráfico e da escravidão no Atlântico Sul. Ao mesmo tempo, a presença massiva e cotidiana da população escravizada não apenas sustentou as estruturas produtivas e domésticas da cidade como também transformou profundamente sua paisagem social, cultural e simbólica, ressignificando o espaço urbano a partir das experiências e das práticas dos próprios cativos.[43]

CAPÍTULO 3

Escravidão urbana em palcos ilustrados (1766-1790)

Laboratório ilustrado e sua ânsia por escravizados

Em 1777, Andrés Olivares, mestre de obras do rei, endereçou uma acusação grave contra Nicolau Nates, comerciante conhecido em Havana. Segundo Olivares, Nates havia se apossado indevidamente de Félix, escravizado que trabalhara nas obras reais desde o governo do conde de Ricla. Segundo o testemunho de Olivares, essa não era a primeira vez que Nates apoderava-se de escravizados reais para usufruto.[1] Contudo, comprovar a culpa de Nates não seria tarefa simples. Desde 1782, ele era capitão da Milícia de San Lázaro e comandava 3 sargentos, 4 cavaleiros e 31 soldados.[2] Além disso, o escravizado em questão havia morrido anos antes, o que faria do caso uma disputa de palavras. De acordo com o capitão, as injúrias do mestre de obras eram resultado de um entrevero ocorrido anos atrás – Nates não teria pagado alguns jornais para Olivares. Como esperado, a briga de forças acabou pendendo para o lado do capitão, inocentado das acusações. Sendo assim, é possível que essa mesma "força" tenha servido para escamotear a situação irregular de um importante *criollo* de Havana que, assim como tantos outros, fez valer seu poder para ter acesso facilitado a um escravizado.

Para além de um possível desvio de conduta do capitão *criollo*, a acusação de Olivares também deve ser lida no contexto em que a Coroa espanhola desejava diminuir a quantidade de escravizados de sua propriedade. A aquisição volumosa de africanos por parte da Coroa se enquadrava na urgência de garantir a segurança da capital de Cuba. Quando a segurança estava minimamente restabelecida, as autoridades locais trataram de diminuir seus gastos, vendendo para os colonos havaneiros pouco mais de 60% dos escravizados adquiridos nos dois anos anteriores. Essa oferta veio ao encontro das necessidades imediatas de parte dos moradores da cidade, mas não sanou a demanda por mão de obra escravizada, nem facilitou o acesso desses colonos ao tráfico transatlântico. De acordo com os dados do site Slave Voyages, entre 1766 e 1782 pouco mais de mil africanos escravizados aportaram em Cuba, cifra que nem de longe resolvia as necessidades dos moradores de Havana.

Depois de um breve governo de Diego Mauerique, Antonio María de Bucareli y Ursúa assumiu como novo capitão-general de Cuba, ficando no cargo entre 1766 e 1771. Com o sistema de defesa reorganizado, Bucareli y Ursúa passou a tratar de outros assuntos relativos à administração urbana da capital cubana. Uma das suas primeiras ações foi criar mais subdivisões na cidade que, por sua vez, passaram a ser administradas por órgãos específicos. Os assuntos relativos aos bairros urbanos continuavam sob o comando do *cabildo*,[3] que a partir de então designava comissários de bairro responsáveis por inscrever os habitantes, vigiar meliantes, controlar os movimentos e traslados, e também aplicar a justiça de primeira instância.[4] Já os partidos rurais passaram a ser governados por capitães diretamente subordinados ao capitão-general de Cuba, evitando assim a participação do *ayuntamiento*, órgão responsável pela administração municipal, o governo rural.[5]

O mapa 5, produzido em 1771, é um documento bastante interessante. No círculo em destaque está a capital cubana propriamente dita (intra e extramuros), cujo perímetro urbano pouco tinha mudado desde a saída dos ingleses em 1763. Nos retângulos em linha pontilhada estão marcadas as localidades que, de acordo com a legenda do mapa, deveriam ser fortificadas para evitar ataques inimigos. Por fim, as localidades destacadas em retângulos com linhas contínuas indicam os engenhos de açúcar, que cresciam a olhos vistos na cercania da cidade. Tal crescimento era decorrente de uma série de investimentos que a elite *criolla* vinha fazendo na produção de açúcar desde 1740 e que, em certa medida, acabou fomentada pelo aumento populacional da ilha a partir de 1763, em grande medida pela necessidade de fortificar regiões próximas.

MAPA 5 Havana e seu entorno (1771)

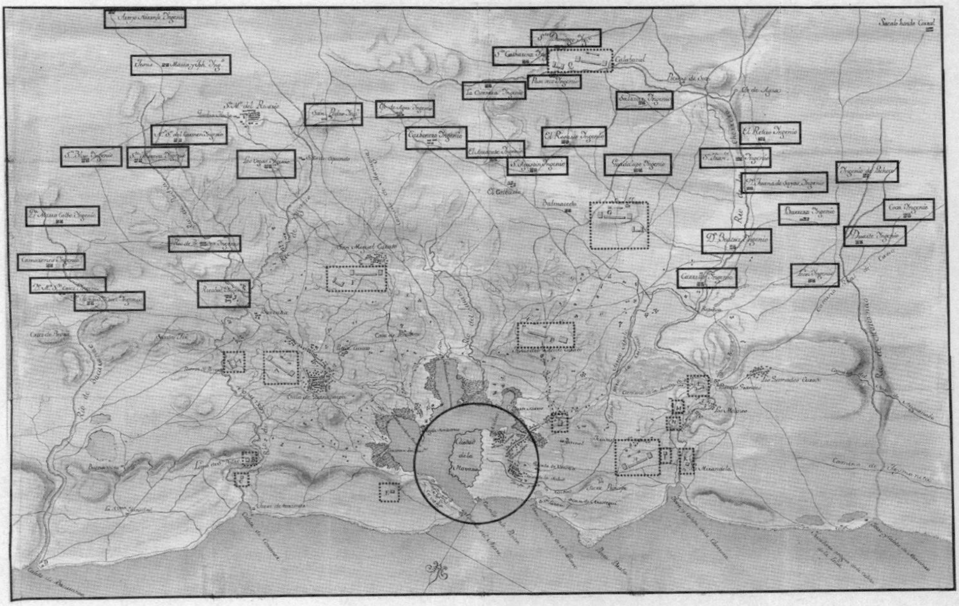

Plano de Havana e arredores, 1771. Gravado por autor desconhecido. Archivo Cartográfico y de Estudios Geográficos del Centro Geográfico del Ejército/Biblioteca Virtual de Defensa. O mapa apresenta de forma muito interessante o que estava ocorrendo em Havana no começo da década de 1770.

No entanto, as grandes transformações urbanísticas de Havana ocorreram sob o governo do capitão-general de Cuba nomeado em 1771. Felipe de Fondesviela y Ondeando, o marquês de la Torre, herdou uma Havana extremamente militarizada e com uma atividade portuária em franco desenvolvimento. A paz que marcou os primeiros anos de seu mandato permitiu que o novo capitão-general fosse o primeiro a considerar o corpo conjunto da cidade de Havana durante a implementação de sua política de ordem pública. Segundo o próprio marquês,

> entre los graves cuidados siempre procuré sacar lugar para los asuntos pequeños: las horas en que habían de encender-se los hornos de las panaderías para excusar la incomodidad de que se quejaba el Vecindario; los parajes en que habían de arrojarse las heces que resultaban de la fábrica de aguardiente; el Riego de

las Calles, para evitar el pollo y mitigar los ardores del Sol; me debieron providencias oportunas y repetidas.[6]

Não foram apenas os fornos das padarias que passaram a fazer parte do grande rol de responsabilidades do capitão-general. O marquês recebeu uma cidade que dependia, em grande parte, do trabalho escravizado. Por isso, questões miúdas sobre o escravismo também fizeram parte da sua administração, como a necessidade de comprar farinha de mandioca e banana para os cativos do rei que trabalhavam nas fortificações e demais construções da cidade.[7] Com menos preocupações com o bem-estar deles, o marquês podia agora assegurar que os africanos importados anos antes estivessem em condições tais que lhes permitissem executar os trabalhos que de la Torre tinha em mente.

Durante seu governo, a capital cubana passou por importantes transformações para que se adequasse, por completo, ao modelo ilustrado de cidade. Justamente por isso, ordenamento, controle e embelezamento foram as palavras-chave do governo do marquês de la Torre. Nesse período, o engenheiro Antonio Fernández Trevejos implementou importantes transformações urbanísticas em Havana: a Praça de Armas foi reformada a fim de reafirmar sua autoridade espacial, e os edifícios do Palácio do Governo e do serviço de finanças foram erguidos. Inspirado no Passeio do Prado, em Madri, e em Las Ramblas, de Barcelona, vias como a alameda de Paula foram abertas. Os barracões de escravizados localizados próximos à fortificação La Punta foram derrubados para dar espaço à construção da alameda de Extramuros (também conhecida como alameda Nuevo Prado) que, como o nome sugere, facilitaria o trânsito entre as partes da cidade separadas pela muralha.[8]

A administração do marquês de la Torre inaugurou, assim, uma nova relação entre as duas porções da cidade, tornando a região extramuros mais arborizada e agradável. A terraplanagem do declive que se encontrava nas imediações da muralha desencadeou duas importantes mudanças na cidade. De um lado, permitiu a extensão do Campo de Marte, o que, por sua vez, possibilitou a criação de um espaço destinado às tarefas militares (exercícios, escola de artilharia e barracões para as tropas), algo impensável na região intramuros. Por outro lado, viabilizou que o antigo declive – agora terraplanado – se transformasse em novos *partidos* da cidade, local de moradia da população que não parava de crescer.[9]

IMAGEM 7 Alameda de Paula (1839)

Fréderic Miahle, *Alameda de Paula, Isla de Cuba Pintoresca*, 1839. Cuban Heritage Collection, University of Miami Libraries. Produzida pelo artista francês Frédéric Miahle na década de 1830, essa litogravura ajuda a compreender parte dos ideais ilustrados que pautaram as ações do governo do marquês de la Torre em Havana entre 1771 e 1777.

A alameda de Paula foi construída a mando do marquês e, diferentemente de todas as ruas que compunham a malha urbana na região intramuros de Havana, era ampla e arejada, aproveitando-se da localização à beira-mar, como demonstrado na litogravura. Mais do que uma via de acesso, a alameda também era o local por onde a oligarquia havaneira desfilava as vestes importadas da metrópole e de outras partes da Europa desde meados do século XVIII.

O grande número de obras realizadas durante o governo do marquês de la Torre foi, em parte, resultado da decisão metropolitana em recolher a moeda *macoquina*, que circulava em Cuba e em outras colônias da América Central. A Coroa espanhola almejava controlar de maneira mais eficiente o grande número de moedas correntes. Como a maior parte do dinheiro utilizado na reconstrução de Havana provinha do México,[10] a Coroa espanhola buscou estabelecer um padrão monetário para as diferentes possessões americanas.

Importante ressaltar que a *macoquina* era uma moeda valorizada pelo Tesouro Real mas cheia de irregularidades no tamanho e no formato. Em 1773, o primeiro decreto real determinando o recolhimento das *macoquinas* ainda obrigava o envio das moedas para Cádis. Tendo em vista que o resgate, envio e ressarcimento seria muito lento – além de um grande risco para os habitantes de Cuba –, muitos *criollos* preferiram investir suas "economias *macoquinas*" na própria ilha. A grande circulação de *macoquinas* entre 1773 e 1776 acabou dinamizando a economia local por meio do financiamento de parcela significativa das reformas ilustradas empreendidas pelo marquês.[11] Além de custear a construção de inúmeros edifícios e bancar diversas obras públicas em Havana, parte das *macoquinas* também se converteu em engenhos de açúcar, cujos números, desde 1750, aumentavam de forma expressiva nas proximidades da capital cubana.

Tamanha enxurrada de dinheiro permitiu também que o capitão-general pudesse ousar construir o primeiro teatro da cidade, ao mesmo tempo que investiu em obras de infraestrutura como o calçamento e a iluminação das ruas. Esse foi, inclusive, um assunto que demandou muito tempo e estudo por parte do capitão e dos engenheiros contratados, pois havia uma dificuldade significativa na obtenção de pedras adequadas ao período de chuvas.[12] Ainda no que diz respeito à estrutura urbana de Havana, o fornecimento de água – uma das pautas do governo do conde de Ricla – continuou sendo um assunto de grande importância. A experiência da invasão inglesa havia alertado para a necessidade de se criar outras fontes que facilitassem o acesso à água, empreendimento levado a cabo pelo marquês.

MAPA 6 Havana (intramuros) em 1773

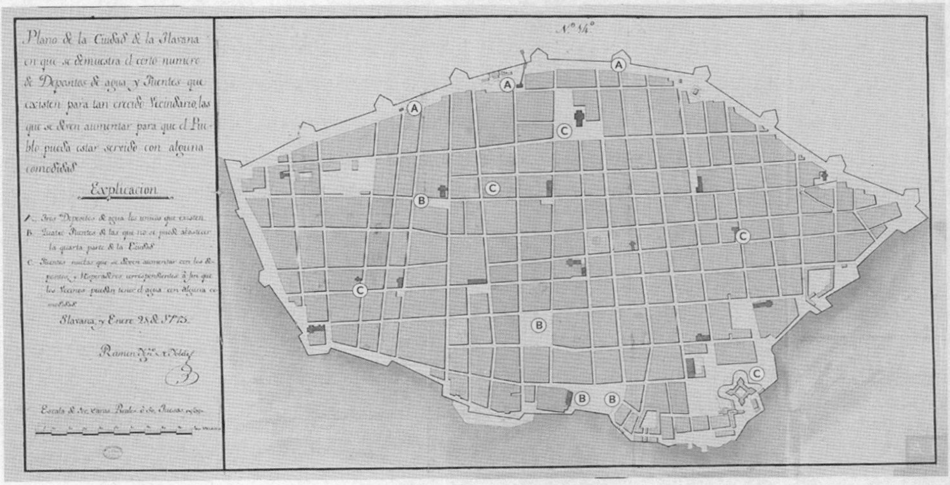

Plano da cidade de Havana, 1773. Gravado por autor desconhecido. Archivo General de Indias. Demonstra o pequeno número de reservatórios de água e fontes existentes para uma população tão grande.

O plano da região intramuros de Havana foi feito durante o governo do marquês de la Torre (1771-1777) com o objetivo de apontar o pequeno número de depósitos de água e de fontes na cidade. De acordo com a legenda que acompanha o documento, indicados com (A) estão os três depósitos de água existentes; com (B), as quatro fontes de Havana (o que abastecia apenas um quarto da cidade); e com (C), a localização das futuras fontes que deveriam ser construídas. Esse plano permite ainda observar a localização das igrejas intramuros, representadas com destaque no mapa. De acordo com o levantamento feito pelo bispo Morell de Santa Cruz em 1755 e o cruzamento de informações de María del Carmen Barcia em 2009, algumas das igrejas apontadas no documento – sobretudo as que se encontravam nos limites da muralha – alocavam um ou mais dos *cabildos de nación* descritos no capítulo 1. Uma observação que evidencia como a escravidão – e parte significativa de seu legado – se fez presentes, materialmente, no espaço urbano da capital de Cuba.

A preocupação com o fornecimento de água não era apenas em decorrência da má lembrança gerada pela ocupação britânica. Desde o governo do conde Ricla, a população de Havana vinha aumentando gradativamente. Como a região intramuros não tinha como ser expandida, *partidos* extramuros como San Lázaro, Jesús María e Guadalupe cresceram rapidamente, fazendo com que a demanda por água potável aumentasse ainda mais. A Igreja Católica então construiu paróquias auxiliares e fundou cúrias rurais nas áreas interioranas, ficando a cargo dos juízes e capitães de partido evitar o crescimento da criminalidade nesses locais. Para conhecer e controlar o crescimento populacional, sob o comando do marquês de la Torre foi feito, em 1774, o primeiro censo de Cuba.[13]

TABELA 1 Censo populacional de Havana (1774)

	Livres			Escravizados	
	Brancos	**Mulatos[14]**	**Negros**	**Mulatos[14]**	**Negros**
Homens	26.331	3.082	2.029	685	13.242
Mulheres	17.061	3.297	2.473	369	6.985
Total parcial	43.392	6.379	4.502	1.054	20.227
	54.273			**21.281**	
Total	**75.554**				

Fonte: Ramón Sagra, *Historia económico-politica y estadística de la isla de Cuba*, 1831, p. 3.

Os dados revelados pelo censo corroboram o lugar singular da capital cubana. A população da ilha era de 171.620 habitantes, e 44% desses habitantes viviam em Havana; e entre 75.554 almas, 35% eram cativos, um percentual elevado, que indica que grande parte das atividades continuava dependendo da mão de obra escravizada para funcionar. Isso servia para as atividades relativas ao porto e à alfândega, bem como ao comércio e ao cuidado das casas mais abastadas da cidade, além das atividades controladas pela Coroa, como a construção e o reparo de embarcações e o processamento do tabaco.

O significativo crescimento demográfico de Cuba e, em especial de Havana, criou outras demandas. No longo relatório que fez para Carlos III assim que entregou seu posto em 1777, o marquês de la Torre apontou sua preocupação com o crescente uso de *guano*[15] nas edificações de toda a cidade. Além de facilitar possíveis incêndios, tendo em vista o alto poder de combustão desse material, o capitão-general apontou que tal prática acabava "impediendo la hermosura y ornato de la ciudad", o que o impeliu a publicar um *bando* em 25 de junho de 1776, obrigando a substituição desse material em até dois anos.

No mesmo ano da publicação do *bando*, o marquês de la Torre encomendou um plano da cidade, do porto e dos castelos de Havana. Nesse documento, ficava evidente a dupla atuação das autoridades espanholas que, desde 1763, tentavam transformar Havana em uma cidade segura e ao mesmo tempo ilustrada.

MAPA 7 Havana (1776)

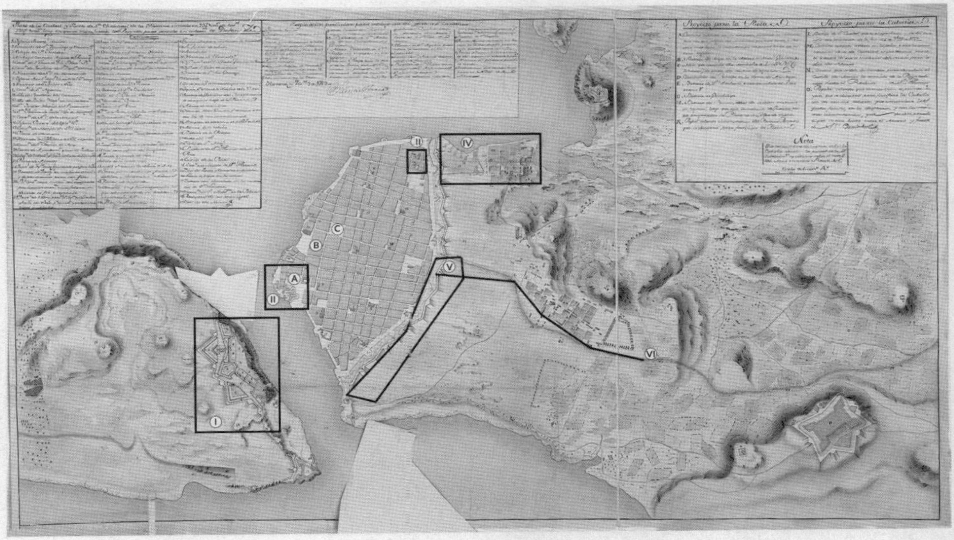

Plano da cidade e do porto de San Cristóbal de la Habana. Gravado por Abarca Silvestre. Archivo Cartográfico y de Estudios Geográficos del Centro Geográfico del Ejército/Biblioteca Virtual de Defensa. Esse plano de Havana de 1776 permite observar parte das mudanças urbanísticas levadas a cabo pelos governos de Ricla e do marquês de la Torre.

A importância das obras feitas durante o governo do conde de Ricla ainda se fazia sentir. No mapa 7, destaque (I), é possível observar que a estrutura da La Cabaña estava cercada por baluartes que guardavam a Plaza de Armas e a casa do governador (depois transferida). Já no destaque (II) encontrava-se boa parte dos edifícios governamentais da cidade, tais como a casa nova de Administração dos Correios, a Nova

Real Administração de Rendas e a Real Contadoria – todas dispostas ao redor da Plaza de Armas (A), que por sua vez distava duas quadras da Casa del Ayuntamiento (B) e cinco quadras da Plaza del Mercado (C). O realce (III) indica a localização dos dois hospitais da cidade, San Isidro e San Ambrosio, que margeavam a porção extramuros de Havana. Interessante notar que, assim como La Cabaña, toda a muralha de Havana estava equipada com baluartes, demonstrando uma vez mais a preocupação com a segurança da capital cubana. Na região além-muro, é possível observar outras materialidades das ações do conde de Ricla. O destaque (IV), que abrange a maior parte do *partido* de Jesús María, abarca o Real Arsenal e a nova Real Factoría de Tabaco de Havana.

Uma das obras mais importantes feitas durante o governo do marquês de la Torre também aparece realçada (V): a alameda extramuros, que não só facilitava o trânsito entre as duas porções da cidade como também oferecia beleza e ordem à parte extramuros de Havana. Por fim, a linha (VI) representa a Zanja Real, o principal aqueduto da cidade, que também passara por reformas depois da expulsão dos ingleses. O mesmo plano permite ainda observar a hinterlândia da cidade, ocupada sistematicamente por proprietários que pretendiam ampliar a produção de açúcar da ilha.

Havana não foi a única área a se beneficiar com a política do marquês de la Torre. Seu governo foi marcado pela fundação de inúmeros *pueblos* e pela elevação de antigas povoações ao status de cidade, como o caso de Güines e Jaruco. Os princípios ilustrados que guiaram boa parte das reformas em Havana também foram aplicados nessas novas urbes, nas quais "se dispuso un plan para que con arreglo a él se delineasen la plaza y las calles con la extension y hermosuras convenientes".[16] O próprio capitão-general vinculou a criação ou o crescimento das cidades na hinterlândia de Havana com a produção de gêneros agrícolas como o açúcar, o café (cujo primeiro plantio data de 1768) e, sobretudo, o tabaco – produto que despertou interesses específicos do marquês de la Torre.

Vale destacar que, embora a comercialização do tabaco estivesse sob o monopólio da Real Compañía de Havana desde 1740, a garantia que os produtores de tabaco tinham de que sua produção seria comprada pela Coroa permitiu que o seu cultivo fosse uma aposta certa para muitos colonos. Com o desenvolvimento das atividades portuárias e mercantis de Havana entre 1763 e 1774, inúmeras famílias *criollas* passaram a produzir esse gênero. O marquês de la Torre reservou diversas páginas de seus apontamentos para discorrer sobre a produção e, principalmente, a venda do tabaco, usando-o como exemplo positivo para o investimento na agricultura da ilha.[17]

Ainda que fosse um burocrata peninsular, o marquês de la Torre acabou se aproximando da oligarquia *criolla* e passou a apoiar abertamente o fomento da agricultura e do comércio na ilha, chegando inclusive a defender a maior importação de africanos escravizados para Cuba e a permissão para a venda interna de cativos (ladinos) por valores maiores que aqueles pagos pelos recém-chegados.[18]

Juntamente com a falta de mão de obra, o crescimento da produção agrícola da hinterlândia de Havana enfrentava outro grande obstáculo: o Real Arsenal ou, mais especificamente, a Reserva das Florestas Reais. A importância que o estaleiro de Havana adquiriu a partir dos anos 1740 sempre foi digna de nota, sobretudo pelas autoridades espanholas. Os esforços do conde de Ricla tinham devolvido o dinamismo dessa indústria que, entre 1765 e 1784, produziu 43 embarcações.[19] Além de contar com um número significativo de trabalhadores (a maior parte escravizados), a produtividade invejável do Real Arsenal de Havana devia-se à proibição da derrubada por particulares de tipos específicos de madeira resguardados pelo rei. As imediações de Havana eram compostas por florestas com grande diversidade de árvores, todas destinadas à produção e ao reparo das embarcações da Real Armada.

A floresta ocupava uma área extremamente cobiçada pela elite agrícola cubana. Além da proximidade com o porto e com a própria estrutura urbanística de Havana, os senhores de engenho também ambicionavam o solo fértil e virgem da região; a queimada de alguns hectares dessa floresta significaria terreno limpo e madeira abundante para o plantio e o processamento da cana-de-açúcar.

Aliado à futura sacarocracia cubana, o marquês de la Torre entrou abertamente em conflito com Juan Bautista Bonet, comandante da marinha, que tinha poderes para restringir a exploração florestal em nome da construção naval.[20] Mas seu cargo de capitão-general de Cuba pesou em tais embates. A conjuntura internacional continuava sendo favorável à produção das embarcações da Real Armada, o que acabava reforçando o papel de Havana como importante estaleiro do Império Espanhol.

Ainda que seu governo tenha recebido adjetivos louváveis, o marquês não teve poder suficiente para transformar dois aspectos da economia cubana que estavam intimamente ligados: o dinamismo da produção açucareira na hinterlândia de Havana e a utilização de africanos escravizados que chegavam na cidade, ainda que em pequeno número.

Ilustração escravista no novo vice-reino

Assim como Havana, a cidade do Rio de Janeiro também conheceu profundas transformações urbanísticas durante o vice-reinado do marquês do Lavradio (1769-1778). Não seria exagero afirmar que o marquês foi o mais ilustrado dos vice-reis da América portuguesa até então, o que torna muito semelhante ao marquês de la Torre, em Cuba. Natural de Lisboa e filho de um experiente oficial do exército, o duque de Aveiro dom Luís de Almeida Portugal Soares D'Eça Alarcão de Melo e Silva Mascarenhas teve uma educação privilegiada e uma notável carreira militar.[21] Antes de completar 40 anos, dom Luís Mascarenhas assumiu o cargo de capitão-general da Bahia. Em menos de dois anos, conseguiu instaurar uma série de mudanças ilustradas na cidade de Salvador e arredores. Embora houvesse perdido a supremacia política no território colonial, essa região continuava sendo vital para a produção agrícola e uma das localidades mais populosas da América portuguesa.

Além de tentar melhorar as condições de segurança na Bahia, dom Luís teve papel determinante na execução da reforma fiscal na capitania, recebendo por isso elogios e o reconhecimento de Pombal.[22] Seu pulso firme e sua impetuosidade acabaram convencendo a Coroa lusitana de que ele era o nome certo para substituir seu tio, o conde de Azambuja. Assim, em junho de 1769, um ano depois de assumir a capitania, o marquês do Lavradio foi nomeado vice-rei do Brasil. Entretanto, a honradez pela escolha de seu nome para ocupar o mais alto cargo do comando colonial não foi suficiente para aplacar a decepção de Lavradio ao chegar ao Rio de Janeiro. Em carta endereçada a seu amigo conde de Vila Verde, em Lisboa, o vice-rei, acometido por uma moléstia que o deixou coberto de brotoejas, escreveu que a cidade era

> toda cheia de pântano rodeada de inacessíveis montes, é raro o sítio onde cavando-se 4 palmos de profundidade se não encontre

> logo infinita água conservem-se todo o ano infinitas lagoas as quais com o extraordinário calor do sol se lhes corrompem as águas, onde nasce estamos respirando um ar sumamente impuro, é raro o dia em que não sejamos visitados de duas três e mais trovoadas o calor é tão extensivo que ainda quando se está em casa sem se fazer nenhum excesso se está continuamente metido em um suor, de forma que eu ao princípio entendi que todos estávamos sincopados; o comércio é muito pouco, a preguiça desses habitantes sumamente extraordinária, e esta os tem reduzido à decadência e miséria em que se acham estes povos.[23]

Assustado com a precariedade urbanística, o marquês não só exprimiu a preferência pela arquitetura da *sua* Salvador como apontou a incompetência de seus antecessores, que pouco haviam feito pelo Rio de Janeiro desde sua elevação, em 1763.[24]

MAPA 8 Cidade do Rio de Janeiro na década de 1760

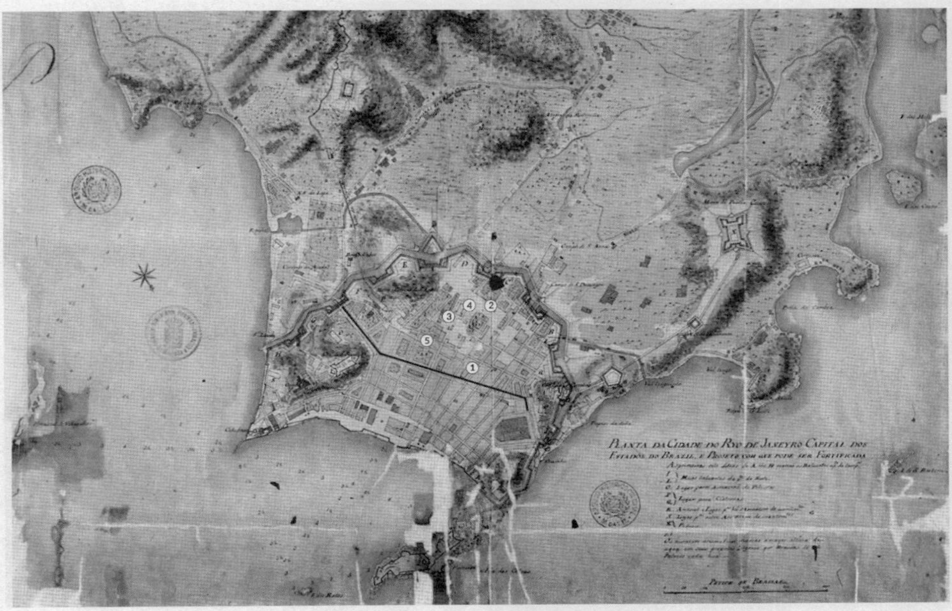

Plano da cidade do Rio de Janeiro, capital do Estado do Brasil, 1769. Gravado por Francisco João Roscio. Coleção Cartográfica e Iconográfica Manuscrita do Arquivo Histórico Ultramarino. Mapoteca do Ministério das Relações Exteriores, Palácio do Itamaraty.

O detalhe do plano do Rio de Janeiro feito por Francisco João Roscio em 1769 (mapa 8) permite observar a cidade que o marquês do Lavradio herdara. A linha preta indica qual era o perímetro urbano do Rio de Janeiro em 1750, o que aponta a significativa expansão urbana após se tornar capital da colônia. Tal crescimento acabou gerando outro núcleo de povoamento na cidade, próximo à rua da Vala (atual rua Uruguaiana), na época habitado pelo segmento pobre da cidade. E foi justamente nessa localidade que os membros das irmandades negras conseguiram construir suas igrejas ao longo do século XVIII. De acordo com o mapeamento feito por Mariza Soares, a cidade abrigava (1) a Igreja de Nossa Senhora do Rosário; (2) a Igreja de São Domingos; (3) a Igreja da Lampadosa; (4) a Igreja de São Elesbão e Santa Efigênia; e (5) a nova catedral (que ainda não havia sido terminada).[25]

Como nas últimas décadas do século XVIII ilustração e segurança caminhavam juntas, a primeira medida tomada pelo marquês do Lavradio foi mapear as principais falhas e elaborar soluções possíveis para a salvaguarda dos habitantes da capital colonial. Importante lembrar que esse era um período em que os conflitos na região do Prata haviam se acirrado, e o fato de o sul da colônia estar sob o comando da capitania do Rio de Janeiro aumentava ainda mais a preocupação das autoridades em relação a possíveis batalhas contra os espanhóis. Nas cartas trocadas com muitas autoridades locais, fica evidente a preocupação do marquês do Lavradio em garantir o alistamento de homens livres – mestiços e negros, inclusive – nas milícias e tropas que cuidariam da segurança militar de diferentes capitanias da colônia.[26]

É digno de nota que, diferentemente do que ocorreu com o conde de Cunha, o marquês do Lavradio conseguiu estabelecer uma relação amigável com parte dos homens mais abastados da capital colonial, sem abrir mão do projeto ilustrado de cidade. O bom relacionamento criado com os diversos órgãos locais (como as câmaras municipais e os batalhões de milícia) facilitou sua administração, em um governo longevo que conheceu poucas perturbações políticas.

A má impressão causada pela precariedade urbana foi combatida pelos princípios ilustrados do vice-rei, que passou a fazer mudanças significativas na organização e no desenho da cidade. Nas freguesias centrais, Lavradio manteve o trabalho feito pelos seus antecessores, garantindo a limpeza e a ordem das principais vias. Depois de muita polêmica, também conseguiu extinguir de vez aquilo que classificou como "horroroso espetáculo", já que o

> terrível costume de tão logo os negros desembarcarem no porto, vindos da costa da África a este porto, logo que desembarcavam, entravam para a cidade, vinham para as ruas públicas e principais della, não só cheios de infinitas moléstias, mas nus [...] ali mesmo faziam tudo o que a natureza lhes lembravam, não só causando o maior fétido nas ruas e suas vizinhanças, mas até sendo o espetáculo mais horroroso que se podia apresentar aos olhos.[27]

Já havia sido acordado que a capital colonial, ou melhor, o centro do Rio de Janeiro, não poderia ser palco de tão terrível espetáculo, ainda que a região da alfândega e as principais ruas das freguesias urbanas fossem locais de trabalho de milhares de escravizados (africanos e crioulos). Vale dizer que o problema não era com a instituição escravista em si, muito menos com o uso de escravizados no espaço urbano. Como já visto, o que perturbava parte das autoridades e dos moradores do Rio de Janeiro desde meados do século XVIII era a cruel violência que marcava o desembarque de africanos recém-chegados no coração pulsante da cidade. Se o Rio de Janeiro era considerado o principal entreposto escravista da América portuguesa, que assumisse a fama de maneira (co)ordenada.

Vale dizer que desde sua elevação à condição de vice-reinado até o fim do governo do marquês do Lavradio, aproximadamente 145 mil africanos desembarcaram na região sudeste da América portuguesa, sendo o Rio de Janeiro o principal porto de entrada. A título de comparação, nesse mesmo período a capitania da Bahia recebeu pouco mais de 118 mil africanos escravizados e Pernambuco, cerca de 45 mil. A comparação se torna desmesurada quando tomamos Havana como parâmetro: no mesmo período, pouco mais de 8 mil africanos escravizados tinham aportado na ilha de forma legal, a maior parte durante o já comentado governo do capitão-general conde de Ricla.

De tal modo, essas cifras corroboram a importância que os traficantes fluminenses desempenhavam no tráfico transatlântico de africanos escravizados, fazendo da capitania do Rio de Janeiro (de forma geral) e da sua capital (de forma particular) uma espécie de centro nevrálgico da distribuição de africanos escravizados para Minas Gerais e para a parte meridional da América do Sul, inclusive as possessões espanholas.

Como o tráfico de africanos era um interessante e lucrativo comércio, as exigências dos moradores das freguesias centrais do Rio deveriam ser ouvidas e atendidas, sem que isso atrapalhasse sobremaneira a dinâmica de desembarque e a venda desses escravizados. Desse modo, e de uma vez por todas, o marquês do Lavradio expediu um documento em 12 de abril de 1774, no qual definia que,

> a fim de que não sejam conservados nessa cidade os negros novos, que vêm dos portos da Guiné e da Costa da África, ordenando, que tanto os que se acham nela, como os que vieram chegando de novo daqueles portos, de borda das mesmas embarcações que os conduzirem, depois de dada visita da saúde, sem saltarem em terra, sejam imediatamente levados ao sítio do Valongo, onde se conservarão, desde a Pedra Prainha até a Gamboa e lá se lhes dará saída e se curarão os doentes e enterrarão os mortos [...] assim se haja de observar daqui em diante, enquanto El Rei Meu Senhor não mandar em contrário. Deus guarde Vossa mercê. Rio de Janeiro, 12 de abril de 1774.[28]

O marquês sublinhou que a medida continuou sendo contestada e "foi preciso ser eu muito constante na minha resolução, para que ella pudesse ser executada".[29] Dessa forma, a determinação do vice-rei fica mais nítida a partir da observação do plano que pode ser visto a seguir, baseado no mapeamento da capital da colônia feito a mando do marquês do Lavradio em 1769.

MAPA 9 Plano do Rio de Janeiro em 1769

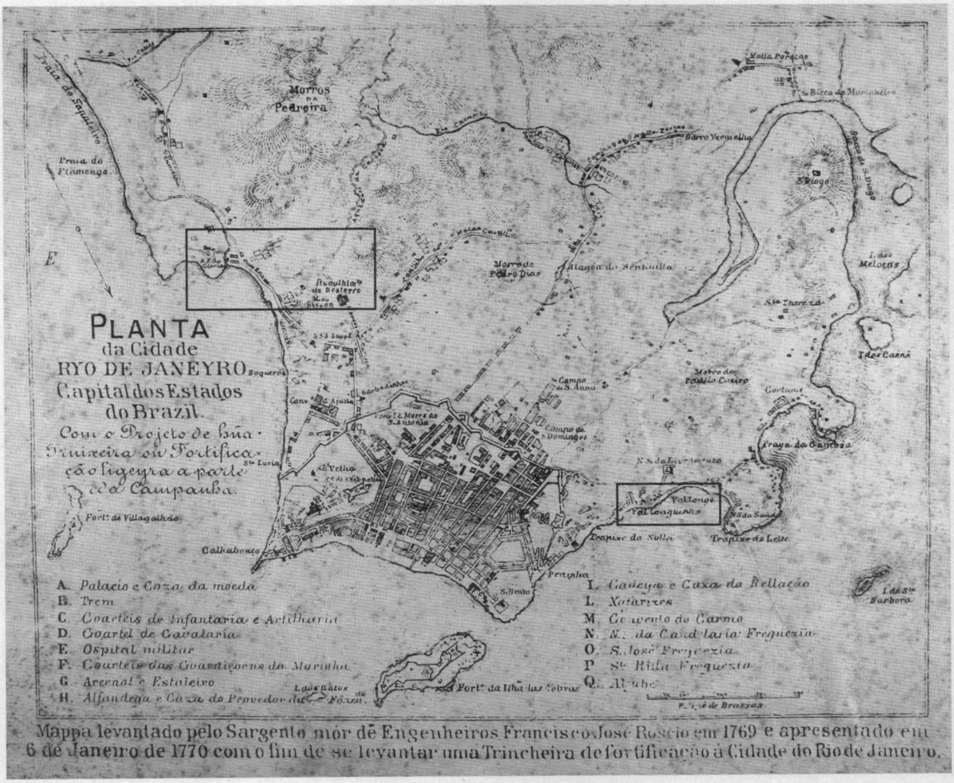

Plano da cidade do Rio de Janeiro, 1770. Gravado por Francisco João Roscio (a pedido). Coleção Cartográfica e Iconográfica Manuscrita do Arquivo Histórico Ultramarino. Arquivo Geral da Cidade do Rio de Janeiro. Nesse mapa, se lê "Planta da Cidade Ryo de Janeyro[,] Capital dos Estados do Brazil. Com o Projeto de hua Trinxeira ou Fortificação ligeyra a parte da Campanha".

Na parte destacada à direita, é possível situar a nova localização do desembarque de africanos escravizados que, conforme expresso no documento de 1774, passou a ser feito na região do Valongo. Na época, a freguesia de Santa Rita não fazia parte do núcleo urbano do Rio de Janeiro; no entanto, estava relativamente próxima do centro comercial e político da urbe (inclusive a rua Direita). Tal localização permitia que o desembarque fosse feito longe dos sobrados mais abastados, mas a uma distância plenamente acessível para pequenos, médios e grandes comerciantes de cativos, inclusive aqueles que vinham de outras regiões da capitania, como o recôncavo da Guanabara. Diversos barracões foram construídos nas imediações do Caminho do Valongo, e ali os escravizados recém-chegados, já inspecionados pelos médicos, eram alocados até o momento da compra.

A setorização do desembarque e da venda dos escravizados recém-chegados não só acompanhava certo padrão da cidade (que tinha regiões especializadas em comércios específicos) como também era, no entendimento das autoridades, uma medida de saúde pública. Além do expressivo número de mortes durante a travessia atlântica, parte significativa dos africanos desembarcava nos portos do Novo Mundo com doenças infecciosas, como febre amarela, e não suportava os primeiros dias em terra firme. Vale lembrar que não foram poucas as vezes em que moradores da região do Valongo se dirigiram à Câmara Municipal para reclamar da grande quantidade de corpos jogados na rua, ou que afloravam após as chuvas mais fortes, por causa do pouco cuidado com o sepultamento. Foi assim que surgiu o segundo Cemitério dos Pretos Novos – o primeiro foi criado em 1722 no largo da Igreja de Santa Rita –, garantindo que o enterro dos africanos recém-desembarcados que ainda não falavam o idioma local, chamados à época de "boçais", fosse feito de forma adequada, seguindo os pressupostos civilizatórios pregados pelo Iluminismo lusitano da época.[30]

No mapa também é possível evidenciar outras frentes de ação do marquês do Lavradio. Identificadas com as letras A a Q temos quartéis, hospitais e fortalezas que formavam o complexo de segurança da cidade, um tema norteador das ações do vice-rei. E, destacada à esquerda, a região da Lapa e da Glória, que durante o governo do marquês passaram por processo de aterramento, de abertura de ruas e até mesmo da criação de uma grande feira no largo da Glória – que daria origem a um mercado no mesmo local. Para que o crescimento da cidade nessa região de fato se efetivasse, o vice-rei também mandou construir alguns chafarizes, que juntos com o aqueduto da Carioca viabilizaram o acesso à água potável. E tudo isso com a utilização significativa da mão de obra escrava.

Se o desânimo dava o tom da despedida do marquês do Lavradio, é preciso dizer que ele soube aplicar os pressupostos do pensamento iluminista em seu governo sem entrar em choque com a escravidão na cidade. Como já explicado anteriormente, ele utilizou os africanos escravizados (e seus descendentes) como força de trabalho essencial para a expansão do perímetro urbano e o ordenamento da cidade do Rio de Janeiro, ao mesmo tempo que buscou organizar o próprio comércio de escravizados por meio da setorização dessa atividade em uma região específica da cidade, centralizando a venda dos recém-chegados e, com isso, garantindo algum rigor sanitário nas freguesias centrais da cidade, uma demanda antiga de parte dos moradores.

O marquês do Lavradio pode não ter saído tão satisfeito com seu governo, mas sem dúvida suas ações foram fundamentais para manter a ordem e a eficiência de uma cidade que tinha um dos maiores portos negreiros das Américas e que a cada dia dependia mais da força de trabalho escravizada.

Desafios urbanos e intensificação do tráfico transatlântico de africanos escravizados

De alguma maneira, o que no final da década de 1770 sobrava no Rio de Janeiro era justamente o que faltava em Havana: a mão de obra de africanos escravizados. E as autoridades hispânicas não se fizeram de rogadas ante os argumentos do capitão-general de Cuba sobre a ampliação do tráfico. A já mencionada defesa do marquês de la Torre endossava as inúmeras súplicas dos proprietários de Havana por mais braços escravizados em Cuba, comércio que, desde a saída do conde de Ricla, voltara a depender de contrabandistas. Em 1773 a Coroa espanhola decidiu atender aos pedidos de seus súditos e permitiu o desembarque direto de africanos em Cuba, cujo valor era menor por não precisar fazer uma parada no entreposto de Porto Rico. Cinco anos depois, a própria Coroa decidiu assumir o incremento do tráfico ao anexar as ilhas de Fernando Pó e Annobón (localizadas no golfo da Guiné). A pouca experiência nesse comércio e a precária estrutura dos comerciantes hispânicos acabaram mantendo o tráfico em mãos estrangeiras. Para piorar, no fim das contas, graças aos entraves coloniais, a demanda cubana não foi atendida.[31]

O tráfico de africanos acabou entrando na lógica caótica que passou a reger o comércio externo de Cuba, mais particularmente aquele realizado em Havana. A grande circulação de dinheiro na capital cubana aumentou ainda mais nos últimos anos da década de 1770, graças ao estreitamento das relações comerciais e políticas entre as autoridades espanholas da Flórida, Louisiana e Cuba com as colônias rebeldes da América britânica. Embora a Guerra de Independência dos Estados Unidos (1776-1783) tenha sido fonte de constantes preocupações em relação à segurança da capital cubana, Havana acabou se transformando em porto de escoamento de armas e munições oriundas da Espanha e da França para os colonos da América do Norte. Com o aval do rei Carlos III, o comerciante Gardoqui efetuava o trânsito dessas mercadorias entre os portos de Havana e Nova Orleans, o que rendeu muito dinheiro para a alfândega cubana. [32]

A intensa atividade portuária de Havana avançou pela década de 1780, quando a Coroa espanhola decretou guerra contra a Inglaterra (1779-1783), já que o rei Jorge III se recusava a cumprir o Tratado de Paris (1763), que previa a restituição de Gibraltar e Minorca a Carlos III. O monarca também rejeitava a ideia de sair de Honduras e das Flóridas. A estratégica posição geográfica de Havana fez da cidade, uma vez mais, a base operacional para as tropas espanholas. Junto com a atividade portuária, gêneros básicos produzidos pelos havaneiros passaram a ser vendidos por preços altos. A abertura para o comércio com embarcações dos Estados Unidos foi mais uma fonte de renda para a alfândega e para os colonos de Havana, que – a despeito dos entraves internos – investiram boa parte do lucro arrecadado na compra ou melhoria de engenhos e demais propriedades agrícolas.[33] Esse investimento acompanhou o incremento do tráfico pelas autoridades espanholas.

Embora os traficantes hispânicos não tivessem obtido muito sucesso no transporte de africanos escravizados, comerciantes espanhóis serviram como testas de ferro para traficantes britânicos, que desde 1779 tinham se tornado inimigos declarados da Espanha. Graças a essa estratégia, na década de 1780 cerca de 13 mil africanos adentraram legalmente Cuba, a maior parte em Havana, sendo alocados nos engenhos que continuavam crescendo e nas diferentes atividades da malha urbana da capital cubana.[34] Observa-se então que a reforma ilustrada em Havana, aliada à conjuntura internacional da época, viabilizou a convergência de interesses que, embora distintos, estavam intimamente ligados. Nesse sentido, a década de 1780 foi um período-chave na história da cidade.

Em 1787, um ano depois de a Coroa retomar o sistema de *asiento*, o intendente do Real Ejército y Hacienda de Cuba, José Pablo Valiente, produziu um inventário dos *esclavos del rey*. Foram computados 251, sendo 190 homens e 61 mulheres. Junto com o significativo número levantado, a idade chamou atenção: a maior parte tinha mais que 40 anos. Como foram classificados como "boçais", é plausível que tivessem entrado na ilha poucos anos antes – provavelmente entre os governos do conde de Ricla e do marquês de la Torre.

A maior parte desses escravizados trabalhava em áreas que estavam ligadas, direta ou indiretamente, à reordenação urbana e militar de Havana e às atividades inerentes a uma cidade-porto. Entre as tarefas destinadas às transformações urbanas de Havana, havia 75 escravizados alocados na Canteira de San Lázaro, trabalhando com a extração de pedras utilizadas no calçamento da cidade; 4 trabalhavam na extração de sal; 3 na Real Aduana (alfândega); 8 nos moinhos da cidade; 6 serviam nas lojas de alimentos; e outros 13 trabalhavam em Casa Blanca, bairro próximo ao porto. Já os destinados nas instalações militares estavam divididos da seguinte forma: 3 trabalhavam no Fuerte del Principe; 12 na Administración de la Brigada; 3 eram ferreiros; e 57 estavam alocados no Palenque de Artilleria (arena de artilharia). Seis homens foram inventariados simplesmente como *negros ingleses*, contabilizando 190 *esclavos del rey*.[35]

Ainda que descrevesse os escravizados como *negros bozales* – ou seja, africanos recém-chegados que não falavam espanhol –, o documento oferece poucos indícios sobre a procedência desses cativos. A maior parte foi apresentada com nomes e sobrenomes de origem espanhola, com exceção de quatro escravizados congos, dois mondongos, um mandinga e um carabalí. Ao que tudo indica, os escravizados que exerciam alguma profissão tiveram suas atividades detalhadas, como no caso dos carpinteiros da Casa Blanca e os incumbidos de buscar água.

Diferentemente do que ocorria com os *negros bozales*, a generalização da descrição dos serviços efetuados não se aplica aos crioulos. Três cativos eram especializados na carpinteira de embarcações; dois eram armeiros; três foram descritos como jornaleiros; e ainda havia um ferreiro e um carpinteiro. Os cinco crioulos mais jovens (que não haviam completado 20 anos) foram descritos como "destinados a ofícios", o que leva a crer que estavam em treinamento.[36]

Segundo o inventário, as mulheres executavam uma variedade menor de serviços. Trinta e nove *negras bozales* eram lavadeiras dos hospitais da cidade; e outras cinco foram classificadas como inúteis para serviço. Entre as crioulas, quatro estavam servindo particulares (com a anuência do intendente) e onze lavavam roupa para fora. Embora pouco diversificadas, as atividades executadas pelas *esclavas del rey* estavam longe de ser menos estafantes. No ano seguinte ao levantamento, a cativa Sebastiana Josefa, de 40 anos, foi encaminhada ao campo para restabelecer sua saúde abalada de tanto lavar roupas hospitalares.[37]

Além de deixar as autoridades espanholas a par das atividades realizadas pelos seus escravizados, o inventário indica o intenso uso de cativos em diferentes serviços urbanos ligados ao Estado espanhol. Outro exemplo consiste na solicitação feita em 1784 pelo escravizado José Aponte, que fazia parte do Batalhão de Negros de Havana: ele pediu autorização para retornar à capital cubana a fim de obter sua liberdade.[38]

A despeito da múltipla utilização de escravizados, como destacado, é importante frisar que a maior parte dos que foram descritos no inventário havia entrado em Havana antes da década de 1780. Na realidade, o que se observa a partir de então é uma queda relativa do número de escravizados urbanos, decréscimo que não acompanhava o ritmo intenso do tráfico transatlântico. Ainda que os ganhos de Havana entre 1774 e 1783 tenham sido expressivos, a Paz de Versalhes (que pôs fim à guerra entre espanhóis e ingleses) representou uma verdadeira crise para a economia da cidade. Vale dizer que entre 1778 e 1782 Havana foi uma verdadeira base logística para o Império Espanhol, o que lhe valeu muito dinheiro em circulação. Com o fim da guerra e a assinatura do Tratado de Paris em 1783, uma grave crise assolou a economia espanhola e, consequentemente, a havaneira, que, além de sofrer uma aguda diminuição de suas atividades mercantis, também passou a ter mais um imposto cobrado pela arroba de açúcar.[39]

Com a atividade portuária arrefecida após o tratado de paz, a única forma de manter o crescimento da economia cubana era investir em atividades agrícolas, principalmente açúcar e tabaco. Para tanto, seria necessário acabar com os entraves mercantis das relações coloniais com a Espanha, ou seja, garantir a abolição de parte dos tributos, a dinamização da administração espanhola e, sobretudo, a diminuição de impostos e travas sobre o tráfico transatlântico de escravizados. Nesse contexto de crise, munido da autoridade e do respeito que o cargo de intendente da Real Hacienda lhe outorgava, o *criollo* José Pablo Valiente se fez porta-voz dos interesses da oligarquia havaneira e, em 1788, tentou provar ao Consejo de Indias que a única maneira de gerar riqueza em Cuba seria suprimindo os obstáculos comerciais.[40]

Ainda em 1788, *vecinos* de Havana organizaram um documento em que defendiam os préstimos que a maior entrada de africanos escravizados proporcionaria à colônia.[41] Se até então o número de escravizados introduzidos havia permitido a reestruturação de Havana, isso ainda era insignificante para os anseios da oligarquia *criolla* que almejava fazer de Cuba o que ingleses e franceses haviam feito de suas possessões antilhanas: colônias de *plantation*.

No dia 16 de dezembro de 1789, o bergantim estadunidense *Bolcan*, comandando pelo capitão Preston, aportou em Havana trazendo 159 africanos oriundos da costa da Guiné.[42] Três dias depois, outros 311 guinéus desembarcaram da fragata inglesa *Benjamin*, capitaneada por mister Luico.[43] Em um intervalo de três dias, 470 africanos entraram legalmente em Cuba sob a salvaguarda de duas bandeiras distintas. Era praticamente o dobro da média anual durante os primeiros 250 anos do tráfico transatlântico para a ilha.[44]

O significativo número de escravizados que adentrou o porto de Havana em um intervalo de 72 horas foi resultado direto da Real Cédula, que concedia liberdade de três anos para o comércio de negros nas ilhas de Cuba, Santo Domingo, Porto Rico e nas províncias de Caracas.[45] Desde 28 de fevereiro de 1789, o rei Carlos IV havia temporariamente abolido o sistema de *asiento*, permitindo que o tráfico transatlântico fosse regido pelas leis do livre-comércio. Tal medida, que podia ser entendida como a ratificação de uma prática já difundida, consentiu que diferentes nações passassem a vender africanos na ilha e também viabilizou que a oferta e a procura ditassem o ritmo das negociações entre traficantes e futuros senhores de escravizados. A repercussão entre a elite *criolla* foi tão positiva que nos nove anos subsequentes à Real Cédula de 1789 outros onze pronunciamentos foram despachados pelo rei espanhol, todos expandindo o tráfico para a América.[46]

Mas a Real Cédula não veio sozinha. Em maio de 1789, o monarca espanhol também assinou outra peça em que determinava o "trato que debe darse a los esclavos".[47] Em certa medida, as questões pontuadas pelo rei Carlos IV já haviam aparecido em documentos anteriores que pretendiam legislar a escravidão no mundo hispânico, como o *Código negro carolino* de 1785.[48] Instrução católica, alimentação adequada, incentivo ao matrimônio, limitação de castigos e o reconhecimento da figura do síndico[49] como intermediário na relação entre senhores e escravizados foram ressaltados no documento. Mas a Real Cédula também permitia a exploração sistemática desse escravizado, que em épocas de colheita deveriam se submeter a 15 ou 16 horas de trabalho, sem reclamar. Esse documento pode ser lido como mais um dos muitos produzidos para garantir o bom governo da escravidão.[50] Se por um lado as ordenações do monarca espanhol apelavam para o "bom senso" de senhores católicos, por outro viabilizaram que os proprietários conseguissem obter o maior lucro possível sobre seus cativos, fossem eles urbanos ou rurais.

Nas décadas de 1760 e 1770 a entrada de africanos escravizados esteve diretamente ligada à reestruturação militar e econômica da cidade de Havana. Contudo, a partir de meados da década de 1780, o que se observa é uma demanda significativa de escravizados para o mundo rural, complexificando ainda mais a força que a escravidão desempenhava na ilha de Cuba. A reforma ilustrada que devolvera a Havana seu papel singular dentro do Império Espanhol (graças ao uso massivo de escravizados) também criou as condições para que o espaço urbano fosse se complexificando e se transformando em um importante lócus de encontro e organização política de proprietários rurais ansiosos para que suas propriedades se tornassem lucrativas *plantations* açucareiras. Mas, para tanto, Havana deveria se aproximar daquilo que caracterizava o Rio de Janeiro do mesmo período: precisava se transformar em um entreposto de africanos escravizados. Não era uma tarefa fácil.

Os números de africanos escravizados que aportavam no Rio de Janeiro mantinham uma dinâmica extremamente intensa, que parecia estar a anos-luz comparada à política espanhola em Cuba. O marquês do Lavradio fechou seu governo tendo resolvido muito bem a equação que tinha entre seus elementos o desembarque de quase 1.450 africanos escravizados em menos de dez anos. No entanto, é preciso pontuar que seus últimos anos de governo foram marcados por perturbações políticas do outro lado do Atlântico.

A morte de dom José I, em 1777, fez com que o trono fosse assumido por dona Maria I, sua filha. Seu governo foi iniciado pelo período que ficou conhecido como Viradeira, que levou à demissão do marquês de Pombal e à substituição de praticamente todos os secretários que serviram seu pai. O bom desempenho de Lavradio lhe permitiu ficar no poder por pouco mais de um ano. Todavia, em abril de 1778, o vice-reinado foi assumido por Luís de Vasconcelos e Sousa, o quarto conde de Figueiró. Escolhido por Martinho de Melo, o novo secretário de Estado da Coroa lusa fez valer as minuciosas instruções de Lisboa.

Os interesses dos comerciantes fluminenses, os homens de grosso trato, continuaram ditando boa parte das dinâmicas econômicas do vice-reino e seu entorno, transformando o Rio de Janeiro em uma praça de comércio cada vez mais pujante. Vale dizer que, durante os doze anos de governo de Vasconcelos e Sousa, 148 mil africanos escravizados desembarcaram na região sudeste da América portuguesa. A estruturação da região do Valongo iniciada no governo do marquês do Lavradio fez com que parte significativa desses homens e mulheres aportasse no Rio de Janeiro, cada vez mais bem-equipado para tal atividade.

Vale lembrar que, em 1779, o Rio de Janeiro contava com cerca de 30 mil habitantes, dos quais 16% eram escravizados. Dez anos depois, ainda sob o governo de Luís de Vasconcelos e Sousa, a cidade tinha pouco mais de 38 mil almas – só que agora 43% eram cativas, um aumento diretamente vinculado não só à intensificação do tráfico no período, mas também à utilização mais sistemática dessa mão de obra, tanto por causa das obras feitas pelo vice-rei como pelas tarefas vinculadas ao funcionamento da cidade.

Em abril de 1782, o capelão Friedrich Ludwig Langstedt assinalou que, a despeito do recato das mulheres brancas e portuguesas, que só podiam espiar a vida do Rio de Janeiro por meio das gelosias,

> os escravos, na sua maioria, andam nus, cobrindo somente a vergonha. [...] Em geral, eles são de boa índole, trabalhadores e muito simpáticos e [...] quando em grupo, carregam água e produtos da terra, tentam encorajar-se mutuamente por meio de um canto selvagem muito monótono, que ofende os ouvidos do europeu.[51]

O comentário rápido, e um tanto ingênuo, do capelão não deixa dúvida sobre a carga de trabalho que pesava sobre os escravizados no Rio de Janeiro. A cidade funcionava graças à presença cada vez maior desses escravizados – e por isso mesmo não ficava imune a eles.

É interessante analisar as muitas pistas deixadas no álbum de desenhos intitulado *Riscos Iluminados ditos de figurinhos de brancos e negros dos usos do Rio de Janeiro e Serro do Frio*, produzidos por Carlos Julião, um militar de origem italiana a serviço da Coroa portuguesa que trabalhou em diferentes territórios lusitanos, tendo visitado Goa, Angola, Rio de Janeiro, Minas Gerais, Pernambuco e cidades portuguesas. Sua formação militar, voltada para a cartografia e a representação iconográfica, foi essencial para a produção de imagens que extrapolam o campo estritamente técnico e ganharam relevância social e da arte, tornando-se curiosas fontes documentais para se pensar o final do século XVIII na América portuguesa.

O álbum é formado por 43 pranchas, sem descrições. Como o título da obra sugere, as pranchas dizem respeito a diferentes temas relativos ao contexto colonial do Rio de Janeiro e de Serro Frio (Minas Gerais).[52] Ainda que seja um convite para uma análise minuciosa da produção pictórica do período, o que nos interessa é a preocupação de Carlos Julião ao retratar diferentes tipos humanos que compunham a realidade que ele conheceu e observou. Em particular, Julião representou os escravizados urbanos (muito provavelmente do Rio de Janeiro) de forma recorrente.

IMAGEM 8 Figuras negras e escravizadas no Rio de Janeiro

Carlos Julião, [Vendedoras], c. 1770. Fundação Biblioteca Nacional. Escravizada carrega criança branca em pano amarrado às costas, um tabuleiro com cana e frutas na cabeça. Outra leva samburá com aves na cabeça.

Pl. XXXIV

Carlos Julião, [Tipos populares], c. 1770. Fundação Biblioteca Nacional. Escravizado vendedor de capim, vestido de calção e com casaco preso na cintura. Na cabeça, feixe de capim amarrado em vários pontos. Outro, vendedor de leite, de calção, pano na cintura e colete. Carrega pote de barro na cabeça e apresenta colar de ferro no pescoço e argola de cativeiro na perna direita, representando escravizado fujão.

Na imagem 8, Julião retrata duas mulheres negras trabalhando pelas ruas da cidade. Usando vestes muito parecidas, com produtos transportados na cabeça, as duas vendedoras se diferenciam por dois elementos que, não por acaso, poderiam indicar distinção simbólica e até jurídica. A mulher à esquerda carregando uma criança branca amarrada em suas costas por um tecido (técnica muito difundida entre povos da África Ocidental) também está calçada. É possível aventar que, além de vendedora de quitutes, ela também fosse ama de leite, o que indica maior proximidade com a família para quem trabalhava, o que por sua vez poderia lhe garantir uma melhor condição material, haja vista o uso dos sapatos. Também é possível levantar a hipótese de se tratar de uma mulher alforriada, que prestava diversos serviços para uma família específica. Já a segunda mulher, à direita, provavelmente é uma escravizada vendedora entre as tantas que trabalhavam nas ruas do Rio de Janeiro e de outras cidades da América portuguesa.

Na outra imagem, é muito provável que Julião tenha retratado dois escravizados que também trabalhavam nas ruas da cidade. Além da falta de sapatos e da precariedade das vestes, o homem da direita (com jarro na cabeça) está com uma espécie de tornozeleira rudimentar na perna direita que, assim como as gargalheiras, era um objeto utilizado para punir e identificar cativos fugidos. Na sua tipificação, Julião acabou registrando uma prática corrente no mundo escravista: a tentativa, muitas vezes fracassada, de fuga. Não por acaso, desde 1778, já havia uma forte preocupação por parte dos vice-reis com essa prática, culminando na formação de quilombos nas proximidades do Rio.[53] Os escravizados recapturados geralmente recebiam castigos públicos, como chicotadas.

Munido de outras informações sobre o cotidiano escravista, é possível fazer uma leitura a contrapelo das duas pranchas de Carlos Julião. A possível escravizada carregava a criança branca (provavelmente o filho de seu senhor) da mesma forma que as mulheres da África Ocidental carregavam seus filhos enquanto trabalhavam. Isso indica como as práticas do continente africano foram reelaboradas na América portuguesa – não só aquelas práticas que de alguma maneira beneficiavam a instituição escravista, como as que garantiam a otimização do trabalho, as práticas oriundas dos costumes dos africanos desterrados.

O uso do "pano da costa", de tecidos coloridos, de turbantes e chapéus mostra que muitos africanos, sobretudo as mulheres, fizeram de suas vestes um signo de identidade e de distinção.[54] Em primeiro lugar, porque dificilmente esse hábito seria uma preocupação senhorial – mesmo que o proprietário de quituteiras e vendedoras pudesse se beneficiar economicamente dessa prática. Desse modo, a aquisição (ou a confecção) desses elementos provavelmente partia da pessoa escravizada que, tendo autonomia e meios para tal, adquiria as vestes que lhe aprouvessem. Geralmente, os escravizados que tinham acesso a tais adereços eram aqueles que lidavam corriqueiramente com dinheiro (vale dizer, os de ganho), que arrendavam sua força de trabalho para diferentes atividades citadinas.

Em estudo sobre a praça do Rio de Janeiro, Juliana Farias indicou algumas das formas que homens e mulheres (cativos e libertos) representados por Julião encontraram para ganhar a vida. Desde o século XVII, o futuro largo do Paço já era tomado por negras de tabuleiro e vendedores de peixe que acabaram transformando a localidade em importante espaço de venda de alimentos. Em meados do século XVIII, o movimento nesse mercado se intensificou de tal forma que autoridades decidiram retirar as barracas que atrapalhavam o trânsito nas principais vias da cidade. Em tons de súplica, as quitandeiras negras advogaram que as barracas eram a base de seu sustento, argumento que parece ter convencido os membros da Câmara Municipal. As mudanças urbanísticas implementadas por Vasconcelos e Sousa fizeram com que as barracas migrassem para o recém-construído largo do Carmo, que, de acordo com a ideologia de cidade ilustrada, exigia que o pequeno comerciante abandonasse a parca estrutura de outrora e investisse em estruturas feitas de tijolos e cobertas de telha.[55]

A forte presença de comerciantes de origem africana (e muitas vezes escravizados) reforça a ideia da existência de uma rede de comércio paralela nas grandes urbes escravistas da América portuguesa: a compra e venda de produtos oriundos da África consumidos (principalmente) por africanos escravizados ou forros. Embora a litogravura de Carlos Julião não permita afirmar se as roupas eram ou não africanas, a tipificação feita pelo artista em outras leva a crer que parte da população vinda da África e moradora de grandes cidades (como Rio de Janeiro e Salvador) tinha meios de adquirir objetos e vestes feitos no outro lado do Atlântico.[56]

IMAGEM 9 Cortejo de negras no Rio de Janeiro

Carlos Julião, [Coroação de uma Rainha Negra na festa de Reis], s/d. Fundação Biblioteca Nacional. A rainha vestida de brocado, ataviada de joias, empunha o cetro e traz a coroa na cabeça. Seu manto, recamado de estrelas, é sustentado por uma escravizada; outra carrega um para-sol para protegê-la. Mais cinco figuras de escravizadas, com roupagens enfeitadas de penas, são vistas dançando e empunhando diversos instrumentos musicais.

No entanto, é preciso pontuar que, no contexto da escravidão negra, a reinvenção da vida urbana ganhava outra dimensão coletiva. Nesta pintura a óleo destacada, Carlos Julião retratou o cortejo de uma rainha no Rio de Janeiro. Anualmente, irmandades realizavam o cortejo do rei e da rainha de suas respectivas "nações", em uma festa que recebia o aval do poder público e da Igreja Católica. Como ocorria nesse tipo de festividade, além da própria coroação, outros elementos de culturas africanas estavam presentes, como os instrumentos musicais, tecidos e para-sol.

As festas de coroação dos "reis e rainhas africanos" e as procissões das irmandades negras eram exemplos de como o mundo citadino servia como palco para espetáculos em que a escravidão transatlântica (enquanto sistema) era suspensa, dando lugar à memoração das comunidades originárias ou à imaginação de Áfricas muitas vezes inexistentes. As imagens que retratam as procissões realizadas pelas irmandades evidenciam que a liturgia católica era relida a partir de padrões estéticos e identitários que, em certos casos, passavam ao largo dos costumes portugueses. Julião fez uso de muitos detalhes para representar as saias e turbantes das mulheres que retratou e deu o devido destaque ao para-sol, objeto muito utilizado nos cortejos reais de diferentes povos da África Ocidental e Centro-Ocidental. Trabalhos que analisam a história das cidades coloniais da América portuguesa apontam que, em muitos casos, o espaço urbano foi o local da encenação popular, ou melhor, o local em que se via e se fazia ver.[57]

Uma das importantes discussões sobre a história das cidades brasileiras durante o período colonial reside no que muitos autores chamaram de "aspecto transitório" do espaço urbano. Embora os centros citadinos fossem locais onde os representantes do poder metropolitano estavam presentes e o espaço em que as grandes trocas comerciais ocorriam, o caráter fortemente agrário da economia colonial acabou encobrindo uma série de relações sociais que passaram a ser analisadas de forma mais sistemática nas últimas décadas. Estudos da segunda metade do século XX mostram que as cidades coloniais foram mais do que *espaços de passagem* da sociedade brasileira, ali se estabeleceram redes sociais importantes, inclusive fortemente influenciadas por escravizados e seus descendentes.[58] Esse enraizamento social não ficou fora do alcance metropolitano, que cada vez mais precisava sofisticar o controle dos usos e sentidos que a população negra atribuía à cidade.

Talvez um dos exemplos mais bem-sucedidos dessa equação tenha sido elaborado justamente por Luís de Vasconcelos e Sousa. A fim de ampliar o perímetro urbano da capital colonial, o vice-rei ordenou a demolição do morro das Mangueiras, que fazia parte do maciço de Santa Teresa. Com o material da demolição, Vasconcelos e Sousa mandou aterrar o campo dos Ciganos e a lagoa do Boqueirão que, por sua vez, deram lugar ao Passeio Público, erguido em 1783.

IMAGEM 10 Lagoa do Boqueirão no Rio de Janeiro

Leandro Joaquim, *Boqueirão com o aqueduto da Carioca ao fundo*, c. 1780. Museu Histórico Nacional/Ibram. Foto de Jaime Acioli.

A tela a óleo foi pintada por Leandro Joaquim, um importante artista do período, classificado na época como um "homem de cor" (pardo). Nessa obra, é possível observar a região que foi aterrada a mando de Vasconcelos e Sousa. É interessante notar que Leandro Joaquim retratou inúmeras figuras negras, provavelmente pessoas escravizadas, uma vez que foram retratadas descalças (a ausência de sapato era frequentemente utilizada pelos artistas para indicar pessoas escravizadas) enquanto executavam atividades que, grosso modo, eram realizadas por escravizados, como lavagem de roupa e cuidados com animais.

Desde o governo do marquês do Lavradio, havia a intenção de ampliar o perímetro urbano da cidade para essa região, decisão que foi levada adiante por seu sucessor. No entanto, é interessante observar que a pintura de Leandro Joaquim representa atividades que ficam em uma linha tênue (e por vezes invisível) entre o mundo urbano e o mundo rural, o que diz muito sobre a delimitação da cidade naquele final do século XVIII.

Não foi por acaso que o vice-rei escolheu aquela localidade para a construção do Passeio Público: foi o primeiro jardim público das Américas, demonstrando a forte preocupação das autoridades em fazer com que a capital colonial estivesse antenada aos padrões urbanos europeus. Inspirado no Passeio Público de Queluz, em Portugal, é possível afirmar que a construção do passeio do Rio de Janeiro materializava não só a concepção, mas a percepção da urgência de um espaço *público* projetado para representar a importância política da cidade.

O Passeio Público foi elaborado pelo artista e artífice negro Mestre Valentim e tinha o intuito de embelezar o Rio de Janeiro, reafirmando padrões de civilização e restringindo usos do espaço urbano em meio à cidade que se expandia. Não se tratava, pois, de um espaço que pudesse ser igualmente usufruído por seus habitantes. Se essa fosse a preocupação, a lagoa do Boqueirão não precisaria ter sido aterrada. O belo jardim público do Rio de Janeiro foi marcado pela teatralização das desigualdades que constituíam a cidade.

Elaborado por um artista negro, membro da Irmandade de Nossa Senhora do Rosário, e executado por meio do suor de dezenas de escravizados, o Passeio Público não estava aberto a todos, mas ao público que realmente importava. Ao comprovar a capacidade humana de transformar a natureza, o Passeio Público dividia ricos e pobres do Rio de Janeiro, deixando materialmente definido que, mesmo contando com uma expressiva população negra e mestiça, o *gradiente racial* do Rio de Janeiro não podia estar naquele espaço urbano, e muito menos usufruir dele, da mesma maneira.[59]

O Passeio Público se tornou um emblema do projeto urbanístico promovido por Vasconcelos e Sousa, vice-rei que governava uma cidade profundamente marcada pela centralidade da escravidão. Era, ao mesmo tempo, espaço de lazer à moda ilustrada e instrumento de civilidade seletiva, refletindo os ideais de ordenamento social impostos pelas elites coloniais. E não se tratava do único equipamento urbano a reiterar a posição subalterna dos escravizados da cidade. Após a reconstrução da Casa da Alfândega, o vice-rei empreendeu a reforma do antigo Forte de Santiago, convertendo-o em um calabouço destinado à punição e ao encarceramento de cativos. Essa transformação suprimiu o papel do pelourinho como espaço público de castigo, mas não suavizou os mecanismos de repressão, reafirmando o poder disciplinador do Estado colonial sobre a população escravizada.

Assim, mesmo sem dispor da imponência física das muralhas de Havana – que, a partir de 1763, passaram a exercer sobretudo uma função simbólica de delimitação urbana, mais do que propriamente militar –, as intervenções promovidas no Rio de Janeiro durante o mesmo período buscavam inscrever a cidade no ideário das Luzes, articulando espaço urbano e controle social. A reconfiguração da paisagem carioca visava não apenas à racionalização administrativa e estética do espaço, mas também à ordenação simbólica dos sujeitos que nele circulavam, demarcando com clareza os papéis sociais e os limites de atuação dos diferentes grupos que compunham a capital colonial. Mal sabiam que aquilo era apenas um ensaio do que estava por vir.

Prelúdio de novos tempos

Havana e Rio de Janeiro estabeleceram vínculos estruturais no contexto do reordenamento imperial. Embora as elites fluminenses já demonstrassem crescente expressão econômica nas primeiras décadas do século XVIII e a baía de Guanabara oferecesse vantagens naturais de defesa, foi a tomada de Havana pelos britânicos, em 1762, que evidenciou para o marquês de Pombal a vulnerabilidade das possessões espanholas no Caribe e a necessidade estratégica de deslocar o centro político-administrativo do Império Português no Atlântico Sul. A partir de 1763, em resposta às disputas entre as potências europeias e à redefinição das fronteiras extrativistas, Rio de Janeiro e Havana – mesmo com pesos distintos – passaram a compartilhar a condição de lócus de poder colonial, e seus percursos históricos passaram a andar em paralelo em meio ao processo de modernização e militarização imperial. Contudo, apesar de inseridas em dinâmicas similares de reconfiguração territorial e de experimentação ilustrada, os resultados desses projetos nas duas cidades revelam trajetórias distintas.

As diferentes situações analisadas nos capítulos que compõem a primeira parte deste livro evidenciam que as discrepâncias na implementação das reformas ilustradas em Havana e no Rio de Janeiro estavam relacionadas à forma como a escravidão se articulava com as dinâmicas sociais, econômicas e políticas de cada cidade. Embora na última década do século XVIII ambas apresentassem proporções semelhantes de população escravizada – cerca de 30% do total –, as especificidades dos mercados de cativos moldaram de maneira distinta a interação entre elites locais e o poder metropolitano. Em Havana, a dificuldade recorrente no suprimento de africanos escravizados conferiu centralidade à questão nas negociações entre a Coroa espanhola e as elites *criollas*, funcionando como moeda de troca para garantir adesão ao projeto reformista.

No Rio de Janeiro, a inserção consolidada dos luso-brasileiros no tráfico atlântico fortaleceu sua autonomia econômica e sua capacidade de barganha diante do Estado português. Essa longa experiência no comércio transatlântico ora dificultava, ora facilitava alianças duradouras entre os representantes da Coroa e a elite mercantil-escravista da cidade e de sua hinterlândia. Os contornos assumidos pelo projeto ilustrado em Havana e no Rio de Janeiro se revelaram profundamente marcados pelas estruturas e pelos fluxos do sistema escravista atlântico.

Observa-se, portanto, que o desenrolar das reformas ilustradas em Havana e no Rio de Janeiro esteve diretamente condicionado à disponibilidade de mão de obra escravizada, elemento central tanto para a sustentação econômica quanto para os arranjos políticos locais. Essa oferta, por sua vez, estava profundamente enraizada nas heranças escravistas de longa duração e nas redes imperiais de tráfico de africanos, que articulavam interesses comerciais entre a África Ocidental, as Américas e as respectivas metrópoles.

Em Havana, a forte dinâmica urbana e a centralidade da cidade no Império Espanhol permitiam que, mesmo diante de restrições formais, o sistema de *asiento* e o contrabando constante garantissem um fluxo mínimo de cativos, necessário para manter o funcionamento da economia urbana e portuária. Já o Rio de Janeiro, diretamente vinculado às economias mineradora e agrícola do interior, consolidou-se como um dos principais polos do tráfico no Atlântico Sul, sendo não apenas ponto de chegada de milhares de africanos escravizados como também centro de redistribuição. A permanência de parte significativa dessa população escravizada na cidade contribuiu para moldar sua estrutura econômica, social e política.

O fator que alteraria de forma radical essa equação atlântica emergiria em 1791, não em Havana nem no Rio, mas na colônia francesa de Saint-Domingue.[60] A Revolução do Haiti – considerada a maior insurreição de escravizados da história moderna – teve efeitos de longo alcance em todo o mundo atlântico. Ao subverter a ordem racial e escravista vigente, o levante haitiano não apenas provocou uma reconfiguração geopolítica das potências coloniais, como redefiniu as condições para a manutenção e expansão da escravidão em outras regiões. A partir desse marco, tanto Havana quanto o Rio de Janeiro precisaram se adaptar a um novo cenário: o medo de revoltas escravas ganhou novas proporções. A reconfiguração das rotas do tráfico e a crescente pressão por reformas e ampliação do perímetro urbano passaram a ser elementos centrais nas políticas coloniais do final do século XVIII e início do XIX.

PARTE II

No alvorecer de 1812, a capital de Cuba entrou em alerta. Um conhecido carpinteiro da cidade, ex-comandante da milícia negra de Havana e de ascendência lucumí (termo utilizado para designar parte dos africanos de origem iorubá), tornou-se o líder de uma rebelião negra batizada com seu nome: Aponte.[1]

Os planos da rebelião liderada por José Antonio Aponte surpreenderam as autoridades não só por seus objetivos revolucionários – abolir a escravidão e o tráfico de africanos, acabar com o domínio colonial na ilha e criar uma sociedade menos discriminatória –, mas também por revelar uma ampla rede de solidariedade e de informação criada por homens e mulheres negros de Havana e de suas imediações.

Era a radicalização da outra ponta de uma sociedade marcadamente escravista; uma sociedade em que escravizados e indivíduos egressos do cativeiro – tanto os que haviam vivenciado a escravidão como seus descendentes – fizeram uso da dinâmica ditada pelo ritmo da *plantation* e pelos ideais políticos de então, na defesa de seus interesses. Ainda que tenha sido descoberta antes de eclodir, a Rebelião de Aponte revelou a construção de relações que extrapolavam os laços de parentesco, a condição de cativeiro e as fronteiras entre o espaço urbano e rural de Cuba.

Um dos homens a representar melhor a dimensão insular da rebelião foi Tiburcio Peñalver, escravizado do engenho de Trinidad, que pertencia a don Nicolás Peñalver. Tiburcio era a pessoa responsável pelo transporte do açúcar produzido no engenho, que deveria ser entregue aos mercadores de Havana que cuidavam da exportação do produto. As inúmeras viagens feitas entre a *plantation* e a capital cubana levavam os escravizados a transitar por diferentes espaços, passando por diversos engenhos e pelos bairros extramuros de Havana – que na época eram habitados, em sua maioria, pela população negra, fosse ela livre, liberta ou escrava. A mobilidade desfrutada fez de Tiburcio uma espécie de mediador do movimento, já que ele foi um dos principais responsáveis pela comunicação dos envolvidos na sublevação.[2] Ao retornar a Trinidad em 13 de março de 1812, Tiburcio incitou os escravizados à revolta, queimando as senzalas e matando o capataz e sua esposa. Graças ao conhecimento que tinha da hinterlândia de Havana, Tiburcio conseguiu ficar foragido por cerca de dois meses. As buscas não conseguiram localizar o escravizado, que se apresentou espontaneamente às autoridades em maio do mesmo ano, quando soube que a maior parte de seus companheiros havia sido capturada. Encarcerado no calabouço de La Punta (fortaleza que havia sido reerguida por meio de mão de obra escrava), Tiburcio foi severamente castigado até sair sua sentença: enforcamento, junto com os demais líderes do levante.[3]

Assim como no caso de Tiburcio, a Rebelião de Aponte desnudou uma série de "pequenas histórias" protagonizadas por homens e mulheres que viveram, direta ou indiretamente, a condição do cativeiro em Cuba. Todavia, não restam dúvidas de que entre tais atores, José Antonio Aponte ocupou um lugar de destaque, o que justificou o batismo do movimento. Os diferentes documentos que retratam a história da rebelião de 1812 indicam o espanto das autoridades ao entrar na casa de Aponte, no bairro de Guadalupe, em Havana, e lá descobrir o *libro de pinturas* que continha desenhos de soldados negros defendendo as possessões de Carlos III, pinturas de George Washington, um dos líderes da Revolução Americana e primeiro presidente dos Estados Unidos, e de reis negros da Abissínia, além de episódios da vida de Aponte. As autoridades não imaginavam que um homem negro tivesse tantas referências internacionais, sobretudo de outros homens negros que lutaram contra a escravidão. O assombro, portanto, foi ainda maior quando se depararam com retratos dos maiores líderes da Revolução Haitiana, como Toussaint Louverture e Jean-Jacques Dessalines.[4] Se Tiburcio fora o exemplo da expressão local da rebelião, Aponte era a expressão atlântica do movimento.

Dois anos após a Rebelião de Aponte, em 1814, o marquês de Aguiar enviou um ofício ao conde dos Arcos descrevendo a versão "correta" do que teria sido uma conspiração escrava na cidade do Rio de Janeiro que, em teoria, fora organizada pelos homens da armada de Manoel Ignácio da Cunha, em 28 de abril do mesmo ano. Segundo o marquês, a confusão fora causada por apenas um negro que, pouco antes de ser açoitado e levado para a cadeia, disse próximo ao desembargador ouvidor-geral dos crimes que "seus parceiros o tirariam e matariam todos os brancos".[5] Não se sabe ao certo como, mas as palavras proferidas pelo prisioneiro logo ganharam as ruas e fizeram estremecer os membros da Corte. A fim de "tranquilizar os ânimos dos habitantes dessa Cidade e desvanecer o terror e pânico que eles estão possuídos com o receio de [...] perigos eminentes",[6] as autoridades agiram rapidamente e a pena que antes se resumia à reclusão e ao açoitamento acabou alterada. Assim como ocorrera com os líderes da Rebelião de Aponte, o negro sublevado – cujo nome não foi revelado – recebeu execução sumária.

Difícil saber se o ofício do marquês de Aguiar era a "verdadeira versão dos fatos" ou uma tentativa de apaziguar a população ao reduzir a suposta conspiração negra e/ou escravizada no Rio de Janeiro à ação isolada de um indivíduo.[7] Porém, havia grande apreensão das autoridades governamentais – e de todos os cidadãos ditos de bem – diante da possibilidade de uma rebelião do segmento escravizado da cidade. Na ocasião, fazia dez anos que o Haiti havia se tornando o segundo país independente das Américas e pouco mais de vinte anos que a revolução de escravizados eclodira em Porto Príncipe. Todavia, era impossível não se lembrar da Revolução Haitiana ante a ameaça de um massacre racial. E, na dúvida, o escravizado em questão foi executado sem delongas.

Embora os pesos tenham sido significativamente distintos, a Rebelião de Aponte em Havana e a execução do escravizado insurreto no Rio de Janeiro apontam os impactos causados pela Revolução do Haiti: o único caso de revolta escrava bem-sucedida que levou à abolição definitiva da escravidão e à independência nacional.[8]

A Revolução do Haiti (1791-1804) constitui um dos episódios mais radicais e transformadores da história do mundo atlântico moderno. Culminando na fundação da segunda república das Américas, em 1804, o movimento foi liderado pela população negra da colônia francesa de Saint-Domingue, então a mais lucrativa das Américas. O processo insurrecional teve início em agosto de 1791, com uma cerimônia religiosa de vodu que marcou o levante dos escravizados, os quais, profundamente marcados pela violência do regime escravista, reivindicavam melhores condições de vida.[9]

A brutal exploração escravista na ilha já havia provocado diversos levantes ao longo do século XVIII. Contudo, esse contexto foi reinterpretado de maneira mais radical a partir da Revolução Francesa de 1789, que não apenas difundiu os ideais iluministas pelo mundo atlântico, mas também expôs as contradições raciais subjacentes aos próprios princípios ilustrados. Desse modo, a luta pelo fim da escravidão se somou à luta da população negra pelo exercício da liberdade, da igualdade e da cidadania defendidas pela Revolução Francesa, cuja universalização de direitos se limitava aos homens brancos do Império Francês.[10]

O conflito se estendeu por mais de uma década e envolveu forças coloniais francesas, britânicas e espanholas, todas interessadas no controle da ilha. Em 1804, após derrotar o exército napoleônico, os revolucionários – liderados por Toussaint Louverture até 1802 e depois por Jean-Jacques Dessalines – proclamaram a independência do Haiti, estabelecendo a primeira nação negra livre do mundo moderno.

É inegável que a Revolução do Haiti gerou um temor profundo entre as elites escravistas das Américas e da Europa, manifestando-se de distintas formas em diferentes contextos, criando inclusive o *haitianismo*.[11] O receio de que a insurreição pudesse servir de modelo para levantes semelhantes em outras regiões contribuiu decisivamente para a formulação de novas políticas imperiais.[12]

A França, uma das principais potências econômicas e políticas do período, interpretou a Revolução do Haiti de maneira singular, uma vez que o evento representou não apenas a perda de uma colônia lucrativa, mas também a primeira grande derrota de Napoleão Bonaparte. Em resposta, logo após a independência haitiana em 1804, Napoleão vendeu a Louisiana aos Estados Unidos e redirecionou seu projeto imperial, concentrando esforços no domínio do continente europeu. Como parte dessa nova estratégia, em novembro de 1806, o imperador instituiu o bloqueio continental, uma medida destinada a enfraquecer economicamente a Grã-Bretanha, cujos efeitos reverberaram diretamente nas dinâmicas comerciais e políticas do mundo atlântico sobretudo nas nações ibéricas.

Já na Inglaterra, a Revolução do Haiti exerceu influência significativa para o fortalecimento das vozes abolicionistas no Parlamento. Em 1807, esse movimento culminou na promulgação do Act for the Abolition of the Slave Trade, que proibiu o tráfico transatlântico de africanos no Império Britânico. Uma proibição que seria ampliada em 1815, quando a Inglaterra proibiu o tráfico ao norte da linha do Equador. Essas decisões marcaram o início de uma ofensiva diplomática britânica contra o tráfico, acompanhada por uma política naval ativa. Além de exercer pressão sobre seus parceiros comerciais, o governo britânico mobilizou parte considerável de sua marinha para patrulhar o Atlântico e impedir o transporte ilegal de pessoas escravizadas.

Mas esse não foi o único posicionamento dos súditos do monarca inglês. Diversos colonos e comerciantes britânicos perceberam que a Revolução do Haiti representava a saída da colônia francesa do mercado mundial, deixando uma imensa lacuna na produção de açúcar e de café.

E os súditos do rei Jorge III não foram os únicos a enxergar vantagens na nova configuração da economia mundial provocada pela Revolução do Haiti.

Embora Simón Bolívar tenha feito do Haiti um exemplo positivo na sua luta pela independência americana, muitos *criollos* não pensavam da mesma forma.[13] Para algumas oligarquias do Novo Mundo, a defesa da propriedade privada era mais importante do que o alargamento das práticas cidadãs e o gozo de certa liberdade política. Justamente nesse ponto, as histórias do Rio de Janeiro e de Havana se encontram mais uma vez.

Durante o período que ficou conhecido como Era das Revoluções,[14] as duas cidades, já configuradas como lócus de poder colonial, transformaram-se em importantes centros de defesa da escravidão apregoada pelas elites cubana e luso-brasileira. Assim como ocorrera com parte dos colonos ingleses, a saída de Saint-Domingue do mercado mundial foi recebida como uma excelente oportunidade para o incremento da produção agroexportadora de Cuba e do Brasil, cujas economias estavam pautadas no modelo de *plantation* escravista alimentada pelo tráfico transatlântico.

Entre o medo de que situações semelhantes às que levaram à criação do Haiti de fato ocorressem e a possibilidade de substituir a produção de Saint-Domingue no mercado mundial, cubanos e luso--brasileiros escolheram a segunda alternativa, apostando no escravismo no consequente incremento do tráfico de africanos.

O que se vê a partir desse ponto é que a escravidão passou a operar em uma nova escala de produtividade. Mesmo duramente combatido pelos ingleses e pelas demais nações que se engajaram no abolicionismo, o tráfico de africanos alcançou um volume nunca visto antes. A partir de 1791, Rio de Janeiro e Havana reforçaram seu papel como portos de desembarque para milhares de africanos, cujo destino eram as fazendas monocultoras. Esse fenômeno foi chamado de segunda escravidão.[15]

Para além do lócus de poder colonial e de entreposto de africanos escravizados, Rio de Janeiro e Havana mantiveram-se como urbes escravistas, só que não mais nos moldes setecentistas. O contexto internacional acabou redimensionando a importância política e econômica dessas cidades, alterando a assimetria observada entre 1763 e 1790. Além disso, as transformações do mundo atlântico fizeram com que a escravidão nas duas urbes adquirisse usos e sentidos distintos que reforçaram a dependência desses espaços em relação à mão de obra de escravizados.

Nos capítulos que se seguem, veremos como Havana e Rio de Janeiro disputaram o pouco honroso título de maiores cidades escravistas do mundo, refletindo a aposta na escravidão – via tráfico transatlântico – feita pelas elites cubanas e luso-brasileiras. Uma escolha política que reconfigurou o peso que a escravidão exercia em Cuba e no Brasil que, não por acaso, foram as últimas sociedades das Américas a abolir a escravidão.

CAPÍTULO 4

Escravidão e medo na tessitura do urbano (1791-1807)

Vice-reino do Rio de Janeiro: palco da escravidão ilustrada

A felicidade parecia possível para os escravizados do Rio de Janeiro, ao menos na perspectiva de sir George Leonard Staunton, botânico britânico da Companhia das Índias Orientais que fazia as vezes de secretário da Embaixada liderada por lorde McCartney.[1] Nas duas semanas em que esteve aportado na capital da América portuguesa em setembro de 1792, sir Staunton ficou espantado não só com a prodigiosa quantidade de africanos na cidade, mas também com os diferentes tipos de vida experimentados pelos escravizados urbanos e por aqueles que viviam no eito. Staunton pensou ter se inteirado da dinâmica que marcava "um lugar chamado Valongo",[2] local que, segundo ele, recebia cerca de 20 mil africanos escravizados anualmente. Embora tenha averiguado que três quartos desses cativos seguiam para outras paragens, o secretário britânico pontuou que aproximadamente 5 mil continuavam na cidade, "acomodando-se facilmente à sua situação". Sem fazer uso da bebida para abafar seus sofrimentos, os escravizados do Rio de Janeiro tinham duas grandes paixões às quais podiam se dedicar nos momentos de lazer: a música e a dança.[3]

Entretanto, uma perspectiva contrastante sobre o cativeiro urbano foi registrada quatro anos depois. Companheiro de pátria de Staunton, em novembro de 1796, George Vesson – que fazia parte de um grupo de missionários encarregados de converter os gentios do Pacífico – não conseguiu ver a "felicidade possível" descrita por sir Staunton, mas sim escravizados "nus, expostos como gado [...] que num misto de tristeza, indignação e desespero miravam o grupo que se divertia ao lado".[4] O missionário ficou especialmente comovido ao deparar-se com um "negro velho que, com os seus gastos membros, carregava uma pesada carga. Ele gemia muito e parecia que as suas costas iam quebrar. O negro avançou com dificuldade mais alguns passos, gritou por socorro e caiu".[5] Ao se prontificar para ajudá-lo, o intérprete de Vesson lhe disse que aquele escravizado "não merece um centavo".[6]

Os adjetivos escolhidos pelo missionário para descrever o "triste espetáculo" que vira no Rio de Janeiro revelavam não apenas os horrores do escravismo na capital da América portuguesa como também atestavam o crescimento dos ideais abolicionistas no mundo britânico. Naquela época, o fim da escravidão deixava de ser uma questão puramente filosófica e ganhava espaço nos debates do Parlamento britânico, dividindo os súditos do rei Jorge III.[7] Se a crença e a moralidade de George Vesson não permitiram que ele enxergasse os momentos em que os escravizados urbanos conseguiam ressignificar suas vidas em meio à exploração a que eram submetidos, tais atributos foram fundamentais para que o missionário concluísse, profeticamente, que nas terras lusas de além-mar "o terrível tráfico de escravos irá perdurar por muito tempo".[8]

Certamente os testemunhos de sir Staunton e do missionário Vesson revelam aspectos axiais do Rio de Janeiro da época. Era uma cidade forjada pela música e pela dança de africanos e seus descendentes. Essa vivacidade contrastava com o desprezo reservado aos cativos mais velhos, facilmente "repostos" pelos milhares de africanos que desembarcavam ali anualmente. As duas testemunhas britânicas captaram bem a contradição que marcou definitivamente a experiência urbana do Rio de Janeiro.

Contudo, a escravidão era uma instituição cujas complexidades muitas vezes escapavam ao olhar estrangeiro. Em um governo despótico e enraivecido, o vice-rei conde de Resende manteve os escravizados como principal mão de obra para as inúmeras melhorias que empreendeu na capital entre 1790 e 1801. O aqueduto da Carioca, principal fornecedor de água da cidade, foi coberto e novas ruas surgiram, acompanhando a expansão urbana em direção aos bairros da Lapa e da Glória. O vice-rei também ordenou a construção de um asilo para os soldados inválidos, instalou iluminação pública (com óleo de baleia) e mandou erguer o chafariz do Moura nas imediações do bairro da Misericórdia.

IMAGEM 11 Escravizados e chafariz no Rio de Janeiro

Thomas Ender, *Chafariz do largo do Moura*, 1817. Acervo do Museu Histórico Nacional/Ibram. Foto de Jaime Acioli.

Construído com mão de obra escrava em 1794, o chafariz do largo do Moura tinha como objetivo principal facilitar o acesso às águas do rio Carioca, que chegavam com dificuldade ao bairro da Misericórdia. Desde a década de 1770, a região passou a ser habitada por muitos soldados portugueses oriundos da cidade de Moura, que engrossaram a população local, composta principalmente por pessoas de baixa renda. Na aquarela de Thomas Ender, de 1817, é possível observar que, como boa parte dos chafarizes da cidade, o largo do Moura também servia como local de trabalho para a população negra (escrava e liberta) que, a princípio, ia para buscar água e lavar roupa.

A edificação e os usos atribuídos ao chafariz do Moura constituem um exemplo significativo para demonstrar que, além de atuar como força de trabalho essencial na construção da infraestrutura urbana, os escravizados também desempenharam papel central na manutenção cotidiana das melhorias promovidas nas cidades. O mesmo se aplica ao sistema de iluminação pública, cuja operação diária dependia diretamente do labor de pessoas escravizadas.

Importante pontuar que a mão de obra escravizada nem sempre estava disponível para as autoridades, que frequentemente recorriam ao aluguel de cativos para a execução de melhorias. Essa demanda foi o pano de fundo para que, em 1799, os moradores Joana Maria da Conceição e José Antônio Gonçalves encaminhassem dois requerimentos à Câmara Municipal. O documento era um lembrete sobre o atraso no pagamento dos jornais de seus escravizados, e alertava que eles estavam trabalhando em "obras do Senado da Câmara". De acordo com os proprietários, a instituição havia se prontificado a pagar 100 réis por dia de trabalho de cada escravizado, mas ainda não havia honrado o acordo.[9]

O aluguel de escravizados se mostrava um investimento cada vez mais comum e lucrativo nos últimos anos do século XVIII. Ao analisar a trajetória dos artífices na capital colonial nesse período, Carlos Lima demonstrou que a rede de comerciantes composta por sapateiros, alfaiates, barbeiros, carpinteiros e ferreiros contava com um número expressivo de escravizados. Por meio da análise de inventários *post mortem* e das licenças expedidas para a abertura de casas de comércio, Lima conseguiu mapear grande parte dos estabelecimentos comerciais do Rio, sobretudo aqueles localizados nas principais freguesias da cidade.

Um dado revelador identificado nesse mapeamento refere-se à preferência sistemática pela aquisição de pessoas escravizadas como forma prioritária de investimento. Observou-se que alguns artífices optaram por não adquirir ferramentas essenciais ao exercício de seus ofícios, demonstrando a convicção de que a compra de um cativo representaria um retorno econômico mais vantajoso a médio e longo prazo.[10]

Carlos Lima defende que a forte presença escrava nos estabelecimentos comerciais, por sua vez, acabava nivelando por baixo os jornais que os artífices (livres ou escravizados) recebiam, principalmente para aqueles que trabalhavam na construção civil. A estratégia que muitos empregaram para compensar essa situação foi "jogar o jogo da escravidão": não só compravam escravizados como os treinavam para ofícios específicos. Essa prática permitia aos artífices ampliar suas fontes de rendimento, já que podiam obter lucro tanto com o trabalho dos escravizados em suas próprias obras quanto com os valores pagos por terceiros interessados em alugar esses trabalhadores já treinados.

A diversidade de uso da mão de obra escravizada no Rio de Janeiro estava diretamente ligada à manutenção do intenso tráfico transatlântico de africanos para a cidade. Durante o governo do conde de Resende (1790-1801), pouco mais de 156 mil africanos desembarcaram nos portos do sudeste da colônia, 60% no Valongo. Isso significa que a média anual de desembarque de africanos na cidade do Rio de Janeiro girou em torno das 9 mil almas, homens e mulheres vendidos para trabalhar na hinterlândia fluminense e nas capitanias adjacentes, mas que também se fizeram ainda mais presentes no cotidiano da capital.

E por mais lucrativa que fosse a exploração dessa mão de obra para as autoridades locais ou para os particulares, o desembarque massivo e a presença cotidiana de milhares de africanos escravizados imprimiam ritmos, sons e práticas que também forjavam o Rio de Janeiro de então e que, na maior parte dos casos, não eram bem-vindas nem bem-vistas.

No período que o cronista Luiz Edmundo chamou de "tempo dos vice-reis", ao menos uma vez por ano, era possível ver

> descendo a Rua do Rosário, pela altura da dos Latoeiros, caminho do Terreiro do Paço, a tropilha folgaz dos negros [que] vem cantando, a dançar, ao som de adufos, caxambus, chequerês, marimbas, chocalhos e agogôs, seguida, açulada, applaudida pelo poviléo garrulho e jovial que com ella faz mescla e se expande feliz! Nunca se viu na rua tanto negro! São negros de todas as castas e todas as ralés, despejados pelas vielas e alforjas em redor, atraídos pelo engodo da folia: congos e moçambiques, monjolos e minas, quilôas e benguelas, cabindas e rebôlas, de envolta com mulatos de capote, com ciganos e moleques [...] Não há escravo que atenda amo, que obedeça a senhor nesse minuto de desabafo e embriaguez. É uma loucura![11]

Em que pese o tom pitoresco que marcou uma série de registros sobre a escravidão no Rio de Janeiro a partir das primeiras décadas do século XIX, Luiz Edmundo descreveu uma multidão negra que, em uma data específica, tomava as principais vias da cidade para comemorar, à sua maneira, a coroação simbólica de reis e rainhas africanos que, ao menos por um minuto, cediam espaço para o desabafo, a embriaguez e a loucura. Era o catolicismo ibérico sendo relido pelos escravizados e suas diversas heranças africanas.

Tal passagem lembra que não era só de trabalho que viviam os cativos do Rio de Janeiro. Conforme visto no capítulo anterior, parte expressiva dos escravizados citadinos seguia uma prática comum à população do Rio e se filiava às irmandades. Como vimos, tais instituições funcionavam como associações de ajuda mútua, ao mesmo tempo que assistiam os momentos finais de seus membros, garantindo que a passagem para a eternidade cristã ocorresse de acordo com os preceitos definidos pela Igreja Católica. No entanto, as irmandades também garantiam que a *vida fosse uma festa*. As inúmeras celebrações que ocorriam durante o ano reforçavam os laços de identidade e de pertencimento dos irmãos de fé, que acabavam jogando o jogo imposto pela dinâmica teatral da vida urbana da América colonial, reforçando aquilo que Silvia Lara chamou de "exposição das hierarquias sociais".[12]

No entanto, é preciso destacar que embora se reconheça a diversidade africana entre a população do Rio de Janeiro, a atemporalidade presente na narrativa de Luiz Edmundo pode levar a uma homogenização de práticas e identidades no contexto do cativeiro alimentado pelo tráfico transatlântico. Ainda que as festividades católicas tivessem o potencial de atrair indivíduos negros de distintas origens e estratos sociais, tanto no Rio de Janeiro quanto em outras regiões do Novo Mundo, é equivocado presumir uma experiência uniforme entre moçambiques, congos, quiloas, minas e benguelas. Primeiro, porque esses grupos eram resultado de identidades africanas reconfiguradas nas Américas e que, justamente por isso, estavam sujeitos às vicissitudes da dinâmica colonial em que estavam inseridos. Segundo, porque mesmo compartilhando a experiência do cativeiro e a luta pela liberdade, a "tropilha folgaz dos negros" nunca foi singular. Procurar unidade naquilo que era plural e diverso dificulta a compreensão mais aprofundada da escravidão citadina e da própria configuração espacial de cidades escravistas.

Tomar os negros do Rio de Janeiro (ou de qualquer outra cidade colonial) como um grupo coeso e único não permite entender por que as autoridades locais estavam sempre às voltas com a fuga de cativos e a formação de quilombos nos subúrbios de vilas e cidades. Considerando a força que o pertencimento às irmandades e às demais associações de ajuda mútua possa ter representado na vida de muitas pessoas escravizadas e libertas, as identidades reconstruídas em solo americano estavam além dessas instituições, e muitas vezes os cativos não se vincularam a qualquer uma delas, preferindo trilhar outros caminhos.

Não por acaso muitos estudos demonstram que, a partir do século XVII, as câmaras municipais e os demais órgãos governamentais da América portuguesa estavam preocupados em definir as distintas formas de resistência à escravidão.[13] Era fundamental saber diferenciar um escravizado foragido de um quilombola ou então saber delimitar o que eram mocambos e o que eram quilombos. Só a partir de então era possível formular medidas repressivas e preventivas.

Desde o período da administração de Bobadela, observou-se uma constante preocupação das autoridades coloniais em conter a fuga de pessoas escravizadas, de modo a evitar que o fenômeno alcançasse proporções consideradas alarmantes.[14] Nesse sentido, não causa surpresa que, em 1793, o cirurgião-mor Manuel Dias Lisboa tenha endereçado um ofício à Câmara informando sobre a apreensão de seu cativo na freguesia do Pilar por um dos capitães de entrada.[15] Essa freguesia integrava a região da baixada iguaçuana, situada no recôncavo da Guanabara e irrigada pelos rios Iguaçu e Sarapuí. Desde meados do século XVIII, tal localidade era reconhecida tanto pela produção de gêneros alimentícios – muitos dos quais abasteciam o mercado da cidade do Rio de Janeiro – quanto pela manufatura de açúcar e aguardente. Ao mesmo tempo, a região era notoriamente associada à presença de escravizados em fuga e à formação de comunidades quilombolas, o que a tornava alvo frequente da vigilância colonial.[16]

Documentos como esse ofício eram cada vez mais frequentes nas mesas e escrivaninhas do Senado da Câmara e narravam histórias semelhantes: escravizados foragidos, capturados por particulares que precisavam de licença da Câmara para atuar como capitães do mato ou capitães de entradas. E, a cada ciclo de melhoria na cidade, tais capitães precisavam percorrer distâncias maiores na busca dos foragidos, pois, grosso modo, eles rumavam para regiões de mata de difícil acesso. Dessa forma, não seria exagero afirmar que as formas mais incisivas de luta contra a escravidão acompanharam o crescimento do Rio de Janeiro e que essa relação se deu de forma proporcional à expansão urbanística e à complexidade que marcaram a história da cidade.

Vale dizer que a própria cidade do Rio de Janeiro se tornou local de circulação para alguns escravizados em fuga. O crescimento da população negra livre, liberta e escravizada criava a possibilidade do anonimato, o que por vezes deixava as autoridades confusas, já que a identificação ficava cada vez menos óbvia. Às vésperas do século XIX, o Rio de Janeiro era um mosaico, com combinações distintas de cor de pele (e suas gradações), condição jurídica e posição social.

A mestiçagem não constituía um fenômeno inédito no contexto carioca, como já amplamente demonstrado por diversos estudos. Contudo, a elevação do Rio de Janeiro à condição de sede do vice-reinado, em 1763, contribuiu para intensificar e tornar complexas as dinâmicas sociais entre os diferentes sujeitos racializados que habitavam e circulavam pela cidade, já que as mudanças urbanísticas dependiam cada vez mais do trabalho de escravizados, e também se representavam uma oportunidade interessante para a população negra livre e liberta. Um exemplo é a trajetória de Valentim da Fonseca e Silva, que, pouco após a transferência da capital, chegou ao Rio de Janeiro acompanhado de sua mãe. Natural do distrito do Serro, em Minas Gerais, Mestre Valentim atingiu uma posição de destaque ainda rara para homens negros e mestiços, os quais, apesar de atuarem em uma gama de ofícios urbanos, geralmente encontravam-se alijados das esferas de poder da administração colonial.

Conforme discutido no capítulo anterior, foi por solicitação direta do vice-rei Luís de Vasconcelos e Sousa que Mestre Valentim concebeu o primeiro jardim público das Américas. Sua contribuição, entretanto, não se restringiu a esse projeto, tendo deixado sua marca em diversos chafarizes, esculturas e igrejas da cidade. Ainda que sua genialidade artística e singular inserção social o coloque em uma posição excepcional, o caso de Mestre Valentim corrobora com a máxima de que a exceção confirma a regra. Embora a condição de vice-reino tenha andado de mãos dadas com o incremento da população escravizada, a transformação do Rio de Janeiro em sede do vice-reino também ampliou as possibilidades de mobilidade e visibilidade para segmentos da população negra livre e alforriada, parte da qual migrou para a cidade em busca de melhores condições de vida.

É o caso de Silva Alvarenga, filho de uma escravizada com um músico branco, nascido em Vila Rica, que atuou como poeta no Rio de Janeiro e foi o coração pulsante de um episódio que entrou para os anais da história como a Conjuração Carioca.[17] A conjuração teve como protagonistas os membros da Sociedade Literária do Rio de Janeiro, fundada em 1786 com o aval do então vice-rei Luís de Vasconcelos e Sousa. A sociedade era um desdobramento da Academia Científica criada pelo marquês de Lavradio em 1771. Composta por médicos, professores, régios e membros da elite letrada da cidade, a instituição tinha como objetivo inicial promover o intercâmbio de saberes científicos entre seus integrantes, em uma das acepções mais clássicas do Iluminismo.

No entanto, é preciso lembrar que os ideais iluministas eram uma faca de dois gumes. Isso já havia sido especialmente evidenciado no processo de independência dos Estados Unidos em 1776 e ganhado outra dimensão com a Revolução Francesa (1789) e o início da Revolução do Haiti em 1791. Em solo luso-americano, a Inconfidência Mineira havia tumultuado a transição do governo de Luís de Vasconcelos para o conde de Resende em maio de 1790. Descoberta em 1789, a devassa da Conjuração Mineira fora levada a cabo até 1792, terminando com o degredo dos inconfidentes e a morte exemplar de Tiradentes. Considerado líder do movimento, o alferes foi enforcado no patíbulo erguido no Rio de Janeiro, no largo da Lampadosa (atual praça Tiradentes) e posteriormente esquartejado: sua cabeça foi enviada para Vila Rica e as demais partes de seu corpo permaneceram expostas ao longo do caminho para Minas Gerais como advertência pública.[18]

As autoridades governamentais fizeram da execução de Tiradentes uma encenação cuidadosamente orquestrada com o intuito de reprimir futuras manifestações de dissenso político, utilizando o corpo do réu como instrumento pedagógico de disciplinamento social. E não por acaso a execução ocorreu justamente no Rio de Janeiro, cidade que era lócus de poder e de autoridade da Coroa portuguesa na América, uma dimensão que vinha se materializando no aparato urbano da cidade desde 1763.

IMAGEM 12 Vista do largo do Paço (século XVIII)

Leandro Joaquim, *Revista militar no largo do Paço*, c. 1780. Acervo do Museu Histórico Nacional/Ibram. Foto de Jaime Acioli. Leandro Joaquim representou, em 1789, o maior espaço de poder do Rio de Janeiro setecentista visto do mar: o largo do Paço. É possível observar o Paço Real ou a Casa dos Vice-Reis (1); o Convento das Carmelitas (2); a Igreja de Nossa Senhora do Carmo (3); e as propriedades da família Teles de Meneses (4). De acordo com Gilberto Ferrez, essa tela fazia parte da coleção pintada por Leandro Joaquim para ornamentar os pavilhões do Passeio Público.

Como era de esperar, a Inconfidência Mineira fez com que o conde de Resende ficasse mais alerta para possíveis movimentos insurretos na colônia. Por isso, em 1793, foi proibida a presença e o funcionamento de sociedades letradas em solo luso-americano. A proibição não foi levada a cabo pelos membros da Sociedade Literária do Rio de Janeiro, que mantiveram seus encontros na casa de Silva Alvarenga, morador da rua do Cano (atual Sete de Setembro), na região central da cidade. Em tese, o conde de Resende fizera ouvidos moucos para essas reuniões, mas (ao que tudo indica) enviou espiões para dimensionar o grau subversivo desses encontros, o que resultou em uma devassa no final de 1794. Onze membros da conspiração foram encarcerados por cerca de três anos.[19]

Existe uma interessante discussão sobre a real dimensão subversiva da Conjuração Carioca, sobretudo quando comparada com outros movimentos ocorridos na América portuguesa, como a Inconfidência Mineira (1789) e a Conjuração Baiana, também conhecida como Revolta dos Búzios (1798). Paralelamente aos debates sobre a condição colonial – que, em distintos graus, mobilizavam os homens letrados e politicamente informados do Rio de Janeiro no final do século XVIII –, a eclosão da revolução dos escravizados em Saint-Domingue trouxe à tona, de maneira inquietante, os problemas para a manutenção da escravidão no Brasil. Ainda que distante das intensas discussões que agitavam o Parlamento britânico, o temor de que os cativos da colônia portuguesa viessem a replicar o exemplo caribenho teve impacto significativo nos círculos intelectuais da cidade. Alguns membros da Sociedade Literária passaram a manifestar reservas em relação à continuidade do regime escravista – não por princípios humanitários, mas por puro cálculo político e temor social. Em maio de 1792, por exemplo, o dr. Novais de Almeida, integrante da confraria, teria advertido: "O que aconteceu lá [São Domingos] demonstra o que poderá um dia vir a acontecer-nos e que Deus permita que eu nunca veja. [...] Vende os escravos que tens, generosamente concede-lhes a liberdade e terás menos inimigos."[20]

A advertência de Novais de Almeida revela não apenas o pânico das elites diante da possibilidade de uma sublevação generalizada, mas também a centralidade da população negra – escravizada ou liberta – no cotidiano urbano do Rio de Janeiro. O medo, nesse caso, funcionava como indicador da densidade demográfica e da capilaridade social da população escravizada no vice-reino, uma condição que parecia incontornável para a vida funcional do Rio de Janeiro.

Ao que tudo indica, o medo de Novais de Almeida de que a América portuguesa também fosse palco de uma rebelião escrava de grandes proporções não parece ter sido compartilhado pela maior parte dos colonos. É certo que as autoridades lusitanas ficaram apreensivas quanto ao desenrolar da revolução do Haiti, mas, até a virada do século XIX, a distância geográfica e a longa experiência no trato com os escravizados

– marcada pela dinâmica de negociação e conflito – garantiram certa tranquilidade entre os senhores e governantes da colônia. Tal dimensão fica especialmente evidente quando tomamos os números do tráfico transatlântico nesse período.

Entre os anos de 1790 e 1801, pouco mais de 362 mil africanos escravizados adentraram a colônia. Aproximadamente 48% deles aportaram no sudeste, a maior parte no cais do Valongo. Nesse mesmo período, apenas o tráfico para o Caribe britânico fez frente aos números na América portuguesa que, com exceção de 1791, passou a traficar cifras anuais que variaram de 25 mil a 33 mil africanos escravizados. Essa não é uma média de um território que pretendesse acabar com a escravidão, fosse por medo, fosse por pretensos ideais de um abolicionismo que começava a se espraiar no mundo atlântico. Para as autoridades, os traficantes e a crescente classe de proprietários do Rio de Janeiro, o que estava em questão era como manter a ordem dentro de uma capital escravista.

A resposta para essa questão estava no desenvolvimento comezinho e cotidiano de uma rede de poder, controle e vigilância que alcançava dimensões da cidade que muitas vezes escapava das atribuições desempenhadas pelo vice-rei.

Exemplo disso pode ser atestado em 1800, quando Theodora de Jesus recorreu às autoridades para reclamar que o juiz de Ofício dos Sapateiros havia apreendido o sapato de Thomásia, sua escravizada mina.[21] Embora o documento não explicite as razões, é possível considerar que tal atitude estava alinhada às convenções sociais e raciais vigentes à época. É pertinente recordar as observações de Carlos Julião, que, anos antes, havia representado a ordem social de acordo com elementos do vestuário – como os sapatos – que eram reservados à população livre, funcionando como marcadores simbólicos de status e pertencimento. Tal restrição, particularmente significativa em um contexto urbano que se destacava pelo crescimento da população negra, livre e escravizada, poderia operar como um mecanismo de distinção social e racial, contribuindo para a manutenção das hierarquias coloniais por meio da regulação dos corpos e da aparência pública.

Torna-se plausível supor que o responsável pela supervisão da corporação dos sapateiros da cidade tenha se oposto ao uso de sapatos por Thomásia justamente por sua condição de escravizada. O calçado, mais do que um simples acessório funcional, havia se consolidado no cotidiano urbano como um marcador visual de status jurídico associado à liberdade. Assim, permitir que uma cativa fizesse uso de tal adereço significaria subverter, ainda que simbolicamente, a ordem social estabelecida. Essa subversão poderia não causar incômodo a todos, como pareceu ser o caso da proprietária de Thomásia que, ao que tudo indica, não se opôs ao fato de sua escravizada utilizar sapatos. Mas incomodou o juiz de Ofício dos Sapateiros. Uma situação corriqueira que demonstrava como as autoridades coloniais eram constantemente desafiadas na função de preservar as distinções sociais de forma rígida e visível no Rio de Janeiro do final do século XVIII, com seu acelerado crescimento demográfico, o aumento da população escravizada, liberta e livre "de cor" e a fluidez das fronteiras sociais. Diante disso, não raramente eram os próprios moradores livres que assumiam a responsabilidade de reafirmar cotidianamente os códigos visuais da escravidão, demarcando, por meio do vestuário, quem deveria ser reconhecido ou não como cativo no espaço urbano. Portanto, distinguir quem era livre e quem era escravizado se tornou uma questão fundamental no governo do conde de Resende, que além de conduzir o julgamento e condenação dos envolvidos na Inconfidência Mineira e na Conjuração Carioca, também foi responsável pela devassa e repressão da Conjuração Baiana.

Nos últimos anos do século XVIII, uma revolta com forte participação popular ganhou as ruas de Salvador.[22] O aumento dos impostos e a carestia de alimentos foram o estopim de uma conspiração alicerçada na realidade colonial que se contrapunha aos ideais iluministas difundidos. A conspiração contou com o engajamento de distintos segmentos sociais – militares, pequenos comerciantes, profissionais liberais, escravizados, libertos e setores intelectuais – que projetavam a proclamação de uma república na capitania da Bahia. Entre as propostas articuladas pelos conspiradores figuravam também a abertura das relações comerciais, a melhoria das condições salariais e, para os setores mais radicalizados, a igualdade racial entre negros libertos e livres. Tal diversidade de reivindicações revela tanto a complexidade das alianças políticas quanto o potencial disruptivo que determinadas ideias adquiriram no contexto colonial luso-brasileiro.

O principal nome da repressão da Conjuração Baiana foi o de dom Fernando José de Portugal e Castro, na época governador da capitania da Bahia. Não por acaso, foi ele quem assumiu o vice-reino da América portuguesa em 1801 após a saída do conde de Resende. Além de enfrentar súditos desconfiados, dom Fernando também precisou lidar com as mudanças que assolavam o mundo atlântico.

O futuro marquês de Aguiar assumiu o cargo de vice-rei (1801-1806) em um período em que o Império Português vivia em estado de profunda vulnerabilidade.[23] A Revolução Francesa havia mudado o quadro político do velho continente, gerando novas alianças ou ressignificando as antigas. Neutralidades e comodismos imparciais já não tinham mais espaço no novo jogo político, e a já conhecida dependência lusitana econômica e militar em relação à Grã-Bretanha determinou de que lado ficaria a Coroa portuguesa em meio às diversas disputas que marcaram a virada do século XIX.[24] No mesmo ano em que dom Fernando assumiu o vice-reinado, Portugal e Espanha entraram em conflito, evento que ficou conhecido como Guerra das Laranjas (1801). Assim como na Guerra dos Sete Anos, os embates peninsulares desencadearam conflitos nas possessões americanas, o que levou à ampliação do domínio luso na região sul da América portuguesa.

As turbulências internacionais se fizeram sentir no vice-reino do Brasil entre 1801 e 1806. O tráfico de africanos teve uma queda significativa, fazendo com que as entradas anuais girassem em torno de 12 mil pessoas. É provável que essa diminuição estivesse relacionada com o acirramento e a vitória dos escravizados de Saint-Domingue, que em 1804 proclamaram a independência do Haiti, que se tornou a segunda república das Américas e a primeira livre da escravidão. Conforme demonstrado por diversos estudos, as cidades portuárias constituíam espaços estratégicos para a circulação de informações no mundo atlântico, funcionando como importantes pontos de contato entre diferentes regiões e experiências políticas. Esse fluxo informacional não se restringia aos marinheiros, funcionários da alfândega ou demais agentes oficiais, alcançando também a população livre e escravizada que circulava cotidianamente por esses centros urbanos e a bordo dos navios como tripulantes. A difusão de notícias sobre eventos ocorridos em outras partes do Atlântico – revoluções, motins, alterações políticas ou econômicas – era determinante para a vigilância exercida pelas autoridades coloniais e para a construção de repertórios de ação e resistência entre os diversos segmentos sociais. Assim, tais informações alimentavam o controle político e também serviam como insumo para a formulação de estratégias por parte das camadas subalternas, revelando a complexa dinâmica comunicacional que atravessava o espaço urbano colonial.

Exemplo disso ocorreu em 1805, quando o Rio de Janeiro estava sob o comando do marquês de Aguiar. De forma incisiva, o vice-rei proibiu que soldados negros e pardos das milícias locais transitassem pelas ruas da cidade ostentando broches com o retrato de Jean-Jacques Dessalines, líder da independência haitiana. Embora esse gesto não representasse um ataque direto à ordem escravista, a imagem de Dessalines – um símbolo da insurgência bem-sucedida contra o regime colonial francês – ostentada no uniforme de indivíduos que, paradoxalmente, integravam as estruturas militares do Império Português deixava evidente o caráter profundamente subversivo daquele gesto.[25] Se, por um lado, a simbologia não atacava diretamente a instituição escravista, por outro lado a estampa de Dessalines no peito de homens que, em última instância, representavam o sistema colonial português alertava que a manutenção do Antigo Regime tinha mais um inimigo desde janeiro de 1804.

O contexto internacional foi decisivo na administração do marquês de Aguiar e do conde dos Arcos (1806-1808). Ambos enfrentaram dificuldades para dar prosseguimento às reformas urbanísticas idealizadas por seus predecessores no século XVIII. Embora tenham promovido reformas de natureza fiscal, as transformações políticas e econômicas que caracterizavam o prelúdio dos Oitocentos no mundo atlântico redirecionaram as atenções de figuras centrais do Império Português — como dom Rodrigo de Souza Coutinho (futuro conde de Linhares) e o próprio conde dos Arcos – para questões mais urgentes da administração colonial, em detrimento da melhoria da infraestrutura urbana do Rio de Janeiro.

A cidade já havia passado por mudanças significativas desde sua elevação à condição de capital colonial em 1763. Porém, uma recorrente frustração expressa pelos governadores reinóis ao assumir o cargo de vice-rei indicava o hiato existente entre os ideais reformistas do Iluminismo pombalino e sua efetiva implementação. A capital, que concentrava o poder político-administrativo e funcionava como um dos principais entrepostos do tráfico transatlântico de escravizados, ainda carecia de uma estrutura urbana condizente com seu papel estratégico no império. Essa defasagem tornou-se particularmente evidente a partir de 1808.

Havana e os usos e medos da escravidão ilustrada

Não foram só as escrivaninhas dos vice-reis da América portuguesa que ficaram cheias de documentos que atestam a dinâmica da fuga de escravizados. Em agosto de 1796, o descontentamento era tamanho que um grupo de seletos *vecinos* cubanos se reuniu e compôs uma proposta de regulamento para a captura de escravizados fugidos na ilha.[26] O título do documento, "Expediente sobre la captura de esclavos cimarrones", insinuava que seus autores estavam preocupados com o expressivo aumento das fugas e da formação de quilombos que vinham ocorrendo em Cuba nos últimos anos. E eles tinham motivos para tanto receio.

Em janeiro de 1792, don Felipe de Torres recorreu ao *Papel Periódico de la Havana* para anunciar a fuga do carpinteiro Tomás Ximenes, crioulo de aproximadamente 50 anos.[27] Don Felipe não forneceu qualquer característica física do fugitivo, assinalando apenas que ele havia trabalhado na casa dos Montalvo, uma das famílias mais ricas de Cuba.[28] A referência aos antigos proprietários leva a crer que Tomás Ximenes fosse um escravizado conhecido na região, o que dispensaria descrição física. Ainda que estivesse apreensivo em recuperar o cativo – que comporia o dote de sua filha –, don Felipe não ofereceu qualquer recompensa para quem o encontrasse. Apenas solicitava que quem porventura localizasse Tomás tratasse de enviá-lo para o Real Carcel e avisasse aos redatores do *Papel Periódico*.[29]

Difícil afirmar se a falta de informações sobre o foragido se devia à crença de don Felipe nas autoridades peninsulares ou à possível notoriedade de Tomás. Todavia, o anúncio em questão não seguia os padrões daqueles que noticiavam a fuga de escravizados em Havana. Grosso modo, o texto era mais descritivo (e muitas vezes apelativo), como o de Francisco Gutierres que, em março do mesmo ano, anunciou a perda de

> un negro de mediana estatura, con algunas señales de viruelas, casi redondo, muy retinto, tiene alrededor del ombligo unas rayas que forman unos quadritos encadenados; se llama Joseph Maria, de nación congo y como de veinte años de edad. El que tubiere noticias de su paradero se servirá avisar en la esquina Botica de D. Francisco Gutierres, en donde se le dará una buena gratificación.[30]

Nome e descrição física compunham o cerne desses anúncios, que muitas vezes poderiam informar a "nação" do escravizado, o tipo de trabalho que executava e até alguns valores morais. Foi o caso do negro Matias, recém-chegado em Havana, descrito por seu senhor como "alto, bem-feito e bonito".[31] A gratificação pela captura do escravizado ou por informações que pudessem levar ao seu paradeiro também era frequente nesse tipo de anúncio, apontando que, em diversas ocasiões, a recuperação do cativo era feita sem a ajuda estatal.

Foi justamente essa *ajuda estatal*, ou a falta dela, que levou importantes agricultores de Cuba a formular o expediente sobre a fuga e o aquilombamento de escravizados. Desde a liberação do tráfico transatlântico, assinada por Carlos IV, em 1789, até o ano em que o expediente foi escrito, praticamente 30 mil africanos haviam desembarcado legalmente em portos cubanos.[32] A maior parte deles foi comprada pela elite agrária ávida por braços que cultivassem a cana e processassem o açúcar. Nem mesmo a Revolução Haitiana iniciada em 1791 arrefecera os ânimos da sacarocracia cubana. Se por um lado o incremento do tráfico de africanos poderia trazer certo temor por parte da população branca da ilha, por outro era esse significativo aumento da mão de obra escrava que garantiria a produção do açúcar cubano em moldes que permitissem ocupar o espaço deixado por Saint-Domingue no mercado mundial. Entre correr o risco de criar condições demográficas semelhantes àquelas que levaram à Revolução do Haiti e conseguir tornar o açúcar de Cuba extremamente competitivo no mercado externo, os agricultores cubanos ficaram com a segunda opção. Bastava garantir que o Estado fizesse a sua parte. Essa era, justamente, a função do expediente.

Segundo o "Expediente sobre la captura de esclavos cimarrones", produzido por nomes influentes da sacarocracia cubana, o problema principal não residia no crescente número de cativos que deixavam as *plantations* e cidades para adentrar as florestas e subir as montanhas de Cuba – o que, de certa forma, era previsível em meio a uma sociedade cujo segmento escravizado aumentava a olhos vistos. O que de fato os motivou a produzir o documento foi a incapacidade das autoridades (espanholas e cubanas) de patrulhar a colônia adequadamente sem aumentar o imposto cobrado para essa finalidade. Por isso, aqueles homens acharam por bem formular um novo regulamento em que as somas adquiridas com os impostos fossem otimizadas no esforço de busca e apreensão de escravizados fugidos.[33]

A forma didática por meio da qual a pouca eficiência estatal foi apresentada no expediente sugere que não havia um embate efetivo entre os remetentes e os destinatários do documento. Na realidade, o tom quase pedagógico deixava transparecer o início de uma forte aliança na história cubana. A partir da última década do século XVIII, e por mais quarenta anos da centúria seguinte, o Estado colonial e a classe senhorial se colocaram lado a lado quando o assunto era a escravidão e sobretudo o disciplinamento e o controle de escravos. Ninguém representou tal aliança de forma mais expressiva do que o capitão-general Luis de las Casas y Aragorri.

Assim como seus antecessores, o capitão-general era um reinol de destaque por conta de sua carreira militar e seus princípios ilustrados e suficientemente sólidos para justificar a nomeação feita pelo monarca espanhol. Munido desses princípios, las Casas y Aragorri não conseguiu esconder sua decepção ao chegar a Havana, em julho de 1790. A despeito das obras feitas pelo marquês de la Torre, a capital cubana parecia ter mudado pouco desde a última vez que las Casas y Aragorri a visitara, em 1769, quando realizou uma missão militar pelos domínios espanhóis sob o comando de O'Reilly. O crescimento populacional, a ocupação desordenada da região extramuros e a falta de calçamento das ruas – que se tornavam alentados córregos na época das chuvas – foram alguns dos problemas identificados pelo novo capitão-general.[34]

Não seria exagero afirmar que las Casas y Aragorri foi um dos capitães-generais que mais atuaram na organização e administração da cidade de Havana, em um governo que foi marcado por uma série de tensões e conflitos, sobretudo no contexto internacional. Graças à sua experiência, o novo capitão-general reconheceu desde cedo a necessidade de aperfeiçoar os mecanismos de comunicação entre o Estado e a sociedade. A criação do El *Papel Periódico de la Havana*, em outubro de 1790, marcou um momento crucial na história da imprensa na ilha. Tratava-se do primeiro periódico editado na cidade de Havana, criado com o propósito explícito de informar os habitantes da capital sobre acontecimentos de outras regiões do mundo, bem como de divulgar conteúdos de cunho econômico e cultural. E como a escravidão era cada vez mais o motor da economia da colônia, o jornal se tornou uma fonte valiosa para a compreensão de parte do cotidiano de uma cidade escravista. As páginas do periódico costumavam veicular anúncios de compra, venda, aluguel e fuga de pessoas escravizadas, além de abrigar queixas de proprietários de escravizados, como a de don Felipe.

O ano de 1792 destacou-se como um marco significativo na reorganização administrativa conduzida pelo governo de las Casas y Aragorri em Cuba. À frente da administração colonial, las Casas y Aragorri demonstrava especial preocupação com o controle da população escravizada, sobretudo diante da recente eclosão da Revolução do Haiti em 1791, evento que repercutiu profundamente nas colônias escravistas do Caribe. Consciente da centralidade do trabalho escravo para o funcionamento de Havana e do papel estratégico do tráfico atlântico no crescimento da população cativa, las Casas y Aragorri implementou uma série de dispositivos administrativos e de vigilância social. Essas medidas buscavam, simultaneamente, manter a continuidade do fluxo de escravizados, preservar a ordem pública e assegurar o ritmo da vida urbana, sem, contudo, incorrer no risco de uma insurreição nos moldes da que se desenrolava em Saint-Domingue.

À luz desse contexto, destaca-se a publicação do *bando de buen gobierno de La Habana*. Composto por 81 artigos, foi a primeira tentativa de acabar com as mazelas da cidade – que de fato não eram poucas. Além da precariedade do espaço urbano ante o aumento dos habitantes, o capitão-general se mostrou preocupado com a má conduta de muitos súditos, envolvidos com prostituição, jogos de azar, rinhas e bailes proibidos. As algazarras, que incomodavam as pessoas de bem, se refletiam no aumento da criminalidade de Havana. Além da proibição de ajuntamentos após a missa e do porte indiscriminado de armas, las Casas y Aragorri entendia que os habitantes deveriam ser salvos pelo trabalho, sugerindo que seriam muito bem-vindos na execução das obras públicas da capital cubana trabalhando ao lado de vadios e presos.[35]

A busca pela racionalização do espaço citadino também levou o capitão-general a legislar mais diretamente sobre os escravizados urbanos, ou melhor, sobre os usos que faziam do espaço público. Nesse quesito, escravizados e libertos foram tomados como uma *unidade africana*, que deveria ter suas manifestações cerceadas. Os *cabildos de nación* foram proibidos de erigir altares para os santos católicos fora dos templos, prática que las Casas y Aragorri entendia como mera desculpa para os "bailes profanos" celebrados frequentemente.

As constantes festividades dos membros dessas associações – marcadas pela venda de comidas e bebidas pelas ruas, bem como pelos funerais – apontavam para a porção africana de Havana. Era inadmissível que a morte de cada criança escravizada ou forra transformasse a cidade em uma "verdadeira África". Não se tratava, necessariamente, de proibir os bailes promovidos pelos *cabildos de nación*. As exigências visavam restringir tais manifestações aos períodos previamente autorizados, em conformidade com o calendário litúrgico católico e em um tempo delimitado pelas autoridades civis.[36]

Os cinco artigos do *bando de buen gobierno* que tratavam especificamente dos *cabildos* refletiam uma realidade social cuja configuração havia sido, em certa medida, fomentada pelo próprio governo de las Casas y Aragorri. Embora essas associações corporativas negras estivessem presentes desde o século XV, como herança das tradições municipais ibéricas de matriz medieval, foi a liberação oficial do tráfico transatlântico de escravizados em 1789, somada às sucessivas concessões firmadas por Carlos IV, que provocou um expressivo aumento da população negra e escravizada na capital cubana.[37] À época da promulgação do *bando*, o número de *cabildos*, anteriormente fixado em 21 em 1755, havia aumentado para 34, resultado tanto do desmembramento de associações existentes quanto da criação de novos agrupamentos étnico-culturais.[38]

Tal expansão coincidia com uma transformação demográfica significativa: em 1792, a população negra e mestiça já havia ultrapassado a população branca na ilha. Nesse mesmo ano, em um movimento sintomático das políticas de controle racial e espacial, o capitão-general ordenou o deslocamento dos *cabildos* para os *partidos* situados extramuros, ou seja, fora do centro urbano de Havana. Para las Casas y Aragorri, a presença negra – escravizada ou liberta – só se justificava quando vinculada à força de trabalho ou, mais precisamente, à sua exploração econômica. O acesso à cidade intramuros, núcleo administrativo do poder colonial, era tolerado apenas enquanto fosse funcional ao projeto escravista e à racionalidade ilustrada que sustentava o governo metropolitano. Manifestações que passassem pela recriação de identidades africanas em solo cubano – praticadas por escravizados e/ou seus descendentes – não deveriam ter espaço no centro da capital de Cuba, embora a cidade continuasse recebendo milhares de africanos escravizados todos os anos.

Que fique claro que las Casas y Aragorri não era avesso ao aumento da população cativa. Muito pelo contrário. Embora leal ao rei Carlos IV, o capitão-general tinha interesses particulares na entrada massiva de africanos escravizados. Além de proprietário de dois engenhos, as redes familiares de las Casas y Aragorri estavam atreladas à oligarquia sacarocrata da ilha.[39] Nesse sentido, suas iniciativas políticas devem ser compreendidas como parte de um esforço deliberado para articular, simultaneamente, a preservação da condição colonial de Cuba, a proteção dos interesses da elite açucareira e a consolidação de sua própria posição no aparato de poder. Sua atuação, contudo, não se deu de forma isolada. Uma parcela significativa de seu posicionamento político e das medidas por ele implementadas encontrava respaldo teórico na produção intelectual de seu contemporâneo e aliado, o jurista e pensador ilustrado Francisco de Arango y Parreño.

Porta-voz por excelência do projeto senhorial defendido pela oligarquia *criolla*, Arango y Parreño era senhor de escravizados e filho da elite de Havana.[40] Após concluir sua formação no Real Colegio Seminario de San Carlos y San Ambrosio e na Universidade de San Jerónimo (atual Universidade de Havana), foi para Madri a fim de aprimorar seus estudos, seguindo para uma série de viagens pela Europa e pelo Caribe, cujo objetivo final era estudar o sistema econômico das diferentes localidades visitadas. Foi no velho continente que Arango y Parreño iniciou sua vida pública, tornando-se, mais tarde, *apoderado* (procurador) de Havana em 1788. Na metrópole, redigiu sua obra mais conhecida, *Discurso sobre la Agricultura de la Habana y Medio de Fomentarla*. A peça composta por Arango y Parreño em 1792 pode ser lida como o documento que forneceu o arcabouço teórico para que Cuba viesse a se tornar o primeiro produtor mundial de açúcar.

Dialogando com importantes pensadores da economia política, como Adam Smith, o Discurso de Arango y Parreño aponta não só seu brilhantismo como intelectual das Luzes, mas também a dimensão atlântica de seu pensamento. Exemplo disso estava na urgência com que tal documento foi produzido. Embora parte de suas análises já estivesse pronta graças aos estudos e viagens realizados anteriormente, Arango y Parreño correu para finalizar seu Discurso assim que soube da rebelião de Saint-Domingue (1791), a fim de entregá-lo ao rei Carlos IV antes que ele decidisse sobre a prorrogação ou não da liberação do tráfico de escravizados, assinada em 1789.

Como já pontuado, antes da revolução liderada pelos escravizados, Saint-Domingue era a colônia mais lucrativa de toda a América, responsável pela produção de 30% do açúcar e 40% do café que circulavam no mundo.[41] Mais do que identificar as oportunidades econômicas decorrentes do vácuo deixado pela Revolução Haitiana no mercado açucareiro atlântico, Arango y Parreño apresentou proposições concretas para a reorganização produtiva de Cuba, orientadas por uma política econômica voltada para o fomento da agricultura na ilha. Destacou as potencialidades naturais do solo cubano, enfatizando sua fertilidade e diversidade mineral, e enfatizou que a agricultura constituía a única base verdadeiramente sólida para a geração de riqueza na colônia. Essa prosperidade, no entanto, estaria condicionada à exploração sistemática de uma força de trabalho abundante. Ele então defendeu abertamente a intensificação do tráfico transatlântico de africanos como elemento central para a viabilização do projeto agroexportador cubano, consolidando, assim, uma racionalidade econômica que combinava princípios ilustrados de progresso material com a e expansão da ordem escravista.[42]

É preciso ressaltar que boa parte dos argumentos de Arango Y Parreño foi colocada em prática por las Casas y Aragorri, que compartilhava com o *hacendado* cubano a crença no potencial do sistema escravista de *plantation*. Não foi à toa que durante os três primeiros anos de seu governo a impressionante cifra de 15 mil africanos havia desembarcado na ilha. Desde 1789, a Coroa espanhola havia abraçado as demandas da oligarquia cubana, abrindo mão dos tributos ganhos com o sistema de *asiento* em nome dos futuros lucros que o trabalho escravizado traria para Cuba – e, consequentemente, para a Espanha.[43]

Os comerciantes cubanos viram nessa liberação uma boa oportunidade para lucrar. Não por acaso, em 1792 foi criada a Compañia de Consignaciones de Negros, sediada em Havana. O intuito de seus doze sócios fundadores era incrementar o tráfico por meio de maior participação dos cubanos. Conforme assinalou Tornero Tinajero, tratava-se da primeira instituição com fins comerciais puramente escravistas.

Contudo, o crescimento da população escravizada não deveria, sob hipótese alguma, traduzir-se em maior apropriação do espaço urbano por parte dela. Em primeiro lugar, esse tipo de mobilidade social e territorial contrariava o ideal de ordenamento urbano sustentado por las Casas y Aragorri, fortemente baseado em princípios de hierarquia racial e disciplina do corpo escravizado. Em segundo lugar, permitir a expressão pública da população negra (escravizada ou liberta) representava um risco político considerável, sobretudo diante do impacto regional causado pela Revolução Haitiana. O espectro do levante haitiano, ainda recente na memória atlântica, funcionava como um alerta constante para as elites coloniais, que associavam qualquer forma de autonomia negra a uma potencial ameaça à ordem escravista e ao próprio sistema colonial.[44]

Também em 1792, destaca-se a publicação do censo populacional de Cuba, cujo resultado reforçou a necessidade de uma vigilância mais rigorosa sobre a população negra e mestiça de Havana por parte do capitão-general. Pela primeira vez na história da ilha, dados oficiais indicavam que a proporção de indivíduos identificados como brancos era inferior à da denominada "população de cor", composta por negros e mulatos, livres e escravizados.[45]

Tal panorama demográfico refletia as transformações estruturais atravessadas pela sociedade cubana no contexto da intensificação do tráfico transatlântico de escravizados, autorizado em 1789, e da expansão da economia escravista. Em 1774, o total de habitantes da ilha era de 171.620 pessoas, das quais aproximadamente 75 mil residiam na capital.[46] Dezoito anos mais tarde, o censo registrava um crescimento significativo, com 272.300 habitantes em todo o território cubano. No entanto, de forma aparentemente paradoxal, a população de Havana teria diminuído nesse intervalo, totalizando pouco mais de 50 mil moradores em 1792.

Documentos administrativos do governo de las Casas y Aragorri sugerem que essa aparente redução populacional da capital pode estar relacionada a mudanças metodológicas nos critérios empregados entre os censos de 1774 e 1792. Apesar das divergências metodológicas apontadas pela historiografia, a questão permanece sem uma solução conclusiva.[47] Ainda assim, a comparação entre os dois levantamentos permite inferir que o crescimento demográfico observado no período não esteve concentrado em Havana. Se considerados válidos os dados de 1792, a capital – que anteriormente abrigava cerca de 43% da população da ilha – passou a representar apenas 18% do total, indicando uma redistribuição populacional expressiva em favor de outras regiões, possivelmente vinculadas à expansão do complexo agroescravista.

TABELA 2 Censo populacional de Havana (1792)

	Livres			Escravizados	
	Brancos	**Mulatos[48]**	**Negros**	**Mulatos[48]**	**Negros**
Homens	12.274	2.481	1.944	251	6.864
Mulheres	11.263	2.911	2.464	231	10.624
Total parcial	23.537	5.392	4.408	482	17.488
	33.337			**17.970**	
Total	**51.307**				

Fonte: Ramón Sagra, *Historia económico-politica y estadística de la isla de Cuba*, 1831, p. 4.

A fim de controlar melhor a capital de Cuba, em 1794, o capitão-general fez um mapeamento de Havana. É justamente esse documento que permite o questionamento dos dados revelados pelo censo de 1792.

MAPA 10 Plano de Havana (1794)

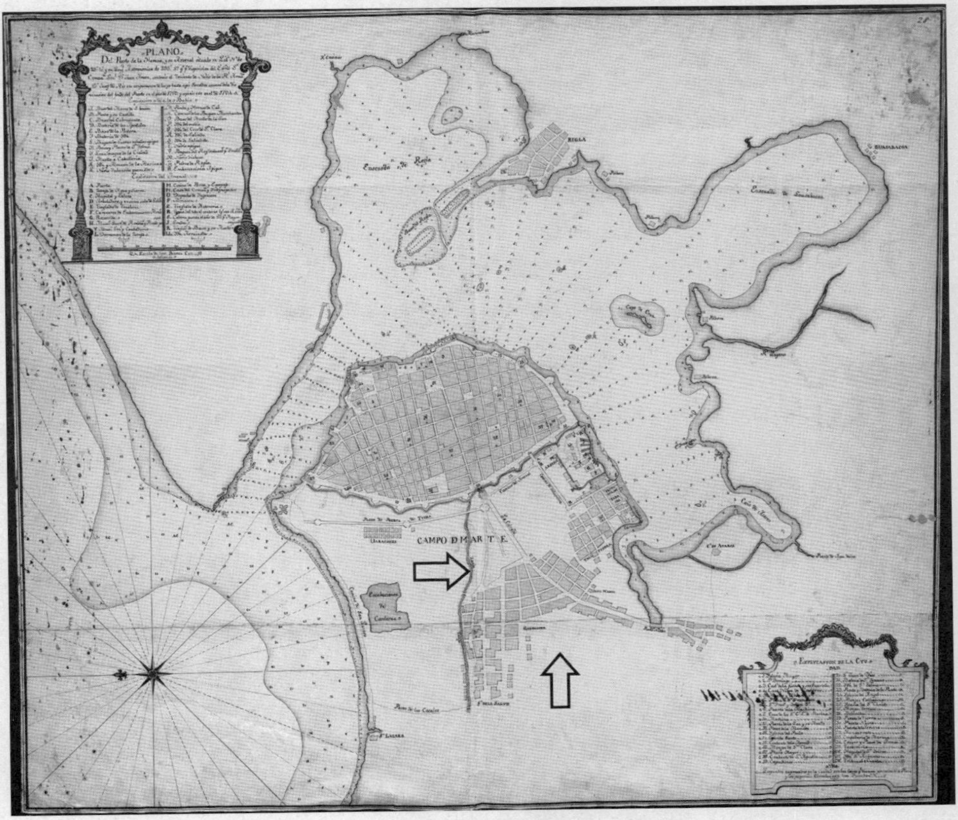

Plano del Puerto de la Havana y su Arsenal, 1794. Gravado por José del Río. Archivo Histórico de la Armada Juan Sebastián de Elcano/Biblioteca Virtual de Defensa. Nesse plano feito a mando de las Casas y Aragorri, é possível perceber a significativa ocupação da parte extramuros da cidade de Havana. O capitão-general tentou organizar e administrar essa ocupação a partir dos princípios ilustrados que nortearam sua administração.

O mapa 10 demonstra que o crescimento extramuros iniciado em meados do século XVIII se mantinha. Os *partidos* de Jesús María e San Lázaro (indicados pelas setas) estavam se transformando em localidades populosas, processo que fica ainda mais nítido quando se compara a ocupação dessa região com a que foi apontada pelo mapa de 1776 (visto no capítulo 3).

Apesar da redução absoluta no número de cativos registrada pelo censo de 1792, o percentual de escravizados em relação à população total de Havana manteve-se estável quando comparado a 1774, permanecendo em torno de 35%. Esse dado evidencia que, embora a capital tenha apresentado alterações em sua composição demográfica, a escravidão continuava se destacando na estrutura social e econômica urbana. De certo modo, essa estabilidade proporcional reflete os impactos do sistema de *plantation*, cuja expansão no interior da ilha vinha redefinindo os fluxos populacionais e a centralidade econômica de Havana. Tal processo torna-se ainda mais evidente diante do expressivo incremento do tráfico transatlântico de africanos durante o governo de las Casas y Aragorri. Assim, a capital, embora permanecesse como núcleo escravista, começava gradualmente a ceder sua primazia em favor das zonas rurais, mais diretamente integradas à lógica agroexportadora da economia açucareira.

Outro indicador da relativa perda de centralidade de Havana no contexto cubano do final do século XVIII foi o acentuado avanço da devastação das áreas florestais tradicionalmente destinadas ao abastecimento do Real Arsenal. A crescente destruição dessas reservas, outrora protegidas em função de seu papel estratégico na manutenção da infraestrutura naval da Coroa, evidencia o deslocamento das prioridades econômicas e políticas no interior da colônia. As disputas entre a nascente elite sacarocrata e as autoridades espanholas acerca do uso dessas terras, já perceptíveis desde meados do século XVIII, intensificaram-se significativamente a partir da década de 1790. A expansão da lavoura canavieira exigia vastas extensões de terra e a exploração intensiva das florestas, e os grandes proprietários estavam dispostos a arcar com os custos – materiais, ambientais e políticos – dessa expansão.

Diante desse conflito de interesses, o capitão-general Luis de las Casas y Aragorri adotou uma postura ambígua. Embora as controvérsias geradas durante seu governo tenham mobilizado amplos setores da administração colonial e da elite agrária, las Casas y Aragorri preferiu abster-se de intervenções diretas, uma vez que suas alianças políticas e seus compromissos administrativos o vinculavam a ambos os lados do embate. Sua neutralidade estratégica, contudo, pode ser interpretada como mais uma manifestação do equilíbrio precário entre os imperativos metropolitanos e os interesses econômicos locais que caracterizavam a gestão colonial em Cuba nesse período.[49]

Em 1792, mesmo ano em que foi publicado o censo da cidade, las Casas y Aragorri transferiu a sede do governo para o novo Palácio dos Governadores e Capitães-Generais, cuja construção havia sido iniciada durante a administração do marquês de la Torre. Já em 1794, instituiu o Real Consulado de Agricultura e Comércio, órgão concebido para dinamizar os processos administrativos e jurídicos relacionados às atividades mercantis, além de fomentar a proteção e o crescimento da economia insular.[50] Esse novo aparato estatal vinha, em certa medida, complementar as atribuições da Sociedad Económica de Amigos del País de La Habana, fundada em janeiro de 1793 no próprio Palácio do Capitão-General. Tal instituição visava impulsionar os setores agrícola e industrial sob a inspiração do patriotismo econômico, valorizando o amor ao solo pátrio.[51] Sob o mando de las Casas y Aragorri, Havana tornava-se então um importante lócus do poder que fomentava e administrava o projeto sacarocrata e, como tal, precisava lidar com as mudanças na sua própria dinâmica escravista.

Todo cuidado era pouco em relação ao fomento da escravidão no mundo caribenho no início da década de 1790. A eclosão da Revolução do Haiti, em 1791, representava uma ameaça constante à estabilidade da ordem escravista em Cuba, evidenciando os riscos inerentes ao crescimento descontrolado da população cativa na ilha. Na qualidade de principal autoridade colonial, coube a las Casas y Aragorri não apenas monitorar os desdobramentos da insurreição, mas também adotar medidas políticas e militares frente aos impactos diretos e indiretos do conflito.

Entre essas ações, destaca-se o envio de contingentes militares cubanos para apoiar as forças francesas na tentativa de conter a rebelião. Paralelamente, las Casas y Aragorri teve de lidar com a delicada questão da entrada de cativos oriundos de Saint-Domingue, muitos dos quais chegavam acompanhando seus senhores em fuga da violência revolucionária.[52] Nos primeiros anos do levante, o capitão-general autorizou o envio de tropas e, em alguns casos, permitiu a utilização de escravizados oferecidos pelos colonos franceses para atuar em atividades militares ou garantir apoio logístico.

Entretanto, à medida que o movimento revolucionário se intensificava e os ideais libertários ganhavam força entre os setores subalternos, cresciam também as preocupações do governo colonial quanto à disseminação de discursos subversivos no interior da sociedade cubana. Tal cenário levou las Casas y Aragorri a adotar uma postura cada vez mais cautelosa e vigilante diante do avanço do movimento haitiano e de suas potenciais repercussões na ilha.

Em 24 de agosto de 1795, por exemplo, o capitão-general repassou para o rei informações recebidas de um navio negreiro naquele mesmo dia. Segundo a tripulação, os *palenques* (quilombos) da Jamaica estavam aumentando expressivamente graças à fuga dos escravizados da localidade e daqueles transferidos de Saint-Domingue para a Jamaica por seus senhores. O número era tal que nem mesmo as forças militares britânicas (que contavam com mais de quatrocentos cavalos) conseguiram desmontar os *palenques*: no último embate, 28 homens do exército inglês haviam morrido sem que isso representasse vitória das forças coloniais[53] – esse movimento ficou conhecido como Segunda Guerra Quilombola (Second Maroon War).

O perigo não morava apenas ao lado. Apenas um mês após o envio do ofício dirigido ao rei Carlos IV, os ecos da Revolução Haitiana já se faziam sentir em Havana.[54] Um episódio emblemático ocorreu quando Joseph Maria, escravizado pertencente a dona Maria Candelária Aldama, declarou que fora o ódio aos brancos que motivou o assassinato de três crianças e um homem, além do ferimento de outras seis crianças que frequentavam a escola mantida por dona Maria Monteiro, localizada dentro das muralhas da cidade.[55] Segundo depoimentos da época, dias antes do ocorrido, Joseph Maria teria mantido contato com cativos oriundos de Saint-Domingue que circulavam pelas ruas de Havana propagando ideias de vingança contra os senhores. Contudo, após uma investigação sumária – cuja imparcialidade permanece incerta –, concluiu-se que os atos de violência eram fruto de um episódio de insanidade momentânea. Em tese, aquela havia sido uma ação isolada e, por ora, os habitantes de Havana poderiam respirar tranquilos.

É possível que as autoridades, a mando de las Casas y Aragorri, tivessem diminuído a relevância do caso para não causar alarde entre a população branca de Havana, já receosa com os acontecimentos em outras ilhas caribenhas. No entanto, a hipótese da loucura não pode ser descartada em meio à violência que marcava o cotidiano escravista na cidade. Insanidade parecia a melhor palavra para definir o comportamento de outra escravizada, Marta Muñoz. Ainda que a atitude pudesse ser considerada uma tentativa de resistência ao cativeiro, Marta assustou os médicos e funcionários do Hospital Real San Ambrósio ao confessar que havia matado seu próprio filho por não querer que ele padecesse no cativeiro.[56]

Menos assustadores que os episódios de violência protagonizados por Joseph Maria e Marta Muñoz foram os delitos cometidos por escravizados sob a tutela da Coroa em 1795. No primeiro caso, o cativo Bruno José, pertencente ao patrimônio real, foi acusado de subtrair seis candelabros de prata e algumas imagens sacras da capela da cidade.[57] Apesar de sua prisão ter sido rapidamente efetuada, as autoridades coloniais não lograram êxito na recuperação dos bens furtados, tampouco conseguiram identificar e deter os possíveis receptadores envolvidos. O episódio revela certa fragilidade das estruturas de segurança ligadas ao patrimônio régio, revela sobretudo a complexidade das redes de circulação de objetos roubados e o protagonismo de cativos mesmo quando vinculados diretamente à Coroa.

O segundo caso demandou maior mobilização das autoridades coloniais, pois envolvia a participação de dois escravizados – um pertencente à Coroa e outro a um particular. De acordo com os depoimentos colhidos durante a investigação, Joseph Macedonio, cativo de don Miguel Valiente, e Domingo Carabalí, *esclavo del rey*, exerciam funções na Real Fábrica de Tabacos.[58] Após uma acalorada discussão entre eles, Joseph, desferindo um golpe violento com uma ferramenta, fraturou a perna de Domingo. A gravidade do ferimento foi tamanha que Domingo já chegou morto ao Hospital San Ambrosio.

Considerando o desfecho fatal do episódio e o envolvimento de um escravizado pertencente ao patrimônio régio, é plausível supor que a morte de Domingo não foi tratada como um mero conflito entre cativos, mas como um prejuízo material à Coroa que exigia responsabilização. Depois de ouvir diversos testemunhos, ficou decidido que a banalidade das razões requeria uma punição exemplar: Joseph Macedonio ficaria detido por conta do homicídio; e Miguel Valiente, seu proprietário, seria duplamente castigado. Primeiro porque ficaria sem seu escravizado e a renda gerada por ele; segundo porque teria de ressarcir a Coroa com um novo escravizado.

Levando em conta os últimos relatos, é de imaginar que a movimentação sediciosa de cativos de diferentes localidades do Caribe e os diversos crimes cometidos pelos escravizados de Havana e contra eles seriam razões suficientes para interromper ou diminuir o tráfico de africanos para Cuba.[59] Às motivações já citadas soma-se a guerra travada entre espanhóis e franceses nas águas caribenhas a partir de 1793, o que dificultou a atuação dos traficantes.

Mas a pactuação de Luis de las Casas y Aragorri com a nascente elite de senhores escravistas, produtores de açúcar, não era letra morta. Em uma atitude ousada, muito representativa de sua postura política, las Casas y Aragorri e o intendente Pablo Valiente assumiram a responsabilidade de abrir o comércio de Cuba para outras possessões americanas (principalmente os Estados Unidos) a fim de escoar a produção de açúcar local, cotado a preços altíssimos devido às transformações na economia mundial.[60] A exportação do açúcar foi mantida e, ainda que em um volume menor do que o desejado, milhares de africanos escravizados continuaram a desembarcar nos portos cubanos.

Não por acaso, os anos finais da administração de las Casas y Aragorri constituíram um período particularmente expressivo no que diz respeito às transformações sociais, econômicas e urbanas vivenciadas por Havana, fortemente influenciadas pela política escravista adotada tanto pelas elites *criollas* quanto pelas autoridades metropolitanas. O incremento do tráfico atlântico e o consequente aumento da população escravizada na ilha, em plena eclosão da Revolução de Saint-Domingue, geraram uma tensão, especialmente diante da possibilidade de contágio ideológico e subversivo do contexto haitiano.

Justamente por isso, pouco antes de deixar o cargo de capitão-general em 1796, las Casas y Aragorri emitiu novo *bando de gobierno*, no qual estabelecia a proibição da entrada de africanos escravizados que já tivessem trabalhado em outras colônias do Caribe e a expulsão imediata de todos os cativos provenientes de Saint-Domingue.[61] Tal medida evidencia não apenas a tentativa de um controle rigoroso sobre os fluxos da população escravizada, mas também os mecanismos de contenção preventiva utilizados pelo governo colonial diante da instabilidade regional.

Se o *miedo al negro* era uma dimensão que organizava grande parte do *bando de gobierno* emitido em 1796, era porque las Casas y Aragorri havia sido exitoso em equilibrar a aposta escravista da sacarocracia cubana em meio a um contexto internacional marcado pela Revolução

Francesa e, sobretudo, pela Revolução Haitiana. Um equilíbrio fino, que em grande medida contava com a cumplicidade da classe senhorial cubana.

É provável que essa pactuação tenha definido o tom cauteloso com o qual Lorenzo Quintana, um dos maiores comerciantes de Havana (e sócio da Compañia de Consignaciones de Negros), lembrou as autoridades coloniais sobre o atraso no pagamento dos jornais referentes aos escravizados que ele havia alugado para o trabalho nas fortificações de Havana em 1798.[62] Quintana estimava que o Real Erário lhe devia 125 reales diários, correspondentes ao aluguel dos serviços de dez cativos empregados nas obras públicas. Considerando um mês de atraso no pagamento, o valor acumulado tornava-se considerável. Aproveitando-se de sua influência junto às autoridades insulares, o comerciante acionou os canais administrativos adequados para que sua reivindicação alcançasse o conhecimento do conde de Santa Clara, capitão-general de Cuba entre 1796 e 1799. Segundo o ofício encaminhado, os escravizados de sua propriedade haviam sido contratados para atuar nas obras do Camino Cubierto, empreendimento de caráter estratégico que, à semelhança das reformas promovidas anteriormente pelo conde de Ricla, visava reforçar a defesa da cidade de Havana ante as constantes ameaças de invasões por potências estrangeiras.[63]

É interessante pontuar que tal situação seria impensável anos antes. Os casos analisados nos capítulos anteriores demonstram que até o último quartel do século XVIII a oferta de escravizados urbanos (bem como dos cativos rurais) era muito baixa se comparada com a demanda dos habitantes de Havana, que dependiam dos poucos e caros cativos introduzidos por meio do *asiento*. Não por acaso, a maior senhora de escravizados em Havana era a própria Coroa espanhola. Tal descompasso fez com que particulares fraudassem a posse de escravizados reais para seu usufruto. Ao que tudo indica, o advento da Revolução Haitiana e a ampliação do tráfico permitiram a disseminação da escravidão em Cuba, inclusive no espaço citadino, a ponto de a situação se inverter: as autoridades metropolitanas, que em 1765 estavam vendendo os escravizados comprados anos antes para equalizar as contas públicas, passaram então a recorrer ao aluguel de particulares.

O lembrete cuidadoso de Lorenzo Quintana permite pensar em uma mudança na estrutura de posse dos cativos citadinos gerada pela liberação do tráfico (e a maior oferta de africanos escravizados) e também pela ampliação dos usos deles no mundo urbano. É razoável supor que tais mudanças beneficiaram, inclusive, a própria Coroa espanhola. Ainda que se visse dependente da mão de obra escravizada para a execução de uma série de atividades (sobretudo aquelas que diziam respeito à manutenção dos fortes e do Real Arsenal), a maior oferta de escravizados em Havana permitia que as autoridades alugassem os cativos apenas quando necessário, diminuindo assim parte dos entreveros com que era obrigada a lidar como proprietária.

Destarte, a expressiva variedade dos serviços executados pela população escravizada sugere uma sofisticação e uma diversificação não só das atividades urbanas, mas do próprio uso da mão de obra escravizada na cidade, como os anúncios do *Papel Periódico* permitem observar. Quem desejasse cortar os cabelos poderia recorrer aos muitos barbeiros de Havana e também aos escravizados nascidos no Caribe inglês e francês. As padarias, cuja abertura deveria ser controlada pelo capitão-general, para evitar as reclamações dos habitantes, continuavam sendo o local de trabalho de muitos cativos, que não eram os mesmo que confeitavam bolos e doces mais elaborados – para isso, eram comprados ou alugados os escravizados chocolateiros.

No alvorecer do século XIX, Havana era uma cidade escravista que também se consolidava como um entreposto estratégico para as transações militares e comerciais conduzidas por espanhóis, franceses e norte-americanos. Tal posição geopolítica privilegiada impulsionou a retomada e a expansão das atividades comerciais na cidade, o que, por sua vez, contribuiu para o aumento da demanda por mão de obra escravizada. Como bem apontado pelo naturalista alemão Alexander von Humboldt, que visitou Havana em 1800, "el puerto de la Habana, desde el trastorno de Santo-Domingo, ha subido a la clase de las plazas de primera orden del mundo del comerciante".[64]

Não há dúvidas: o governo de las Casas y Aragorri havia sido um dos corresponsáveis pela posição de destaque usufruída por Havana nos anos finais do século XVIII. Diversos estudos assinalam que sua administração estimulou significativamente a liberalização comercial (iniciada em 1765 no governo do conde de Ricla), criando uma prática comercial que só seria legalmente formalizada em 1818.[65] Importante lembrar que os demais capitães-generais que o sucederam tinham ordens reais para evitar a quebra do monopólio comercial com a Coroa espanhola. Mas não foi isso o que aconteceu.

A guerra que Espanha e França travaram contra a Grã-Bretanha entre 1796 e 1802 promoveu novamente o comércio e as atividades marítimas de Havana, que continuavam recebendo números cada vez maiores de africanos escravizados. Os ganhos foram tamanhos que o conde de Santa Clara fez vista grossa para a Real Cédula de 20 de abril de 1799 – que proibia o comércio de Cuba com outras localidades da América do Norte – e manteve o livre-comércio com nações neutras. Por mais contraditório que possa parecer, tal medida foi bem recebida pela Coroa, que, em janeiro de 1801, autorizou a manutenção temporária de tal comércio.[66]

A intensificação da produção açucareira e a diversificação das atividades comerciais fizeram com que Havana se transformasse, no início do século XIX, na terceira maior cidade do Império Espanhol, menor apenas que a Cidade do México e Lima. Contudo, aos olhos do naturalista Humboldt, a importante posição desfrutada pela cidade entre as possessões de Carlos IV não condizia com a infraestrutura urbana da capital cubana:

> Os grandes edifícios de Havana, a saber: a catedral, a Casa do Governo, a do comandante, da marinha, o arsenal, a casa do correio e a fábrica de tabacos, são menos notáveis por sua beleza do que pela solidez de sua construção. As ruas são em geral estreitas, e a maioria delas ainda não está calçada. [...] Durante minha estada na América espanhola, poucas cidades apresentavam um aspecto tão repulsivo quanto Havana, devido à falta de uma boa administração urbana; pois caminhava-se na lama até os joelhos; e a multidão de caleças ou volantas – carruagens características de Havana –, os carros carregados de caixas de açúcar e os condutores que empurravam os transeuntes tornavam a situação dos pedestres incômoda e humilhante. O cheiro da carne salgada, ou do tasajo, frequentemente empesteava as casas e até mesmo as ruas pouco ventiladas.[67]

Apesar de reconhecer a presença de um aparato militar destinado à salvaguarda de Havana, Alexander von Humboldt foi incisivo ao apontar os limites e o fracasso do projeto ilustrado implementado na cidade, inicialmente sob a liderança do marquês de la Torre e posteriormente ampliado por Luis de las Casas y Aragorri. Seu olhar crítico pouco valorizava os esforços empreendidos pelas autoridades hispânicas no sentido de modernizar e reformar a capital cubana, de modo a adequá-la ao status que ocupava no contexto imperial espanhol. O olhar perspicaz do naturalista identificou a pujança da escravidão citadina, lembrando o crescimento da população escravizada na cidade.

Nem seis meses haviam se passado desde a nomeação do marquês de Someruelos como capitão-general de Cuba, Louisiana e das Flóridas, em meados de 1799,[68] e ele já precisou lidar com questões de uma cidade escravista. Em outubro de 1799, no *partido* de Jesús María (região extramuros da cidade), o pardo José Antonio Barbosa foi preso por tentativa de furto. Já passava da meia-noite quando ele e dois escravizados – munidos de uma faca e de um cavalo – rondavam a porta de uma casa em festa, esperando o melhor momento para invadir a residência.[69] Ao serem descobertos pelas autoridades, Barbosa foi encaminhado para a prisão e os dois escravizados (cujos nomes não foram revelados) provavelmente foram remetidos aos seus proprietários após algum tipo de castigo. Em dezembro daquele mesmo ano, chegou ao conhecimento do capitão-general o caso de um cativo foragido que se fazia passar por liberto por meio de um passaporte falso – documento que permitia que ele continuasse trabalhando dentro de Havana sem levantar muitas suspeitas sobre sua real condição.[70]

Embora o número de pequenos crimes cometidos por e contra escravizados tenha sido muito alto durante seu longo governo, ainda assim estiveram longe de ser o único problema do marquês de Someruelos, que assumiu o poder em um dos momentos mais turbulentos da história do mundo atlântico.[71] A dificuldade da sua chegada em Havana para tomar posse de seus cargos já revela parte dessa agitação: devido à insegurança na costa ocidental de Cuba, infestada de corsários e navios da inimiga Inglaterra, o marquês desembarcou no porto de Casilda (atual Trinidad) no dia 1º de maio de 1799 e seguiu viagem por terra para a capital cubana nas duas semanas subsequentes.[72]

A partir de então, intempéries não faltaram. O marquês precisou lidar com situações internacionais espinhosas. Três meses depois de ter assumido seu posto, Someruelos se viu obrigado a responder

– negativamente – aos pedidos de ajuda militar feitos pelo general Toussaint Louverture que, na época, ainda estava no comando da insurreta Saint-Domingue. Nesse momento, a Revolução do Haiti já tinha abolido a escravidão e estava num momento de radicalização de suas ações em relação às autoridades metropolitanas francesas que, em agosto de 1799, o marquês enviou um ofício a Carlos IV relatando a comunicação estabelecida com o chefe local de Saint-Domingue, perguntando-lhe, explicitamente, que tratamento deveria utilizar ao se reportar a Toussaint Louverture, tendo em vista que ele era um oficial negro.[73]

A questão racial – atrelada ao aumento da população escravizada – foi uma temática que acompanhou Someruelos durante todo o período em que esteve no comando de Cuba.[74]

Se, por um lado, os cativos eram fundamentais para o fomento das atividades econômicas da ilha (sobretudo para a produção do açúcar e do café), por outro lado a radicalização da revolução de Saint-Domingue apontava que a "população de cor" estava criando outros códigos de identidade. Nos escravizados e em seus descendentes residia a potência para o fomento ou a destruição do projeto cubano de *plantation*. Por isso, a população negra (cativa ou liberta) precisava ser constantemente vigiada e, quando necessário, punida. Foi exatamente isto que Someruelos fez: ainda em 1799, exemplarmente mandou prender e castigar sete escravizados amotinados de Trinidad. Três anos depois, em 1802, a política de extrema vigilância implementada pelo marquês inviabilizou que os cativos insurretos do cafezal de San Antonio Abad conseguissem chegar à capital cubana. Movimentos como esses fizeram com que, no segundo ano de seu mandato, o marquês de Someruelos enviasse ao Real Consulado de Havana um projeto que previa a migração de famílias brancas para a ilha.[75]

Nem mesmo a Paz de Amiens – armistício que pôs fim à Guerra da Segunda Coalizão, parte das Guerras Napoleônicas – trouxe descanso para Someruelos. Conquanto tenha normalizado a difícil comunicação com a metrópole, entre 1800 e 1804 o capitão-general se viu impelido a ajudar as tropas francesas que tentavam retomar o comando da ilha vizinha, fazendo de Havana sua praça-forte. A radicalização do movimento que começara com uma revolta de escravizados em 1791 agudizou com a prisão de Toussaint Louverture em 1802.

Comandados por Jean-Jacques Dessalines, os insurretos de Saint-Domingue impetraram uma vitória final às tropas napoleônicas (que contava com mais de 30 mil homens), decretando a República do Haiti em 1º de janeiro de 1804.

A consumação de uma República em que todos os cidadãos gozavam da liberdade apregoada pelos ideais iluministas tinha implicações contraditórias para uma sociedade que apostava no modelo de *plantation* escravista. A insurreição de Saint-Domingue havia deixado uma lacuna no mercado mundial logo suprida pelos investimentos feitos justamente pela elite cubana escravagista. E os eventos na ilha vizinha eram o pior exemplo para uma elite que apostava no crescimento econômico de Cuba por meio da importação massiva de africanos escravizados.

Não por coincidência, a partir de 1802, observa-se um número maior de registros de ferimentos, roubos, assassinatos (ou tentativas de) e até mesmo suicídio na porção extramuros de Havana, que desde 1770 era local de residência de muitos escravizados e libertos que trabalhavam na cidade.[76] Embora não seja possível afirmar se esse acréscimo era consequência da leitura que muitos cativos fizeram do momento, ou do arrocho da administração colonial sobre eles ante o aumento desse segmento populacional, o que se nota é que, a partir de então, a população escravizada de Havana se tornou cada vez mais objeto dos ofícios trocados entre as autoridades insulares.

O aumento da população escravizada de Havana não se fazia sentir apenas por meio dos "pequenos crimes" cometidos na cidade. Em abril de 1802, o *partido* de Guadalupe foi objeto de enorme preocupação do marquês de Someruelos. Por volta do meio-dia de 25 de abril, um incêndio destruíra boa parte dos edifícios do *partido*, também localizado extramuros.[77] Desde 1800, o capitão-general já manifestara sua inquietação frente às construções desse sítio, sobretudo aquelas que utilizavam o *guano* para cobrir os telhados ou que tinham suas bases feitas de madeira. Na década de 1770, a precariedade das construções realizadas pela população menos abastada já preocupava as autoridades locais. Conforme visto no capítulo anterior, o marquês de la Torre chegou a proibir o uso do *guano*, interdição que foi reeditada por Luis de las Casas anos depois. Todavia, o aumento da população escravizada e liberta de Havana (graças ao tráfico transatlântico e à possibilidade da alforria) e o alto custo das edificações fizeram com que o *guano* continuasse sendo amplamente utilizado.

A falta de planejamento dificultava a administração local, gerando uma frequente inquietude por parte das autoridades. Cumprindo a lei editada em junho de 1802 – que objetivava evitar novos incêndios –, Francisco de Paula Gelaberto, um dos capitães de bairro da cidade, reportou ao marquês de Someruelos que nas cercanias de Guadalupe

> he notado se van construyendo muchas casas detrás de los Almacenes del Rey de Casa-Blanca, y se formará dentro de poco tiempo una población como la de los otros barrios extramuros, si no se evita con el mayor rigor, [...] y lo aviso a V.S. en fuerza de mi obligación.[78]

Observa-se então que, a despeito das preocupações e ações das autoridades, os *partidos* extramuros continuaram crescendo de forma pouco ordenada, movimento que trouxe o aumento de crimes que envolviam os moradores dessas localidades. Em março de 1803, por exemplo, Jose Antonio, um jornaleiro que pertencia a don Nicolas Surbaran, foi morto em Jesús María. Segundo as informações recolhidas, a morte era consequência dos golpes recebidos quando teve seus pertences roubados.[79] No ano seguinte, no mesmo *partido*, don Miguel Franco foi surpreendido ao chegar à cozinha de sua casa e encontrar seu escravizado Jose Dolores, da nação mina, enforcado.[80] Ainda que os indícios apontassem que cometera suicídio, em um primeiro momento as autoridades não descartaram a possibilidade de assassinato.

Em tempos de paz ou de guerra, a criminalidade envolvendo o segmento escravizado da cidade não deu sossego ao marquês de Someruelos. Em 1805, Espanha e França foram vencidas pela marinha britânica na Batalha de Trafalgar, transformando a Inglaterra na grande senhora do Atlântico Norte. A derrota reduziu bruscamente a esquadra hispânica, deixando Someruelos, uma vez mais, isolado no outro lado do Atlântico. Sem contato com a metrópole, o capitão-general voltou a assumir o risco de permitir o livre-comércio com as nações neutras. Tal situação evitou o colapso econômico da ilha e reaqueceu as atividades portuárias de Havana, que manteve o comércio com os Estados Unidos e outras localidades caribenhas, bem como continuou recebendo uma grande quantidade de africanos escravizados. Os *partidos* extramuros mantiveram-se como o principal sítio de residência da população mais pobre, cativos que viviam sobre si e libertos. E não é de se estranhar que, por conta do perfil dos moradores, esses fossem os *partidos* com maior índice de crimes envolvendo escravizados e libertos.

No dia três de março de 1806, por exemplo, o mulato Jose Rosalia de Salas foi levado para o Cárcere Público de Havana por ter ferido violentamente Rodolfo, escravizado do rei, que vivia em Jesús María e trabalhava na Real Factoría de Tabaco.[81] Oito meses depois, Tiburcio de Estrada, cativo do sargento-mor don Juan de Estrada, também foi ferido em Jesús María por Francisco Martinez, que foi preso no mesmo dia.[82] Ainda em 1806, e também em Jesús María, Tiburcio Fernandez e Jose Francisco, ambos escravizados do pardo Antonio Exedía, foram presos por terem machucado o barbeiro Tomas Horcon, que vivia na vizinhança.[83]

A incidência criminal e o significativo crescimento populacional na região extramuros obrigaram a administração a empreender mudanças nesses sítios. Em 1807, tais localidades foram declaradas como parte do corpo legal da capital cubana: os antigos *partidos* foram transformados em bairros extramuros da cidade e passaram a ser governados por órgãos mais próximos do capitão-general.[84] Ainda que buscasse o maior controle da capital cubana, a decisão de reconhecer formalmente a ampliação do perímetro urbano de Havana também era resultado do posicionamento político de Someruelos, que não via com bons olhos o que estava acontecendo no Império Hispânico e no mundo atlântico.

O capitão-general, que já mostrava certas discordâncias em relação ao governo do primeiro-ministro espanhol Manuel Godoy,[85] ficou indignado quando, em 1807, o chamado Príncipe da Paz instaurou o Almirantazgo General de España e Indias. O Almirantazgo tinha por objetivo fomentar a marinha espanhola ampliando seus poderes, que, não por acaso, seriam administrados pelo próprio Godoy, que se intitulou Almirante General y Protector del Comercio. Embora representasse um provável crescimento das atividades portuárias da capital cubana, tal órgão também viabilizava que o comandante da marinha se autointitulasse autoridade máxima de Havana, diminuindo assim os poderes do capitão-general. Mesmo avesso a tal medida, sua lealdade a

Carlos IV (e à unidade imperial) e o desejo de se tornar vice-rei da Nova Espanha fizeram com que o capitão-general acatasse, temporariamente, as decisões de Godoy.[86]

Como se não bastasse a debilidade do Império Espanhol, 1807 também foi o ano em que a Inglaterra decretou o fim do tráfico transatlântico no Império Britânico, inaugurando uma forte política para a abolição total do comércio de humanos. O tráfico de africanos escravizados era a premissa do projeto de *plantation* gestado pelas elites cubanas. Someruelos, que desde o início de seu governo havia criado uma boa relação com os senhores de engenho e cafeicultores da ilha, sabia da importância do tráfico, e também que ele, na posição de capitão-general, seria uma figura central na mediação entre os interesses da oligarquia cubana e os acordos diplomáticos assinados pela metrópole.

As intempéries que marcaram o governo de Someruelos em 1807 se agravaram no ano seguinte. O primeiro dia de 1808 começou com a explícita discordância entre o capitão-general da ilha e Juan María Villavicencio, comandante-general da marinha em Cuba. Contrariando Villavicencio, Someruelos recusou-se a realizar uma investigação judicial no Mosteiro de El Escorial sobre uma conspiração contra o rei Carlos IV de Espanha, liderada pelo seu filho, o príncipe Fernando. No entendimento do marquês, o evento não passava de uma situação funesta.[87] Em 1807, a fragilidade do governo de Carlos IV havia sido escancarada: após perdoar seu filho em março de 1808, o monarca espanhol abdicou do trono em favor dele, que não chegou a iniciar seu reinado.

A derrota das forças francesas em Saint-Domingue e o fracasso da frota franco-espanhola na Batalha de Trafalgar, em 1805 – apesar da aliança estabelecida entre França e Espanha por meio do Primeiro Tratado de Ildefonso, assinado em 1796 –, levaram Napoleão Bonaparte a reformular sua estratégia de expansão imperial. Diante da hegemonia britânica nas rotas marítimas, o imperador francês decretou o bloqueio continental em 1806, passando a privilegiar ações militares por via terrestre, desconsiderando acordos diplomáticos prévios. Aproveitando-se da instabilidade política provocada pela crise dinástica da monarquia espanhola – intensificada pela Revolta de Aranjuez[88] – e respaldado por sua superioridade militar, Napoleão ocupou Madri em março de 1808. Pouco tempo depois, em maio do mesmo ano, impôs a nomeação de seu irmão, José Bonaparte (José I), como novo soberano do trono espanhol.[89] Como será visto, esse vácuo de poder acarretou transformações radicais em todo o Império Espanhol.

A tomada do trono espanhol por Napoleão Bonaparte representou um gesto simbólico e também um recado inequívoco da disposição do exército francês em impor pela força os princípios do bloqueio continental. Mais do que isso, evidenciava a capacidade militar da França para subjugar monarquias tradicionais e redesenhar a ordem política europeia. Com a Coroa espanhola capitulada, o próximo alvo estratégico de Bonaparte passou a ser o Império Luso.

Diante da iminência de uma invasão e da consequente submissão à hegemonia napoleônica, a monarquia portuguesa adotou uma medida sem precedentes na história atlântica moderna: a transferência da Corte para o continente americano. A cidade do Rio de Janeiro foi escolhida para sediar o novo centro do poder português, inaugurando uma experiência única de deslocamento dinástico e de reconfiguração geopolítica no espaço atlântico.

CAPÍTULO 5

Capitais e a aposta na escravidão (1808-1815)

Rio de Janeiro: corte escravista

No dia 28 de janeiro de 1808, o príncipe regente dom João assinou o documento que entrou para a história como Decreto de Abertura dos Portos às Nações Amigas, firmado em Salvador, dias depois de a família real desembarcar na capital baiana para uma parada antes de continuar a viagem até seu destino. O decreto rompia com um importante artifício do antigo pacto colonial, que até então restringia o comércio da América portuguesa exclusivamente à sua metrópole. O decreto marcou o início da autonomia do Brasil no comércio internacional. Além disso, o documento atendia diretamente aos interesses da Grã-Bretanha, antiga aliada dos Bragança, que cedera quatro de seus navios para escoltar a travessia atlântica da família real portuguesa.

Desde a derrota das tropas napoleônicas em Saint-Domingue, em 1803, e da proclamação da República do Haiti, em 1804, o imperador francês Napoleão Bonaparte iniciou uma forte campanha expansionista dentro do continente europeu, que culminou na derrota marítima para a Inglaterra em 1805, na Batalha de Trafalgar. No ano seguinte, na tentativa de diminuir o poder econômico inglês, Napoleão decretou o bloqueio continental, medida que proibia as demais nações europeias de realizar transações comerciais com sua arquirrival Inglaterra. O bloqueio foi um feito de dimensões atlânticas. As vitórias obtidas sobre Áustria, Prússia e Rússia confirmaram a superioridade bélica do exército terrestre francês que, após a assinatura do Acordo de Tilsit, em 1807, rumou para o lado ocidental do continente. Àquela altura, as autoridades lusitanas já haviam rascunhado a mais astuciosa solução para o caso de as tropas de Napoleão inavadirem Portugal: transferir a Corte para o Novo Mundo. A medida, protetiva e audaciosa, se tornaria necessária caso a monarquia portuguesa realmente quisessse manter sua soberania e suas parcerias comerciais.

As pretensões imperialistas de Bonaparte havia muito ocupavam a agenda dos principais homens do governo português. Antes mesmo do bloqueio continental, os franceses já tentavam, por meio de acordos diplomáticos, diminuir a influência inglesa em Portugal. O início do conflito bélico entre ingleses e franceses, em maio de 1803, fez com que as posições lusitanas se radicalizassem, uma vez que os portugueses precisavam encontrar um bom arranjo político que garantisse a supremacia de seu príncipe regente. O que sucedeu entre 1803 e 1807 foi uma série de debates, conchavos e alianças políticas na Corte lusa – com especial destaque para a atuação de dom Rodrigo de Souza Coutinho e dom Araújo de Azevedo, dois dos principais articuladores do Império Português –, que tinha o objetivo de responder ao tumultuado quadro de sua política externa.

A missão não era fácil. Esse período foi marcado também por muita instabilidade interna, com estadistas afastados e depois renomeados, acordos apalavrados e então desfeitos. Por fim, decidiu-se que a melhor forma de manter a soberania da Coroa seria se afastar do teatro de guerra, preservando a segurança da Corte. O historiador Valentim Alexandre chegou a utilizar o termo "partido" para descrever esse período da história de Portugal tomado por discussões acaloradas. Os políticos portugueses se dividiram, uns identificados como favoráveis (ou partidários) aos ingleses, outros, aos franceses.[1] Contudo, a invasão de Portugal pelas tropas napoleônicas, em novembro de 1807, foi determinante. A Corte se sentiu acuada e se retirou de Lisboa, redefinindo os arranjos que até então marcavam a relação colonial.

Em janeiro de 1808, a Corte portuguesa foi muito bem recebida em Salvador – chegando a encher de esperanças o governador da capitania, que aventou a possibilidade de o governo se instalar de vez em terras soteropolitanas. No entanto, existiam motivos fortes para a escolha do Rio de Janeiro como nova sede do Império Lusitano.

Em parte, as justificativas eram as mesmas que, anos antes, levaram o marquês de Pombal a transferir a capital da colônia. Além do porto naturalmente seguro, com a principal entrada salvaguardada pelos quatro morros que circundavam a cidade, o Rio de Janeiro contava com uma atividade portuária e comercial intensa (boa parte dela decorrente do tráfico de africanos escravizados) comandada por uma complexa rede de negociantes que, havia tempos, fazia da cidade muito mais do que um local de passagem. A presença de diversos órgãos governamentais instalados desde meados do século XVII também contribuiu para a decisão.

Mas havia uma distância enorme entre o conjunto arquitetônico do Rio de Janeiro no alvorecer de 1808 e aquele deixado em Lisboa meses antes. As inúmeras ações levadas a cabo pelos vice-reis para que o Rio fizesse jus ao seu posto de sede do poder colonial nem de perto deram conta da nova condição de que a cidade passava a usufruir. Sendo assim, ainda que a transferência da sede do governo estivesse nos planos desde 1803, as autoridades coloniais tiveram de correr contra o tempo a fim de garantir que a Corte portuguesa fosse recebida de forma adequada.

À época, quem estava no comando da colônia era Marcos de Noronha e Brito, o conde dos Arcos. Fazia pouco mais de um ano que ele havia assumido o vice-reinado e, nesse curto intervalo, Noronha e Brito não teve tempo de realizar melhorias significativas no aparelho urbano do Rio de Janeiro. Dessa forma, a cidade que recebeu o príncipe regente e seus súditos era praticamente a mesma deixada por Portugal e Castro, o vice-rei anterior, em 1806. Justamente por isso, o mesmo conde dos Arcos teve de tomar medidas drásticas para criar condições mínimas para a chegada da Corte. Uma delas, e talvez a mais controversa, foi a Lei das Aposentadorias, que desalojou diversos moradores de suas casas para que fossem ocupadas pelos integrantes da comitiva do príncipe regente. De certa forma, o próprio vice-rei acabou afetado por essa medida: ele precisou ceder seu palácio para abrigar a família real.[2]

Os últimos momentos como vice-rei teriam sido muito mais fáceis para o conde dos Arcos se sua única preocupação fosse alojar a Corte portuguesa. Entretanto, a inconclusão de boa parte das reformas ilustradas previstas para a cidade ainda emprestava um aspecto de precariedade ao Rio de Janeiro. Tal condição foi registrada por muitos viajantes que passaram a visitar a nova sede do governo após a abertura dos portos e a transferência da família real. Membros da comitiva artística que acompanhou os Bragança, representantes comerciais, cientistas e estudiosos deixaram suas impressões sobre a cidade que precisava fazer as vezes de Corte. De forma geral, mulheres e homens, na sua maioria europeus, contrastavam a beleza natural da baía de Guanabara com a cidade que se espremia entre morros que a ornavam e protegiam.

O comerciante inglês John Luccock ficou comovido com a agradável entrada do porto do Rio de Janeiro na sua visita à cidade em 1808,[3] mas, no ano seguinte, seu conterrâneo John Mawe afirmou que

> em consequência de sua situação baixa, e da imundice das ruas, o Rio de Janeiro não pode ser considerado saudável. Fazem-se, atualmente, melhoramentos, que remediarão, em parte, esses males; mas outros motivos tendem a aumentar a insalubridade da atmosfera e a espalhar males contagiosos.[4]

Os brejos e pântanos que tanto trabalho deram aos primeiros habitantes do Rio continuavam sendo obstáculos incômodos ao processo de urbanização e civilização da cidade. E, por mais que esse viajante tivesse outro padrão de uso do espaço urbano, a escolha dos termos "imundice" e "insalubridade" não parecia exagero para descrever o Rio de Janeiro de 1808.

A planta produzida em 1808 sob ordens do príncipe regente não deixa muitas dúvidas: apesar das tentativas de incremento no aparato urbano nos trinta anos anteriores, o Rio de Janeiro ainda era uma cidade rural. Na época em que a planta foi confeccionada, a nova sede da Corte portuguesa tinha apenas cinco freguesias urbanas, que representavam pouco mais do que 10% da área total da cidade.[5] Se observada com atenção, a planta de 1808 reforça esse aspecto. O mundo urbano propriamente dito ficava circunscrito entre o mar e o Campo de Santana, com alguns focos urbanos na região que viriam a compor os bairros da Lapa e da Glória. A cidade contava com apenas sessenta vias oficiais, nas quais se concentravam a população mais abastada e os principais comércios, bem como as igrejas e os órgãos administrativos.

 Plano da cidade do rio de janeiro em 1808

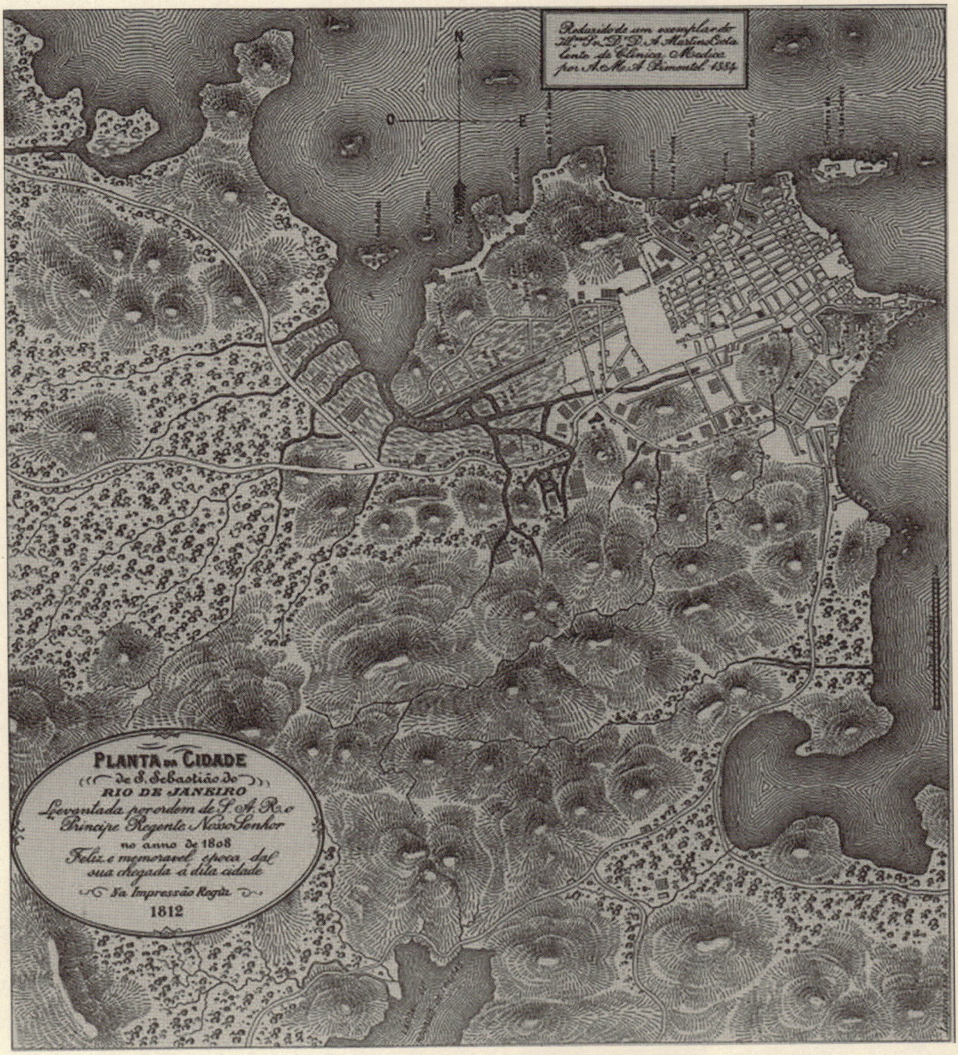

Reprodução do plano da cidade de São Sebastião do Rio de Janeiro, levantada por ordem do príncipe regente em 1808. Gravado por autor desconhecido. Fundação Biblioteca Nacional. Reproduzido pela Imprensa Régia em 1812.

De acordo com o recenseamento feito a mando do conde de Resende, em 1799, a população do perímetro urbano do Rio de Janeiro contava 43.736 habitantes, dos quais pouco mais de 34% eram escravizados.[6] Esse quadro só seria alterado em 1808, graças à transferência da Corte que, em tese, foi acompanhada de mais de 15 mil reinóis.[7] Sendo assim, quando aportou no Rio, a família real não encontrou apenas uma cidade pequena, mas pouco populosa, inclusive para os parâmetros do Novo Mundo. Como será tratado com mais vagar neste capítulo, em 1792, a população de Havana já excedia os 51 mil habitantes.

Diante do amplo descompasso entre a cidade real e a cidade idealizada como sede da monarquia portuguesa, foram mobilizados diversos esforços com o objetivo de transformar o Rio de Janeiro na nova Corte que representasse a importância do Império Português – ou, como definiu com precisão Kirsten Schultz, em uma "Versalhes tropical".[8] De maneira geral, as iniciativas empreendidas pelas autoridades podem ser agrupadas em duas grandes frentes de atuação. A primeira dizia respeito à organização de um aparato administrativo condizente com o novo status político da cidade, exigindo a criação e a reestruturação de instituições burocráticas capazes de sustentar o funcionamento do governo. A segunda frente, em grande medida decorrente da primeira, concentrou-se na realização de obras de infraestrutura e melhorias urbanas, voltadas para a reconfiguração do espaço público e também para comportar o crescimento populacional após a vinda da Corte.

Para o bom andamento dos planos dos políticos portugueses, era imperioso, do ponto de vista administrativo, que o Rio de Janeiro se transformasse em uma nova Lisboa. Por isso, entre 1808 e 1815, a chegada da família real foi acompanhada pela duplicação dos principais órgãos administrativos da Corte lusitana, fazendo com que o Rio de Janeiro abrigasse o Conselho Supremo Militar e de Justiça, os tribunais da Mesa do Desembargo do Paço e da Consciência e Ordens, a Chancelaria-Mor do Estado do Brasil, os tribunais superiores da magistratura na América portuguesa e o Erário Régio. Um forte exemplo de que a condição administrativa do Rio tinha de fato mudado foi a instauração da Imprensa Régia e da Real Fábrica de Pólvora – ambas criadas em 13 de maio de 1808 –, entidades até então impensáveis em uma cidade colonial do Império Lusitano. Localizada da rua do Passeio, a Imprensa Régia foi o primeiro órgão de imprensa instaurado em terras brasileiras, responsável pela impressão da legislação do império, bem como por livros e jornais, como a *Gazeta do Rio de Janeiro*, primeiro jornal a ser impresso no Brasil. Já a Real Fábrica de Pólvora tinha por objetivo garantir a produção de explosivos para a defesa do território que agora era a nova sede do Império Lusitano. Foi construída primeiro na lagoa Rodrigo de Freitas e depois transferida para Raiz da Serra, em 1831. O processo de duplicação das principais instituições existentes em Lisboa fez com que o Rio de Janeiro sediasse o Jardim Botânico (Real Horto, 1808), a Academia Real Militar (1810), a Biblioteca Real (1810) e o Museu Nacional (1818). A educação e o conhecimento artístico e científico também deveriam ter espaço salvaguardado na nova Corte, que recebeu cursos médicos e a Escola Real de Ciências, Artes e Ofício (1816).

Em que pese a importância das instituições apontadas, nenhuma delas foi tão crucial no processo de melhoria urbana do Rio de Janeiro como a Intendência-Geral de Polícia da Corte. À semelhança da existente em Lisboa desde 1760, a Intendência de Polícia constituiu-se em uma espécie de elo entre as diferentes instâncias administrativas da cidade, sendo o órgão que, em grande medida, viabilizou o processo de reordenamento urbano do Rio de Janeiro.[9] Se suas atribuições pudessem ser resumidas, as palavras mais acertadas para tanto seriam: limpeza, saúde e segurança.[10]

Aquele que seguiria à frente da intendência não podia ser alguém despreparado. E o nome escolhido foi o de Paulo Fernandes Viana, que foi intendente durante praticamente todo o período joanino (1808-1821). Visto em retrospectiva, a decisão pareceu acertada, mas a preferência por seu nome esteve menos ligada às suas possíveis qualidades como administrador e mais à rede familiar da qual fazia parte. Diferentemente da longa carreira militar dos vice-reis que governaram a América portuguesa até então, o principal cartão de visita de Viana era seu parentesco com Brás Carneiro Leão, um dos maiores comerciantes e traficantes de escravizados do Rio.

Desse modo, a nova sede do poder imperial luso prenunciou o processo que Maria Odila Leite chamaria de "interiorização da metrópole". Segundo a autora, a transferência da Corte lusa trouxe novos capitais, com a abertura dos portos para as nações aliadas e a migração de significativo número de comerciantes europeus, e também o enraizamento do Estado português associado aos interesses das camadas dirigentes da região centro-sul do Brasil.

Partindo da tradição já consolidada de participação de burocratas nascidos no Brasil nos quadros da administração pública portuguesa, os lusitanos dom Rodrigo de Souza Coutinho e o conde da Barca (Bragança) foram figuras-chave na consolidação do Rio de Janeiro como um centro político-administrativo que espelhava, em escala reduzida, a capital metropolitana. A eficiência com que implementaram essa Lisboa em miniatura foi tamanha que, para diversas capitanias, lidar com o governo instalado no Rio ou com a administração de Lisboa representava, na prática, uma experiência burocrática equivalente.[11]

Em determinado momento, a centralidade política do Rio de Janeiro foi definitivamente consolidada. Tal condição, como será examinada posteriormente, assumiu um caráter ambivalente no contexto imperial: se, por um lado, a cidade se afirmou como sede efetiva da monarquia portuguesa, por outro, converteu-se também em espaço privilegiado de contestação da própria ordem imperial lusa.[12]

Tendo herdado algumas das incumbências que antes ficavam a cargo do vice-rei e da Câmara do Senado, Paulo Fernandes Viana, por exemplo, fez da *vigilância* uma palavra de ordem no que dizia respeito à administração interna e à segurança dos habitantes do Rio. E para dar conta de uma gama de assuntos, além do trânsito fácil e frequente entre as demais instituições governamentais da cidade (que, em muitos casos, estavam subordinadas a ele), Viana realizava encontros semanais com o príncipe regente, ocasiões em que deixava o futuro monarca a par das questões relativas ao governo do Rio.[13]

Uma das primeiras medidas tomadas pelo intendente foi a criação da Décima Urbana em junho de 1808. Tal imposto pode ser tomado como um caso exemplar da forma de governar adotada por Viana. Ao mesmo tempo que o tributo – cobrado sobre todas as edificações da cidade – geraria uma importante fonte de renda para a intendência, também obrigaria que a instituição realizasse um inventário mais detalhado dos prédios do Rio, o que levaria a uma definição mais precisa do perímetro urbano da nova Corte.[14]

Outras ações foram realizadas para tornar o Rio de Janeiro uma cidade digna da família real. As residências já existentes precisavam se adequar ao padrão civilizado da vida em Corte e, por isso, em junho de 1809, a Intendência-Geral de Polícia decretou a retirada de todas as gelosias e rótulas das casas coloniais.[15] As casas que seriam construídas a partir de então também deveriam seguir os padrões arquitetônicos definidos pela intendência que, grosso modo, proibia a edificação de casas térreas na região nova da cidade.[16]

Parte da renda gerada com as Décimas Urbanas foi aplicada em melhorias do Rio, tais como iluminação pública, calçamento de ruas e rondas noturnas. Junto com o dinheiro arrecadado por meio de outros tributos, Viana conseguiu realizar obras de infraestrutura do aparelho urbano do Rio, que deviam andar *pari passu* com os valores civilizatórios que acompanharam dom João e sua comitiva no processo de transferência da Corte. A "Versalhes tropical" era muito mais quente e úmida do que a família real parecia suportar.

A fim de preservar os humores da realeza, as autoridades iniciaram, em 1811, a construção do Palácio Real na Quinta da Boa Vista, localizado em um dos morros da freguesia do Engenho Velho. A escolha do local foi estratégica: buscava-se não apenas afastar o príncipe regente dom João e seus familiares da agitação do núcleo urbano central – particularmente do movimentado largo do Paço e da orla marítima –, mas também proporcionar um ambiente que evocasse a atmosfera de Lisboa. Não se sabe se *a busca pela Lisboa perdida* foi a intenção de Elias Antônio Lopes quando doou a Quinta da Boa Vista para o príncipe regente. Mas é fundamental que conste nos anais: Lopes era um dos maiores traficantes de escravizados do Império Português. A nova morada da família real era, pois, mais um símbolo do pacto entre a Coroa portuguesa e os fluminenses de grosso trato, os mesmos que ganhavam a vida traficando africanos.

Além de tornar a vida dos Bragança mais agradável, as obras na Quinta também iniciaram a ocupação efetiva da até então distante região de São Cristóvão que, após o aterro do mangue de São Diogo, começou a atrair pessoas que desejavam se avizinhar da família real.[17] A busca de um clima mais ameno também levou outras famílias endinheiradas da cidade a ocupar a região de Botafogo, que ainda não fazia parte das freguesias urbanas. Embora esse movimento tenha sido levado a cabo por particulares, que passaram a construir ali seus casarões, a ocupação de Botafogo foi uma consequência direta da Lei de Aposentadorias, que retirou parte das famílias mais abastadas das freguesias centrais do Rio.

Outra obra que se desdobrou a partir da expansão do Rio foi a ocupação do Campo de Santana – que em 1814 foi incorporado ao perímetro urbano.[18] Ainda em 1811, o campo passou a abrigar o Quartel Militar, que comportava o Palacete do Campo (construído em 1813), o Jardim do Palacete e a Arena Militar, projetada para a realização de danças, jogos e até mesmo cavalhadas.[19] Os espaços até então reservados para as atividades militares (o largo do Carmo e o largo do Paço) não eram mais suficientes, tendo em vista a importância que o Rio de Janeiro passou a ter a partir de 1808. Sendo assim, era preciso criar um local adequado para as práticas militares e festividades de uma cidade-Corte. Alguns anos mais tarde, o Campo de Santana abrigou a nova sede do Senado da Câmara, reforçando o interesse das autoridades em transformar este em mais um lócus de poder na cidade que crescia.

IMAGEM 13 O Campo de Santana no Rio de Janeiro

Aspectos do Rio de Janeiro, c. 1800. Gravado por autor desconhecido. Fundação Biblioteca Nacional. No centro da imagem, está a arena onde se realizou grande parte dos festejos populares da aclamação de dom João VI, em fevereiro de 1818. Observa-se também as transformações na região do Campo de Santana após a transferência da Corte. Além da arena, é possível notar que as imediações do Campo de Santana já estavam ocupadas por um número significativo de residências, apontando assim o crescimento do perímetro urbano do Rio de Janeiro.

Entre 1808 e 1815, inúmeras medidas foram tomadas para que a urbanidade do Rio de Janeiro perpetrasse os signos de uma Corte imperial. Ainda que as ações de Paulo Fernandes Viana sejam dignas de nota, a rapidez com a qual o Rio de Janeiro se transformou numa cidade-Corte tinha uma explicação relativamente simples: o crescimento significativo da mão de obra escravizada. Conforme pontuado nos capítulos anteriores, desde a elevação a vice-reinado, o trabalho dos escravizados era condição *sine qua non* para o crescimento e funcionamento da cidade. O fato de o Rio de Janeiro ter se tornado um dos principais portos de desembarque de africanos escravizados facilitou o uso da mão de obra subjugada tanto na vida pública como no cotidiano privado da cidade – uma herança do vice-reino para a Corte lusitana nos trópicos.

No mesmo ano em que a família real chegou ao Rio de Janeiro, pouco mais de 9 mil africanos escravizados desembarcaram no Valongo, cifra semelhante à do ano anterior. No ano seguinte, esse número cresceu para 13 mil, passando para 18 mil almas em 1810 e chegando a mais de 22 mil pessoas traficadas em 1811.[20] Em que pese o aquecimento econômico que a transferência da Corte trouxe para toda a América portuguesa, principalmente na região sudeste da colônia, os olhos, as atenções e os esforços da Coroa estavam voltados para o Rio de Janeiro e para os interesses de sua elite econômica e política.

Entre 1808 e 1815, o Valongo recebeu mais de 111 mil africanos escravizados. Esse número representava 34% da totalidade do tráfico para o Brasil. Tal incremento relaciona-se, por um lado, às adequações da escravidão no Brasil frente às transformações globais desencadeadas pela chamada Era das Revoluções – entre as quais se destaca a Revolução Industrial, a Revolução Francesa e a Revolução do Haiti.[21] Por outro lado, o aumento do tráfico também refletia mudanças significativas, tanto internas quanto externas, nas dinâmicas sociais e políticas das sociedades africanas diretamente envolvidas no comércio de cativos.[22]

Os estudiosos que trabalharam com o tráfico transatlântico para o Rio de Janeiro apontam que as relações estabelecidas entre as elites fluminenses e as diferentes sociedades africanas envolvidas no comércio desde meados do século XVII ainda surtiram efeito na composição étnica do segmento escravizado do Rio, composta, majoritariamente, de africanos oriundos da costa centro-ocidental do continente. A proibição do tráfico ao norte da linha do Equador, em 1815, reforçou ainda mais esse padrão, embora o número de navios negreiros provenientes da África Oriental tenha sofrido um significativo aumento entre 1811 e 1830.[23]

O destino dos africanos escravizados desembarcados no Valongo constitui, no contexto atlântico do início do século XIX, um fator central na reconfiguração das dinâmicas escravistas urbanas. Desde o século XVIII, a cidade articulava-se como polo redistribuidor de cativos para áreas produtivas do sul colonial; após 1808, contudo, a intensificação dessas redes produziu efeitos mais complexos sobre a estrutura de propriedade escravista no espaço urbano carioca.

Essas transformações não apenas fortaleceram as elites tradicionais, como também estimularam o uso de mão de obra cativa em contexto urbano, gerando um mercado escravista mais acessível e diversificado. Observou-se, ainda, um expressivo aumento no número de senhores de escravizados, incluindo indivíduos menos abastados, que passaram a adquirir um ou dois cativos com vistas a assegurar sua mobilidade social, algum tipo de renda ou reafirmar prestígio social. Fosse por meio da manutenção dos interesses das elites fluminenses, fosse pela efetivação das mudanças materiais que precisavam ser realizadas para que o Rio de Janeiro fizesse jus ao posto de sede do Império Português, a escravidão se tornou uma instituição que ordenava a vida cotidiana da cidade.[24]

Não é de estranhar que, entre os últimos meses de 1808 e o primeiro semestre de 1809, o príncipe regente tenha feito uma série de mudanças no funcionamento da inspeção sanitária do Valongo. A então Real Junta de Protomedicato deixou de ser a responsável pela fiscalização da medicina no Brasil, obrigação que ficou a cargo do cirurgião-mor José Corrêa Picanço. Em junho de 1809, foi criada a Provedoria-Mor de Saúde que, entre diversas atribuições, deveria fiscalizar as embarcações aportadas na baía de Guanabara,[25] sobretudo

> os navios carregados de Negros cheios de Sarnas, Lepras, febres, e outras moléstias contagiosas: [pois] em hum porto de tanta frequência de Navios, vindos de todas as partes com diferentes

cargas, e athe d'America septentrional, aonde algumas províncias são tão frequentes os contágios.[26]

As autoridades também cuidaram para que os traficantes e donos de barracões do Valongo não deixassem os cadáveres de africanos escravizados sem enterro adequado, prática que, conforme visto anteriormente, causou muitas reclamações dos moradores da freguesia de Santa Rita no final do Setecentos.

O ano de 1811 representou um marco importante na região. Depois de algumas negociações entre o provedor-mor de Saúde e os traficantes e negociantes de escravizados, ficou acordada a construção de um lazareto destinado ao acolhimento e isolamento dos indivíduos desembarcados em condições de saúde debilitadas. Tal medida visava não apenas mitigar os riscos de disseminação de doenças entre a população urbana, mas também preservar os interesses econômicos dos envolvidos no comércio escravista, assegurando a "recuperação" dos cativos antes de sua inserção no mercado interno. Custeado por três traficantes, o lazareto foi construído nas imediações do monte Nossa Senhora da Saúde em 1811. Nesse mesmo ano, também foi construído o cais, que permitiu que o desembarque de africanos escravizados ocorresse diretamente no Valongo.

A região se tornou uma grande praça do negócio de compra e venda de escravizados, algo cotidianamente comprovado pelos jornais que circulavam na cidade. Em junho de 1812, a *Gazeta do Rio de Janeiro* anunciou a venda de 48 escravizados no Armazém do Valongo, número 3.[27] Um ano e meio depois, o mesmo jornal anunciou a venda do bergantim *Camponeza* e, após alguns meses, do bergantim *São João Americano*, ambos "com todos os pertences para negócio de escravos". Quem porventura tivesse interesse em entrar para o ramo do tráfico de escravizados deveria procurar informações diretamente com os donos das embarcações, na rua do Valongo, nº 4 e nº 2.[28]

Logo se vê que as reformas na região do Valongo foram parte importante das transformações urbanas mais amplas que reconfiguravam o Rio de Janeiro no início do século XIX. A maior segurança sanitária do desembarque dos africanos escravizados pode ser entendida como uma fiança na pactuação entre traficantes, negociantes e governo sobre uma dimensão cada vez mais inequívoca de uma cidade que tentava se transformar em Corte: o uso massivo dos escravizados.

Estudos que analisaram inventários *post mortem* e estrutura de posses no Rio de Janeiro demonstram que, por mais que os homens de grossa aventura tenham sido muito beneficiados com a maior oferta de africanos escravizados, um número cada vez maior de homens e mulheres de pouca monta encontrava seu sustento na aquisição de um ou dois escravizados que incorporariam a massa cativa do Rio de Janeiro.[29] Percebe-se que as vantagens na compra de escravizados para o trabalho em oficinas e casas de comércio identificadas por Carlos Lima de 1790 a 1808 ficaram ainda maiores depois do aumento da demanda por serviços após a transferência da Corte.[30] Os jornais que começavam a circular pelo Rio de Janeiro não só traziam as notícias sobre o Velho Mundo ou a cidade que se transformava, mas também serviam como importante veículo para a compra e o aluguel de escravizados urbanos.

Mary Karasch, Luiz Carlos Soares e Marilene Nogueira deram exemplos exaustivos do incremento do emprego de escravizados no Rio de Janeiro a partir de 1808.[31] Esses mesmos autores, ao analisar anúncios de jornal, relatos de viajantes e inventários *post mortem*, demonstraram que os usos do cativo citadino dependiam não só da demanda de trabalho do Rio, mas também da posição socioeconômica de seus proprietários. *Grosso modo*, aqueles que pertenciam a senhores com poucos recursos eram obrigados a cumprir jornada dupla ou tripla, pois precisavam dar conta dos afazeres domésticos para, depois disso, iniciar o segundo turno de trabalho, geralmente pondo-se a ganhar vendendo a mais variada sorte de produtos pelas vias da cidade. Essa rotina laboriosa era mais perceptível no caso das mulheres escravizadas, que, além de arrumadeiras, cozinheiras e copeiras, também saíam às ruas para vender quitutes e limonada, lavar roupa e, em alguns casos, prostituir-se.[32]

IMAGEM 14 Escravizados trabalhando na região portuária do Rio de Janeiro

Jean-Baptiste Debret, *Refresco no largo do Paço, depois do jantar*, 1835. Fundação Biblioteca Nacional. Nessa litogravura, Debret registrou parte da diversidade de trabalhos que eram executados por escravizados no Rio de Janeiro. Na imagem, que retrata o largo do Paço, uma das regiões de maior importância econômica e política da cidade, é possível observar escravizados carregando mercadorias ao fundo, bem como cativas vendendo refrescos para homens que, aparentemente, também trabalhavam na região.

No caso dos proprietários que usufruíram de uma melhor condição social, o que se observa é a dupla especialização do trabalho escravizado. Além dos seus cativos executarem tarefas distintas, o que geralmente levava à separação dos escravizados domésticos daqueles que trabalhavam nas ruas, é possível perceber que muitos senhores buscavam treinar ou profissionalizar seus escravizados de ganho para, mais adiante, reaver com juros o investimento feito. Sendo assim, as residências e os espaços públicos do Rio de Janeiro estavam apinhados de escravizados que executavam as mais variadas atividades. Carga e descarga na região portuária, transporte de mercadorias, venda de alimentos e produtos, limpeza e calçamento das ruas e lavagem de roupa eram exemplos do variado rol de serviços urbanos que ficavam a cargo dos escravizados. Muitas vezes também podiam ser encontrados em padarias, boticas, oficinas de marcenaria e demais espaços comerciais da cidade.

A grande diversidade das atividades executadas pelos escravizados urbanos foi, em parte, registrada por dezenas de viajantes estrangeiros que visitaram o Rio de Janeiro após a transferência da Corte. Por meio de relatos ou registros iconográficos deixados por mulheres e homens, que por vezes estranhavam a dinâmica escravista, é possível apreender parte do cotidiano de uma cidade que dependia, cada dia mais, do trabalho compulsório para funcionar.[33] Muitos viajantes ficavam impressionados com a quantidade e a diversidade de negros que trabalhavam no Rio, fazendo com que a nova sede portuguesa se assemelhasse às cidades na África.[34] E, por mais importante que fosse, a mão de obra escravizada também deveria se adequar ao novo status do Rio de Janeiro. A opção que restava às autoridades lusitanas era a mesma para o restante da cidade: civilizá-los.

E não seria exagero pontuar que essa era uma das funções primordiais da Intendência-Geral de Polícia. Para se tornar uma Corte, de fato e de direito, era preciso que a população da cidade também seguisse uma série de normas e preceitos tidos como civilizados.[35] A fim de administrar o comportamento de todos os súditos do príncipe regente, Paulo Fernandes Viana iniciou uma "campanha civilizatória" que contava com a importante ajuda dos "juízes de crime" para a correção das atitudes ditas inaceitáveis.[36] Diversos foram os comportamentos considerados inadmissíveis na nova Corte. Em abril de 1808, por exemplo, a Intendência-Geral proibira o despejo de lixo, entulho e água suja nas ruas da cidade,[37] prática que era costumeira entre os moradores do Rio. Poucos dias depois, em outro edital, Viana determinava que

> as vendas, botequins, e casa de jogos, não estejam toda a noite abertas para se evitarem ajuntamentos de ociosos, mesmo de escravos que faltando ao serviço de seus senhores se corrompem uns e outros, dão ocasião a delitos que se devem prevenir, e se faz em mais cidadãos fica da data deste proibida pela Intendência-

> -Geral de Polícia a culposa licença com que até agora estas casas se têm conservado abertas, e manda-se que logo às dez horas se fechem e seus donos, e caixeiros expulsem os que nele estiverem debaixo de pena de paragem da cadeia dos donos, caixeiros e quaisquer pessoas que nelas forem achadas da indicada hora em diante.[38]

Se no entendimento de Vianna os súditos de bem do Rio – muitos dos quais educados nos padrões europeus – precisavam seguir os novos padrões de etiqueta da Europa, o que dizer dos escravizados?

É bem verdade que o argumento civilizador já era conhecido e aplicado pelos luso-brasileiros no que dizia respeito aos escravizados. A própria condição escrava aplicada aos africanos já era, por si só, entendida pelos proprietários como uma ferramenta na luta contra a barbárie que assolava o "continente negro" e um dos mais fortes argumentos a favor do tráfico transatlântico. Como parte constituinte da cidade colonial que fora elevada ao status de Corte imperial, a escravidão do Rio de Janeiro também precisava se adequar aos novos padrões comportamentais. Essa tarefa ficou a cargo da Intendência-Geral de Polícia da Corte do Rio de Janeiro, que teve de aprender com seus próprios passos (erros e acertos) como administrar uma cidade que dependia da escravidão para funcionar.

Mantendo uma prática já arraigada no tempo dos vice-reis, grande parte das obras que iniciaram o processo de conformação do Rio de Janeiro como Corte foi feita por escravizados. A transferência da Corte teve, a todo instante, a escravidão como principal aliada. Durante a viagem que fez pela América portuguesa depois da transferência da família real, o inglês John Mawe ficou impressionado com o peso que a escravidão exercia no mundo do trabalho. Ao visitar um alambique e indagar como ocorria o processo de destilação, o inglês ficou surpreso quando o proprietário "confessou-me sua ignorância e chamou um dos negros [escravizado] para me informar". Para o horror de Mawe, aquela não era uma situação isolada. A correlação direta entre trabalho e escravidão, que fazia do Brasil um local "avesso ao progresso", repetiu-se quando o mesmo viajante interrogou "um construtor, um fabricante de açúcar e sabão, ou mesmo um mineiro quais as razões para orientar seus interesses, [ao que eles] indicavam-me, invariavelmente, um negro, a fim de responder às minhas perguntas".[39] Nem mesmo o peso de sediar a maior instância de poder do Império Lusitano alterou a relação que tanto espantou o comerciante. Sendo assim, boa parte das obras a cargo da Intendência-Geral de Polícia, tais como o aterro de brejos e mangues, o calçamento de vias, a iluminação pública e a construção de estradas, foi realizada por escravizados que empregavam seus saberes em tais atividades.

IMAGEM 15 Calçamento de rua feito por escravizados

Jean-Baptiste Debret, *Paveurs* [calceteiros], 1824. Acervo dos Museus Castro Maya/Ibram-MinC. Nesta aquarela, o viajante francês Debret – que compôs a comitiva artística que acompanhou a família real para o Brasil – registrou o emprego de escravizados nas obras públicas. Ainda que essa prática fosse difundida, a necessidade de transformar o Rio na nova sede do poder português aumentou o número de escravizados que trabalhavam para o poder público da cidade.

Curiosamente, as exigências da "Versalhes tropical" acabaram gerando uma demanda ainda maior por escravizados, rapidamente suprida pelo tráfico transatlântico. Conforme visto, a abertura dos portos e o incremento das atividades comerciais do Rio de Janeiro criaram inúmeras situações nas quais o emprego de cativos se transformou em um bom negócio, atraindo, assim, pequenos e médios proprietários. Em um jogo dialético, a transferência da Corte portuguesa aumentou a demanda e a oferta de cativos, alterando o peso da escravidão no Rio de Janeiro. E, nesse jogo de contrários, quanto mais próxima ao padrão europeu de civilização a cidade ficava, maior e mais diversificada era sua população africana.

Conforme pontuado, homens e mulheres designados como cabinda, congo, angola e rebolo formaram a maior parte dos escravizados na cidade-Corte. Isso fica evidenciado pelos dados já apontados nos estudos sobre tráfico, no exame dos anúncios de jornal e até mesmo na grande importância que a Irmandade de Nossa Senhora do Rosário e São Benedito dos Pretos (composta principalmente pelos angola) teve na história da cidade. Entretanto, as diversas releituras e ressignificações feitas por esses africanos escravizados foram cruciais para suas respectivas experiências no cativeiro, inclusive no que diz respeito à possibilidade de sair dessa condição.

Atualmente, muitos trabalhos que examinam de forma correlata as origens africanas e a vida de escravizados no Rio de Janeiro deram especial destaque para a trajetória do grupo mina. Embora tal designação tenha sofrido uma série de mudanças ao longo do período escravista (principalmente durante a vigência do tráfico), tais estudos têm ressaltado que homens e mulheres (escravizados e libertos) classificados como *mina* desenvolveram, no Novo Mundo, certa aptidão para a execução de serviços urbanos.[40] Seu "tino para os negócios", em muito decorrente de práticas comerciais vivenciadas e/ou herdadas do continente africano, seria uma das razões pelas quais conseguiram controlar boa parte das barracas do Mercado do Rio de Janeiro ao longo do século XIX.

A diversidade das Áfricas presentes no Rio de Janeiro não foi notada somente pelos viajantes que muitas vezes se sentiam em pleno continente africano. As autoridades que governavam a cidade sabiam – ou melhor, acabaram aprendendo – que a origem dos africanos tinha implicações significativas no cotidiano, sobretudo no que diz respeito à luta de alguns grupos por melhores condições de vida e, em alguns casos, pela liberdade. Muito embora tal aprendizado fosse fundamental para o desenvolvimento de políticas de ordenança do Rio de Janeiro, havia uma preocupação maior dos órgãos de governo, principalmente da Intendência-Geral de Polícia. Vistos como aptos para o comércio, indolentes, preguiçosos ou afeitos a revoltas, os africanos tinham de seguir as normas de uma cidade que, apesar de depender de sua força e trabalho, também deveria se materializar como Corte.

Um exemplo disso aconteceu em 1811, quando João Cassange, Pedro Mina, Antônio Congo e o crioulo Jacinto foram autuados e presos pelos oficiais que trabalhavam para o intendente Paulo Fernandes Viana. Os motivos das prisões foram diversos: João e Pedro foram acusados de furto; Antônio feriu um dos seus colegas de trabalho; e Jacinto havia cometido um assassinato.[41] Crimes como esses acompanharam Viana durante o período em que esteve à frente da Intendência-Geral e, em certa medida, justificaram sua longa estada ao lado de dom João. Não por acaso, Thomas Holloway foi categórico ao afirmar que o controle da população de escravizados teria sido uma das principais atribuições da intendência e, por isso mesmo, uma das principais frentes de atuação de Viana.

Nos primeiros anos da residência da família real no Rio de Janeiro, a preocupação em relação à população de escravizados apareceu de duas formas. A primeira, já pontuada, foram as ações que visavam educar os senhores de escravizados, que não podiam mais permitir que seus cativos despejassem os dejetos de suas casas em qualquer local da cidade, por exemplo. A segunda, e talvez mais enérgica atuação da intendência, recaiu sobre o controle e o cerceamento dos crimes cometidos pelos cativos. Viana contou com uma importante aliada: a Guarda Real de Polícia que, à semelhança da existente em Lisboa, foi criada no Rio de Janeiro em maio de 1809. Responsável pela prisão dos criminosos da cidade, a atuação da Guarda Real – que contava com membros considerados implacáveis e famigerados como Miguel Nunes Vidigal – evidenciou, uma vez mais, o peso que a escravidão ganhou na cidade após a transferência da Corte.

Os documentos produzidos por esse órgão apontam que, entre 1808 e 1821 (ou seja, no período joanino), a maior motivação das prisões realizadas pela polícia foi a fuga de escravizados, que representou 15,5% do total de apreensões. Outros crimes diretamente ligados aos cativos aparecem nesse levantamento, tais como "requerimento do senhor"

(2,8%), "encontrado em casa de quilombo" (0,6%), "suspeito de fugido" (0,4%), "remetido de quilombo" (0,4%), "ataque ao senhor" (0,3%), "furto ao senhor e conspiração contra o senhor" (0,2% cada). A leitura cuidadosa dos autos criminais demonstra, ainda, que muitos escravizados também foram presos por roubos, assassinatos, desordens, bebedeiras, brigas, agressões e por praticar capoeira.[42]

Em diversos casos, além de autores, os cativos também eram vítimas dos crimes cometidos, sobretudo no que diz respeito ao roubo. O crescimento do segmento escravizado no Rio acabou por gerar um competitivo mercado de trabalho, no qual cativos, libertos e livres muitas vezes disputavam o mesmo serviço.[43] Uma disputa que muitas vezes termina em prisão. Para comportar o crescente número de prisioneiros, as autoridades do Rio de Janeiro tiveram que fazer algumas mudanças no Calabouço, presídio construído em 1767 que, em tese, era destinado exclusivamente a escravizados. Em 1813, foi transferido da freguesia de Santa Rita para o morro do Castelo e seguiu sendo o espaço no qual os proprietários delegavam ao Estado o castigo a seus escravizados.[44]

Lido conjuntamente com os números referentes ao tráfico, com os relatos deixados pelos viajantes e com o exame de inventários *post mortem*, os dados sobre a criminalidade no Rio de Janeiro corroboram a ideia de que a nova Corte se forjou em meio à escravidão. Tal constatação demonstra não só como as novas estruturas de poder do Rio de Janeiro tiveram que negociar com práticas e relações comerciais já existentes na colônia, mas também que, mesmo em face das inúmeras transformações que marcavam o mundo atlântico e dos inconvenientes que a presença cativa poderia trazer para a vida na Corte, a Coroa portuguesa manteve a escravidão como um dos pilares da América portuguesa.[45] Sendo assim, diferentemente do que parte da historiografia assinalou, o Rio de Janeiro não se transformou em Corte do Império Luso a despeito da escravidão, mas sim *graças a ela*.

Não foram poucas as dificuldades que o poder público encontrou na tentativa de adequar o comportamento dos escravizados aos novos padrões de sociabilidade exigidos pela Corte.[46] Entretanto, durante as primeiras décadas do século XIX, é possível afirmar que os ganhos obtidos pela manutenção da escravidão falaram mais alto do que os problemas enfrentados pela Intendência-Geral de Polícia e demais órgãos governamentais. Não só porque os escravizados passaram a ser a principal mão de obra da cidade, mas também porque tais cativos acabaram ganhando novos usos simbólicos que, por sua vez, só tinham sentido em uma vida em Corte. Alguns viajantes que visitaram o Rio ficaram surpresos com a hierarquia existente entre a escravaria de uma família rica da cidade, que, ao passear pelas ruas, a caminho da igreja, seguia o comportamento esperado de habitantes corteses e civilizados.[47] No caso do Rio de Janeiro, o processo de se tornar Corte foi feito entre pompas, circunstâncias e muitos escravizados, utilizados das mais diferentes formas.

Foi por isso que, de forma um pouco hesitante, o ex-vice-rei e agora ministro marquês de Aguiar enviou um ofício ao príncipe regente dom João, no qual tentava esclarecer o porquê da lei municipal que proibia os batuques de escravizados no Rio de Janeiro em 1814.[48] Antes mesmo da explicação, o ministro fez questão de pontuar que a proibição não dizia respeito aos

> ajuntamentos de negros nas fontes, Igrejas, e Teatro, [...] porque seria de grande inconveniente, e até impossível proibir, que os escravos, que *são os braços de que todas as famílias se servem no Brasil*, conduzam seus Senhores aos Templos, ao Teatro, vão buscar água as fontes, e *façam outros serviços desta natureza em que o concurso deles é inevitável*, ainda que daqui possa acontecer alguma desordem.[49]

Com receio de não se ter feito entender, o ministro sublinhou ainda que não se tratava de vetar "que os escravos se juntem nos largos da Graça e do Bicalho, e que aí dancem até o toque das Ave-Marias", porque "destes ajuntamentos, que deles não espera mal algum, [pois] o número dos escravos que neles se entretém é muito diminuto". O problema residia nos ajuntamentos que o marquês classificava como "batuques" e "bailes", já que tais eventos acabavam por abalar o "sossego e tranquilidade, pois os escravos nestes divertimentos se entregam mais à embriaguez, e ficam mais aptos para cometerem crimes, além de arruinarem sua saúde".

A maneira quase vacilante com a qual o ministro retratou a questão dos batuques revela aspectos interessantes do Rio de Janeiro de então. O número de cativos, que desde o Seiscentos já cuidava dos afazeres das casas cariocas e ganhava as ruas vendendo quitutes ou descarregando as embarcações, aumentava a olhos vistos. Como sublinhado pelo ministro, os cativos faziam toda natureza de serviços na cidade, inclusive aqueles que exigiam idas constantes a espaços públicos, como teatros, igrejas e chafarizes. E era justamente esse caráter móvel da escravidão no Rio de Janeiro que tornava impossível proibir que esses cativos transitassem e, muitas vezes, se encontrassem no espaço citadino.

Não havia como controlar todas as instâncias da mobilidade dos cativos urbanos, e o ministro sabia muito bem disso. Mas ele também entendia a potencialidade que esses ajuntamentos poderiam vir a ter no Rio de Janeiro da época e, tendo sido a principal autoridade da colônia, compreendia perfeitamente as dificuldades de administrar o "concurso inevitável" desses cativos.

Porém, essa dificuldade, que muitas vezes deixou as autoridades confusas e vacilantes, foi pouco a pouco sendo contornada. A escravidão era peça-chave na dinâmica colonial, e dom João e seus ministros deixaram isso evidente não só nos acordos diplomáticos travados com a Inglaterra, como na conformação do aparelho de Estado que lidou com as diferentes questões relativas à escravidão na nova sede de poder Império Lusitano. Foi como cidade-Corte que o Rio de Janeiro representou a escolha da Coroa portuguesa pela escravidão, e tal escolha foi tecendo as diferentes relações de poder vivenciadas na urbe. Sem dúvida alguma, foram essas relações que elevaram o Rio de Janeiro a sede do Reino Unido de Portugal, Brasil e Algarves em 1815.

Tensão e rebelião de escravizados em Havana

Embora não tenha passado pelas transformações associadas à condição de Corte imperial, a ofensiva bonapartista deflagrada em 1807 também provocou significativas alterações no contexto político de Havana. No âmbito do mundo hispânico, a abdicação forçada de Fernando VII e a consequente recusa em reconhecer José I, irmão de Bonaparte, como legítimo monarca resultaram em um vácuo de poder. Tal cenário estimulou a formação de juntas provinciais nos territórios espanhóis ultramarinos, como forma de resistência à dominação napoleônica.

O terceiro trimestre de 1808 foi um dos períodos mais turbulentos e decisivos da história cubana. No dia 17 de julho, em um movimento pioneiro no cenário americano, 73 notáveis habaneros reuniram-se com o objetivo de redigir o projeto de criação da Junta Superior de Gobierno da capital cubana.[50] Todavia, a proposta foi prontamente rejeitada pelo capitão-general Someruelos, que percebeu no conteúdo do projeto uma ameaça à sua autoridade, especialmente diante das ideias de cunho autonomista que o documento continha. Fiel à sua postura cautelosa, Someruelos optou por não tomar medidas precipitadas, preferindo aguardar novas informações provenientes da Península Ibérica antes de qualquer ação definitiva.

Nem o capitão-general nem a oligarquia cubana estavam interessados em um possível rompimento da harmoniosa relação estabelecida entre o poder metropolitano na ilha e os interesses econômicos da sacarocracia. O próprio Arango y Parreño, que havia redigido um projeto *juntista*[51] – documento que, em última instância, colocava em xeque a condição colonial –, retirou sua proposta quando percebeu que poderia comprometer a manutenção daquilo que considerava fundamental para a execução da economia de *plantation* que tanto defendia: a salvaguarda metropolitana (sobretudo militar), em uma sociedade que investia no crescimento da população de escravizados. Manter a relação colonial era, para Arango y Parreño, a forma mais segura de garantir que Cuba não se transformaria em um novo Haiti. Junto à defesa da política econômica fomentada desde o último quartel do século XVIII, a experiência da Corte lusitana – que havia se transferido para o Rio de Janeiro – era uma alternativa interessante para políticos e proprietários de Cuba, na medida em que indicava outro arranjo no qual a relação colonial permaneceria salvaguardada.[52]

No mesmo mês de julho de 1808, o Ayuntamiento de Havana produziu uma representação para o capitão-general na qual abria mão dos ideais autonomistas, manifestando obediência às autoridades que representavam o rei, que, no caso cubano, era o próprio Someruelos.[53] Com a forte instabilidade experimentada na península, a dificuldade de comunicação e a agitação nos dois lados do Atlântico, somente a partir de agosto o marquês de Someruelos pôde voltar a se concentrar em alguns dos seus afazeres cotidianos, mantendo seu estilo precavido de governar.

Ainda em julho, o capitão-general mandou fazer um mapeamento detalhado dos dois maiores bairros extramuros de Havana: Guadalupe e Jesús María. As motivações não são reveladas pela documentação, mas existem duas hipóteses. Em primeiro lugar, é significativo que, justamente no momento em que as autoridades metropolitanas e a oligarquia havaneira reafirmavam seu pacto em defesa da escravidão, o marquês de Someruelos estivesse preocupado com dois bairros que tinham uma expressiva "população de cor" (livre e cativa) e que, conforme visto, foram palco de muitos crimes cometidos por e contra escravizados. Em segundo lugar, desde 1808, algumas revoltas de escravizados ocorridas na região ocidental da ilha eram lembretes contundentes sobre as diferentes formas de resistência da população de cativos, que estava atenta às mudanças que aconteciam no mundo atlântico.[54] Nada mais coerente do que escrutinar os dois maiores bairros negros de Havana.

Desde a retomada de Havana, em 1763, os agrupamentos extramuros se transformaram na região por excelência da população negra e mestiça da cidade. Isso se tornou ainda mais expressivo na década de 1790. A fim de extirpar práticas africanas do centro de Havana, Luis de las Casas y Aragorri havia retirado todos os *cabildos de nación* da porção amuralhada da cidade. A partir de 1792, tais associações passaram a rivalizar com a região de Monserrate, localizada nas imediações do Real Arsenal e da Real Factoría de Tabaco, no lado extramuros.

Somado a isso, o expressivo número de alforrias obtidas nos primeiros anos do século XIX,[55] a competitividade gerada pela crescente população de escravizados e o alto custo de vida na região intramuros fizeram dos antigos *partidos* (regiões suburbanas de Havana) os locais possíveis de moradia da população egressa do cativeiro. Se a invasão inglesa em 1762 havia descortinado a fragilidade militar da muralha, a implementação do projeto econômico de *plantation* escravista lhe dera outro significado. Desde a retomada de Havana, seus muros passaram a *proteger* a cidade das consequências desagradáveis do aumento de escravizados e libertos, fossem africanos, fossem crioulos.

Se o destino da maior parte da população escravizada eram os engenhos de açúcar, que aumentavam a olhos vistos em toda a ilha, o crescimento do número de escravizados que trabalhavam no perímetro urbano da capital cubana também era expressivo. Tal realidade pode ser atestada por meio da leitura de anúncios de compra e venda de cativos no *Papel Periódico de La Havana* entre 1790 e 1815.[56] Os 714 anúncios examinados permitem constatar três aspectos importantes da escravidão na Havana de então: as atividades executadas pelos cativos; a origem de parte dos escravizados (o que permite aventar possíveis relações entre a origem desses escravizados e o trabalho realizado por eles em Havana); e a maior oferta de escravizados urbanos quando comparada aos anos anteriores.

Entre os 426 anúncios de compra e venda de homens escravizados, 332 tinham atividades especificadas, que por sua vez estavam divididas em 22 tipos diferentes de serviços prestados. No caso das mulheres escravizadas, foram encontrados 288 anúncios, dos quais 211 especificaram as atividades executadas por essas mulheres, como demonstra a tabela 3.

TABELA 3 Ocupações dos escravizados em Havana 1790-1815

Homens	Mulheres
alambiqueiro (1)	costureira (22)
alfaiate (11)	cozinheira (5)
barbeiro (22)	cuidadora de crianças (14)
cabeleireiro (12)	doceira (3)
calafate (1)	enfermeira (15)
carpinteiro (7)	jornaleira + serviços de casa (5)
carpinteiro de rodas (15)	jornaleira (3)
chocolateiro (11)	lavadeira (23)
cocheiro (79)	lavadeira + costureira (9)
construção naval (4)	lavadeira + cozinheira (48)
cozinheiro (19)	lavadeira + cozinheira + costureira (37)
ferreiro (7)	serviços domésticos gerais (17)
jornaleiro (41)	vendedora (8)
padeiro (11)	
pedreiro (10)	
sapateiro (24)	
serrador de madeira (10)	
tabaqueiro (17)	
tanoeiro (2)	
transporte de mercadorias (8)	
veleiro (8)	
vendedor (3)	

Fonte: Antonio Núñez Jiménez, *Los Esclavos negros*, 1998.

Parte significativa desses anúncios também trazia a procedência dos cativos que viviam e trabalhavam em Havana. Embora não seja possível tirar conclusões generalizantes, é interessante notar que, de acordo com os anúncios que indicam a origem dos escravizados, os africanos compunham 45% dos ofertados, seguidos pelos cativos nascidos no continente americano (crioulos, mulatos ou oriundos de outras regiões da América), que contabilizavam 42% do total. Os *chinos* (filhos de negros com mulatos)[57] representavam 9% dos escravizados urbanos que tiveram sua origem especificada, mas foram contabilizados junto com os crioulos; e os cativos nascidos em outras colônias europeias, 4%.

Quando a análise da procedência é correlacionada com o gênero dos cativos, dois aspectos podem ser ressaltados. O primeiro é a significativa superioridade numérica do anúncio de homens, sugerindo que a composição de escravizados em Havana seguia a de praxe no restante de Cuba: o desequilíbrio na razão de gênero.[58] Em segundo lugar, em relação às mulheres, é interessante observar que, enquanto havia uma preponderância de africanas em relação àquelas nascidas na América (negras crioulas, mulatas[59] ou nascidas em outras localidades do Novo Mundo), o inverso ocorreu com homens escravizados: 46% deles eram de origem americana e 42% oriundos de diferentes localidades da África.

No entanto, a quase paridade do percentual de africanos e crioulos apresentada pelos anúncios do *Papel Periódico de La Havana* não confirma a amostra observada em outros estudos que analisaram o mercado de escravizados cubanos por meio do cruzamento de diferentes fontes documentais. Laird Bergad, Fe Iglesias García e María del Carmen Barcia demonstraram que, entre 1790 e 1815, o percentual de escravizados urbanos nascidos no Novo Mundo girou entre 30% e 35%, enquanto os africanos escravizados contabilizaram 65% a 70% do mercado de cativos da capital cubana.[60] Tal composição era consequência direta da entrada de mais de 120 mil[61] africanos escravizados durante os 25 anos analisados que, segundo a obra *The Cuban Slave Market*, teriam padronizado o total da população de escravizados de Cuba, fosse no mundo rural, fosse no espaço citadino.[62]

É possível que a discrepância entre os dados gerais e aqueles coletados nos anúncios do *Papel Periódico* se devesse a uma menor importância que muitos senhores de escravizados atribuíam à origem de seus cativos no momento de anunciar seus préstimos – embora não se possa descartar a hipótese de uma preferência por escravizados crioulos no espaço citadino.

De acordo com os anúncios tabulados, carabalís, lucumís, minas (África Ocidental), congos, gangás e mandingas (África Centro-Ocidental) compunham o maior percentual de escravizados africanos em Havana. Os dados analisados por Bergard, Iglesia e Barcia apontam que essas designações corresponderam a 90% dos africanos escravizados que entraram na ilha entre 1790 e 1880.[63] Praticamente 60% dos africanos escravizados de Havana tinham como origem a África Ocidental, cerca de 35% a África Centro-Ocidental e 5% a África Oriental, reforçando assim certo padrão de procedência dos cativos na ilha.

Contudo, tomar apenas essas grandes áreas como origem dos cativos africanos que trabalharam na cidade inviabilizaria analisar aspectos determinantes da escravidão na capital cubana, pois descartaria uma importante informação contida nos anúncios de jornal: a denominação dada para a ascendência do escravizado. Há muito, estudos examinam quais seriam os significados das designações que acompanhavam os nomes desses africanos.

Durante certo tempo, carabalís, minas, lucumís e congos foram tidos como nações africanas transportadas para Cuba por meio do tráfico transatlântico. Parte dos trabalhos que defenderam tal premissa basearam seus argumentos em estudos linguísticos: povos que falavam a mesma língua pertenceriam à mesma nação e, por isso, teriam certo padrão comportamental no Novo Mundo. Um dos primeiros trabalhos a analisar a procedência dos africanos de Cuba por meio do estudo linguístico foi Estéban Pichardo, ainda no século XIX. As designações dadas aos africanos estavam vinculadas à língua falada por eles, indicando assim o pertencimento a sociedades africanas específicas. Tal análise permitiu que o autor chegasse a fazer uma espécie de inventário comportamental dos africanos (escravizados e libertos) na ilha, na qual Pichardo afirmou que os carabalís tinham "caráter soberbo e indômito", embora fossem bons trabalhadores, enquanto os congos eram leais, ainda que preguiçosos.[64]

Mesmo que fortemente questionados, tais estudos foram fundamentais para análises posteriores, como as desenvolvidas por Fernand Ortiz, que entendia tais designações como etnias cuja territorialidade poderia ser delimitada no continente africano.[65] Sem dúvida alguma, a possibilidade de determinar a proveniência dos africanos escravizados em Cuba trouxe informações valiosas sobre a especificidade do escravismo na ilha. Porém, essas informações acabaram fortemente influenciadas pelo olhar evolucionista que muitos estudiosos empregaram em seus exames. Até a primeira metade do século XX, a hierarquização feita entre os grupos examinados acabou comprometendo o estudo mais abrangente das culturas africanas em Cuba[66] – não só por desconsiderar a forte presença de etnias de outras localidades africanas, mas também por não levar em conta a experiência do cativeiro no Novo Mundo no processo de (re)criação dos laços de identidade desses africanos e seus descendentes.[67]

Examinar somente as macroáreas de procedência dos africanos escravizados também encobre o estudo de dinâmicas do tráfico transatlântico para Cuba, bem como suas consequências para o espaço citadino. Se tomado na totalidade, a África Ocidental foi a região que mais exportou africanos para a ilha. Contudo, aqueles que foram designados como congos (oriundos da África Centro-Ocidental) representaram tanto o maior percentual de escravizados africanos que adentraram o solo cubano[68] como aqueles que ocuparam a rede de serviços urbanos.

Quando cruzadas com as informações obtidas pelas análises que trabalharam com os dados do tráfico transatlântico para Cuba, bem como com os estudos feitos sobre os possíveis padrões comportamentais de nações/etnias africanas, é possível especular o porquê da presença mais significativa dos congos em Havana. Segundo Alejandro de la Fuente, desde o século XVI e, principalmente, durante o século XVII, os africanos escravizados denominados congos compuseram o maior percentual dos cativos de Cuba.[69] Outros estudos apontam que isso se manteve nos dois séculos seguintes graças à dinâmica do tráfico transatlântico para a ilha. Até a abolição inglesa do tráfico em 1815, os britânicos foram os maiores responsáveis pela introdução de africanos escravizados em Cuba. Suas relações estreitas com os portos localizados ao norte de Luanda teriam facilitado as transações comerciais na região, permitindo assim o intenso comércio de africanos dessa localidade.[70] Após a abolição e a implementação da política de patrulha nas águas do Atlântico Norte, portos mais ao sul de Luanda teriam se transformado em importantes entrepostos de africanos escravizados que, via de regra, faziam a travessia fora da rota vigiada pelos britânicos, que desde 1815 haviam abolido o tráfico ao norte do Equador.[71]

Como já assinalado, a presença significativa de congos e gangás foi interpretada por diversos autores que, influenciados por uma visão idealizada dos iorubás como mais "civilizados", acabaram reproduzindo leituras estigmatizadas e parciais sobre os grupos centro-ocidentais africanos.[72] Justamente por isso, a pecha de submissos e preguiçosos atribuída aos africanos vindos dessas localidades pode ser questionada no mundo urbano.

De acordo com os anúncios publicados, a maior parte dos escravizados originários da África Centro-Ocidental executava serviços em que a autonomia de trânsito era fundamental. Muitas mulheres eram vendedoras e lavadeiras, enquanto os homens costumavam ser jornaleiros (escravizados de ganho), cocheiros e veleiros. É admissível aventar que fossem designados para tais atividades justamente por sua pretensa obediência (o que diminuiria o risco de fugas). No entanto, como será visto mais adiante, essa possível tendência à submissão pode ser contestada por meio da análise de outras informações. Não é preciso ir muito longe: o mesmo *Papel Periódico* publicou inúmeros anúncios em que senhores procuravam seus escravizados congos e gangás que haviam escapado.[73] Somado a isso, o grande número de anúncios ofertando africanos escravizados dessa procedência permite questionar a tacha[74] de preguiçosos atribuída a eles: se a lassidão fosse uma característica tão marcante desses grupos, é provável que poucos proprietários quisessem adquiri-los.

Em que pese a maior predominância de congos nos anúncios de Havana, salvo curtos períodos, nenhum grupo africano contabilizou mais do que 28% do total da população escravizada vinda da África.[75] Senegâmbia, Serra Leoa, Costa do Ouro, baías do Benim e de Biafra e a África Oriental foram outras macrorregiões de onde saíram milhares de africanos que trabalhariam em solo cubano. Mesmo que incipiente, a presença de traficantes hispânicos nas ilhas de Fernando Pó e Annobon (a partir de 1788) incrementou o número de africanos escravizados da costa da Guiné – isso sem contar as rotas comerciais mantidas por traficantes ingleses e franceses.

Em proporção um pouco menor que os congos, os carabalís – facilmente reconhecidos por seus dentes limados[76] – abundavam em Havana não só devido ao intenso tráfico estabelecido pelos ingleses nas regiões próximas ao rio Calabar (até 1807), mas também por serem considerados bons trabalhadores.[77] Mesmo classificados como indolentes,[78] os carabalís (fossem ou não subdivididos em brícamos ou susam, homens e mulheres), eram majoritariamente ofertados para tarefas que exigiam maior autonomia de trânsito, como jornaleiros, vendedores e carregadores, ou então serviços especializados como enfermeira e sapateiro.

A complexidade que caracterizava a escravidão urbana em Havana não era novidade para o capitão-general Someruelos. Seu conhecimento aprofundado acerca das múltiplas implicações sociais, econômicas e políticas do regime escravista nas áreas urbanas contribuiu significativamente para sua atenção especial – e crescente preocupação – com bairros como Guadalupe e Jesús María em 1808.

No mapa populacional de Guadalupe, é possível notar significativo crescimento demográfico que, como apontado, foi um dos elementos responsáveis pela construção precária de muitas casas e pelo funcionamento ilegal de dezenas de fábricas. Em agosto de 1808, foram contabilizados 16.455 habitantes em Guadalupe, sendo que 91% da sua população era livre e 24% dos habitantes (levando em consideração os livres e escravizados) eram "de cor". Ao que tudo indica, esse bairro ainda não havia sofrido tanto com o tráfico. O mesmo não pode ser dito de Jesús María. Menos populoso que Guadalupe, o bairro tinha 11.561 habitantes, com 4.520 escravizados (40% da população do bairro). Além disso, 80% dos homens e mulheres que ali viviam eram "*personas de color*", cativos ou libertos.[79]

A grande incidência da população "de cor" e os frequentes crimes seriam razões suficientes para Someruelos aprofundar o conhecimento da região extramuros da cidade, tarefa que não havia mobilizado seus antecessores. Vale lembrar que Guadalupe e Jesús María eram os bairros que conectavam a cidade com sua hinterlândia, localidades em que o percentual escravizado era ainda maior do que em Havana. Como regiões de fronteira, os bairros extramuros eram tanto espaços de transição entre o mundo rural e o urbano, como entre a escravidão e a possibilidade da liberdade.

É provável que a experiência adquirida nos quase dez anos de governo e a leitura atenta das mudanças que ocorriam no mundo atlântico, sobretudo com o advento do Haiti, tenham indicado a Someruelos que tais bairros inspiravam cuidado. Conhecer sua composição populacional seria a primeira etapa de uma política de controle mais séria que, se de fato foi aplicada, pareceu ter surtido efeito até janeiro de 1812. No entanto, a crise do Império Espanhol transbordou, dando margem a leituras de sujeitos que, embora não tivessem sido chamados pra o debate, fizeram-se ouvir.

No dia 11 de fevereiro de 1812, o ministro dos Asuntos Exteriores do Império Espanhol, don Ignacio de la Pezuela y Sanchéz, escreveu para o Consejo de Regencia, afirmando que

> continua en la Habana la mayor tranquilidad; en adelante, siempre que salga correo daré igual aviso para evitar que los escritos de los malévolos causen cuidados a S.A. pues me persuado que por mi empleo y dando el aviso de oficio merecerá todo crédito [...] aunque por otros que no tienen ni mi responsabilidad, ni me ingenuidad se escriba lo contrario.[80]

Pezuela y Sanchéz parecia deveras irritado com os questionamentos que o levaram a redigir o ofício. Graças a escritos de malévolos, ou seja, sobre a opinião de detratores e adversários políticos, sua aptidão administrativa estava sendo questionada. Embora não se saiba exatamente os meios, de alguma forma as autoridades peninsulares foram informadas sobre um movimento insurreto em Havana e exigiram uma explicação. Ao defender a si próprio e a competência do seu ministério, Pezuela y Sanchéz não só afirmou que "ninguna ocurrencia hasta el presente pudiese producir en esta Isla la alteración del sosiego publico", mas que as agitações referidas eram produto de impressos que abusavam da liberdade.[81]

Menos de 48 horas depois, Someruelos desmentia o ministro, pontuando que

> me había anunciado el Teniente Gobernador de Puerto Príncipe con fecha de 4 de enero próximo, que se sospechaba alguna trama de conspiración por parte de los negros esclavos de aquella villa.[82]

De acordo com o ofício também enviado ao Consejo de Regencia, o capitão-general de Cuba afirmava que negros das proximidades de

Puerto Príncipe (atual Camagüey) haviam iniciado uma conspiração que só fora descoberta porque, no dia 19 de janeiro, a mulher de um dos cativos envolvidos delatara a insurreição. Embora tenha admitido a incompetência de seus homens, que por pouco não foram pegos de surpresa, Someruelos assinalou que as medidas cabíveis já haviam sido tomadas; os cabeças do movimento foram executados com a pena máxima; e os demais participantes estavam presos e aguardavam julgamento.[83]

Essa não era a primeira rebelião de escravizados que o capitão-general precisou sufocar desde que assumira o poder, em 1799. Conforme visto, o aumento vertiginoso da população de escravizados e a crescente demanda por trabalho nas regiões agrícolas de Cuba estabeleceram uma cruel equação que resultou na otimização da exploração da mão de obra escravizada, mesmo que isso significasse o encurtamento da vida do cativo – aqueles que morriam pelos maus-tratos eram substituídos por outros, facilmente repostos pelo tráfico transatlântico. A intensificação do trabalho e a entrada contínua de milhares de africanos avolumaram as diferentes formas de resistência à escravidão em Cuba: revoltas, insurreições, fugas e aquilombamentos passaram a ser pauta de muitos ofícios das autoridades insulares. É possível que muitas dessas sublevações não tenham chegado ao conhecimento das autoridades peninsulares, já que desde os primeiros anos do século XIX a comunicação entre os dois lados do Império Espanhol esteve dificultada devido às inúmeras guerras e rebeliões que transformaram o mundo atlântico.

No entanto, as razões que levaram os escravizados de Puerto Príncipe a se rebelar não diziam respeito unicamente aos maus-tratos sofridos pelos cativos que trabalhavam nos engenhos de açúcar e nos cafezais cubanos, e justamente por isso mereciam especial atenção de todas as autoridades. O próprio Someruelos atribuía a insurreição à falsa ideia acalentada pelos cativos de que a abolição da escravidão teria sido decretada pelas Cortes de Cádis, mas não posta em prática pelos senhores insulares. Em tese, os cativos estavam lutando para que a lei se fizesse cumprir.

Desde que o francês José I usurpara o trono de Fernando VII, diversas medidas foram tomadas nos dois lados do Atlântico hispânico pela defesa da soberania espanhola e pela volta do rei. Juntas provinciais foram criadas ainda em 1808, tendo sido substituídas pela Junta Suprema Central e Governativa do Reino, que funcionou praticamente durante um ano. As vitórias francesas em 1809 impuseram outro arranjo político para o Império Espanhol, levando à criação do Consejo de Regencia, em 1810. Não demorou muito para que tal órgão fosse questionado pelas autoridades provinciais – que não se sentiam representadas –, criando a necessidade de novas instâncias governativas. Nesse mesmo ano, diferentes representantes de todo o mundo hispânico se encontraram na cidade de Cádis para discutir a formulação do que seria a primeira Constituição espanhola. Além de inédita, tal experiência precisava equalizar os múltiplos interesses do império ante as profundas mudanças que assolavam o contexto atlântico.[84]

Exemplo de embate ideológico ocorreu na sessão constituinte de 26 de março de 1811, ocasião em que Miguel Guridi y Alcocer (representante do vice-reino de Nova Espanha) propôs o fim imediato do tráfico para as possessões hispânicas e a abolição gradual da escravidão nas colônias do Novo Mundo. O fim do tráfico e da escravidão era um tema muito em voga nos debates políticos, graças ao fortalecimento da investida abolicionista da Grã-Bretanha. Deve ter sido com base nessa discussão que Gurir y Alcocer fez sua proposta.[85] Contudo, o deputado encontrou forte oposição por parte de outros representantes do Novo Mundo.

O sacarocrata cubano Andres Jáuregui, eleito deputado por Havana, foi peremptoriamente contrário à proposta e logo recebeu a adesão dos homens que compunham o Ayuntamiento, o Real Consulado e La Sociedad Patriotica de la Habana, além do apoio do próprio Someruelos.[86] O projeto de Guridi y Alcocer não era apenas impensável como abria um perigoso precedente: o debate público sobre a escravidão nas possessões americanas. Caso tais propostas fossem publicadas nos jornais e periódicos que circulavam nas colônias, seria muito provável que as autoridades espanholas (peninsulares e coloniais) tivessem que lidar com situações semelhantes àquelas que levaram à criação da República do Haiti: a revolta da população negra das colônias.

Os argumentos apresentados pelos representantes da elite cubana convenceram os demais deputados, e a Constituinte de Cádis não tocou nas questões relativas ao escravismo. Em que pese a importância política e simbólica dos debates que criaram a primeira Constituição do mundo hispânico, a escravidão permaneceu como assunto pacificado nas esferas privadas das relações sociais, mas os africanos e seus descentes ficaram alijados dos direitos recém-adquiridos pelos colonos.[87]

Parecia que a elite cubana antevira as implicações que o debate constitucional sobre a escravidão poderia causar. Nem mesmo as providências cautelosas de Someruelos – que havia instaurado um órgão de censura para controlar a liberdade de imprensa em Cuba[88] – puderam conter a divulgação das ideias defendidas por Guridi y Alcocer em Cádis. Ainda que de maneira difusa, os escravizados da ilha ficaram sabendo que tinham sido objeto de discussão naquele espaço constitucional. Alguns cativos de Puerto Príncipe se valeram da oportunidade para lutar por aquilo que mais ansiavam: a liberdade.

Nem mesmo em suas piores previsões Someruelos imaginou que seus últimos momentos como capitão-general de Cuba seriam marcados por tamanha tensão. Na devassa feita para apurar o levante identificado no dia 4 de janeiro, o marquês acabou prendendo 76 escravizados, um número bem expressivo, e descobriu que alguns cativos que viviam em Bayazo (nas proximidades de Puerto Príncipe) também haviam participado da conspiração.[89] Mal reportara a seus superiores os detalhes referentes à sublevação em Puerto Principe e, na manhã de 16 de março de 1812, Someruelos foi avisado sobre outra insurreição, dessa vez no engenho de Peñas-Altas, bem próximo a Havana. Tudo indicava que tal levante fora muito mais violento do que o anterior. Os rebeldes, compostos por escravizados e libertos, haviam se unido e assassinado o capataz da fazenda e seus dois filhos. Em seguida, os amotinados rumaram para outras plantações açucareiras libertando os escravizados e matando quem se colocasse no meio do caminho. O movimento só foi desfeito quando uma milícia armada, formada por cidadãos das redondezas, contra-atacou os insurretos, que, sem armas de fogo, fugiram para as matas e montanhas da região.[90]

Ainda que as autoridades não tenham conseguido indícios que comprovassem a relação entre os dois levantes que assolaram Cuba nos primeiros meses de 1812', a violência do incidente em Peñas-Altas exigia medidas enérgicas.[91] Diferentes milícias foram acionadas para capturar os cativos e libertos que haviam fugido mata adentro, e depois de uma série de depoimentos – grande parte recolhida sob tortura – Someruelos e seus homens conseguiram identificar o cabeça do movimento: José Aponte. Após prender o suspeito e vasculhar sua casa, não cabiam mais dúvidas quanto à natureza da conspiração. Fazendo uso dos diferentes debates políticos e das mudanças que marcavam o mundo atlântico, Aponte e seus companheiros queriam o fim imediato da escravidão em Cuba, a expulsão das autoridades espanholas e a criação de uma sociedade igualitária, em que negros e brancos gozassem dos mesmos direitos.

A ascendência do líder, neto de outro José Aponte,[92] bem como a origem lucumí de sua família e o fato de ele ter chefiado um dos *cabildos* lucumís de Havana, poderiam, por si só, ser assunto de muitas páginas. As motivações que fizeram com que Aponte se envolvesse em uma das maiores conspirações da história de Cuba, a identidade negra que forjou parte do movimento e a leitura atenta que o líder e seus comparsas fizeram da conjuntura atlântica – apropriando-se dos ideais defendidos na Revolução do Haiti e nos debates constitucionais – nortearam outras pesquisas. Diversos estudiosos já elaboraram importantes trabalhos em que examinaram a complexidade da conspiração, atrelando suas pequenas histórias ao contexto histórico mais amplo em que estavam inseridas.[93] Desses trabalhos, toma-se emprestado o exame da geografia da conspiração.

A localização da casa de Aponte – um homem "de cor" livre, membro de uma das milícias de pardos de Havana – era a mesma de outros que compartilhavam sua condição na capital cubana: a região extramuros da cidade. José Aponte vivia no bairro de Guadalupe, que, conforme visto, vinha se tornando o local de morada do segmento mais pobre da cidade, sobretudo os livres e libertos "de cor". De acordo com as estimativas feitas por Humboldt, entre 1800 e 1810, Guadalupe havia sofrido um vertiginoso crescimento. Nesse intervalo, a população do bairro havia aumentado quase quatro vezes, passando de 7.500 habitantes para mais de 28 mil. O número de escravizados, que em 1800 contabilizava menos de 2 mil almas, passou para 7.520 em 1810 (maior do que a população total do bairro dez anos antes). Crescimento semelhante pôde ser verificado entre a população liberta: de 2.330 passou para 9.209 habitantes.[94]

Já foi pontuado que, a despeito das preocupações das autoridades, o crescimento dos bairros extramuros não foi acompanhado por uma ação efetiva que visasse ao controle dessa parte da cidade. A crescente população de cor foi relegada a tais espaços e soube ressignificá-los, sobretudo após a década de 1790, quando os *cabildos de nación* foram retirados da porção amuralhada da cidade e alocados nas cercanias de Monserrate. Depois de um dia de trabalho na região portuária, na rede de serviços urbanos ou nas casas mais abastadas, livres, libertos e cativos (tendo negociado seus espaços de moradia com os proprietários) precisavam ultrapassar os portões da muralha quando soassem os sinos avisando o fim da última missa.

Para além das muralhas, outra Havana começava. Justamente por isso, os *partidos* e, depois, bairros extramuros foram os locais, por excelência, da recriação social de africanos e seus descendentes, escravizados ou libertos. Infelizmente, tais ressignificações só eram registradas pelas autoridades quando representavam algum tipo de perigo para a tranquilidade da cidade. O próprio José Aponte foi exemplo disso. Seu posto de chefe do *cabildo* de uma das nações africanas mais representativas no contexto de Havana só foi noticiado para as autoridades responsáveis pela administração da cidade quando a conspiração foi descoberta, em 1812. No entanto, doze anos antes, o mesmo José Aponte fora preso pelo capitão do então *partido* de Jesús María. Acusado de ladrão e desertor, Aponte passou o Natal daquele ano na prisão, e saiu logo depois.[95] As razões que o levaram a cometer ambos os delitos não podem ser elucidadas pela documentação consultada. Tal situação poderia ser anedótica, se não fosse mais uma das tantas histórias de crimes cometidos pela "população de cor" na região extramuros de Havana.

Vê-se logo que a trajetória da conspiração chefiada por Aponte foi, em parte, determinada pela conformação socioespacial da capital cubana. Habitando uma das gargantas que ligavam o porto de Havana à região produtora de açúcar, ele pôde fomentar uma rede de sociabilidade na qual circulavam escravizados e libertos que viviam tanto no campo como na cidade. Muitos desses homens e mulheres conheceram o líder e outros integrantes do movimento por meio das reuniões no *cabildo* lucumí chefiado por Aponte ou a partir de relações familiares (re)criadas nas casas feitas de *guano*.

O caso de Tibúrcio, o escravizado responsável pelo transporte do açúcar produzido em Peñas-Altas até o centro de Havana, é um forte exemplo de como a *población de color* soube camuflar certas apropriações espaciais que só seriam possíveis em uma região em que a transitoriedade fosse uma prerrogativa. Não eram apenas os negros e mulatos[96] que trafegavam por essa região, mas também ideias e notícias que chegavam de além-mar. Os bairros extramuros eram, pois, uma espécie de amálgama espacial da sociedade escravista cubana.

O mais interessante é que todos esses usos e apropriações do espaço urbano de Havana não eram novidade para as autoridades de Cuba. Como já foi apontado, o próprio Someruelos havia tomado uma série de medidas com o objetivo de controlar melhor tais localidades, inclusive inserindo-as no perímetro urbano de Havana. Contudo, os homens responsáveis pela ordem e pelo bom funcionamento da capital cubana provavelmente subestimaram a capacidade de articulação desse segmento, que só lhes interessava como mão de obra, pois é possível que desconhecessem, ou não alcançassem, o peso que identidades (re)criadas no Novo Mundo poderia ter.

Apesar de toda a precaução que marcou seu mandato, Someruelos não conseguiu se antecipar em relação à conspiração de Aponte; por isso, realizou uma dura busca por seus líderes.

No dia 7 de abril de 1812, o capitão-general escreveu um ofício no qual noticiava que havia sido

> de unánime parecer que en el estado actual del juicio debía imponerse la pena capital à los reos convictos y confesos; con cuyo dictamen me conformé y en su virtud sufrirán de la horca José Antonio Aponte, Clemente Chaco, Salvador Ternero, Juan Baptista Lisundia, Estanislao Aguilar, Juan Barbier, Estában, Tomas y Joaquin, los seis primeros libres y los tres últimos esclavos de la dotación de Trinidad.[97]

Se o espaço urbano fora uma das ferramentas utilizadas pelos insurretos para articular a conspiração, o capitão-general também fez questão de sublinhar que aquele era o lócus máximo do poder metropolitano em Cuba. Justamente por isso, Someruelos definiu que, depois da execução da sentença,

> las cabezas de Aponte, Lisundia, Chacon e Barbier, serán colocadas en los sitios mas públicos y convenientes para escarmiento de sus semejantes. Con esto quedará por ahora vengada la

> ofendida vindicta publica y el escándalo que han causado dichos reos a este tranquilo pueblo que como siempre espero use de la moderación, que le es característica, y de que tiene dados repetidos ejemplares, guardando la mas profunda quietud y silencio al tiempo de ejecutarse las referidas justicias, para que aí se compruebe nuevamente que su ilustración, religiosidad y discernimiento, saben separar el horror del crimen de la justa compasión debida al miserable delincuente para recompor la paz e la orden.[98]

A morte exemplar e pública dos principais líderes da conspiração foi o último feito de Someruelos. Uma semana depois, no dia 14 de abril de 1812, Juan Ruiz de Apodaca assumia o poder máximo de Cuba,[99] alertado para a necessidade de manter as buscas sobre possíveis desdobramentos do movimento. O novo capitão-general seguiu os conselhos de seu antecessor e, meses depois, definiu a pena de outros insurretos envolvidos na rebelião. A maior parte deles eram escravizados que viviam nas proximidades de Peñas-Altas. Considerados "massa de manobra" do levante, os réus em questão foram punidos com açoites, medida que pareceu ter sido bem recebida pelo restante da população.[100]

Até o final de 1812, a conspiração continuou sendo tema de ofícios trocados entre Apodaca e as autoridade metropolitanas. O novo capitão-general fazia questão de reafirmar a paz e a tranquilidade na capital cubana. Assim como las Casa y Aragorri e Someruelos, Juan Ruiz de Apodaca baseou seu governo na aliança entre o poder metropolitano e a oligarquia *criolla* de Cuba, mantendo a defesa do projeto de *plantation* na ilha. A conspiração de Aponte e os demais levantes escravizados em outras regiões da ilha em 1812 eram incidentes já resolvidos, a ponto de o capitão-general fazer uma súplica ao governo regencial solicitando mais negros para o trabalho nos plantéis e engenhos de açúcar.[101] Aponte havia se transformado em um fantasma que, a despeito do susto que pregara, não interrompeu o projeto da elite escravista cubana.

Tendo reestabelecido o controle da situação interna, a elite cubana e as autoridades hispânicas (insulares e peninsulares) se viram às voltas com um adversário tão ou mais perigoso para o sucesso da produtividade açucareira na ilha: o crescimento da pressão imposta pelos ingleses para o fim do comércio transatlântico de escravizados. De fato, entre 1807 e 1814, o tráfico para Cuba passou a ser operado com valores significativamente menores, com exceção de 1810 e 1811.[102] Além da saída de traficantes ingleses, a instabilidade do contexto internacional e os inúmeros conflitos travados no Novo Mundo (protagonizados por escravizados insurretos ou por *criollos* descontentes com a condição colonial) foram fatores desfavoráveis para a manutenção dos altos índices de importação de africanos. Receosa em relação ao futuro econômico da ilha, a sacarocracia, por meio do capitão-general, gostaria de saber como "podían suplir la falta de negros si cesarse el comercio de ellos, (y) si será conveniente su abolición ó continuación y demás que crean conveniente para las correspondientes providencias".[103]

As questões relativas ao tráfico se mantiveram no ano seguinte, e nem mesmo a volta do rei Bourbon mudou esse quadro. No dia 22 de março de 1814, Fernando VII deixava de ser o monarca desejado para assumir o trono de um império em crise. Se não bastasse a interrupção de seu mandato antes mesmo de começar, o período em que José Bonaparte esteve no comando trouxe mudanças nos arranjos políticos do império espanhol. Com o intuito de retomar a relação colonial nos moldes do Antigo Regime, o novo monarca anulou o valor de todos os atos das Cortes de Cádis, inclusive a lei constitucional que tanto debate havia gerado entre os deputados dos dois lados do Atlântico espanhol. No entanto, a ordem do Antigo regime já havia, em parte, sido quebrada. Parcela significativa das possessões hispânicas recusou-se a retomar um sistema em que boa parte de seus direitos recém-adquiridos era negada. O tiro saiu pela culatra, e a tentativa de Fernando VII de redesenhar a relação colonial acabou potencializando diversos movimentos separatistas nas Américas.[104]

Mas isso não ocorreu em Cuba. Ainda que algumas vozes emancipadoras e anexionistas tenham surgido nesse momento,[105] os colonos cubanos mantiveram sua lealdade ao monarca espanhol, reafirmando a aliança feita na última década do século XVIII. A Coroa espanhola era fundamental para a manutenção do tráfico transatlântico, que, por sua vez, era o motor do projeto de *plantation* cubana. Depois de crises advindas das revoluções que transformaram o mundo atlântico, 1815 pode ser considerado o ano da reafirmação do ideal escravista em Cuba. No ano anterior, a elite sacarocrata cubana conseguiu uma importante vitória: Pedro Goméz Labrador, o chefe da missão espanhola no Congresso de Viena, havia recebido instruções de Fernando VII para defender a manutenção do tráfico transatlântico. Como era de se supor, Labrador contou com o apoio do português Palmela, que defendia os interesses lusitanos pela manutenção do comércio.[106] Graças às intervenções das autoridades peninsulares, o tráfico voltou a ser operado em larga escala, e mais de 7 mil africanos escravizados chegaram à ilha em 1815.[107] Naquele mesmo ano, a oligarquia *criolla* venceu uma batalha iniciada décadas antes: a Coroa revogou os privilégios da marinha sobre bosques e madeiras, concedendo a liberdade para o uso irrestrito das terras e recursos naturais que circundam a capital cubana.[108] O projeto escravista vencia uma nova etapa, e a hinterlândia de Havana tornava-se sinônimo de açúcar.

CAPÍTULO 6
Nas urdiduras do urbano (1816-1821)

Mal havia se inteirado de suas novas atribuições, o recém-empossado capitão-general José María Cienfuegos Jovellanos (1816-1819) recebeu um informe subscrito por sete dos mais importantes sacarocratas de Cuba e pelo intendente da Real Hacienda, Alejandro Ramírez. No documento ficava assinalado que

> si queremos desterrar de nuestra sociedad los frecuentes y arraigados vicios y delitos que la infestan; si queremos mantener para con nuestros siervos extraviados la severa policía capaz de precaverles de la seducción de los díscolos y facinerosos, si queremos resistir a los ataques que nos preparan por mar y tierra nuestros émulos y envidiosos como en despique de la prosperidad y tranquilidad que hemos gozado y estamos gozando en la isla de Cuba, casi como único asilo de paz, en todos los dominios de la Monarquía española, es preciso que costeemos los instrumentos de esta policía.[1]

Para justificar suas propostas, os autores do documento fizeram um rápido histórico das questões relativas à segurança de Cuba – destacando os momentos turbulentos vivenciados desde o início da Revolução de Saint-Domingue, em 1791, até o fim do bloqueio continental de Napoleão, em 1814 –, apontando quais seriam as providências cabíveis para que o novo capitão-general gozasse de paz e tranquilidade durante seu governo. Para que não restassem dúvidas de que os propósitos do informe eram os mais louváveis, os autores finalizaram o documento afirmando que

> nuestros deseos son de desterrar los vicios y los delitos, de mejorar la educación y la generación naciente en los campos e en la Ciudad, *como natural contrapeso de los inconvenientes de la servidumbre*: y todo esto poniendo en vigor, no leyes arbitrarias y noveleras, sino las leyes antiguas consultadas con madurez y detención por los ancianos y experimentados Magistrados de los primeros consejos del Reyno.[2]

O documento poderia, pois, ser lido como uma espécie de convite ao novo capitão-general para a renovação da aliança com a elite sacarocrata cubana. O único asilo de paz entre todos os domínios espanhóis no Novo Mundo manteria sua fidelidade ao rei Fernando VII, contanto que a monarquia espanhola garantisse a segurança necessária aos inconvenientes causados pela escravidão. Embora argumentasse que as providências solicitadas estavam afiançadas por antigas leis do mundo hispânico, as medidas propostas pontuavam que a Coroa espanhola teria de realizar algumas mudanças, ou melhor, *retomar* antigas normas. A escravidão ganhava um peso cada vez maior em Cuba, tanto no campo como na cidade, e por isso era preciso uma polícia mais capacitada.

Parte significativa das 32 providências elencadas no informe dizia respeito à futura atuação da polícia nos *partidos* rurais, que deveriam ser patrulhados por cinco quadrilhas, cada uma composta por oito homens. Todavia, no entender dos autores do documento, não bastava apenas reorganizar a força policial: era preciso remunerá-la de forma adequada e, quando possível, criar fomentos pontuais, como prêmios e incentivos, para os que demonstrassem maior comprometimento com a causa.[3] Apesar dos *partidos* rurais serem os locais de maior incidência de assaltos e vadiagens, os autores da peça também se mostraram preocupados com os inconvenientes causados no espaço urbano, que, curiosamente, foi tratado no singular durante todo o documento: o informe versou apenas sobre Havana, mais especificamente sobre os bairros extramuros da cidade.

Passagem obrigatória de todo o açúcar que seria exportado por Havana, os bairros extramuros também eram sítios de morada da população de cor e de homens brancos menos abastados. Por isso, era forçoso implementar uma política de controle que conseguisse administrar o avultado trânsito nesses bairros, sem desconsiderar que eles eram habitados por "vecinos distinguidos, de educación y de más experiencia en los negocios". Mas como fazer isso sem lembrar que tais espaços eram reapropriados pelos escravizados e libertos que ali moravam? Como esquecer que fora em Guadalupe que as autoridades insulares encontraram a casa de José Aponte, líder de uma das mais importantes conspirações de Cuba e que vivia cercado de retratos dos líderes haitianos e dos reis negros da Abissínia?

De acordo com o informe, a melhor maneira de tratar os múltiplos usos dos bairros extramuros seria aplicar o regulamento de polícia de Madri datado de 1768, que previa a uniformidade da ordenança a todas as cidades capitais do reino. Os *juices de cuartel* e os *alcaides de barrios* – que já faziam parte da polícia de Havana – também seriam responsáveis pelas rondas cotidianas e por reportar, diariamente, todos os ocorridos ao presidente do conselho. Tudo leva a crer que os autores da peça queriam deixar claro quais instâncias governativas tinham a responsabilidade de administrar os bairros extramuros, tendo em vista o pouco tempo que tais localidades haviam sido incorporadas ao perímetro citadino de Havana.[4]

Mas a preocupação com a segurança dos bairros extramuros não era decorrência apenas do fantasma de Aponte. Os autores do informe faziam parte da elite cubana, que, a despeito das revoltas que assolaram a ilha entre 1808 e 1812, entendia e apostava na escravidão como era o motor para a execução do projeto de *plantation* açucareira. Em certa medida, a sacarocracia e as autoridades insulares encararam tais eventos como alertas que serviram para apontar as fragilidades administrativas: era uma questão de aparar arestas. Tanto assim que, entre a descoberta da conspiração de Aponte, em 1812, e a produção do informe, em 1816, mais de 34,5 mil africanos escravizados desembarcaram em Cuba.[5] Nunca antes na história da ilha se vira a entrada de tantos escravizados em um intervalo tão pequeno.

Os dados sobre o tráfico para Cuba nesses cinco anos se tornam ainda mais impressionantes se analisados separadamente. Em 1816, algo em torno de 18,3 mil africanos chegaram à ilha, mais do que a soma de cativos importados no quadriênio anterior.[6] Tal entrada massiva tinha um motivo direto: 1816 fora o ano em que expiraria a licença que permitia o livre-comércio de escravizados, concedida pela

Coroa espanhola doze anos antes.[7] Sabedores disso, os representantes britânicos acirraram a ação para o fim do comércio, pressionando os membros do Consejo de Indias.[8] Temerosos da possível abolição do tráfico, os sacarocratas cubanos investiram ainda mais na compra de escravizados.

Além do evidente aumento do segmento escravizado em toda a ilha, no caso específico de Havana observa-se que o incremento do tráfico teve efeitos na ampliação do uso dos cativos. Os principais jornais da cidade continuavam sendo um importante veículo de compra e venda desses escravizados recém-desembarcados e daqueles que viviam na ilha havia mais tempo. Entre 1790 e 1815, os anúncios de escravizados nos jornais da cidade indicam que homens eram majoritariamente destinados a funções específicas, enquanto as mulheres eram solicitadas para múltiplas tarefas. O que se observa a partir de 1816 é o aumento do número de escravizados homens que passaram a ser vendidos para trabalhar em diversos serviços.[9] No dia 8 de julho de 1816, por exemplo, foi anunciado no *Diario del Gobierno de la Habana* um escravizado ganga, de 18 anos, bom cozinheiro, cocheiro e cabeleireiro. Quinze dias depois, o mesmo jornal anunciava outro cativo da mesma idade, só que crioulo, jornaleiro com princípios de sapateiro, pedreiro e cozinheiro.[10] Os escravizados que já estavam em todos os lugares passaram a ser ainda mais explorados.

Como já dito, a pressão inglesa para o fim do tráfico aumentou expressivamente a cifra de africanos desembarcados em Havana. Embora a maior parte desses cativos rumasse para os engenhos de açúcar e os cafezais da ilha, os que ficavam na capital realizavam toda sorte de serviços, pois, em uma cidade sabidamente escravista, ter princípios de pedreiro ou cozinheiro já não era garantia de muita coisa. Aparentemente, todo escravizado saudável era um faz-tudo em potencial. Dependendo da saúde, das condições de trabalho e da relação estabelecida com seu senhor, esse cativo faz-tudo poderia comprar sua alforria, à vista ou a prazo, aumentando assim o segmento liberto de Havana.[11] Já inserida no mercado, a maioria desses libertos passava a competir por trabalho com escravizados de ganho e vendedores, reforçando a ideia de que a classe trabalhadora da ilha tinha cor. Em um contexto de crescente racialização social, a população branca e pobre enfrentava um dilema: por um lado, a concentração fundiária nas mãos da elite sacarocrata limitava o acesso à terra; por outro, o mercado de trabalho urbano e rural era amplamente ocupado por homens racializados, fossem escravizados ou libertos. O que sobrava para a maior parte desse segmento intermediário da sociedade cubana? Aquilo que a intelectualidade *criolla* definiu no ofício de 1816 como um dos "inconvenientes da servidão": a vadiagem.

Não se sabe se influenciado pelo informe, Cienfuegos Jovellanos – que assumiu o poder em abril de 1816 – conseguiu captar parte dessa relação descrita anteriormente. Ao tipificar um dia em Havana, o novo capitão-general salientou que

> a medida que va entrando la mañana aparecen por todas partes los vendedores ambulantes; hojalateros, ropavejeros, con sus carretas llenas de trapos, fruteros, afiladores y buhoneros de ambos sexos a lomos de viejos y peludos rocines o con sus alforjas al hombro; llevan agujas, horquillas, metales y piezas de hiladillo, de diversos gustos y colores. Mezclan en las calles sus voces a los habituales ruidos del tráfico en la ciudad. *La bahía y los muelles van, poco a poco, llenándose de gentes desocupadas a las que se ve circular de acá para allá, sin rumbo y curioseándolo todo. Pasean entre los negros africanos y los descargadores – los peones blancos rehúyen mezclarse en el trabajo con los negros – que cantando sus raras canciones, pesan, cargan y entongan los carretones con las cajas de azúcar o café.* Pasean también las morenas niñeras y las amas de cría, gordas, exuberantes, lujosamente vestidas y enjaezadas – oro falso en pendientes y collares –, llevando en brazos o de la mano a los niñitos de sus amos: blancos algunos y morenos con sus gotitas de sangre de color los más.[12]

Segundo o capitão-general, pela manhã, as ruas de Havana eram igualmente tomadas por negros (escravizados e libertos) que trabalhavam no porto, nas ruas, nas casas senhoriais mais abastadas, mas também por desocupados; enquanto os peões brancos se recusavam a laborar junto com a "população de cor", os escravizados e seus descendentes continuavam sendo a mão de obra fundamental da capital cubana. Porém, como ressaltou o próprio Cienfuegos Jovellanos, ao trabalhar, os negros também emprestavam a Havana suas raras canções e, quando possível, a exuberância de suas vestimentas e outras instâncias da sua corporeidade.

A influência de africanos e seus descendentes em Havana ficava ainda mais evidente na vida noturna, momento em que Cienfuegos Jovellanos pôde vislumbrar outras consequências oriundas da força da escravidão no espaço urbano. Ao descrever canções e danças dos negros, o capitão-general acrescentou um tom pitoresco em sua escrita, que parecia reconhecer alguns dos inconvenientes a que fora alertado pela elite cubana. Os bailes frequentados pelos segmentos mais pobres da cidade eram lugares em

> que se cantan y danzan *las cosas más sucias y escandalosas* que puedes imaginarte. Pero este bailar, dígase lo que se diga, no está al alcance de cualquiera que se proponga ejecutarlo; *para bailar estas danzas se precisa ser negro*, dormir en hamaca y alimentarse de coco, yuca, plátano y tasajo, recibiendo sobre la piel este sol ardoroso del Caribe.[13]

No entanto, como apontado pelo próprio capitão-general, "en la Habana se canta y baila en todas as partes".[14] Na dinâmica da vida urbana *habanera*, os espaços de lazer revelavam as clivagens sociais: ao passo que os segmentos populares, em sua maioria negros, divertiam-se em bailes profanos, a elite colonial cultivava a distinção frequentando a ópera, ostentando vestimentas luxuosas e joias. Na saída do teatro, sentia-se uma vez mais o peso da escravidão: dezenas de carruagens reluzentes, dirigidas por cativos, aguardavam o fim do espetáculo para conduzir seus senhores de volta para casa. Aqueles que viviam nas cercanias eram esperados por escravizados a pé, incumbidos de iluminar o retorno de seus amos. Findadas as apresentações, os sinos badalavam avisando o toque de recolher. A partir de então, o silêncio tomava as ruas de Havana, interrompido apenas pelos murmúrios dos *serenos*. Ainda que estereotipada, a noite pintada por Cienfuegos Jovellanos revelava aspectos interessantes da Havana de então. Uma cidade que amanhecia com o canto dos escravizados e que ia dormir com as cantigas daqueles que vigiavam os cativos: uma cidade escravista em todos os sentidos.[15]

A racionalização do espaço urbano promovida pelos capitães-generais de Havana entre 1763 e 1815 não impediu que a presença de trabalhadores escravizados e libertos configurasse usos alternativos da cidade, alheios ao planejamento oficial. Com o crescimento expressivo do número de escravizados na ilha, medidas como a de las Casas y Aragorri – que retirou os *cabildos de nación* da porção amuralhada de Havana – não surtiam mais o mesmo efeito. Assim como o segmento cativo, a cidade havia crescido e, para governá-la, era preciso analisá-la em sua totalidade. A fim de conhecer efetivamente os habitantes da capital cubana e implementar uma política que coibisse a apropriação do espaço citadino pelos escravizados e libertos, em 1817 o poder metropolitano (apoiado pela oligarquia da ilha) empreendeu outro censo de Havana, o primeiro que abarcou os bairros intra e extramuros da cidade.

TABELA 4 Censo de Havana em 1817

	Livres			Escravizados	
	Brancos	**Mulatos[16]**	**Negros**	**Mulatos[16]**	**Negros**
Homens	20.372	4.565	6.594	1.481	11.310
Mulheres	17.990	4.446	5.767	1.062	10.488
Total parcial	**38.362**	**9.011**	**12.361**	**2.543**	**21.798**
	59.734			**24.341**	
Total	**84.075**				

Fonte: Ramón Sagra, *Historia económico-politica y estadística de la isla de Cuba*, 1831, p. 5.

Se comparado com o censo de 1794, a população de Havana representava um percentual ainda menor do total da ilha. Graças ao fomento da produção de café e, principalmente, de açúcar, com o correspondente incremento do tráfico transatlântico, em 1817 Cuba possuía 553.028 habitantes, dos quais pouco mais de 15% moravam em Havana.[17] Embora a população da capital tenha diminuído proporcionalmente em relação ao restante da ilha, Havana era uma das cinco cidades mais populosas da América.[18] No censo de 1817, observa-se que 54% dos habitantes eram identificados como homens e mulheres "de cor", evidenciando a expressiva presença afrodescendente na cidade. As práticas culturais negras, como as cantigas e danças mencionadas por

Cienfuegos Jovellanos, manifestavam-se, de modo indireto, nas estatísticas populacionais da época.

Os dados censitários revelam que as autoridades administrativas de Havana continuam tendo em mãos uma equação de difícil solução. Se, por um lado, era necessário aumentar a população branca da cidade e diminuir bruscamente a vadiagem que acometia esse segmento, por outro a redução do número de escravizados não era uma opção no curto prazo, na medida em que colocava em risco o bom andamento do projeto econômico iniciado décadas antes.

Uma das saídas encontrada pelas autoridades espanholas foi a criação da Junta de Fomiento a la Población Blanca.[19] O objetivo desse órgão – que já havia sido rascunhado em tempos anteriores – era atrair o maior número possível de homens brancos (sobretudo peninsulares) para a ilha, assegurando condições mínimas de trabalho. O insucesso dessa iniciativa pode ser verificado por meio dos anúncios dos principais jornais de Havana. Como pontuado anteriormente, a partir de 1816 um número cada vez maior de cativos (independentemente do gênero) era oferecido para a execução de dois ou mais serviços. Essa tendência manteve-se nos anos seguintes, criando um mercado mais dinâmico, cada vez mais balizado pela oferta e não mais pela demanda por cativos.[20]

A dinamização do mercado de escravizados urbanos de Havana esteve intimamente relacionada com a assinatura do Tratado Anglo-Espanhol, em setembro de 1817. Depois de duras negociações entre espanhóis e britânicos, a Coroa espanhola finalmente se comprometeu a abolir o tráfico transatlântico até maio de 1820.[21] Em tese, nesse curto intervalo, suas possessões americanas teriam de importar a mão de obra necessária, dando prioridade à compra de mulheres escravas que viabilizariam a reprodução endógena dos cativos. Como era de esperar, o incremento do comércio transatlântico observado no ano anterior cresceu ainda mais.[22]

Em fevereiro de 1818, o Tratado de Madrid foi publicado em Cuba, gerando uma dupla resposta da oligarquia *criolla*. Por um lado, a elite iniciou uma dura política na tentativa de flexibilizar o tratado, usando como argumento os termos do acordo assinado entre Portugal e Inglaterra para a abolição do tráfico para o Brasil.[23] Por outro, com medo de que seus argumentos não surtissem efeito, a elite sacarocrata investiu ainda mais no tráfico. Exemplo disso pode ser atestado com os números de 1817: no mesmo ano da assinatura do tratado, mais de 25 mil africanos escravizados chegaram à ilha.[24] No triênio seguinte, a importação de africanos continuou sendo operada nessa escala de valores, fazendo de Havana a porta de entrada de quase 100 mil africanos escravizados.[25] A grande oferta de cativos e os diversos caminhos que viabilizavam a compra da alforria em Cuba acirraram ainda mais a competitividade por trabalho no mundo urbano.[26] Escravizados e libertos estavam cada vez melhor preparados para atender as demandas do espaço citadino, transformando a mão de obra branca em algo oneroso e, em última instância, desnecessário.

A população de escravizados da cidade aumentava, e também cresciam os registros de vadiagem na documentação administrativa da cidade. Em outubro de 1819, pouco depois de assumir o comando de Cuba, o novo capitão-general Juan Manuel de Cagigal y Niño publicou um *bando de buen gobierno*. Baseado em leis anteriores, buscava o cumprimento da "letra y sentido" das regras expostas para a melhor governança de Havana.[27] Assim como o censo de 1817, o documento feito por Cagigal y Niño foi o primeiro *bando* que levou em conta a totalidade intra e extramuros da cidade. *Grosso modo*, as 72 medidas que compõem o documento podem ser divididas em três grandes grupos: aquelas que versavam sobre o melhor governo dos escravizados e da população "de cor" da cidade; as que visavam à diminuição da vadiagem na capital cubana; e, por fim, as medidas que objetivavam a organização e o bom funcionamento do espaço urbano propriamente dito.

No que tange ao governo dos escravizados e da população "de cor", o documento formulado por Cagigal y Niño não apresentava grandes novidades se comparado a outros *bandos*. No entanto, a reedição de medidas anteriores em um contexto marcado pelo aumento da população negra e mestiça da cidade, bem como pela ampliação do uso dos escravizados urbanos, revela algumas das implicações cotidianas do cativeiro em Havana. Cagigal y Niño começou o *bando* com o alerta à necessidade de introduzir e educar os cativos na fé cristã (sobretudo os milhares de boçais), evitando que falassem palavras obscenas nas ruas ou então blasfemassem contra Deus. Ainda na lógica católica, o documento determinava que os senhores citadinos, assim como os demais da ilha, não deveriam obrigar seus cativos a trabalhar nos domingos e dias santos, tratando-os "con la humanidad que merecen".[28]

Embora essas normas tivessem sido estipuladas séculos antes, muitos senhores não as levavam ao pé da letra, deixando que a exploração do trabalho escravizado falasse mais alto do que a salvação da alma desses cativos. No entanto, desde a assinatura do tratado em 1817, Havana passava a sediar uma das Comissões Mistas (compostas por representantes da Coroa espanhola e britânica) que tinha por objetivo julgar a situação dos africanos que entrassem ilegalmente na ilha.[29]

Um dos argumentos da oligarquia cubana para justificar o tráfico transatlântico era a defesa de que a escravização tinha um caráter civilizador, na medida em que freava a barbárie característica das nações africanas. A doutrina cristã era o primeiro veículo para essa pretensa salvação. Se os proprietários cubanos não fossem capazes de ensinar os primeiros passos do cristianismo para seus cativos, eles mesmos invalidariam sua frágil argumentação.[30] Justamente por isso, Cagigal y Niño arrochou algumas medidas, chegando a estipular que os proprietários que não batizassem seus escravizados boçais em até dois anos após a compra teriam de pagar multa e poderiam perder o cativo.[31]

A catequese dos africanos escravizados era assim a primeira de muitas medidas que os senhores deveriam tomar a fim de garantir o bom funcionamento de uma cidade escravista. Outras posturas foram reeditadas pelo capitão-general, que foi deveras enfático ao sublinhar a proibição do porte de armas no perímetro urbano – interdição que recaía sobre todos os habitantes de Havana, mas que era especialmente lembrada no caso dos cativos. E, naquele momento, além de espingardas, facas e punhais, considerava-se "arma" todo objeto que pudesse colocar em risco a segurança dos moradores da cidade. Nem sequer as ferramentas de trabalho dos escravizados poderiam ser transportadas em Havana sem licença prévia. A medida também se estendeu aos cativos rurais que, por vezes, visitavam a cidade. A preocupação quanto ao possível armamento dos cativos era tamanha que a pena de tal medida consistia em dois meses de reclusão em La Cabaña, além do pagamento de multa. Essa foi outra maneira que o capitão-general encontrou para aumentar o controle nos bairros extramuros que ligavam o centro da capital às regiões agrícolas.[32]

Se as armas não eram permitidas, reuniões muito menos. De acordo com o *bando*, após a última missa qualquer ajuntamento na cidade ou nos subúrbios seria considerado suspeito e, justamente por isso, poderia ser desfeito pelos *alcaides de barrio*, que ainda tinham o poder de prender qualquer negro ou mulato[33] (livre ou escravizado) que andasse pelas ruas de Havana sem iluminação. Até mesmo as reuniões que, em tese, tinham forte ligação com a religiosidade católica professada por parte da população "de cor" de Havana foi assunto do documento. Ao que tudo indica, o tom pitoresco com o qual Cienfuegos Jovellanos tratou os bailes de negros em Havana não surtiu a mesma comoção em Cagigal y Niño. Em um tom muito mais próximo ao de las Casas y Aragorri, o então capitão-general estipulou que os *cabildos* e bailes de negros só poderiam ser celebrados aos domingos ou dias santos nas bordas da cidade sob a supervisão de um comissário, pessoalmente responsabilizado por qualquer desordem que não fosse comunicada. O *bando de Cagigal*, como ficou conhecido, tentou cercear qualquer tipo de apropriação que escravizados e libertos pudessem exercer sobre o espaço público de Havana.

Os espaços privados também estiveram na mira de Cagigal y Niño. As casas de truco e bilhar – únicos locais em que os jogos lícitos poderiam ocorrer – deveriam funcionar com as portas abertas, como as demais lojas, obedecendo ao horário comercial. Aqueles que infringissem a norma estariam sujeitos às multas aplicadas pelos comissários. As tabernas e bodegas – que podiam funcionar até mais tarde – tinham que controlar seu público e estavam proibidas de receber mulheres no seu interior. Também era vetado aos donos desses estabelecimentos oferecer bebidas alcoólicas e permitir a estada de escravizados que não tivessem autorização senhorial para "viver sobre si" – como já pontuado na forma "viver sobre si", uma prática na qual a população escravizada negociava com seus proprietários a possibilidade de viverem em outras residências que não as de seu amo.

Na realidade, desde o século XVII, nenhum homem livre tinha o direito de alugar quarto ou acoitar escravizados que não possuíam licença de seus proprietários para dormir fora de casa.[34] É provável que muitos escravizados fizessem valer o anonimato oferecido pelo mundo citadino – reforçado pelo grande número de negros e mulatos[35] livres de Havana – para passar dias longe do olhar senhorial. Como não podia controlar o trânsito dos escravizados durante o dia, Cagigal y Niño tentou cercear os prováveis comparsas dos cativos: aqueles que acolhessem escravizados urbanos poderiam perder suas pensões ou tabernas e ainda teriam de repassar para os proprietários os jornais recebidos pelos cativos durante o tempo em que estiveram sob seu teto.

Tal medida fazia parte de uma política mais ampla, que envolvia o mapeamento de todos os habitantes de Havana, independentemente da condição social. Esse projeto definia ainda que qualquer um que fosse se ausentar da cidade deveria pedir autorização ao governo, sob pena de multa. Cagigal y Niño queria assegurar a tranquilidade e a ordem no trânsito de Havana. Sem dúvida alguma, a fuga de escravizados – constantemente anunciada nos jornais – e a possibilidade de se manter foragido no perímetro urbano foram motivações consideráveis para a intensificação no controle da cidade. No dia 22 de março, por exemplo, foi posto à venda um negro mandinga, de 25 anos e com tachas de *borracho y cimarrón* [bêbado e fujão]. Outros cativos aproveitaram as facilidades geradas pela grande circulação de escravizados e forros para realizar fugas pontuais, que também deveriam ser levadas em conta na administração da cidade.

Relembrando os princípios ilustrados, a mesma ordenação imposta à circulação e à apropriação dos espaços urbanos foi aplicada na limpeza e ordenança da cidade. A Zanja Real, principal aqueduto de Havana, não poderia mais ser utilizada pelas escravizadas e forras que ganhavam a vida lavando roupa, muito menos servir como local de banho para cativos e transeuntes. As vias e ruas da cidade deveriam ficar livres para facilitar o tráfego, de modo que não seria permitida a presença de animais nem de qualquer obra que atrapalhasse a circulação, já muito dificultada por centenas de carruagens e carroças que transportavam as damas da sociedade e as caixas de açúcar que seriam exportadas.[36] De alguma forma, em meio aos escravizados e vadios, as posturas elaboradas por Cagigal y Niño afiançavam que Havana, por ser escravista, também deveria ser um local de passagem.

No entanto, por mais que as autoridades tentassem, não havia como controlar tudo que passava pelas ruas e vias de Havana. Algumas vezes, o problema não estava nos transeuntes – escravizados ou libertos – que ganhavam a vida trabalhando na cidade, ou vadios que faziam desse mesmo espaço seu local de lazer. Ideias, muitas delas perigosas, também transitavam em Havana, reforçando seu papel capital em Cuba.

Na manhã de 28 de março do ano de 1821, por exemplo, circulou pelas ruas de Havana o que seria o primeiro número do periódico intitulado *El Negrito*. Com um texto enxuto e direto, o editor dom Francisco J. de Burgos defendia que

> son españoles todos los hombres libres nascidos y avecinados en los dominios de las españas, y los hijos de estos; y [...] se les abren las puertas del ciudadanato por medio del merecimiento y la virtud à los españoles, que por cualquiera línea son habidos por originarios de África; manifestándoles á lo que deben aspirar para lograr carta de tales.[37]

A menção dos artigos 5º e 22 da Constituição Liberal espanhola aponta que o editor em questão conhecia parte do debate realizado em Cádis e que, em certa medida, propunha a ampliação das discussões realizadas em 1812. O artigo 5º determinava a igualdade civil entre todos os habitantes livres do mundo hispânico, inclusive aqueles de ascendência africana; o segundo admitia a inserção dos cativos que viessem a conseguir a liberdade – direito havia muito afiançado pelas leis espanholas. Mas Francisco Burgos ia além. De acordo com o editor, era necessário lembrar que os escravizados geravam importantes benefícios a seus senhores e, por isso, deveriam vislumbrar algum tipo de compensação, caso galgassem a liberdade. Só dessa forma a Constituição Liberal poderia ser plenamente aplicada. Sendo assim, de acordo com o editor, era forçoso que os africanos, ainda no cativeiro, fossem ensinados sobre a honradez e a distinção que a liberdade poderia trazer.[38]

IMAGEM 16 Capa do periódico *El Negrito*

Núm. 1. *(Constitucion ó muerte.)* Pág. 1.

EL NEGRITO

MIERCOLES 28 DE MARZO DE 1821.

El mérito y la virtud franquea á los españoles originarios del Africa las puertas al ciudadanato.

Entre los muchos escritores cuyas luces se han dedicado á la instruccion pública en diferentes ramos, aun no ha habido alguno que llevado de los impulsos de un verdadero patriotismo, y aseudrada caridad se haya decidido á analizar á esta porcion de nuestra sociedad el art. 22 de la Constitucion cuyos autores no olvidando la felicidad de éstos lo dictaron para su logro.

Por el art. 5 son españoles todos los hombres libres nacidos y avecindados en los dominios de las españas, y los hijos de éstos; y por el 22 se les habre las puertas del ciudadanato por medio del merecimiento y la virtud á los españoles, que por cualquiera línea son habidos y reputados por originarios de Africa; manifestándoles á lo que deben aspirar para lograr carta de tales.

Muchos son de opinion que la ilustracion hace las mas veces al hombre desbarrar y cometer excesos; y yo digo, que la ignorancia mas bien lo precipita. El esclavo, no es español por carecer

El Negrito, vol. I, nº 1, 1821. Cuban Heritage Collection, University of Miami Libraries. A imagem que ilustra a capa do jornal é muito emblemática: um homem negro, de roupas simples, calçado, com as mãos abertas, como se estivesse esperando a liberdade.

Em certa medida, as propostas de Francisco Burgos faziam parte de um movimento mais amplo que havia tomando conta do Império Espanhol: a retomada constitucionalista. O estopim desse movimento ocorreu com a Revolta de Riego em janeiro de 1820, o que resultou no afastamento de Fernando VII e na restituição das Cortes, que agora estavam sediadas em Madri. Naquele mesmo ano, teve início o período que ficou conhecido como Triênio Liberal, período marcado pela restauração temporária da Constituição de 1812 e pelo governo liberal sob o rei Fernando VII, após uma revolução militar que obrigou o monarca a aceitar a carta constitucional e limitar seu poder absoluto.

Para além dos debates referentes à representatividade política dos deputados americanos – tensionada pela emancipação iminente do México –, o primeiro ano do Triênio Liberal (1820-1823) também foi marcado por disputas políticas sobre o tráfico de africanos escravizados que, em tese, deixaria de ser um comércio lícito a partir de maio de 1820.[39] Quando Burgos pôs *El Negrito* para circular em Havana, fazia menos de uma semana que o ministro das Relações Exteriores da Espanha havia explicitado a necessidade de uma comissão especial para debater o tratado assinado por Espanha e Grã-Bretanha em 1817. O mesmo ministro – temendo perder o apoio britânico – defendeu o cumprimento dos termos assinados quatro anos antes, o que gerou a resposta rápida e contundente de Juan Bernardo O'Gavan, deputado cubano cuja eleição havia sido impugnada pelas Cortes de Madri.[40]

Do outro lado do Atlântico, subvertendo o instrumento elaborado em 1821, Francisco Burgos defendia a igualdade de condições entre todos os livres (e libertos) de Cuba, independentemente da sua cor. Para dar mais consistência a seus argumentos, Burgos publicou no final do primeiro número de *El Negrito* as mazelas de Juan Jose de Leon, homem negro, livre e miliciano de Havana. A história contada por Jose de Leon era consequência direta da desigualdade de direitos que acometia os cidadãos espanhóis. Na noite do dia 11 de março, Leon foi interceptado pelo comissário Nicolas Santa-Cruz e acabou preso por andar pelas ruas da cidade sem lamparina. Leon tentou argumentar que sua condição de miliciano lhe permitia tal trânsito, ao que Santa-Cruz retrucou dizendo que sua licença não tinha serventia e que Leon deveria segui-lo até o quartel de Dragones. O que se passou a partir de então foi a mais pura extorsão. O comissário Santa-Cruz eximiria Leon do pagamento da multa, contanto que ele se dirigisse até sua casa levando a módica quantia de 3 pesos – que era o valor médio do jornal de um bom escravizado de ganho. Pobre, com poucos recursos, Leon não conseguiu atender à chantagem do comissário, que passou a persegui-lo e intimidá-lo com frequência. Sem muita saída, Leon procurou a ajuda de Francisco Burgos para denunciar a injustiça que havia sofrido.[41]

A resposta que O'Gavan articulou em defesa da manutenção do tráfico transatlântico – mesmo estando formalmente fora do debate constitucional – e a receptividade que *El Negrito* teve em Havana apontam a coerência de pensamento e a ação da hegemonia *criolla* de Cuba. Defender a igualdade civil como premissa liberal em um contexto em que o tráfico, a escravidão e a condição colonial estavam em discussão fez do periódico de Burgos um rastilho de pólvora que, caso aceso, poderia ter consequências incalculáveis. A defesa (aberta) do liberalismo constitucional e (velada) da abolição foi a grande responsável pela interdição da Imprensa Tormentaria, que em abril do mesmo ano foi proibida de imprimir novos exemplares do *El Negrito*.[42] No mesmo mês, O'Gavan conseguiu formular um documento que ficou conhecido como uma das expressões mais bem-acabadas da ideologia pró-escravista de Cuba.[43] A partir dos argumentos expostos pelo cubano, os termos acordados no tratado anglo-espanhol de 1817 se tornaram letra morta, e com a anuência da Corte espanhola, o tráfico foi mantido, só que na ilegalidade.[44] As autoridades espanholas dariam para a elite cubana a retaguarda (política e militar) para a manutenção do comércio de africanos escravizados, contanto que a mesma elite deixasse de lado qualquer discurso emancipacionista.

Burgos não foi a única voz dissonante calada em Havana. Félix Varela – que fora colega de O'Gavan no Seminário de San Carlos e deputado cubano durante o Triênio Liberal – foi um dos maiores defensores não só do fim do tráfico, como da abolição (gradual) da escravidão em Cuba. Ainda que não tenha publicizado seus argumentos contrários à política impetrada pela oligarquia *criolla*, após as Cortes de Madri, Varela preferiu o exílio, tornando-se um dos maiores advogados da independência cubana.[45] Uma vez mais, os interesses escravistas da oligarquia *criolla* falaram mais alto. O medo de uma possível independência ou da anexação aos Estados Unidos era mais forte do que a defesa dos ideais abolicionistas e até mesmo que a pressão inglesa para o fim do tráfico. Sabedores do quanto valia sua fidelidade à metrópole, a elite sacarocrata de Cuba conseguiu que sua plataforma fosse atendida tanto no governo liberal como na volta do Bourbon Fernando VII, que, no segundo semestre de 1823, retomou o poder absoluto com a ajuda da França, novamente bourbônica.

Herança e construção política no Rio de Janeiro escravista

No dia 14 de dezembro de 1819, Felipe Furtado da Silva compareceu à secretaria da Intendência-Geral de Polícia para assinar o termo, em conformidade com o despacho do sr. conselheiro-intendente, no qual se comprometia a tomar todas as medidas para obstar o procedimento dos seus escravizados, que haviam roubado, mais de uma vez, os bens de Antonio Pereira Lima, morador na rua do Saco dos Alferes. Caso os escravizados não seguissem o que seu senhor havia acordado, seriam presos e punidos com trezentos açoites e três meses de trabalho nas obras públicas.[46]

Meses depois, na mesma secretaria, dona Felicidade Perpétua foi chamada para que coibisse sua escravizada Joaquina de insultar os moradores da rua de São Francisco de Paulo. Se dona Felicidade não conseguisse contê-la, sua cativa seria presa e, se necessário, castigada.[47]

Entre 1819 e 1821, as escrivaninhas de Bernardo Francisco Monteiro, Francisco Xavier Barreiro e Antonio Xavier da Rocha, oficiais da Intendência-Geral de Polícia que trabalhavam ao lado de Paulo Fernandes Viana, receberam pilhas de reclamações que denunciavam os infortúnios do cotidiano no Rio de Janeiro. E, frequentemente, os escravizados urbanos eram o motivo dessas queixas. Furtos, insultos, fugas e encontros amorosos foram algumas das questões que obrigaram os proprietários dos cativos denunciados a assinar um "termo de bem viver" com aqueles que haviam procurado as autoridades. Por vezes, tais termos eram assinados em prol dos cativos referidos:

> Aos três dias do mês de Junho de mil oitocentos e vinte anos na Secretaria da Intendência Geral da Polícia, compareceu Dona Anna Luiza, de ordem do Sr. Conselheiro Intendente

> Paulo Fernandes Vianna, e o mesmo Conselheiro lhe foi determinado que assinasse Termo de não seviciar a sua escrava Magnolia Mina, com a pena de que obrando o contrário de a ver em Praça vendida. O que tendo ela ouvido assim o prometeu cumprir.[48]

Dona Anna Luiza não foi a única cuja atenção foi chamada devido à forma exageradamente rude com a qual tratava sua escravizada. Quatro meses depois, José da Costa também foi obrigado a assinar um termo em que se comprometia a não seviciar sua cativa, sob pena de prisão. Ao que tudo indica, homens e mulheres que, nesse caso, preferiam se manter no anonimato também recorriam à Intendência-Geral de Polícia para denunciar situações em que escravizados urbanos se tornavam vítimas de seus senhores ou de terceiros. Um caso curioso ocorreu na manhã de 21 de março de 1821, quando José Antonio Fernandes foi retirado do Calabouço e levado para a sede da Intendência de Polícia. Na frente do conselheiro intendente Antonio Luís Pereira da Cunha, o referido José Fernandes se comprometeu a "não tornar a conduzir escravos furtados para Minas como tinha feito, sob pena de ser punido do arbítrio desta Intendência no caso de contrário".[49]

Se não bastassem a administração das obras públicas, o cerceamento de práticas consideradas pouco civilizadas e até mesmo o cuidado com a segurança da Corte, a Intendência-Geral de Polícia também precisou lidar com histórias miúdas, que comprometiam a ordem e o bom funcionamento da cidade. Por meio de denúncias (algumas possivelmente anônimas), os homens subordinados a Paulo Fernandes Viana deveriam averiguar as acusações feitas e recolher as provas que julgassem necessárias para, depois disso, convocar os envolvidos a fim de encontrar uma saída amigável. Os termos assinados poderiam ser lidos como uma espécie de "voto de confiança" ou último alerta dado pelas autoridades antes que medidas mais enérgicas fossem tomadas. E mesmo porque, com raras exceções, tais termos tratavam de questões que não representavam grande perigo para a sociedade. Todavia, o banal e o pitoresco que marcaram esses documentos permitem observar o peso que a escravidão imprimia no cotidiano do Rio de Janeiro.

A boa equação estabelecida entre a vida em Corte e o uso massivo de escravizados urbanos se manteve mesmo depois que o Rio de Janeiro foi elevado a sede de Reino Unido de Portugal, Brasil e Algarves. Não seria exagero tomar o caso da Corte como um exemplo significativo da política adotada por dom João VI na defesa da escravidão. Uma vez mais, os números relativos ao tráfico são expressivos. Entre 1816 e 1821, pouco mais de 122 mil africanos escravizados desembarcaram no Valongo, o equivalente a 43% do total de desembarques feitos no Brasil.[50] Se comparado com o período de 1791 e 1815, é possível averiguar um duplo crescimento. A média anual de desembarque de africanos escravizados pulou de 11.521 para 20.745 almas. Já o percentual do volume do tráfico para o Rio de Janeiro entre a totalidade de desembarques realizados aumentou de 34% para 43%.

O Valongo se conservou, assim, como o principal porto de entrada de africanos escravizados no Brasil, mantendo a mesma lógica comercial que muitas vezes intrigava viajantes estrangeiros, desacostumados com o comércio de gente. Segundo Spix e Martius, que visitaram o mercado em 1817,

> logo que estes escravos chegam ao Rio de Janeiro, são aquartelados na rua do Valongo, junto do mar. Veem-se ali, crianças, desde os seis anos de idade, e adultos de ambos os sexos, de todas as idades. Eles jazem meio nus, expostos ao sol nos pátios, ou afora, em volta das casas, ou separados segundo os sexos, em diferentes salas.[51]

O percentual expressivo de cativos que ficavam na cidade permaneceu trabalhando na diversificada gama de serviços urbanos do Rio. Por meio da análise de inventários *post mortem*, Luiz Carlos Soares constatou que, de forma geral, entre 1810 e 1849, boa parte dos cativos inventariados, cuja atividade foi declarada, estava destinada para os serviços domésticos.[52] Ainda que o emprego de mulheres tenha sido muito significativo, também havia um número relevante de homens que cuidavam dos afazeres das casas de seus senhores. Contudo, no mesmo exame, o autor apontou que dos 1.046 escravizados homens inventariados, 82 eram ganhadores, 188 realizavam atividades industriais (entendidas pelo autor como toda sorte de ofícios artesanais e atividades comerciais) e 38 trabalhavam com transporte marítimo e terrestre.[53] No caso feminino, a ocupação nos serviços domésticos rivalizou com as atividades industriais. Entre as 1.737 mulheres contabilizadas, 239 trabalhavam nas casas de seus amos, enquanto 227 estavam empregadas em atividades como costureiras, lavadeiras e quitandeiras.

TABELA 5 Principais profissões dos escravizados urbanos do Rio de Janeiro entre 1810-1849

Atividades executadas por homens	Nº de indivíduos	Atividades executadas por mulheres	Nº de indivíduos
Carpinteiros	23	Cozinheiras	27
Alfaiate	21	Costureiras	33
Carregadores	10	Engomadeiras	10
Ferreiros	8	Ganhadoras	5
Ganhadores	27	Lavadeiras	28
Marinheiros	10	Mucamas	2
Oleiros	19	Oleiras	4
Padeiros	8	Quitandeiras	10
Pedreiros	29	Serviços domésticos gerais	88
Pescadores	25	Profissões não declaradas	284
Quitandeiros	12		
Remadores	18		
Sapateiros	22		
Serventes de obra	10		
Serviços domésticos em geral	60		
Profissões não declaradas	336		

Fonte. Luiz Carlos Soares, *O "povo de Cam" na capital do Brasil*, 2007, pp. 405-406.

Ainda que sejam referentes ao período entre 1810 e 1849, os dados levantados por Luiz Carlos Soares sugerem certo padrão da ocupação de escravizados no Rio de Janeiro iniciada em 1808 e que se manteve até o início da década de 1850: a grande variedade de serviços executada fora das casas senhoriais. Tal padrão era muito semelhante ao de Havana do mesmo período (1816-1833): os homens executavam uma gama de serviços urbanos muito mais variada do que as mulheres escravizadas.

Em certa medida, os dados obtidos por meio do exame dos inventários são corroborados pelo relato deixado por dois prussianos que visitaram a cidade em 1819. Segundo Leithold e Rango, grande parte dos cativos continuava empregada nos afazeres domésticos. De acordo com o viajante, "pequenas ou grandes, [n]a maior parte das casas [...] não existem privadas, [...] vasos noturnos fazem o serviço, os quais são removidos [...] pelos escravos".[54] Os prussianos observaram ainda que os cativos domésticos muitas vezes tinham que sair às ruas, como no caso de um escravizado que acompanhou seu senhor na compra de feixes de lenha.[55] No entanto, as vantagens econômicas das atividades de ganho e do emprego dos cativos na área comercial foram diretamente responsáveis pelo crescimento do segmento escravizado na cidade.

Conforme pontuado, a elevação do Rio de Janeiro à sede máxima do poder lusitano resultou no rápido crescimento urbano e econômico da cidade, e a tornou uma cidade cada vez mais cara para se morar. A abertura dos portos e o incremento das atividades mercantis atraíram muitos comerciantes estrangeiros que acabaram inflacionando os preços de uma série de bens e serviços. Os mesmos prussianos reclamaram que

> os aluguéis aqui são excessivamente caros. Uma casa bem modesta, das que eu antes descrevi, custa por mês e sem móveis de 14 a 16 mil réis, ao redor de 24 tales para prussianos. Quando uma casa fica vazia e querem alugá-la, colocasse à porta uma folha branca de papel, que indica estar ela disponível. Os interessados informam-se junto aos vizinhos. [...] As casas maiores são proporcionalmente mais caras do que em Berlim.[56]

A queixa de Leithold e Rango tinha forte procedência. Entre 1815 e 1820, o preço médio de um escravizado jovem e saudável girava entre 180 e 200 mil réis.[57] Sendo assim, o dinheiro gasto em um ano de aluguel na região central do Rio de Janeiro era equivalente ao preço de um cativo posto à venda na mesma cidade. Ao analisar a trajetória de Antonio Dutra, um africano escravizado que chegou ao Rio de Janeiro em 1809 e morreu livre no final da década de 1840 deixando como herança para sua filha uma casa e treze cativos, Zephyr Frank é mais um autor que demonstrou que, durante as primeiras décadas do século XIX, o cativo se tornou o tipo de propriedade mais difundido na cidade.[58] Os altos preços dos aluguéis e das casas bem como a possibilidade de o futuro proprietário ganhar somas expressivas por meio do jornal de seus escravizados teriam sido as razões que fizeram do cativo uma mercadoria de grande demanda no Rio de Janeiro.[59] Essa tendência pode ser, em parte, observada no recenseamento populacional feito em 1821.

TABELA 6 População do Rio de Janeiro em 1821 por freguesia

Freguesias urbanas	Livres	Escravizados	Total por freguesia
Sacramento	6.949	6.795	13.744
Santa Rita	6.887	3.948	10.835
Santana	12.525	9.961	22.486
São José	5.405	7.040	12.445
Candelária	11.373	8.438	19.811
Freguesias rurais	**Livres**	**Escravizados**	**Total por freguesia**
Engenho Velho	1.871	3.006	4.877
Lagoa	937	1.188	2.125
Total parcial	**45.947**	**40.376**	**86.323**
Total	**172.646**		

Fonte: Leila Mezan Algranti, *O feitor ausente*, 1988, p. 32.

Tomada em sua totalidade, ou seja, suas freguesias urbanas e rurais, o Rio de Janeiro possuía uma população de 86.323 habitantes, número muito semelhante ao apresentado pelo censo de Havana de 1817, cujo total dos habitantes contabilizava 84.075 almas. Entretanto, o segmento escravizado representava quase 47% dos habitantes do Rio, ao passo que na capital cubana esse percentual ainda era de

29%.[60] O recenseamento de 1821 revela uma distinção fundamental nas formas pelas quais o Rio de Janeiro e Havana se consolidaram como os principais centros escravistas das Américas: a localização residencial da população cativa. Embora a prática de "viver sobre si" fosse comum em ambas as cidades, observa-se, no caso do Rio de Janeiro, uma concentração expressiva da população escravizada nas áreas centrais e comerciais da cidade. Em contraste, em Havana, os escravizados, juntamente com os libertos e os livres "de cor", residiam predominantemente nos bairros situados fora do perímetro urbano central, nos chamados extramuros.

Se, por um lado, o espaço urbano de Havana apresentava certa setorização sociorracial, simbolicamente representada pela muralha que dividia a cidade, o que se observa no Rio de Janeiro é uma situação distinta. As transformações causadas por sua elevação a Corte portuguesa e o consequente incremento das atividades mercantis da cidade acabaram retirando boa parte das famílias mais abastadas das regiões próximas do porto e das principais vias de comércio, que foram procurar paragens mais calmas e com espaço suficiente para a construção de seus palacetes e sobrados.[61] Em estudo anterior foi demonstrado que, desde 1808, muitos cativos urbanos usaram a proximidade com seu local de trabalho para negociar a possibilidade de "viver sobre si" (nas regiões centrais do Rio), o que, em muitos casos, também pareceu vantajoso para os senhores.[62]

Uma vez mais fazendo uso dos dados obtidos por Frank, é possível entender por que havia tal concentração de escravizados nas freguesias comerciais. Nesses locais, um escravizado de ganho, entre 20 e 30 anos e avaliado em 160$000 réis (160 mil réis), recebia cerca de $320 (320 réis) por dia. De tal modo que, em um ano, o cativo teria recebido entre 50$000 (50 mil réis) e 70$000 (70 mil réis) – metade para se sustentar, metade para pagar o que devia a seu senhor. Fazendo um cálculo otimista, no qual o escravizado conseguisse economizar um quarto do que recebia anualmente (caso trabalhasse vinte e sete dias todos os meses), seria necessário quase quatro anos para que ele conseguisse comprar sua alforria.[63]

MAPA 16 Rio de Janeiro na década de 1820

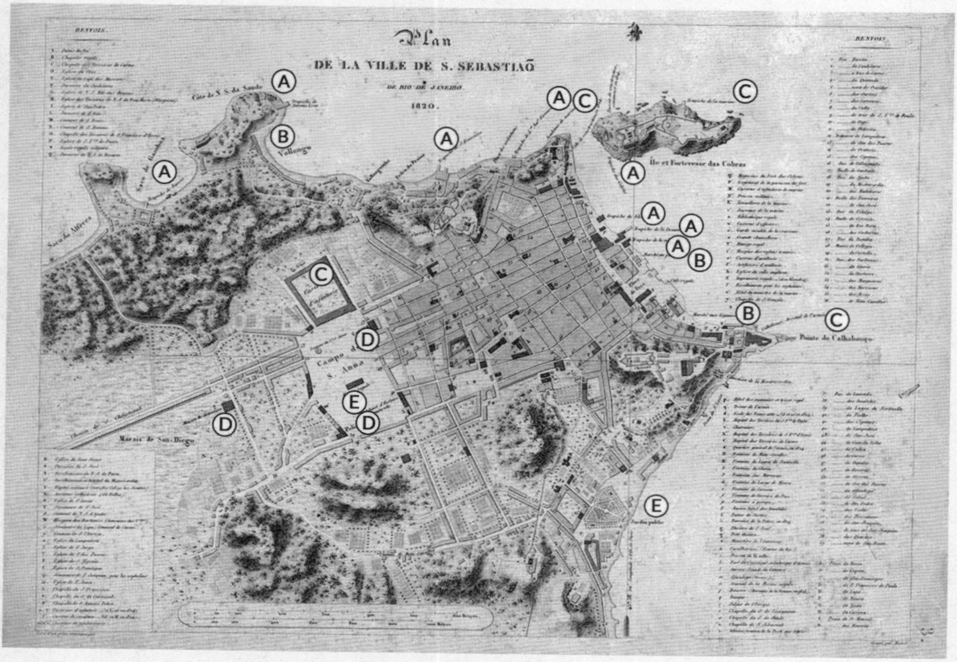

Plano da cidade de São Sebastião do Rio de Janeiro, 1824. Gravado por autor desconhecido. Fundação Biblioteca Nacional.

O mapa 16, produzido em 1824, ajuda a compreender um pouco melhor o crescimento do perímetro urbano do Rio de Janeiro e como as atividades exercidas pelos escravizados estavam atreladas a essa expansão. Destacados com (A) estão os principais trapiches da cidade, mostrando, uma vez mais, a importância da atividade portuária para a economia da Corte. Estão indicados com (B) três grandes mercados do Rio: o Valongo (na freguesia de Santa Rita), o Mercado de Peixes e o Mercado de Legumes, ambos localizados nas proximidades do largo do Paço, uma das regiões mais movimentadas da cidade. Com (C) estão os edifícios militares destacados no mapa, como a Academia da Marinha, a Fortaleza da ilha das Cobras (também administrada pela marinha), o Calabouço e o Arsenal de Armas, além da recém-construída Casa de Infantaria. Identificados com (D) estão alguns órgãos administrativos do Rio, como o Paço Real, o novo edifício da Câmara Municipal, a Intendência-Geral de Polícia e a Casa de Detenção – os três últimos localizados nas imediações do Campo de Santana. Por fim, com (E) estão indicados os espaços de sociabilidade fundamentais para a dinâmica de uma vida na Corte, como o Passeio Público (que ainda obedecia ao traçado original de Mestre Valentim) e o já mencionado Campo de Santana. Ainda estão destacadas no mapa duas vias que indicavam as direções do crescimento do Rio: o caminho de São Cristóvão, fundamental para o processo de urbanização da freguesia do Engenho Velho, que, até o início do século XIX, era um rocio das tropas que vinham do interior da capitania do Rio; e o caminho de Mata-Cavalos (hoje rua do Riachuelo), via de extrema importância para o trânsito da realeza na cidade, e que facilitou a ocupação das regiões da Lapa e da Glória. Nota-se então que não fora por acaso que grande parte do segmento escravizado morava nas freguesias urbanas do Rio. Ainda que a cidade estivesse crescendo, Candelária, Santa Rita, Sacramento, São José e Santana contavam com os principais mercados e trapiches da cidade.

É interessante pensar que a diferença na ocupação espacial nas duas cidades pelo segmento escravizado até meados da década de 1830 teve desdobramentos que, embora corroborassem a força da escravidão das duas urbes, indicavam que as relações dos cativos com a urbanidade ocorreram de forma diferente em cada uma delas. Ainda que precise ser lida juntamente com outras dinâmicas específicas dos dois centros urbanos, tal constatação ajuda a compreender, por exemplo, por que Havana fora palco da Rebelião de Aponte em 1812, enquanto no Rio de Janeiro nenhuma insurreição relevante de escravizados tenha sido registrada. O fato de a maioria dos cativos no Rio de Janeiro residir nas freguesias centrais da cidade não apenas os situava em proximidade com os principais espaços de oferta de trabalho como também os mantinha sob vigilância constante das instituições de poder local, especialmente aquelas ligadas ao controle social e à ordem urbana.

Já foi pontuado que, desde 1810, as autoridades governativas haviam iniciado um movimento para ampliar a sua presença no perímetro urbano do Rio. A construção do Quartel Militar no Campo de Santana foi uma das investidas mais significativas. Fazendo uso da pompa e circunstância da vida na Corte, o Campo de Santana muitas vezes era utilizado para

> diversões públicas [como as] touradas. O circo onde elas se realizavam acha-se no Campo de Santana. Por ocasião do aniversário

> da princesa real, se não me engano, assisti a este curioso espetáculo, único, aliás, verificado durante a minha permanência no Rio. Foi mesmo abaixo de tudo: portugueses, brasileiros, mulatos e negros vaiaram-no do princípio ao fim. Um tourinho magro, cuja ira alguns figurantes paramentados procuravam em vão provocar com suas capas vermelhas.[64]

Embora a tourada não tenha surtido o mesmo furor que costumava causar no mundo hispânico, o relato do prussiano Leithold demonstra que o poder público estava se fazendo mais presente nas regiões até então pouco urbanizadas da Corte, o que corrobora o fato de que, cada vez mais, os escravizados urbanos do Rio precisassem lidar com órgãos repressores. Vale dizer que era na praça desse mesmo Campo de Santana que se localizava o pelourinho. Diariamente, entre 9 e 10 horas da manhã, uma turba de escravizados que estavam presos era açoitada em praça pública, a fim de demonstrar que as autoridades administrativas cumpriam exemplarmente as suas funções.[65]

Isso não quer dizer que esses cativos tenham sido menos eficientes em sua luta contra a escravidão; apenas que os movimentos de resistência ocorreram de maneira distinta do que foi observado em Havana, graças à conformação socioespacial de cada uma das cidades, bem como das origens dos cativos e das relações estabelecidas entre eles e os demais setores da população (sobretudo os negros e mestiços libertos). Não por coincidência, o maior motivo de prisões no Rio de Janeiro entre 1810 e 1820 foi a fuga de escravizados. Em 1815, por exemplo, a *Gazeta do Rio de Janeiro* publicou um anúncio sobre a fuga de um escravizado congo que trabalhava na obra do chafariz do Campo de Santana. Em 1820, o mesmo jornal publicou que uma escravizada cabinda enganou seu proprietário ao sair para buscar água em um dos muitos chafarizes da cidade e acabou fugindo.[66]

Não foi por acaso que ambas as fugas tinham os chafarizes como pano de fundo. O difícil acesso à água potável fez com que, desde os tempos dos vice-reis, houvesse um investimento público na construção de chafarizes, o que se manteve depois da chegada da família real. Todavia, em uma Corte escravista, é de imaginar que a população escravizada fosse, justamente, aquela que acessava os chafarizes todos os dias para buscar água potável para a casa de seus amos. Desse modo, os chafarizes da cidade se tornaram importantes ponto de encontro da população escravizada e liberta e, por consequência, focos de vigilância das autoridades, que cada vez tinham mais dificuldade de determinar quem era escravizado e quem era livre diante da massa de homens e mulheres negros que trabalhavam na cidade.

No entanto, embora a presença de cativos e libertos nas ruas do Rio de Janeiro tenha se intensificado ao longo do tempo, criando condições para que alguns escravizados utilizassem o anonimato urbano como estratégia de fuga, muitos optavam por abandonar completamente a malha urbana. Refugiavam-se em áreas de mata, morros e áreas periféricas, como a região que hoje corresponde à Baixada Iguaçuana.[67] A ausência de feitores na cidade não significava ausência de controle: a vigilância sobre a população negra era difusa e persistente, sendo exercida tanto por autoridades estatais quanto por setores da população livre.

A vigilância não era o único problema enfrentado pela população escravizada da cidade. A concorrência entre os escravizados de ganho, reflexo das duras condições de sobrevivência e mobilidade no meio urbano, reforçava os limites sociais implícitos do cativeiro, os chamados "muros invisíveis", como os denominou Mary Karasch.[68] A documentação policial da Corte, no período de 1810 a 1820, fornece indícios relevantes para a compreensão dessas dinâmicas. Em março de 1819, Maria Congo teve seu tabuleiro roubado pelo escravizado crioulo Pedro. Quatro meses depois, os oficiais de Fernandes Viana prenderam José Benguela, acusado de matar Joaquim Rebolo, que morrera enquanto resistia à tentativa de roubo pelo acusado.[69]

Por mais que o escravizado de ganho gozasse de significativa mobilidade, que muitas vezes era ansiada por cativos que trabalhavam no eito, a quantidade de africanos escravizados que desembarcavam anualmente no Valongo, somada aos milhares de crioulos e aos outros tantos libertos, fez do mercado interno de mão de obra do Rio de Janeiro um espaço de solidariedade – além de um espaço de disputa. Sabedores disso, muitos senhores que tinham condições de comprar mais de um cativo geralmente adquiriam escravizados de origens distintas.[70] Tal prática era facilitada pelo avultado e diversificado tráfico transatlântico que, a despeito da pressão inglesa e em semelhança com o que ocorria em Havana, continuava crescendo.

A expansão do sistema escravista no contexto joanino não pode ser dissociada das decisões políticas da Coroa portuguesa. Sob a liderança de dom João VI e seus ministros, a Coroa optou por sustentar a escravidão como um dos pilares de sua agenda imperial. Tal postura persistiu mesmo ante as insistentes condenações do governo britânico, em grande parte devido ao apoio decisivo das elites coloniais americanas, que viam na escravidão um elemento indispensável à sua prosperidade.[71]

Conforme visto no capítulo anterior, a eficácia das ações tomadas pela Coroa portuguesa foi tamanha que serviu de incentivo para a oligarquia cubana, que a utilizou como exemplo positivo perante o poder metropolitano espanhol na defesa do tráfico. No entanto, as transformações que marcaram a segunda metade da década de 1810 fizeram com que a Coroa portuguesa tivesse de modificar os termos de suas negociações com os britânicos. A queda de Napoleão em 1815 colocou abaixo as ameaças de dom João sobre uma possível aliança luso-francesa. Como visto, no Congresso de Viena (1815), portugueses e espanhóis se uniram na defesa do tráfico. No entanto, o novo reordenamento político obrigou que a Coroa portuguesa negociasse diretamente com a Grã-Bretanha e sua política abolicionista cada vez mais aguerrida.

A defesa da política pró-escravista sistematizada por dom Rodrigo de Souza Coutinho entre 1810 e 1811 foi fundamental para as negociações que resultaram na assinatura da Convenção Adicional de 28 de julho de 1817, tão invejada pela elite *criolla* de Cuba. A despeito da determinação da instalação das Comissões Mistas e do direito de visita recíproco (cujo objetivo era garantir o julgamento dos navios negreiros que não seguissem os termos do acordo), a delimitação geográfica exata das regiões africanas em que o tráfico, sob a bandeira lusitana, seria lícito era o exemplo máximo da vitória de dom João VI, que dava ao Império Português uma condição singular no mundo atlântico: a legalidade da manutenção no tráfico transatlântico e a possibilidade de projetá-lo para o futuro.[72]

A elite senhorial do Rio de Janeiro soube explorar estrategicamente a presença da Corte, consolidando a cidade como um dos principais núcleos escravistas do Atlântico da década de 1820. A continuidade do tráfico atlântico, longe de beneficiar apenas os senhores fluminenses, favoreceu amplamente as elites proprietárias em todo o território brasileiro, assegurando a escravidão como base do sistema produtivo. E, ao contrário do que se possa imaginar, a Proclamação da Independência por dom Pedro I, em 1822, em nada alterou esse quadro.

A década de 1820 inaugurou uma nova fase de transformações liberais no âmbito do mundo atlântico, marcada por intensas reconfigurações políticas e institucionais. A derrocada definitiva de Napoleão, em 1814, precipitou uma crescente pressão interna em Portugal pelo retorno de dom João VI, culminando na eclosão da Revolução do Porto em 1820. Como desdobramento desse movimento, foram convocadas, em janeiro de 1821, as Cortes Constituintes da Nação Portuguesa, dando início à primeira experiência constitucional do país. A complexidade que permeou os trabalhos das Cortes – expressa tanto nas disputas sobre os modelos de organização político-jurídica quanto nas interpretações concorrentes acerca das heranças constitucionais da crise do Antigo Regime –, bem como o próprio encadeamento dos eventos entre janeiro de 1821 e setembro de 1822, indicam se tratar de um processo que exige apurada análise histórica.[73] No escopo da presente investigação, dois eixos se destacam como centrais para a compreensão daquele contexto: a atuação dos deputados brasileiros no interior das Cortes e os debates travados em torno da manutenção do regime escravista.

A presença dos deputados brasileiros foi decisiva nas discussões sobre a instituição escravista. Após o momento inicial de expectativa em relação ao retorno de dom João VI e a ofensiva para eleger os deputados na América (primeiro semestre de 1821), pernambucanos e depois baianos chegaram a Lisboa, em 1821, reivindicando maior autonomia das províncias. Poucas semanas antes, a escravidão havia sido discutida pelo Congresso. Entretanto, foi apenas a partir de fevereiro de 1822, quando dom Pedro I decidiu ficar no Brasil – à revelia do desejo de muitos políticos de Portugal –, que o debate sobre o cativeiro na América foi retomado. Naquele contexto, deputados paulistas recém-chegados a Portugal advogavam pela manutenção da unidade do Reino do Brasil, reafirmando a legitimidade da permanência do príncipe regente em território americano.[74]

Assim como ocorrido em Cádis (1810-1814), nas Cortes portuguesas os parlamentares dos dois lados do oceano adotaram a estratégia de silenciar o debate sobre escravidão e o tráfico negreiro na Constituição, ainda que a manutenção de ambos fosse ponto passivo. Propostas como a do deputado Borges de Barros, que previa a substituição gradual da mão de obra cativa por imigrantes europeus, não foram discutidas uma única vez.[75] Para além do trabalho compulsório e da manutenção do tráfico negreiro, os deputados do Reino Unido de Portugal, Brasil e Algarves lutavam pela legitimação da forma – difundida, enraizada e eficaz – de governar os escravizados, não admitindo interferências externas.

No entanto, o compartilhamento do silêncio sobre a escravidão não reverberou em outras instâncias políticas debatidas nas cortes. Conforme os parlamentares brasileiros identificavam interesses em comum, a distância em relação aos portugueses aumentava, indicando a dificuldade de uma reconciliação entre as duas partes do Atlântico. Antes mesmo do juramento da Constituição da Nação Portuguesa, o Brasil já havia proclamado sua independência[76] e convocado uma Assembleia Constituinte no Rio de Janeiro, que retomaria parte das discussões realizadas em Lisboa, só que agora com o objetivo de construir um Estado independente – e escravista.[77]

CAPÍTULO 7

Soberanias em capitais escravistas (1822-1833)

Rio: capital de um império soberano e escravista

Em 2 de outubro de 1822, quando a independência do Império do Brasil ainda não completara um mês – e dom Pedro ainda não havia sido oficialmente coroado –, o *Correio do Rio de Janeiro* já refletia as tensões e ambiguidades que marcaram o processo de emancipação política brasileira, cuja consolidação efetiva só ocorreria com a Independência da Bahia, em 2 de julho de 1823. Naquela edição, o periódico publicou, entre outros documentos, um edital expedido pelo Senado da Câmara, que versava sobre as causas da independência, ao lado de uma carta redigida meses antes, na qual se exaltava "o quanto é incansável um Príncipe em promover tudo para que em tudo sejam felizes seus súditos".

Além desses textos, o jornal também trazia uma correspondência assinada pelo "Sr. Redator", na qual se questionava abertamente a tributação imposta aos traficantes de africanos escravizados que desembarcavam no cais do Valongo. O redator criticava o processo de inspeção e o eventual encaminhamento desses indivíduos ao lazareto, construído em 1811, alegando que tais medidas implicavam custos excessivos aos operadores do tráfico humano. A correspondência denunciava ainda que essa estrutura tributária parecia atender, sobretudo, aos interesses particulares de determinados portugueses atuantes no Valongo.[1]

Não é por acaso que essas questões tenham aparecido lado a lado naquela edição de um periódico que tratava dos assuntos do Rio de Janeiro, cidade que acabara de se tornar a capital do Império do Brasil. Afinal, os interesses que sustentaram o processo da Independência do

Brasil tinham a escravidão, ou melhor, a defesa da escravidão, como espinha dorsal do país nascente.

A Carta Constitucional outorgada em 1824 deixa essa relação especialmente evidente: o feliz casamento de um Estado liberal com a escravidão. Essa união se manifesta de forma particularmente expressiva no artigo 179. Conforme o próprio texto constitucional, esse dispositivo dispunha sobre "a inviolabilidade dos Direitos Civis e Políticos dos Cidadãos Brasileiros, que tem por base a liberdade, a segurança individual e a propriedade", estabelecendo assim que tais direitos estariam garantidos pela monarquia brasileira.

Embora a formulação do artigo já revele, em seu enunciado, os fundamentos liberais que sustentam a ordem constitucional, é necessário enfatizar seu caráter disruptivo em relação às práticas políticas e jurídicas da experiência colonial. Entre os elementos que evidenciam essa ruptura, destaca-se a abolição formal da tortura, dos açoites e das penas cruéis aplicadas a cidadãos brasileiros. A partir de então, pelo menos em termos legais, todos os homens reconhecidos como cidadãos seriam submetidos ao mesmo ordenamento jurídico, independentemente de origem ou pertencimento racial.

De acordo com a Constituição, eram cidadãos brasileiros: os indivíduos nascidos no Brasil, incluindo os libertos; os filhos de brasileiros nascidos no exterior que estabelecessem domicílio no império; os filhos de pais brasileiros nascidos no estrangeiro a serviço do Estado; os portugueses residentes que aderiram à independência; e os estrangeiros naturalizados, independentemente de sua religião. A cidadania, portanto, em termos jurídicos, não fazia distinções raciais explícitas – a palavra *raça* nem sequer aparece no texto constitucional –, permitindo a inclusão formal de homens negros libertos no corpo cívico da nação.

Essa aparente abertura liberal, entretanto, esbarrava em restrições socioeconômicas e normativas que limitavam, na prática, a participação política dos libertos. Embora reconhecidos como cidadãos, eles foram formalmente excluídos da segunda instância do sistema eleitoral – o colégio dos eleitores de província – e, consequentemente, do processo de escolha de deputados e senadores. Ademais, o sistema de voto censitário, baseado em exigências de renda mínima anual (100$000 réis [100 mil réis] para eleitores paroquiais e até 800$000 réis [800 mil réis] para candidatos ao Senado), impunha barreiras significativas à maioria da população negra, sobretudo aos egressos da escravidão.

Também é preciso lembrar que, à época da promulgação da Carta Constitucional, pouco mais de 4 milhões de africanos escravizados chegaram a terras brasileiras. Em uma sociedade cujo passado colonial havia sido estruturado em torno do tráfico de africanos e da exploração da mão de obra escravizada, como era o caso do Brasil imperial, a escravidão não apenas sustentava a economia, mas também servia, de maneira indireta, porém decisiva, como fundamento para o exercício da cidadania. O sistema político vigente, baseado no voto censitário, exigia determinados níveis de renda como critério para participação eleitoral. Essa renda, na maioria dos casos, era derivada da posse de terras e, sobretudo, do uso intensivo do trabalho escravizado. Assim, eram justamente os vínculos com a escravidão – seja pela propriedade de cativos, seja pela inserção em atividades econômicas alimentadas por esse regime – que garantiam aos indivíduos o cumprimento dos requisitos legais para o voto. Em última instância, portanto, era a escravidão que conferia a muitos cidadãos os meios materiais necessários para o reconhecimento político de sua cidadania no interior do império.

Mas essa análise só é possível com uma leitura a contrapelo da Constituição. Isso porque, assim como ocorrera no debate das Cortes de Lisboa, o silêncio em relação à escravidão e ao tráfico negreiro foi estrategicamente empregado no texto constitucional, caracterizando o que Alencastro chamou de "compromisso para o futuro", em que "o Império do Brasil retoma e reconstrói a escravidão no quadro do direito moderno, dentro de um país independente, projetando-a sobre a contemporaneidade".[2]

Os registros feitos pelos viajantes que visitaram o Rio de Janeiro depois de setembro de 1822, bem como os dados referentes ao tráfico, confirmam que a soberania brasileira se forjou em meio à escravidão. Entre 1822 e 1833, 346.638 africanos escravizados desembarcaram nos portos da região sudeste do Brasil, dos quais pouco mais de 300 mil aportaram no Valongo.[3] A média anual de desembarques no maior mercado de escravizados das Américas era de 31 mil africanos escravizados, quantia equivalente a 57% do total no Brasil. No entanto, diferentemente do que se viu ao longo da década de 1810, o significativo incremento do tráfico na região sudeste do Brasil, sobretudo no mercado do Valongo, não se devia apenas à pujança comercial do Rio: no início da década de 1830, a produção do café reaqueceu a economia de *plantation* da província do Rio de Janeiro e, como era de esperar, passou a demandar quantidades enormes de escravizados. A partir de 1822, a formação do Estado nacional brasileiro esteve diretamente imbricada com os interesses econômicos dessa nova classe de cafeicultores do império.[4]

A dinâmica do Valongo – porta de entrada de africanos escravizados que seriam alocados tanto em atividades urbanas da capital colonial como na crescente produção cafeeira fluminense – continuou sendo registrada nos jornais que circulavam na cidade, também chamando a atenção de muitos viajantes. Maria Graham, viajante inglesa que esteve no Brasil entre 1821 e 1823, visitou a região do Valongo e anotou em seu diário que

> quase todas as casas desta longuíssima rua são um depósito de escravos. Passeando pelas ruas à noite, vi na maior parte delas bancos colocados rentes às paredes, nos quais filas de jovens criaturas estavam sentadas, com as cabeças raspadas, os corpos macilentos, tendo na pele sinais de sarna recente. Em alguns lugares as pobres criaturas jazem sobre tapetes, evidentemente muito fracas para sentar-se. Em uma casa as portas estavam fechadas até meia altura e um grupo de rapazes e moças, que não pareciam ter mais do que quinze anos, e alguns muito menos, debruçavam-se sobre a meia porta e olhavam a rua com faces curiosas. Eram evidentemente negros bem novos. Ao aproximar-me deles, parece que alguma coisa a meu respeito lhes atraiu a atenção; tocavam-se uns nos outros para certificarem-se de que todos me estavam vendo e depois conversaram no dialeto africano próprio com muita vivacidade. Dirigi-me a eles e olhei-os de perto, e ainda que mais disposta a chorar. Fiz um esforço para lhe sorrir com alegria e beijei minha mão para eles; com tudo isso parecem eles encantados; pularam e dançaram, como que retribuindo as minhas cortesias. Pobres criaturas![5]

A consternação de Graham era, em parte, decorrente dos ideais humanistas e abolicionistas que havia décadas acometiam parte da

Inglaterra. Porém, as cenas descritas eram novidade apenas para a narradora. Viajantes que estiveram no Valongo anos antes encontraram situações muito semelhantes. Os horrores do tráfico e a crueldade na venda dos africanos escravizados nada tinham mudado.

Como já se destacou anteriormente, o pertencimento a sociedades europeias nas quais a escravidão fora extinta nas metrópoles havia séculos levou muitos viajantes do Velho Mundo a expressar surpresa com a presença ostensiva de cativos nas cidades do Novo Mundo. Os viajantes que puderam ficar mais tempo imersos no mundo escravista tentaram compreender as dinâmicas que pautavam o cotidiano dessas sociedades. Seus testemunhos mostram que, embora estivessem visitando uma nação independente e soberana, a instituição escravista se mantinha como instituição inabalável, fosse no campo, fosse na cidade.

Segundo o alemão Carl Schlichthorst, que esteve no Rio de Janeiro entre 1824 e 1826,

> os escravos mais forçudos trabalham nas ruas como carregadores. Andam nus com uma simples tanga amarrada na cintura, que mal cobre as coxas. Levam todas as cargas à cabeça. Às vezes bastam seis e mesmo quatro para carregar depressa uma caixa de açúcar com peso de 2.200 libras. Esses mariolas entregam a seus amos uma diária certa e eles próprios satisfazem as suas necessidades da vida. O mesmo se dá com as jovens pretas, que vendem frutas e outras miudezas, obrigadas a entregar de 16 a 20 vinténs ou meio thlaer por dia. O que ganham a mais lhes pertence.[6]

Schlichthorst foi além. Embora julgasse que os escravizados urbanos do Rio de Janeiro andassem sem cuidados pelas ruas da cidade, o viajante também notou que, em inúmeros casos, os senhores recorriam ao Estado quando queriam castigar seus cativos. Um dos motivos mais frequentes para tais castigos eram as fugas, geralmente praticadas por africanos que "mesmo recebendo o melhor tratamento [fogem] dos amos, salvo se continuamente ocupados dentro das casas, livres das tentações dos seus companheiros de fora".[7] Mas a rua não era um convite apenas para a fuga: nos espaços públicos da cidade é que muitos escravizados e libertos refaziam suas identidades, imprimindo outros sentidos e usos para o Rio de Janeiro.

> O canto, a dança e os folguedos enchem as horas de folga dos escravos. Quando se quer ver gente alegre, basta procurá-los. [...] A inconsciência do negro deixa-o gozar o que o momento o propicia, sem cuidados sobre o futuro. Sua dança predileta chama-se fado [lundu], e consiste num movimento trêmulo do corpo que, suavemente embalado exprime os sentimentos mais sensuais de um modo tão natural como indecente.[8]

Para a capital da nova nação que surgia, era crucial que os órgãos administrativos definissem até que ponto os folguedos e danças da cultura negra eram bem-vindos. E, no que diz respeito à atuação do Estado na vigilância da população escravizada, pouca coisa mudou no Rio de Janeiro.

Os bilhetes expedidos para a prisão no Calabouço durante 1822 demonstram que a dinâmica da administração dos cativos não foi alterada nos primeiros anos da independência brasileira. Entre janeiro e dezembro daquele ano, 106 proprietários encaminharam seus escravizados ao Calabouço para que fossem castigados pelos oficiais do poder público, que cobravam 160 réis por cada centena de chibatadas aplicadas.[9]

Ainda que a documentação disponível não explicite de forma detalhada as motivações específicas que levavam os senhores a encaminhar seus cativos para castigos no Calabouço, é possível observar que muitos proprietários solicitaram a aplicação de penas severas, como duzentos ou trezentos açoites. Tal quantidade, devido à sua intensidade, não podia ser executada em um único dia, a fim de evitar o risco de morte do cativo. Considerando-se a severidade da punição, pode-se inferir que tais castigos estavam associados a faltas consideradas graves no interior da lógica senhorial. Além disso, o envio do escravizado ao Calabouço implicava custos financeiros ao senhor – tanto pelo pagamento do serviço de punição quanto pela interrupção temporária do uso da força de trabalho, em razão do período de reclusão e do tempo necessário à recuperação física do cativo. Esses elementos indicam que a punição, ainda que violenta, estava inserida em um cálculo racional que articulava disciplina, controle e custo econômico.

A aplicação de açoites era uma das tarefas menos onerosas para os funcionários da polícia do Rio de Janeiro durante o período escravista. Essa relativa facilidade operacional decorria, em parte, do fato de que tal atividade gerava receitas para a instituição, uma vez que os castigos corporais aplicados no Calabouço eram remunerados pelos senhores de escravizados. Ademais, a responsabilidade pela decisão de punir recaía sobre os próprios proprietários, que determinavam a necessidade da correção e se encarregavam de conduzir o cativo às autoridades responsáveis pela execução da pena. O sistema penal urbano operava de modo a combinar práticas disciplinares privadas com os mecanismos de repressão estatal, evidenciando a colaboração entre agentes públicos e interesses senhoriais na manutenção da ordem escravista. Mas nem sempre o cálculo era bem-feito. Tanto que, em 1829, o jornal *Voz Fluminense* publicou o caso, nunca esclarecido, de uma escravizada parda que morreu no Hospital da Santa Casa de Misericórdia em consequência dos açoites recebidos no Calabouço.[10]

Anúncios publicados em diferentes periódicos que circularam no Rio de Janeiro na década de 1820 demonstram que o Calabouço foi uma instituição importante na manutenção da escravidão urbana, servindo como uma espécie de regulador do cativeiro citadino. Além dos açoites – que continuaram sendo aplicados[11] –, o presídio também ficava repleto de escravizados que haviam sido capturados pelos oficiais de polícia por conta dos mais variados tipos de delito. Durante o período de encarceramento, muitos desses homens e mulheres eram alocados em obras públicas, prática que, além de reforçar o caráter utilitário da pena, permitia a diminuição dos encargos financeiros associados à manutenção do sistema prisional.

Muitos proprietários aproveitavam o encarceramento de seus escravizados "rebeldes" para tentar se livrar deles, como aconteceu com o proprietário de Manoel Moçambique, de 18 anos, que em 1824 vendia seu cativo hábil para todo o serviço de casa – e que estava preso apenas por cautela.[12] Em 1828, outro anúncio colocava à venda uma escravizada muito boa cozinheira e ótima nos serviços de casa, com a ressalva de que o futuro comprador não deveria ser residente da Corte.[13] No ano seguinte, no mesmo jornal, uma senhora idosa tentava vender o cativo Manoel, oficial de pedreiro, mas que costumava vadiar.[14] Nos três casos, os futuros compradores deveriam se dirigir ao Calabouço para retirar o escravizado em questão.

A tentativa de alguns proprietários de se livrar de escravizados presos no Calabouço é mais um indício de que o Rio de Janeiro se manteve como palco das mais variadas formas de resistência de escravizados – seguimento populacional que crescia a olhos vistos.

Não por acaso, no dia 6 de junho de 1825, Manoel Joaquim Lopes redigiu uma súplica para a Câmara Municipal solicitando licença para continuar como capitão do mato da freguesia do Sacramento. De acordo com o suplicante, sua boa atuação na captura de escravizados fugidos era razão suficiente para que as autoridades competentes renovassem sua licença. Meses depois, Cippriano Soares compareceu à mesma instituição fazendo pedido semelhante ao de Manoel Joaquim. Capitão do mato da freguesia do Engenho Velho (mas tendo trabalhado em outras diligências), o requerente enumerava os quilombos que havia desmantelado na tentativa de manter sua permissão para atuar como apresador de escravizados fugidos.[15]

Havia muito que inúmeros "cidadãos de bem" encontravam no apresamento de cativos o sustento para si e sua família. No entanto, observa-se que, a partir de 1822, uma quantidade cada vez maior de solicitações para capitães do mato chegava à Câmara Municipal. As licenças, geralmente concedidas sem muitas delongas, apontavam que as fugas constituíam prática disseminada por toda a cidade do Rio de Janeiro. Freguesias urbanas, suburbanas e rurais eram esconderijos em potencial para escravizados foragidos.[16]

Além de evidenciar que a fuga permanecia como uma das formas mais recorrentes e significativas de resistência entre a população escravizada do Rio de Janeiro, a série de petições encaminhadas à Câmara revela que a captura desses fugitivos era, em grande medida, responsabilidade de particulares. Tal constatação não apenas sinaliza a persistência de práticas herdadas do período colonial, mas também evidencia as limitações estruturais da Intendência-Geral de Polícia em assegurar a ordem na capital do império. Ao que tudo indica, as rondas noturnas chefiadas pelos homens de Paulo Fernandes Viana, entre 1808 e 1821, não colocaram fim nas fugas dos escravizados.

Foi nesse cenário que Francisco Alberto Teixeira Aragão assumiu a Intendência-Geral de Polícia da Corte em janeiro de 1825. No mês seguinte, o jornal *Despertador Constitucional: Extraordinário* – depois de adular o novo intendente – publicou um documento no qual estavam descritas as principais funções da polícia da Corte. O artigo 4º do referido edital tratava especificamente da escravidão no contexto urbano do Rio de Janeiro, com ênfase em três frentes principais: a repressão aos praticantes de capoeira, a exigência de autorização policial para a permanência de escravizados nas ruas após o horário estipulado, e a intensificação da vigilância sobre aqueles que se dirigiam aos chafarizes públicos para buscar água.[17]

Grande parte das atribuições mencionadas no periódico foi efetivamente assumida pelo novo intendente-geral, o qual promulgou uma série de normas voltadas à regulamentação da circulação de pessoas escravizadas na cidade, restringindo seus deslocamentos a horários específicos e proibindo sua entrada em armazéns, tavernas e botequins.

E, como era de esperar, a Intendência-Geral seguiu utilizando a mão de obra escravizada para uma série de obras públicas. No jornal *O Spectador Brasileiro*, de setembro de 1825, é possível observar que entre uma série de pagamentos feitos pela intendência – como o aluguel da casa ocupada pela instituição, as gratificações mensais pagas aos oficiais da Guarda-Geral de Polícia e as despesas com a numeração dos prédios da Corte – estava discriminando o pagamento do aluguel de pretos minas ocupados tanto na construção do Passeio Público como em outras obras feitas pela intendência.[18] Sobre aqueles cuja presença era mais essencial ao funcionamento cotidiano da cidade recaíam as formas mais rigorosas de vigilância por parte da polícia.

O terceiro volume do códice 403 do Arquivo Nacional – com os registros das prisões feitas entre 1825-1826 – é um exemplo desse duplo movimento das autoridades policiais. Junto com o menor número de ocorrência de escravizados detidos e de certa reorganização no registro dos locais e datas das detenções,[19] também se observa a manutenção do mesmo padrão dos delitos cometidos por cativos no período joanino. Brigas nas ruas, vadiagens, capoeiras, pequenos furtos e, sobretudo, fugas continuaram a ser os principais motivos para a reclusão de escravizados.[20] Para evitar parte dos transtornos que a maior mobilidade do cativo urbano poderia causar, a polícia começou a arrochar algumas medidas, aumentando a vigilância em tabernas e hospedarias da cidade.

Mantendo as ações preventivas de seu antecessor, Teixeira Aragão procurou controlar, minimamente, atividades que envolviam o segmento escravizado e que, aparentemente, não representavam grandes perigos para o bom funcionamento do Rio de Janeiro. No dia 2 de março de 1825, José Manoel Ferreira Salgado, morador na rua da Quitanda, assinou termo em que abonava Francisco Ignácio Sebastião Silva para "seus escravos mascatearem por esta cidade e Freguesia de Inhaúma, Terra firme até Tayoaby".[21] Quarenta dias depois, foi assinado outro termo: "Antonio José Miranda de Figueira, morador à rua da Quitanda com Loja de fazendas em que abona a Feliciano Ribeiro para o escravo ir mascatear pelos distritos de Irajá, Inhaúma, Campo Grande, declaro que o escravo chama-se João."[22]

A maior parte dos termos de abonação remetia ao mascate cuja atividade consistia na venda ambulante de produtos. Isso sugere que o cativo ficaria sem pouso certo, dormindo aqui e ali nas vilas pelas quais passasse. O curioso é que, em diversos casos, moradores de freguesias urbanas (muitas delas centrais) abonavam seus escravizados para mascatear por regiões suburbanas e/ou rurais da província do Rio. É possível aventar que essas zonas do Rio de Janeiro já estivessem sendo afetadas pela produção de café, o que teria causado certa migração populacional e, consequentemente, o comércio itinerante.

Nos anos finais da década de 1820, as cercanias do Rio de Janeiro continuavam sendo ponto de fuga e formação de quilombos. Em fevereiro de 1827, o jornal *A Aurora Fluminense* trazia em primeira mão as ações ousadas de

> negros que formam o quilombo, que existe nas montanhas de laranjeiras, deram muitos tiros de espingardas: um negro, que se prendeu nessa noite e ocasião, em que levava uma vaca que acabava de furtar, o qual também era sócio do quilombo, disse que os tiros eram de honra, da reunião de seu quilombo com o outro. Corre que o Sr. Intendente-Geral de Polícia exigira do Senado da Câmara uma lista de Capitães do Mato, a fim de combinar com eles um ataque geral contra os quilombos que inspiram bem fundados receios a todos os proprietários circunvizinhos.[23]

De acordo com o jornal *L'Écho de l'Amérique du Sud*, o ataque aconteceu em julho daquele ano, em uma ação da polícia que, depois de forte resistência, conseguiu desmantelar parte do quilombo, aprisionando mais de sessenta negros.[24] Dois meses depois, o mesmo jornal narrou outra incursão ao quilombo, que contou com a ajuda de milícias vindas de Minas Gerais. No confronto, dois quilombolas foram mortos, assim como um oficial da milícia mineira. O quilombo foi incendiado, mas a maior parte dos negros conseguiu fugir para as matas, exigindo que a Intendência-Geral tentasse encontrar os esconderijos dos quilombolas que provavelmente ainda estavam nas cercanias do Corcovado.[25]

As dinâmicas urbanas do Rio de Janeiro continuavam a representar um desafio constante para as autoridades policiais. A escassez de água figurava entre as principais queixas nos periódicos da cidade, revelando tanto a insuficiência de chafarizes públicos quanto os conflitos gerados em torno do acesso às poucas fontes disponíveis. Escravizados costumavam se envolver em disputas enquanto buscavam água para os domicílios de seus senhores, evidenciando as tensões cotidianas em espaços de uso comum. Ademais, relatos apontam o controle exercido por determinados "grupos de negros" – escravizados e libertos – sobre esses pontos de abastecimento, o que intensificava os conflitos. Tais locais, marcados por circulação intensa e relativa desordem, também se configuravam como oportunidades estratégicas para tentativas de fuga por parte de escravizados.[26]

No âmbito nacional, o Estado brasileiro tomou algumas medidas com o intuito de administrar melhor o terriório e manter a ordem. A partir de 1826, quando as atividades parlamentares foram reiniciadas, boa parte dos deputados e senadores que exerciam o Poder Legislativo era partidária de um projeto de Estado nacional que pregava maior autonomia das províncias e, consequentemente, a descentralização do poder. Em outubro de 1827, conforme previsto na Constituição, foi criado o cargo de juiz de paz, que passou a exercer as funções que antes cabiam aos juízes ordinários, juízes de vintena e ao almotacé. Diferentemente do que ocorrera no período colonial, esses magistrados seriam eleitos pelos cidadãos brasileiros e responderiam sobre os assuntos menores de cunho judicial de sua paróquia, inclusive aqueles que diziam respeito à escravidão. De maneira geral, tal medida deixava parte do Poder Judiciário do Brasil relativamente autônomo, tendo em vista que, a partir de então, esses juízes não seriam mais nomeados pelo monarca.

A criação desse cargo teve fortes repercussões. Por um lado, obteve apoio de muitos jornalistas, já que era uma forma de controlar o imperador e de a sociedade civil ficar mais próxima do poder. Por outro, foi desaprovada por políticos mais moderados que defendiam a centralidade do poder no Rio de Janeiro. Plataforma dos liberais reformistas, o juiz de paz era uma das peças a compor um projeto de Estado que, como se verá mais adiante, não vingou. De todo modo, tal cargo foi fundamental para o andamento e o conhecimento da vida prática do país, já que entre suas obrigações estava a promoção de conciliações entre partes envolvidas em potenciais litígios, em brigas domésticas, danos causados por escravizados, aplicação de posturas municipais, destruição e prevenção de quilombos etc. Segundo Flory, os juízes de paz eram pacificadores sociais da comunidade, uma espécie de "autoridades de bairro".[27] Em 1830, esses magistrados ocupavam posição de destaque na administração nacional, embora sua atuação tenha variado nas diferentes localidades brasileiras, realizando funções que antes ficavam sob a alçada policial – instituição que agora estava submetida aos juízes.

Acompanhando as medidas tomadas pelos reformadores liberais, em 1830 foi elaborado o Código Criminal, que definia claramente os crimes e prescrevia a pena para cada um deles. Embora fizesse referências explícitas à escravidão, o documento não trouxe um conjunto de leis específicas para o trabalho forçado. Os cativos criminosos se enquadravam nos artigos gerais – exceto do item de insurreições.[28] Contudo, as municipalidades tinham reservas para estabelecer formas mais diretas de controle da população, incluindo obviamente os escravizados. Também data desse período a recomposição dos poderes das câmaras municipais, sobretudo a do Rio de Janeiro, que, no período joanino havia perdido parte da autoridade para a Intendência-Geral de Polícia.

No contexto da Corte imperial, além da promulgação do Código Criminal e da atuação dos juízes de paz, foi elaborado, em 1830, o Código de Posturas. Uma legislação que revela de maneira significativa a coerência com que o Estado, sob a liderança de liberais reformadores, tratava as questões relativas à população escravizada urbana.[29]

O relativo silêncio das atas e das posturas municipais a respeito do tema permite inferir que, embora a Câmara Municipal do Rio de Janeiro (órgão responsável pela legislação municipal) estivesse ciente dos problemas decorrentes da escravidão urbana, optou por respeitar a Constituição de 1824, preservando o direito de propriedade dos senhores em um sistema abertamente escravocrata.

Entretanto, por meio de uma leitura mais minuciosa, é possível averiguar que o silêncio das leis municipais sobre escravidão era apenas aparente. A ação de escravizados esteve presente nas entrelinhas dos textos legais, mostrando seu peso nas práticas cotidianas. Isso fica mais evidente ao se analisar, juntamente com as leis gerais sobre o escravismo, as posturas municipais e os diferentes acordos, com caráter legal, produzidos a fim de melhor administrar a escravidão.

As posturas municipais eram leis que tinham vigor apenas no município em que eram elaboradas e, comumente, tinham validade de um ano. Os responsáveis pela elaboração das posturas eram os vereadores da Câmara Municipal que, partindo da preocupação de manter uma cidade ordenada e das queixas dos cidadãos, debatiam e redigiam os códigos que iriam reger o espaço urbano.

Porém, diferentemente do que ocorria com os projetos de postura das demais cidades do Brasil, que deveriam ser sancionados pela Assembleia Provincial, as medidas elaboradas pela Câmara Municipal do Rio de Janeiro passavam pelo crivo do Ministério do Império e da Assembleia Geral (constituída pela Câmara dos Deputados e pelo Senado, instâncias máximas do Poder Legislativo do país), assinalando, uma vez mais, a importância do Rio de Janeiro como centro decisório do Império do Brasil.

O primeiro código de posturas do Rio de Janeiro foi aprovado durante o Primeiro Reinado (1822-1831), no dia 4 de outubro de 1830, e, para sua elaboração, contou com a Comissão de Posturas formada por vereadores e a participação de cidadãos comuns, médicos, fiscais de freguesias, juízes de paz e chefe de polícia.[30] O objetivo fundante desse conjunto de leis era a *civilização* da cidade escravista.

As posturas foram divididas em duas seções (Saúde Pública e Polícia), cada qual subdividida em títulos que, por sua vez, abarcavam certo número de artigos. A simples leitura desses títulos permite observar que, *grosso modo*, a grande preocupação das posturas era promover o bem público por meio da manutenção da ordem e do combate a qualquer ação que pudesse causar algum distúrbio à cidade. Entre os diferentes assuntos abordados, nota-se a presença, um tanto secundária, da escravidão.

No caso específico sobre Saúde Pública, os escravizados foram citados nos artigos 4º, 5º e 7º do título 6º, todos referentes à proibição de se despejar imundícies na rua em momentos não permitidos:

> Art. 5. He prohibido tapar, e fazer despejos nas vallas, que servem de esgoto às águas na Cidade e seu Termo, assim como abrir buracos para o mesmo fim nos que estão cobertos com lagedos: o contraventor será multado em 4$000 rs [4 mil réis], e sendo *escravo*, seo Sr. por elle: nas residências pagarão o dobro desta pena, e farão a limpeza e tapamento dos buracos 'a sua custa'. Não constando quem seja o infrator ficarão incursos nesta pena os moradores em cuja testada taes despejos foram feitos.[31]

Já na sessão "Polícia", a palavra "escravo" foi notificada em oito momentos, distribuída nos títulos terceiro, quarto, sexto, sétimo (quatro vezes) e nono. Diferentemente da seção anterior – na qual o escravizado apareceu como uma espécie de extensão de seu proprietário, entendido como o responsável direto pelas ações escravas[32] –, na segunda seção do Código de Posturas as atitudes dos cativos parecem ter recebido um peso maior. A preocupação com a *civilização*, entendida tanto como o polimento dos gestos e como o expurgo dos maus elementos que pudessem colocar em risco a ordem civilizadora, fez com que o escravizado fosse considerado um elemento que precisasse ser constantemente vigiado e, quando necessário, punido. Não por coincidência, a escravidão apareceu com maior frequência nesta seção do código, enquadrando-se nas preocupações com a ordem e o governo da cidade:

> Tít. 4°. Art. 4°. Toda a pessoa, que apresentar em lugares públicos quadros, ou figuras obscenas, e offensivas da moral publica, será multada em 6$000 rs [6 mil réis], e não tendo como pagar, ou sendo escravo, em 3 dias de Cadêa.[33]

> Tít. 6°. Art. 12. Os escravos, que forem encontrados nas ruas e Praças públicas a jogarem, serão multados em 1$000 rs [mil réis], e quando o senhor não satisfaça à multa incorrerão na pena de 24 horas de prisão.[34]

Pautado na experiência adquirida na administração do Rio de Janeiro, o Código de Posturas de 1830 tinha como objetivo principal manter a ordem nas ruas da capital do império. Graças a isso, a maior parte das referências feitas ao segmento escravizado tinha o intuito de cercear, na medida do possível, a grande mobilidade de trânsito dos cativos citadinos. No entanto, ainda que em muitos momentos os escravizados fossem tomados como os principais responsáveis pelas "vozerias nas ruas, injúrias e obscenidades contra a moral pública", os autores do Código de 1830 também os reconheceram como agentes para a manutenção de determinada segurança dos habitantes do Rio:

> Art. 14. Quando haja incêndio, será obrigado cada visinho do quarteirão, em que elle for, e dos quatro lados a mandar immediatamente hum escravo com um barril de agoa a apagar o incêndio, os quaes se apresentarão a qualquer dos Officiaes dos três quarteirões, que tomarão a rol o nome do escravo, e do senhor. Findo o incêndio, o Fiscal respectivo receberá os Officiaes dos cinco quarteirões os roes, que tiverem feito, e os que por elles constar, que vê não mandarão hum escravo, serão multados em 2$ rs [2 réis], salvo mostrando que tiverão justo impedimento para o fazerem, e neste caso poderá o mesmo Fiscal deixar de autuar, informando-se da verdade da escusa.[35]

Da mesma forma que o maior trânsito de escravizados deveria ser controlado, o código previa as medidas cabíveis em situações adversas, como no caso do Artigo 14 da Sessão de Polícia. E, em situações como essas, o cativo citadino deixava de ser considerado um perigo iminente para voltar a ser tratado como mão de obra fundamental para o funcionamento da rede de serviços urbanos da capital do Brasil.

Peças do projeto de um Estado nacional encabeçado por liberais reformadores, a criação do cargo de juiz de paz (1827), a formulação do Código Criminal e a elaboração do Código de Posturas Municipais (ambos de 1830) eram medidas que pretendiam ordenar a sociedade por meio de uma política descentralizada, que pregava reformas e maior autonomia do Judiciário, além da menor intervenção de interesses individuais nos assuntos de ordem pública. Todavia, durante o Primeiro Reinado, as ações estatais pouco mudaram a dinâmica do controle dos escravizados no Rio de Janeiro vigentes desde o período joanino. Questões relacionadas ao cativeiro continuaram sendo tratadas no âmbito privado da relação escravista, só que agora sob a roupagem do direito de propriedade garantido aos cidadãos brasileiros no Artigo 179 da Constituição.

No entanto, 1831 foi um momento de inflexão na história brasileira. A abdicação de dom Pedro I e a abolição legal do tráfico transatlântico de escravizados deram novos rumos para a formação do império, na medida em que trouxeram à tona transformações no Poder Executivo e Moderador do país, assim como mudanças radicais na forma de obtenção da principal mão de obra brasileira. O tráfico negreiro foi colocado em xeque, exigindo, uma vez mais, que os políticos brasileiros repensassem o país que estavam formando. Importante ressaltar que o fim do comércio transatlântico de escravizados já fazia parte do horizonte daqueles que pensavam e governavam o Brasil. Apesar do silêncio estratégico da Carta Constitucional sobre a escravidão e o tráfico negreiro, as pressões inglesas para o fim gradual da primeira e a abolição imediata do segundo foram pauta de muitas reuniões parlamentares.

Conforme pontuado, antes de 1822, os políticos responsáveis pela diplomacia portuguesa foram eficazes na luta pela manutenção do tráfico. Em 1810 foi assinado o Tratado de Aliança e Amizade, no qual dom João se comprometia, junto à Inglaterra, a manter o comércio por vias legítimas somente com os territórios africanos que pertencessem a Portugal. Porém, o apresamento de diversos navios pelos ingleses, devido ao uso indiscriminado da bandeira portuguesa, resultou em outro acordo, firmado no Congresso de Viena (1815), que proibia o comércio ao norte do Equador. A constante desobediência a esses tratados fez com que, em 1817, uma Convenção Adicional regulamentasse o que havia sido estipulado dois anos antes.[36] No entanto, as práticas secularmente enraizadas da sociedade escravista brasileira, a aliança de interesses políticos e econômicos que marcam os anos iniciais do império do Brasil e o início da produção do café (condicionada ao uso da mão de obra escrava) foram argumentos suficientes para que o tráfico de africanos escravizados continuasse a ser defendido.[37]

Contudo, a crescente pressão da Inglaterra, que colocou o final do tráfico como condição para o reconhecimento da independência do país, aumentava proporcionalmente ao número de desembarques de africanos na Corte. Junto com isso, a ascensão de uma política mais liberal no país e a disseminação de certos ideais antiescravistas fizeram com que, em 1826, fosse assinado outro tratado entre as duas nações no qual o Brasil se comprometia a abolir o comércio transatlântico de escravizados em quatro anos.[38] A leitura de alguns parlamentares de que o referido tratado feria a soberania nacional criou uma falta de consenso no próprio Congresso a respeito da abolição do tráfico negreiro, adiando a data prevista para a execução do tratado, indicada para o final de 1830.

No entanto, é fundamental pontuar que a iminência do fim do infame comércio aqueceu a praça do Valongo. Entre 1826 e 1830, mais de 340 mil africanos escravizados aportaram no Brasil, gerando uma média anual de aproximadamente 60 mil africanos, com aumento expressivo em 1829, quando 78,8 mil pessoas escravizadas, incluindo um aumento expressivo na chegada de crianças, aportaram no Brasil. A região sudeste recebeu desse montante pouco mais de 220 mil africanos escravizados, a maior parte desembarcada no Valongo. Ainda que a maioria dos escravizados fosse para outras paragens, um número expressivo era comprado e alocado em serviços urbanos da capital do Império do Brasil, o que ajuda a explicar as ações do novo intendente-geral de polícia a partir de 1825, e a promulgação das posturas municipais do Rio de Janeiro, em 1830.

As pressões para o final do tráfico, juntamente com a derrota nas disputas pelo controle da foz do rio da Prata, desembocaram na crise do Primeiro Reinado e na viragem da construção do Estado nacional.[39] Cinco meses antes da proibição do tráfico de escravizados, dom Pedro I abdicou do trono do império em favor de seu filho, que contava apenas 5 anos de idade. Devido à impossibilidade de o herdeiro assumir o trono, foi instaurada a Regência, na qual o Poder Executivo seria dirigido por três políticos escolhidos pelo Senado. Desde o final da década de 1820, os liberais reformadores estavam no comando do Legislativo brasileiro, entrando em impasses constantes com dom Pedro I. Esses políticos defendiam a formação de um Estado que muito se assemelharia ao federalismo empregado nos Estados Unidos.[40]

Para além das mudanças políticas no âmbito nacional, no Rio de Janeiro, 1831 também foi marcado por momentos turbulentos, muitos deles oriundos da insatisfação ante a aliança do imperador com grupos de políticos e comerciantes portugueses. Dias antes da abdicação de dom Pedro I, a capital imperial foi palco de uma manifestação popular que saiu às ruas para exigir uma postura mais nacionalista do soberano do Brasil. Conhecida como Noite das Garrafadas, a madrugada do dia 13 de março de 1831 foi marcada por protestos protagonizados por diferentes sujeitos das classes menos abastadas, como brancos pobres, forros e até mesmo alguns escravizados de ganho.[41] Embora a ordem tenha sido retomada pouco tempo depois, os feitos de março de 1831 e a instabilidade gerada com a abdicação de dom Pedro I no mês seguinte levaram a Câmara do Rio de Janeiro a elaborar posturas que deveriam ser anexadas ao código produzido no ano anterior. Boa parte dessas leis previa punições mais severas para o "mau uso das ruas". No dia 18 de abril de 1831 foi determinado

> não fazer discórdia entre os Nacionais do Brasil e destes contra os nascidos fora do Império. – Toda a pessoa, que com palavras incitantes fizer a discórdia, e zizania contra os Nacionaes do Brasil, e os deste, contra os nascidos fora do Império, será multado pela primeira vez em 20$000 rs [20 mil réis], e 5 dias de Cadeia; e pela segunda em 40$000 rs [40 mil réis], e 10 dias de Cadeia; e pela terceira vez em 60$000 rs [60 mil réis], e 30 dias de prisão. Se for escravo, será castigado pela forma marcada no 3º Artigo destas Posturas.[42]

Além de evitar discórdias, as novas posturas tinham o forte intuito de cercear o acesso às armas. Por isso, além da proibição da venda de pólvora sem licença, as leis formuladas em abril de 1831 ainda proibiam

> a todos os que não são exceptuados no Código Criminal, o uso de armas de qualquer natureza que sejão. Os infractores sofrerão oito dias de prisão e 30$000 rs [30 mil réis] de multa, além das penas marcadas no Código. He também prohibido o uso de páos, bengalas, e só serão permittidas aos decréptos, aleijados, e doentes reconhecidos.[43]

Boa parte das novas posturas versava sobre o segmento escravizado da população. Aqueles que, porventura, vendessem armas brancas para cativos seriam castigados com oito dias de prisão e teriam que pagar multa de 20$000 réis. Pena muito semelhante seria aplicada aos donos de tabernas ou a qualquer outra *casa pública* que permitisse o ajuntamento de escravizados.[44] Já os cativos

> que forem encontrados fazendo desordens serão conduzidos ao Calabouço, dando-se immediatamente parte aos Senhores, para estes mandarem dar nos motores cem açoutes, conforme a Lei, e se recusarem a fazel-o, sofrerão a multa de 30$000 rs [30 mil réis], e 8 dias de Cadeia: os que não forem considerados motores, sofrerão metade desta pena, bem como os Senhores que deixarem de os castigar.[45]

Ao que tudo indica, as agitações que marcaram os meses de março e abril de 1831 também revelaram às autoridades e aos "homens de bem" da cidade sobre a urgência de um novo presídio para o Rio de Janeiro, o que resultou na criação da Sociedade Defensora da Liberdade e da Independência Nacional do Rio de Janeiro em maio do mesmo ano. Entre outras propostas, tal agremiação pretendia zelar pela civilização e modernidade da capital imperial, e seus membros foram os responsáveis pela proposta da construção da Casa de Correção da Corte, projeto baseado naquelas que eram tidas como as melhores prisões do mundo.[46]

Outras medidas foram tomadas a fim de garantir a ordem e a segurança no Rio de Janeiro. Em 6 de junho de 1831, por exemplo, foi aprovada uma lei que dava amplos poderes ao governo central, cujo principal objetivo era manter e definir a ordem social. Os juízes de paz foram submetidos às autoridades centrais, perdendo parte de sua autonomia; os soldados, substituídos por guardas municipais e civis, antecipando a criação da Guarda Nacional paramilitar.[47] No ano seguinte, a fim de dar cabo às reformas no Judiciário iniciadas em 1827, os liberais reformadores conseguiram aprovar o Código de Processo Criminal, viabilizando assim que as normas e leis previstas no Código Criminal (1830) fossem colocadas em prática. Ainda em 1832, a Intendência-Geral de Polícia foi dissolvida e substituída pela Secretaria de Polícia.[48]

Em grande medida, as mudanças normativas dos órgãos públicos reforçavam o papel central da escravidão para o funcionamento do Rio de Janeiro. E aqui vale lembrar que o próprio Estado fazia usos dos escravizados, uma prática que existia período colonial, se ampliou durante o período em que cidade foi corte do Império Português e se manteve de forma consistente no Império do Brasil.[49] No dia 16 de julho de 1832, José Bonifácio de Andrade e Silva assinou o termo que lavrou a transferência de escravizados das fazendas nacionais do Piauí e do Rio Grande do Sul para propriedades da família imperial na Corte. Cinquenta e quatro cativos foram empregados nos Serviços da Nacional Quinta da Boa Vista para trabalhar como serventes (19), pedreiros (4) e lavradores (25) – lembrando que, em 1831, a Quinta da Boa Vista já possuía mais de 280 escravizados. No mesmo requerimento, 28 cativos foram encaminhados para a Quinta do Caju para executar tarefas semelhantes.[50]

Além do caso das Quintas Reais, o emprego de escravizados em obras públicas, principalmente aqueles detidos no Calabouço e ainda não reclamados por seus senhores, reforça que as autoridades do Rio também faziam uso da mão de obra de escravizados, medida que reduzia os gastos dos cofres públicos. Entretanto, as correspondências trocadas pelos juízes de paz do Rio de Janeiro lembram que a maior presença escrava significava maiores gastos com a segurança da cidade. As freguesias centrais da cidade continuaram sendo os locais de maior incidência criminal.[51] No entanto, graças ao aumento da população de escravizados no restante da província do Rio de Janeiro, um número cada vez maior de crimes ocorria em freguesias distantes, cujo acesso era difícil e demorado, o que onerava ainda mais as ações da polícia. Embora coubesse à Intendência-Geral de Polícia cuidar da segurança do Rio, era preciso deixar claro quais eram os limites geográficos dessa atuação. E, de certa forma, a elevação do Rio de Janeiro a município neutro em 1834 facilitou a vida dos homens responsáveis pelo controle dos escravizados citadinos.

Havana de Vives e a aposta na escravidão colonial

Cecílio Serafim mal havia entrado na idade adulta e já fora preso em Havana. Crioulo, pouco mais de 15 anos e cativo da *morena nacional* Isabel Cristo, em 1825, Serafim foi encaminhado para o presídio do Quartel dos Batalhões de los Morenos Leales. De acordo com o oficial encarregado de manter a tranquilidade pública, fazia tempo que o escravizado atentava as autoridades incumbidas de policiar a Plaza del Mercado. Em vez de se ocupar de algum ofício, nem que fosse o de aprendiz, Serafim se divertia pondo a correr os cavalos que chegavam à praça carregando diferentes mantimentos. Assustados com as chicotadas recebidas, os animais fugiam derrubando as galinhas e as bananas oriundas das cercanias da cidade que, rapidamente, eram roubadas pelos transeuntes. No dia 21 de outubro daquele corrente ano, a polícia finalmente pôs fim às algazarras do rapazote.[52]

Aproveitando-se da maior autonomia de trânsito desfrutada pelos escravizados urbanos, é provável que Serafim, de fato, não quisesse nada com o trabalho, preferindo viver dos pequenos assaltos às carroças que chegavam à praça do mercado. Como nesse caso sua senhora não foi ouvida pelas autoridades, não é possível pontuar se a prática era a forma que o escravizado encontrou para sobreviver ou se era mais uma das tantas estratégias criadas pelos cativos para resistir à escravidão. Contudo, tão interessante quanto as motivações de Serafim foi a acusação que recaiu sobre ele: vadiagem.

Ser ao mesmo tempo escravizado e vadio fazia de Cecílio Serafim um personagem interessante da Havana da segunda metade da década de 1820. Poucos anos antes, a dupla condição de Serafim seria contraditória, pois a vadiagem que acometia a população livre (e branca) da cidade era uma consequência direta do aumento dos cativos no mercado de trabalho da capital cubana. Dito de outra forma: os vadios não poderiam ser escravizados, pois eram justamente os cativos que ocupavam praticamente todos os postos de trabalho, deixando boa parte da população livre, branca e pobre sem opção. Seria razoável argumentar que o oficial que prendeu Serafim, provavelmente cansado dos tumultos provocados pelo cativo, tenha carregado na tinta no momento de prescrever a prisão do rapaz. Mas por que não autuá-lo por algazarra ou então por desordem? Por que considerá-lo um vadio?

Ao que tudo indica, existem duas respostas, correlatas, para explicar a prisão e a acusação feita a Serafim. A primeira reside no alargamento de práticas de resistência à escravidão no espaço urbano. O trânsito frequente e intenso dos diferentes habitantes de Havana, sem dúvida alguma, viabilizou uma série de encontros e alianças entre os segmentos escravizado e liberto com a população branca e pobre da cidade. Embora estivessem estritamente proibidos (pelo *bando de Cagigal*), é plausível que, nos poucos momentos livres, muitos escravizados e libertos tenham participado de jogos de bilhar e truco ou então de rinhas de animais. Além da sedução inerente a tais atividades, parte dos jogos ilícitos envolvia apostas em dinheiro, o que também ajudaria a explicar o envolvimento desse segmento da população. É admissível pensar que, em uma briga de galo, por exemplo, um escravizado de ganho lucrasse mais do que em uma semana inteira de trabalho. Para além da possível participação de escravizados e libertos nas atividades classificadas como "vadiagem", Serafim vivia na Havana governada por Francisco Dionísio Vives (eis aí a segunda resposta), capitão-general que ficou conhecido por renovar a aliança com a elite *criolla* – sobretudo no que diz respeito ao incremento da escravidão, via tráfico –, mas também por fazer vista grossa para os problemas que assolavam a capital cubana.

Quando Francisco Dionísio Vives assumiu o posto de capitão-general de Cuba em maio de 1823, a vadiagem já era uma questão que preocupava as autoridades insulares e, conforme visto, seu crescimento estava intimamente atrelado ao aumento da população de escravizados e libertos de Havana. A chamada *poblácion de color* dominava a maior parte dos serviços urbanos, deixando poucas alternativas para o segmento branco e pobre da cidade que, quando encontrava trabalho, muitas vezes o recusava por considerá-lo um "serviço de negro". Apesar das medidas elaboradas para ampliar a inserção dos brancos pobres no mercado de trabalho de Havana, a articulação feita pela elite *criolla* durante o Triênio Liberal (1820-1823) garantiu o apoio espanhol à manutenção, ilícita, do tráfico transatlântico. Não por acaso, foi exatamente nesse período que a ilha se transformou na maior produtora mundial de açúcar, e que a vadiagem em Havana alcançou índices preocupantes.

Agitação era pouco para definir os primeiros meses do governo de Dionísio Vives. Internamente, além de implementar uma política cuidadosa com os liberais contrários à volta do absolutismo, Vives teve que lidar com situações que anunciavam as mudanças que a escravidão sofreria na capital cubana. Em novembro de 1823, Juan Gregorio Nuñes, responsável pela Real Factoría de Tabaco, perguntava o que deveria ser feito com os 43 escravizados que estavam sem serviço determinado.[53] Rapidamente, o intendente-geral da Hacienda Nacional advogou que os cativos em questão não poderiam ficar parados e que a melhor forma de reutilizá-los seria colocando-os para ganhar jornal em Havana.

Aparentemente, a alternativa era interessante, sobretudo para as autoridades insulares que passariam a lucrar com escravizados que estavam lhes dando prejuízo. Mas havia quem discordasse dessa possibilidade. Francisco Xavier de Arambai, intendente do Exército, afirmou que os escravizados em questão não passavam de velhos bêbados que, sem saber o que fazer com a liberdade do mundo urbano, acabariam engrossando a horda de pedintes nas ruas da cidade. A cena trágica pintada por Arambai deve ter impressionado o fiscal que, com a anuência do capitão-general, decretou que os cativos permaneceriam na Real Factoría, sem definir ao certo quais seriam suas atividades.[54]

A celeuma dos 43 escravizados nem tinha sido resolvida quando Vives recebeu outro ofício, novamente assinado por Juan Gregorio Nuñes. Dessa vez não se tratava de uma dúvida, mas sim de um lembrete: as autoridades tinham esquecido de fornecer a *esquifación* que os escravizados da Casa Blanca recebiam anualmente, sempre próximo ao Natal. Esse conjunto – formado por uma camisa, um abrigo de frio e dois *reales* – era fundamental para que os cativos tivessem condições mínimas de passar o inverno e também funcionava como uma espécie de incentivo positivo.[55] Ambas as situações seriam impensáveis durante o governo do conde de Ricla ou de Luis de las Casas y Aragorri. Entretanto, revelam que parte significativa dos *esclavos del rey* não tinha a mesma serventia de outrora, ainda que continuasse dando os mesmos gastos à Coroa. De tal modo, ainda que antagônicos, tanto o intendente de Hacienda como o intendente do Exército tinham razão: alocar os escravizados do rei em atividades urbanas poderia representar uma forte diminuição dos gastos com esses escravizados ou, quem sabe, o lucro com os jornais recebidos. Mas, em uma cidade que verificava o aumento geral da dependência em relação à escravidão, cativos mais velhos e pouco experientes provavelmente não teriam muito espaço no competitivo mercado de trabalho de Havana.

Contudo, como já salientado anteriormente, o incremento do segmento escravizado (e consequentemente o aumento do número de vadios durante o governo de Vives) só foi possível graças à boa relação que o capitão-general conseguiu estabelecer com a sacarocracia cubana em meio à turbulência que marcou o Império Espanhol com a retomada do absolutismo de Fernando VII. Graças ao compromisso firmando pela manutenção do escravismo e da relação colonial, Dionísio Vives podia se gabar de comandar uma das localidades mais tranquilas da América hispânica. Tal tranquilidade apareceu literalmente na correspondência que o capitão-general trocou com Francisco Stoughton (cônsul espanhol que vivia em Nova York) entre novembro de 1823 e janeiro de 1824.[56]

Os movimentos de independência do México e da Colômbia utilizaram Havana, uma vez mais, como praça forte do Atlântico Norte. Sua localização privilegiada fez com que os dois lados da luta independentista no Novo Mundo vissem na cidade um ponto estratégico.[57] Se, por um lado, centenas de soldados peninsulares e milicianos *criollos* transformaram Havana em sua base militar na luta contra os movimentos emancipacionistas no norte da América do Sul, homens como Miralla, comerciante peruano conhecido por sua atividade enérgica e seu bom trato no comércio, também escolheram a capital de Cuba para construir seu negócio e difundir sua plataforma política, claramente contrária ao absolutismo espanhol.[58]

Em meados da década de 1820, Havana era, pois, uma cidade em que ideologias distintas ganhavam vozes e, muitas vezes, transformavam-se em ação. Em tese, a relação colonial estava ameaçada não só pelos princípios de igualdade e fraternidade defendidos anos antes na Revolução Francesa e relidos no contexto colonial, mas também pela possibilidade de uma "América para os americanos", conforme estipulado pela Doutrina Monroe em 1823. Entretanto, as duas experiências constitucionais não deixaram margem para dúvidas quanto ao elemento agregador da oligarquia *criolla* de Cuba. Naquele momento, ser cubano era, antes de tudo, ter assegurado o direito (e a viabilidade) de ser um proprietário de escravizados, nem que para isso fosse preciso abdicar de outras liberdades defendidas pelo liberalismo.

Dionísio Vives foi um dos maiores propagadores da "cubanidade" defendida pelos grandes proprietários (de terra e de escravizados). Nas estimativas mais conservadoras, durante seu governo (1823-1832), mais de 140 mil africanos desembarcaram em Cuba.[59] A maior parte desses escravizados era levada para os engenhos de açúcar, mantendo-se uma dinâmica iniciada em 1790. Contudo, muitos desses cativos permaneceram na capital cubana, acirrando o competitivo mercado interno de mão de obra e, como sugerido no caso do escravizado Serafim, alimentando a horda de vadios que enchiam as tabernas e casas de jogos da cidade.

Na Havana de Vives não era preciso mais do que 300 pesos para comprar uma escravizada boçal de 14 anos, sem nenhuma pecha; ou então um mulato[60] com pouco mais de 8 anos, ágil para todos os serviços e bom para pajem. Aqueles que tivessem mais recursos poderiam adquirir um jovem gangá (que não havia completado 18 anos), bom cozinheiro e cocheiro, e ainda por cima com princípios de sapateiro, pelo dobro do preço.[61] Porém, nessa mesma Havana, aquilo que facilmente poderia passar como anedota acabava ganhando outra dimensão. Em setembro de 1826, por exemplo, Maria José, escravizada que pertencia a Nicolas de la Maza, foi acusada de proferir injúrias pelo bairro de Jesús María, onde morava com seu senhor. A mulher escravizada ganhava jornais lavando roupa para fora e, em uma ocasião específica, foi acusada por um de seus clientes de ter-lhe roubado três peças. Enraivecida com a acusação, Maria José xingou seu antigo freguês (um homem branco) de todos os impropérios possíveis, causando grande alarde na vizinhança. A situação chegou ao conhecimento do *alcaide de barrio*, que abriu um inquérito contra a escravizada e seu senhor exigindo que ambos se retratassem perante o insultado.[62]

Ainda em 1826, chegava ao fim uma novela iniciada anos antes. O protagonista da trama era Casimiro, escravizado que fora comprado em um dos barracões de Havana em 1818 por Antonio Bocalandro. Naquele mesmo ano, Bocalandro alugou Casimiro e mais quatro escravizados para um amigo – que atendia pelo nome de Juan de Monteverde, para que os cativos levantassem uma *finca* (propriedade rural) nas proximidades de Havana. Durante o tempo em que estiveram sob a tutela de Monteverde, Casimiro e mais dois comparsas conseguiram fugir e passaram a trabalhar na mercearia de Félix Crucet. Sem explicar as razões, Antonio Bocalandro afirmou que, desses três escravizados foragidos, dois voltaram "com o passar do tempo" e, quase quatro anos depois, ele finalmente soube do paradeiro de Casimiro, que estava a serviço de José Martinez em um dos bairros extramuros de Havana. Bocalandro exigia não só a restituição de seu escravizado como também o ressarcimento do que havia perdido durante o tempo em que Casimiro esteve em posse de José Martinez.

A princípio, tudo estaria resolvido contanto que Martinez devolvesse Casimiro e pagasse o montante referente aos jornais que Bocalandro deixou de ganhar com o escravizado. Martinez, porém, também tinha sua versão dos fatos. Não se sabe se por ingenuidade ou malandragem, ele afirmou nada saber sobre a verdadeira origem de Casimiro e que, assim como Bocalandro, fora enganado pelo cativo. Na versão defendida perante as autoridades de Havana, José Martinez teria adquirido Casimiro em meados de 1820, quando Antonio Rodriguez, seu vizinho, ofereceu o escravizado em péssimas condições de saúde. Martinez não só comprou Casimiro como cuidou dele até que recuperasse suas forças e, só a partir de então, passou a gozar dos jornais que o cativo recebia. Martinez também se sentia no direito de fazer suas exigências: só devolveria Casimiro caso a quantia que ele havia investido no escravizado fosse descontada do valor pedido por Bocalandro.[63]

As autoridades de Havana levaram mais de dois anos para definir que Casimiro voltaria para seu antigo senhor, sem que isso representasse outro prejuízo a Martinez que não a perda do escravizado. O tempo gasto para resolver o dilema tinha um motivo principal: a escravidão era parte constituinte da trama de Havana e se fazia sentir em diferentes instâncias do mundo urbano. Havia cativos que apinhavam as ruas arrendando sua mão de obra; quando se achavam injustiçados, punham-se a xingar quem quer que fosse. Havia, também, escravizados que faziam valer o anonimato inerente aos grandes centros escravistas para reinventar suas vidas; isso muitas vezes poderia se limitar à substituição de senhor. Serafim, Maria José e Casimiro foram personagens de historietas que teceram o cotidiano de Havana, demonstrando a relevância que suas ações poderiam ter em uma cidade dependente de milhares de cativos para funcionar. Diferentemente do que ocorrera em 1812 e em outros casos isolados, nenhum desses escravizados colocou a instituição escravista em xeque, mas tais situações poderiam incomodar, e muito, as autoridades. Se assim não fosse, esses três nomes (como tantos outros) não teriam dado tanto trabalho às autoridades responsáveis pelo governo de Havana.

E essa era apenas uma instância dos problemas que a escravidão gerava para as autoridades responsáveis pela administração de Havana. Havia ainda os muitos casos de escravizados fugidos e de formação de quilombos que, vez por outra, eram noticiados nos principais jornais da cidade e acabavam por onerar os cofres públicos da capital cubana.[64] No entanto, era um preço que a oligarquia *criolla* (afiançada pela metrópole) estava disposta a pagar. Ninguém levou isso mais a sério do que Dionísio Vives. Como representante máximo do poder metropolitano, o capitão-general foi personagem fundamental para a entrada de africanos, permitindo toda sorte de ilegalidades no que dizia respeito à introdução de cativos na ilha.

O crescimento acintoso da população de escravizados durante os anos em que Dionísio Vives esteve no poder é um dos mais significativos exemplos do pacto que o capitão-general havia estabelecido com a oligarquia *criolla*. Os milhares de escravizados desembarcados anualmente em Havana e em outros portos da ilha eram, em sua maioria, comprados por proprietários de engenhos, que utilizavam esses cativos para fomentar a lucrativa produção açucareira de Cuba. Embora em um percentual menor, parte desses africanos ficava em Havana, executando tarefas diretamente ligadas com a exportação do açúcar ou então mantendo a intrincada rede de serviços urbanos.

O número de cativos na capital cubana cresceu de tal maneira que nos primeiros anos de seu governo Dionísio Vives publicou uma série de posturas que deveriam conter esse segmento da população. Interessante notar que muitas medidas apelavam para o "bom senso" dos cidadãos de bem, que muitas vezes se deixavam levar pelas facilidades da vadiagem. Foi neste sentido que, em fevereiro de 1824, Vives publicou uma postura na qual solicitava que se evitassem reuniões e tertúlias nas tabernas da cidade, pois tais situações acabavam se transformando em grandes bebedeiras que, por sua vez, ocasionavam confusões, xingamentos e, principalmente, a entrada indevida de escravizados.[65]

Ainda em tom de apelo, em abril de 1825, o capitão-general solicitava que os cidadãos de bem tomassem cuidado com blasfêmias, xingamentos, maldições e palavras escandalosas que se tornavam cada vez mais frequentes nos espaços públicos de Havana. Essa devia ser uma preocupação de todos os cidadãos de bem e pais de família, que precisavam usar de sua autoridade sobre seus filhos, esposas, criados e escravizados.[66]

Para os senhores que não haviam entendido a dimensão que o mau exemplo poderia ter em uma sociedade escravista, Dionísio Vives se fez mais claro em maio do mesmo ano. Na ocasião, ele constatou que

> son muy repetidas las quejas que me dan los comisarios de estos barrios, y capitanes de los extramuros, sobre las reuniones de negros esclavos y libres que se juntan por las noches en la plazas, esquinas y calles, escandalizando con sus conversaciones licenciosas y las palabras obscenas, que ofenden la moral y denuncia publica: de este grave desorden se sigue, que los amos inocentes son los que al fin padecen, porque sus esclavos corrompen, adquiriendo el vicio de la embriaguez, y aun el uso de las armas prohibidas, con lo que se precipitan a cometer delitos atroces, cuyas resultas son de su responsabilidad.[67]

A saída foi dada pelo próprio Vives nessa mesma postura. Apostando

> en la docilidad de estos fieles y generosos habitantes, y su mismo interés, me hacen esperar que bastará solo la indicación, para que con objeto de precaver tales desórdenes, cuiden y celen que desde la oración en adelante non salgan sus esclavos sino a los mandados precisos; y por lo que hace a los libres de color, tendrán entendido que deben seguir su camino, sin reunirse, ni detenerse en las calles, mucho menos en las esquinas o bodegas.[68]

O receio de que possíveis reuniões de escravizados se transformassem em algo maior foi confirmado alguns dias após a publicação da postura destacada anteriormente, só que não em Havana. Em junho de 1825, eclodiu uma insurreição de cativos dispostos a dar a vida pela liberdade. O movimento ocorrera na zona rural de Matanzas e teria sido encabeçado por escravizados oriundos de outras localidades das Américas, que chegaram a matar dezesseis pessoas e destruir inúmeros cafezais da região. Segundo as informações colhidas durante a investigação das autoridades insulares, a principal causa do movimento teria sido a maior mobilidade de trânsito desfrutada pelos escravizados dessa região, que gozavam de uma condição muito semelhante à observada nos cativos de Havana.[69]

Apesar da punição exemplar dada aos insurretos e do incremento da vigilância policial nessa parte de ilha, a Revolta de 1825 lembrava o gosto amargo que a escravidão poderia ter para proprietários e autoridades governantes. Isso, no entanto, não foi suficiente para amainar os interesses da oligarquia *criolla*. A despeito da revolta, 1825 foi um ano em que Cuba recebeu um dos mais expressivos números de escravizados em toda a sua história.[70] A fim de evitar que movimentos semelhantes ocorressem na capital cubana, Dionísio Vives manteve sua forma de governar: continuou fazendo vista grossa para o intenso tráfico para Cuba, ao mesmo tempo que tentava controlar o comportamento do segmento escravizado e dos proprietários de Havana.

Para manter a ordem nos bairros extramuros da cidade, Vives pedia que os donos de fábricas se certificassem quanto à condição dos homens que empregavam. De acordo com a postura publicada no dia 25 de setembro de 1826, "varios dueños admiten operários de color sin saber si son libres ó esclavos".[71] A aparente homogeneização da "população de cor" era de fato um problema para as autoridades. Para tentar resolver essa questão, que só se agudizava com o crescimento do segmento escravizado na cidade, em 1827, Dionísio Vives fez mais um recenseamento de Cuba, que atestou o vertiginoso aumento da população cativa na capital e em seus arrabaldes.

TABELA 7 Censo de Havana e seus arrabaldes em 1827

	Livres			Escravizados	
	Brancos	Mulatos[72]	Negros	Mulatos[72]	Negros
Homens	52.677	4.765	9.270	9.270	69.172
Mulheres	43.994	6.357	11.230	11.230	40.363
Total parcial	96.671	11.122	20.500	20.500	109.535
	128.293			**149.898**	
Total	**278.191**				

Fonte: Ramón Sagra, *Historia económico-politica y estadística de la isla de Cuba*, 1831, p. 5.

Os dados do censo de 1827 são a comprovação da vitória do projeto sacarocrata de Cuba. No entanto, é importante ressaltar que os números sobre Havana levam em conta parte de sua hinterlândia, extrapolando o perímetro urbano da capital (formado pelos bairros intra e extramuros). A cidade propriamente dita não comportaria uma população de quase 300 mil habitantes e seria o maior centro urbano de toda a história caso tivesse 150 mil escravizados em 1827. De acordo com Venegas, a metodologia utilizada no censo de 1827 era diferente da empregada nos recenseamentos anteriores. Com o intuito de reforçar as "defesas internas" do país, cuja população negra e mestiça crescia a olhos vistos, o "Censo de Vives" foi formulado para averiguar qual teria sido o real crescimento demográfico da ilha, sobretudo do segmento escravizado e liberto. Fora provavelmente por isso que Havana e sua hinterlândia foram tomadas como uma unidade nesse censo, mesmo porque, como era sabido entre as autoridades, havia um significativo fluxo de escravizados entre os arrabaldes e o núcleo urbano da capital cubana.[73]

De certa forma, o trânsito fácil da "população de cor" entre Havana e sua vizinhança aparece na proibição assinada por Vives também em 1827. De acordo com a postura,

> muchas y muy repetidas son las quejas que me han dado los dueños de ingenio y demás fincas del campo, sobre los daños, perjuicios y desordenes que ocasionan en ellas los pardos y morenos libres de ambos sexos, que a pretexto de vender ropas, víveres y otras clases de efectos, se introducen en los bohíos de aquellas, en donde establan negociaciones con los esclavos, de que resultan frecuentes robos, por los cambios torpes y fraudulentos que celebran con estos: por tanto, y conviniendo mucho evitar tal abuso, prohíbo toda persona blanca y de color que se ejercite en los campos de buhonero, vendedor de ropas, cuchillos, comestibles y cualquiera otra especie de efectos.[74]

A leitura conjunta do censo de 1827 e da postura expedida em abril do mesmo ano sugere que as autoridades estavam, de fato, temerosas quanto à apropriação que escravizados e libertos faziam de Havana e de sua ligação com as regiões monocultoras. Era, sem dúvida, uma importante implicação da dimensão que a escravidão ganhava em Cuba (e consequentemente em Havana). O medo das autoridades ante o aumento vertiginoso da "população de cor" crescia *pari passu* com a dependência da economia cubana em relação ao trabalho escravo, fosse rural ou urbano.

Dois anos depois do maior recenseamento já feito na ilha, Dionísio Vives fez um mapeamento mais detalhado da capital cubana. Possivelmente, a busca das causas do incêndio que arrasou o bairro de Jesús María em 1828 foi uma das razões que levaram o capitão-general a realizar o mapeamento.[75] Contudo, para além das prováveis motivações, o *Plano de la Habana* de 1829 constitui-se em um documento importante, na medida em que permite observar a expansão dos bairros extramuros da cidade. Como já mencionado, desde 1790, quando o tráfico transatlântico passou a operar em escala crescente, a região extramuros de Havana se tornara local de morada da população mais pobre da cidade. Como as muralhas impediam a expansão dos bairros intramuros, essa região acabou sendo ocupada pelas famílias mais abastadas, que tinham condições financeiras de comprar ou alugar os sobrados e palacetes ali localizados, usufruindo da proximidade com as principais ruas comerciais, o porto e as instâncias dos poderes local e metropolitano.

Em um movimento muito diferente do observado no Rio de Janeiro a partir de 1808, no qual se verificou que boa parte das famílias ricas da cidade passou a morar em freguesias distantes (que muitas vezes não faziam parte do perímetro urbano da cidade), o crescimento de Havana foi acompanhado, até a década de 1830, por uma setorização sociorracial da população. Sendo assim, mapear os bairros extramuros era uma forma de tentar controlar a população negra e mestiça de Havana que, embora fundamental no cotidiano citadino, era responsabilizada pelas principais mazelas da cidade (ver mapa 15).

Importante salientar que as diversas ações de Dionísio Vives na tentativa de controlar o crescimento da população de escravizados tinham caráter paliativo. Apesar do esfacelamento do Império Espanhol, do aumento da população negra em Cuba e das rebeliões e insurreições de escravizados na colônia, o fim da escravidão não estava em debate nos grandes círculos de poder, muito pelo contrário. Conforme mencionado, a despeito da forte pressão inglesa, a oligarquia *criolla* teve acesso a um número expressivo de escravizados que desembarcavam ilegalmente em Cuba graças à aliança entre a elite sacarocrata da ilha e os poderes metropolitanos. Dionísio Vives estava longe de ser marionete nesse intricado jogo político.

MAPA 15 Plano de Havana em 1829

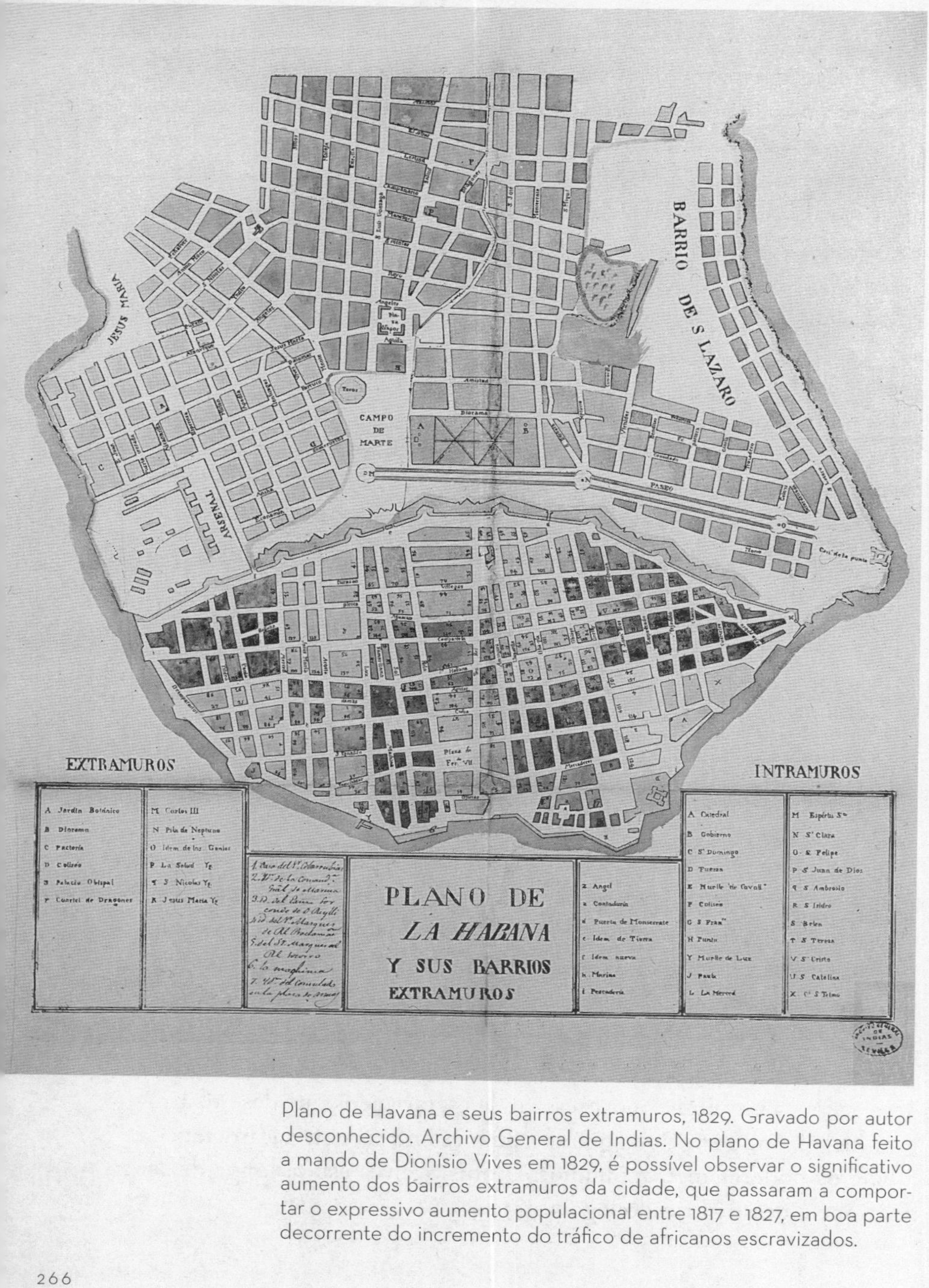

Plano de Havana e seus bairros extramuros, 1829. Gravado por autor desconhecido. Archivo General de Indias. No plano de Havana feito a mando de Dionísio Vives em 1829, é possível observar o significativo aumento dos bairros extramuros da cidade, que passaram a comportar o expressivo aumento populacional entre 1817 e 1827, em boa parte decorrente do incremento do tráfico de africanos escravizados.

Os inúmeros desembarques de africanos escravizados durante seu longo governo eram, por si só, a comprovação de que o capitão-general abraçara os interesses *criollos* em defesa do açúcar. Se isso não bastasse, Vives reforçou a importância da escravidão na ilha, principalmente em Havana, quando permitiu que os "negros emancipados" – africanos libertados por ação dos britânicos contra o tráfico, mas que, em Cuba, foram redistribuídos sob condições de trabalho compulsório – fossem realocados para propriedades rurais e urbanas da ilha.[76] Em tese, desde 1820, todo africano escravizado que conseguisse comprovar que seu desembarque na ilha havia ocorrido a partir de maio daquele ano estava virtualmente livre. Na prática, sobretudo aquela levada a cabo por Vives, existia um hiato entre a comprovação do desembarque ilegal e o gozo da liberdade por parte desses africanos. Ainda que achasse preferível que esses homens e mulheres voltassem para sua terra de origem, por considerá-los um mau exemplo para a "população de cor" cubana, Vives cedeu à pressão da classe senhorial, disponibilizando boa parte dos negros emancipados para o trabalho escravizado. Em algumas ocasiões, o próprio capitão-general aproveitou-se da precária condição desses homens e mulheres, utilizando-os nas obras públicas de Havana.

A utilização sistemática dos emancipados era, pois, mais uma evidência de que a classe trabalhadora de Cuba era negra e/ou mestiça. Por mais que houvesse uma forte preocupação das autoridades em aumentar o número de brancos na ilha, a força da escravidão ainda prevalecia, o que, por sua vez, aumentava os índices de vadiagem entre a população livre, branca e pobre.

Tal situação não escapou à análise perspicaz de José Antonio Saco,[77] que, em 1832, publicou um estudo sobre *el juego e la vagancia en Cuba*, apresentado três anos antes para a Sociedad Patriotica de la Habana. Nesse trabalho, um dos mais importantes intelectuais da história cubana lamentava:

> El número de cubanos empleados en el comercio es todavía tan corto, que si bien esta carrera les presente un vasto campo para lo futuro, es innegable que hasta muy poco tiempo han carecido de ella. Inútil es mencionar las manufacturas, porque nunca han existido entre nosotros, ni tampoco puede señalarse la época en

> que seamos fabricantes. No son muchas las artes que poseímos, y estas por desgracia, jamás han sido el patrimonio de nuestra población blanca. La agricultura que por si sola absorbería un número asombroso de brazos ocupa en general a los esclavos; y si a esta causa se agregan los obstáculos que la rodean, no será de extrañar que los blancos se den a ella con el empeño que debieran.[78]

As razões para a não inserção da população branca no mercado de trabalho de Cuba foram elucidadas pelo próprio autor:

> Entre los enormes males que esta masa infeliz ha traído a nuestro suelo, uno de ellos es el haber alejado de las artes a nuestra población blanca. Destinada tan sólo al trabajo mecánico, exclusivamente se le encomendaron todos los oficios, como propios de su condición; *y el amo que se acostumbró desde el principio a tratar con desprecio al esclavo, muy pronto empezó a mirar del mismo modo sus ocupaciones*, porque en la exaltación o abatimiento de todas las carreras, siempre ha de influir la buena o mala calidad de los que se dedican a ellas.[79]

Como era de esperar, o desprezo com o qual os proprietários tratavam seus escravizados (e os serviços por eles executados) não reverberava apenas na aversão que a população branca e pobre sentia em relação a todos os ofícios, mas também nas próprias condições de trabalho dos cativos – que muitas vezes os obrigava a flertar com o crime. Exemplo disso ocorreu em março de 1833, quando os negros Celestino e Norberto e o mulato[80] Antonio Castellon foram presos por furtar alguns sacos de cal de propriedade de dona Rafaela Cueto. Ao serem examinados pelo intendente do cárcere da Casa Blanca, foi averiguado que os três eram escravizados de Ramón Peñalver e que o roubo havia sido planejado pelo senhor dos cativos, que desejava concluir uma obra na Vila de Guanabacoa. Diante de tal revelação, os escravizados foram entregues ao seu dono (e mandante do crime), que teve de se manter à disposição das autoridades para futuros esclarecimentos.[81]

Se Dionísio Vives havia herdado uma Havana que já dependia fortemente da mão de obra de escravizados para funcionar, as ações tomadas durante seu governo agravaram tal situação. Em pleno diálogo com o expressivo aumento da população de escravizados nos engenhos de açúcar e nas fazendas de café, parte expressiva da rede de serviços urbanos de Havana funcionava graças ao emprego de milhares de africanos escravizados e de seus descendentes, fossem cativos ou não. A força que o cativeiro urbano ganhou entre 1823 e 1832 podia ser, em parte, verificada pelo aumento de registros de vadiagem entre a população branca, que segundo as autoridades insulares recusava serviços executados por escravizados e libertos. O peso do escravismo também podia ser observado na maior competitividade por trabalho entre a "população de cor" e nos usos, muitas vezes caóticos, que essa mesma massa de negros e mulatos[82] fazia do espaço urbano de Havana, principalmente na região extramuros.

As ferramentas administrativas desenvolvidas por Vives apenas atenuavam a necessidade das autoridades de repensar o controle de Havana ante a desordem no seu crescimento demográfico e urbano. O surto de cólera em 1833, que matou mais de 15% da população da cidade, foi o estopim para que o poder metropolitano, na figura de um novo capitão-general, implementasse mudanças estruturais no perímetro urbano de Havana, sem, contudo, mudar sua natureza: a cidade, assim como o restante da ilha, se manteria escravista.

CAPÍTULO 8
Rumores de muitas vozes em cidades escravistas (1834-1843)

Havana e seus rumores

Quem acabou com a vadiagem em Havana? Quem trouxe a segurança mais completa para os campos de Cuba? Quem ornou e trouxe salubridade para as cidades? Quem conservou a Ilha Feliz, quando a península, exausta, gemia com as convulsões de uma revolução raivosa, fruto de uma guerra fraticida? E quem, por fim, fez tudo isso sem colocar Cuba "no caminho de converter sua bela superfície nos páramos sangrentos de outro Santo-Domingo, do malfadado Haiti, cujo cadáver está sempre presente aos nossos olhos?"[1]

Essas são as questões que introduzem a obra *Juicio de Residencia del excelentísimo señor Don Miguel Tacón*, publicada em 1839 e composta por escritos de don José Antonio de Olañeta – figura de destaque no mundo hispânico, tendo atuado como fiscal do Conselho de Ultramar e conselheiro de Estado do Império Espanhol. A obra adota um tom quase laudatório, revelando indícios de uma intenção deliberada de enaltecer as realizações de Miguel Tacón y Rosique no período em que esteve à frente do governo colonial em Cuba. No entanto, diferentemente da imagem idealizada proposta por Olañeta, essa administração foi marcada por frequentes tensões, conflitos e indícios de desvios éticos, como argumenta a obra *Bosquejo de la Conducta del Teniente General Miguel Tacón*, publicada poucos meses antes.[2]

Não foi por acaso que duas obras publicadas em um intervalo tão curto defendiam posições distintas sobre o mesmo homem. O período em que Tacón y Rosique exerceu o cargo de capitão-general de Cuba

(1834–1838) foi atravessado por sucessivas crises no cenário internacional do Império Espanhol, ao mesmo tempo que se intensificavam as pressões diplomáticas britânicas pelo fim do tráfico transatlântico de escravizados. Essas tensões contrastavam com interesses e projetos econômicos das elites cubanas, profundamente comprometidas com a manutenção e a expansão da escravidão como base do modelo agroexportador da ilha, haja vista que, entre 1834 e 1838, mais de 120 mil africanos escravizados aportaram em Cuba.

Filho de funcionário do governo espanhol, Miguel Tacón y Rosique ingressou jovem na carreira militar, seguindo a tradição de sua família. Seu primeiro posto de destaque no Novo Mundo foi de governador de Popayán, em Nova Granada, entre 1809 e 1811. Ainda que tenha sido derrotado pelo movimento emancipacionista, a lealdade à Coroa espanhola fez com que Tacón y Rosique assumisse outros cargos de comando nos dois lados do Atlântico hispânico.[3] Quando foi designado para capitão-general de Cuba, Tacón y Rosique não só tinha a experiência administrativa necessária como parecia ter estabelecido uma importante rede de contatos, da qual faziam parte diversos generais que tinham combatido os insurgentes americanos. Muitos estudiosos apontam que ele teria galgado o cargo de capitão-general de Cuba depois de expressar apoio à rainha Maria Cristina após a morte de Fernando VII.

Definido como um *liberal progressista*, o novo capitão-general tinha a difícil tarefa de governar a principal possessão hispânica no Novo Mundo, em um contexto em que o conceito de liberdade tinha sentidos e usos diversos. *Grosso modo*, as mudanças que empreendeu na cidade eram parte de uma política mais ampla da Coroa espanhola, que desejava retomar o controle da ilha. Tacón y Rosique funcionou como uma espécie de "freio à oligarquia *criolla*",[4] embora seu governo tenha sido marcado por importantes obras de infraestrutura na ilha.

Quando assumiu o cargo em 31 de maio de 1834, Miguel Tacón y Rosique tinha um objetivo muito claro: construir uma Havana ordenada, disciplinada, mas, sobretudo, subordinada à Coroa espanhola. A hierarquia de seus propósitos pode ser atestada em 17 de julho de 1834, quando seu governo não havia completado dois meses. Nessa data, o novo capitão-general ordenou a extradição de José Antonio Saco para Trinidad. Como já pontuado anteriormente, Saco era uma das principais vozes da intelectualidade *criolla* de Cuba, mas, diferentemente de boa parte dos seus conterrâneos, era um crítico ferrenho da escravidão e fazia uso da imprensa para demonstrar seu ponto de vista. O curioso é que, embora estivessem em lados opostos da relação colonial – o que, de certa forma, justificou a extradição –, tanto Antonio Saco como Miguel Tacón y Rosique desejavam uma Havana "iluminada". Boa parte dos escritos de Saco defendia uma cidade disciplinada pela educação e pelo trabalho, em que não haveria espaço para jogatina e libertinagem. Em certa medida, esses eram os planos de Tacón y Rosique.

Para o capitão-general, tão relevante quanto a implementação de seu ambicioso projeto de reconfiguração urbana da cidade de Havana era a necessidade de afirmar, de forma inequívoca, os limites da participação política dos colonos nos assuntos da administração colonial. A extradição de José Antonio Saco, figura proeminente do pensamento reformista cubano, pode ser interpretada como uma das manifestações mais incisivas dessa diretriz autoritária. Ainda assim, durante os quatro anos de sua gestão, Tacón y Rosique enfrentou forte resistência por parte do conde de Villanueva, então intendente-geral da ilha e, por isso, responsável pela supervisão das finanças do exército e do tesouro real. Villanueva, ao consolidar-se como o *criollo* mais influente da sociedade cubana do período, tornou-se um dos principais articuladores da defesa dos interesses da sacarocracia local, representando os setores econômicos comprometidos com a ordem colonial vigente, contanto que estivesse atrelada à continuidade do projeto escravista.

Em inúmeras ocasiões, Tacón y Rosique e Villanueva fizeram do espaço urbano motivo de suas disputas políticas. Os debates que marcaram a construção da ferrovia foram exemplos desses conflitos, que também poderiam ser atestados em ações mais simbólicas, como a construção e até mesmo a nomeação de obras públicas.[5] Mas havia algo com que as duas maiores autoridades de Havana concordavam: a manutenção do uso indiscriminado de escravizados. Assim como seu antecessor, Tacón y Rosique facilitou a contratação de negros emancipados pelos senhores de engenho da ilha e continuou usando-os nas obras públicas.

Conforme visto, essa não era uma novidade entre os órgãos responsáveis pela administração de Cuba, no geral, e de Havana, em particular. No entanto, durante o governo de Tacón y Rosique, foi construída uma narrativa que depreciava o governo anterior, na qual o uso da mão de obra escravizada teria ocorrido em um contexto marcado pela ausência de comando e fiscalização eficaz por parte das autoridades coloniais. Tal lacuna administrativa teria permitido que indivíduos cativos falsificassem documentos, burlassem os sistemas de controle e iludissem as instâncias responsáveis pela manutenção da ordem, sobretudo nos bairros extramuros da cidade de Havana. Esse cenário de relativa autonomia contribuiu para práticas como a abertura clandestina de fábricas de pólvora e o uso de *guano* – material altamente inflamável – na construção de moradias populares. A confluência desses fatores criava um ambiente de risco elevado, cuja gravidade foi exemplificada pelo incêndio de grandes proporções que destruiu boa parte do bairro Jesús María, em 1828.

Sei isso não bastasse, a pouca vigilância nos espaços públicos da cidade fez com que as principais fontes de água potável de Havana (como a Zanja Real) se transformassem tanto em local de banho e diversão de cativos, libertos e transeuntes como foco de epidemias que mataram milhares de habitantes. Em nome do projeto sacarocrata, a "Havana de Vives" mais parecia um carro desgovernado: faltava pulso em seu comando.[6]

Firmeza era o que sobrava a Miguel Tacón y Rosique. Embora sua passagem tenha sido relativamente curta, a historiografia que analisou o desenvolvimento urbano de Havana é uníssona ao eleger seu governo como o agente catalisador das mudanças urbanísticas da capital cubana. Escolhido para zelar pela boa governança de toda a ilha, ele fez de Havana "a menina dos [seus] olhos". O reordenamento urbano empreendido na cidade foi uma das maneiras que o capitão-general encontrou para materializar as mudanças efetivas e simbólicas que a Espanha pretendia fazer em toda a ilha.

O modo de governar do novo capitão-general foi rapidamente criticado pela oligarquia de Havana, que deixou de participar das tertúlias promovidas por Miguel Tacón y Rosique. Em resposta, ele intensificou seu distanciamento desse grupo, cercando-se de aliados provenientes de setores marginais da elite colonial, e também de traficantes de escravizados, peninsulares recém-chegados e havaneiros sem prestígio genealógico. Nesse contexto de tensão social, setores beneficiados pela desordem urbana – notadamente aqueles ligados ao jogo e à prostituição – recorreram à intimidação como forma de resistência às reformas pretendidas pelo governo. Foram espalhados pasquins anônimos, estrategicamente posicionados, que continham uma advertência velada, mas eloquente: "Se viveres como Vives, viverás" – uma alusão direta ao capitão-general Dionisio Vives, conhecido por sua postura leniente.[7]

Durante sua gestão como capitão-general de Cuba (1834-1838), Miguel Tacón y Rosique empreendeu um dos mais ambiciosos projetos de urbanização do século XIX na cidade de Havana. Inspirado por modelos europeus e com o objetivo de afirmar o poder da metrópole sobre a colônia, Tacón y Rosique reorganizou o traçado urbano com base em dois grandes eixos viários – o Paseo de Isabel II e o Paseo de Tacón (posteriormente Paseo de Carlos III). Esses eixos conectavam os principais edifícios militares e administrativos da cidade, conferindo à capital cubana um caráter monumental e simbólico do domínio espanhol. Para viabilizar tais empreendimentos, Tacón y Rosique recorreu a uma combinação de recursos públicos e privados, sobretudo ao uso sistemático da mão de obra forçada. A escassez e o alto custo da mão de obra livre foram contornados com a mobilização de presos comuns, prisioneiros políticos (notadamente carlistas),[8] escravizados recapturados e emancipados. Embora legalmente livres, esses indivíduos eram explorados em obras públicas, com contratos que frequentemente ocultavam práticas análogas à escravidão. A política de Tacón y Rosique nesse aspecto implicava a "reatribuição" de emancipados já alocados por governos anteriores, aumentando sua contribuição para as obras públicas.

Apesar dos investimentos em infraestrutura, os benefícios das reformas urbanas foram distribuídos de forma desigual. A "modernização" de Havana reforçou a segregação espacial e social: enquanto os setores ligados à aristocracia *criolla* perdiam influência sobre o espaço urbano, os aliados políticos de Tacón y Rosique eram favorecidos com concessões e contratos públicos. Essa aliança sustentou um modelo de cidade disciplinada, mas autoritária, em que a ordem e a estética eram priorizadas. As melhorias urbanas, como a abertura de avenidas, a construção de mercados e a instalação de iluminação pública, visavam mais ao controle e à vigilância do que ao bem-estar geral da população.

Durante sua gestão como capitão-general de Cuba (1834-1838), Miguel Tacón y Rosique implementou uma série de reformas urbanas e de infraestrutura relevantes, como a construção de um sistema de esgoto, a ampliação do abastecimento de água por meio do aqueduto

Fernando VII e da fonte Neptuno, a calçada San Luis Gonzaga (depois Reina, hoje Simón Bolívar), o Paseo Tacón (hoje Presidente Allende), o calçamento de ruas baseado no modelo europeu, a numeração de residências e a reorganização do espaço urbano.[9] Tais intervenções, embora apresentadas como sinal de modernização, estiveram profundamente imbricadas em uma política de controle social. A criação de um corpo de serenos, a reestruturação das forças policiais e a instalação de cortes militares para julgamento sumário de crimes reforçaram um aparato repressivo voltado, sobretudo, ao disciplinamento das populações subalternas, incluindo os escravizados foragidos. Assim, sob a retórica do progresso, consolidava-se uma ordem social baseada na violência, no autoritarismo e na escravidão.

MAPA 16 Havana em 1849

Plano de Havana com o número das casas. Gravado por William S. Barnard. World Digital Library/Library of Congress. O mapa mostra os nomes das ruas, números das casas, calçadões, fortificações e edifícios públicos, além da divisão da cidade por bairros.

Uma visão da cidade governada por Miguel Tacón y Rosique está apresentada no mapa 16, de 1849, que permite observar não só o já mencionado crescimento dos bairros extramuros da cidade (San Lázaro, Guadalupe e Jesús María), mas também possibilita vislumbrar parte significativa das mudanças implementadas por Tacón y Rosique em Havana, inclusive a construção da ferrovia que ligava a cidade (principalmente seu porto) à hinterlândia açucareira da ilha.[10] Entre os marcos simbólicos desse projeto civilizatório estava o Teatro Tacón, inaugurado em 1838. Erguido com financiamento parcial de comerciantes vinculados ao tráfico de escravizados, o teatro foi construído com mão de obra forçada. Sendo assim, embora o teatro representasse o requinte cultural da elite havanesa, também encarnava as contradições estruturais da sociedade colonial: a coexistência entre o luxo e o sofrimento, entre a opulência pública e a opressão racializada do projeto escravista.

Apesar das pressões internacionais para o fim do tráfico transatlântico, especialmente por parte da Inglaterra, Tacón y Rosique não apenas tolerou o tráfico ilegal de escravizados como dele se beneficiou diretamente. Estima-se que cerca de 50 mil africanos foram desembarcados clandestinamente em Cuba durante seu governo, com a anuência tácita – e, em muitos casos, ativa – das autoridades coloniais. Informações da época apontam que o próprio Tacón y Rosique recebia comissões por cada cativo introduzido na ilha, em um arranjo lucrativo que envolvia também o cônsul norte-americano em Havana, Nicholas Trist, figura-chave na articulação da proteção diplomática a navios negreiros sob a bandeira dos Estados Unidos.[11] A conivência entre poder político e interesses econômicos consolidava, assim, uma rede transnacional de exploração racial, mascarada por discursos de estabilidade e desenvolvimento.

Desse modo, não foi por acaso que a administração de Tacón y Rosique também reproduziu, em larga escala, o uso sistemático do trabalho escravizado em obras públicas. Prédios administrativos, mercados, fontes, praças e vias públicas foram erguidos por meio desse sistema de exploração institucionalizada. Nesse sentido, a modernização urbana promovida por Tacón y Rosique não pode ser dissociada dos mecanismos de dominação colonial e racial que a tornaram possível. E seu governo teve que lidar com isso cotidianamente.

Na manhã de 20 de março de 1835, o jornal *Diário de Havana* publicava na primeira página – e pelo terceiro dia consecutivo – um ofício expedido pelo capitão-general Miguel Tacón y Rosique. A peça em questão, determinava que

> habiéndome manifestado el capitán juez pedáneo del barrio de S. Lázaro, que en el día de su cargo se encuentra *un crecido número de negros esclavos de ambos os sexos con solo unos simples papeles de sus amos para poder pernotar y vivir donde les acomode*, y como nadie es tan fácil como hacer una licencia falsa, y difícil al mismo tiempo el que se puedan conocer todas las firmas de los que las deo; he determinado para evitar dudas, el que los amos de los referidos jornaleros á quienes permiten vivir por su cuenta ó pernotar fuera de sus casas, den dichas licencias visadas por los comisarios de barrio y capitanes de extramuros, que los harás gratis, con lo que se evitará la fuga de muchos, que tal vez existían bajo este efugio.[12]

Havia muito era sabido que, assim como boa parte dos bairros extramuros, San Lázaro servia como local de morada de inúmeros cativos que podiam "pernotar y vivir donde les acomode", não havendo nada que as autoridades de Havana pudessem fazer a respeito. Controlar a permissão, dada pelos senhores, consentindo que seus cativos pernoitassem "fuera de sus casa", também não estava na alçada do mando público da cidade. No entanto, não havia como fazer vista grossa às licenças falsificadas que chegavam aos montes no gabinete do capitão-general, possivelmente acompanhadas das reclamações de proprietários que foram enganados por seus cativos.

Desde o século XVII, a possibilidade de o escravizado "viver sobre si" aparecia nos documentos produzidos pelas autoridades, geralmente acompanhadas por juízos negativos. Dessa forma, se o caso dos escravizados de San Lázaro reforçava a constatação de que o número de cativos que usufruíam dessa prática havia aumentado, as falsificações das licenças expedidas pelos proprietários apontam que nem todos os cativos obtinham autorização senhorial para viver longe de seus amos. Como a prática era afiançada por uma licença aparentemente simples – que continha apenas a assinatura do senhor –, diversos escravizados infringiam as leis adulterando e falsificando documentos que lhes autorizavam experimentar outros arranjos de moradia.

A leitura completa do ofício permite observar que a preocupação de Miguel Tacón y Rosique não estava em mapear os locais e as condições de moradia dos escravizados que obtinham autorização para viver longe do seu senhor. Uma vez mais, não era a materialidade da vida de escravizado que estava em jogo. Sua inquietação residia na possibilidade – que segundo o documento era cada vez mais frequente – de os escravizados usarem as brechas deixadas por essa prática para fugir. Tanto que a saída encontrada pelo capitão-general de Cuba não foi a criação de uma lista contendo o nome e o endereço dos cativos, mas sim a exigência de que as licenças passassem a ter um visto do comissário de bairro ou do capitão de extramuros, para que a falsificação das respectivas licenças se tornasse mais difícil.

Menos que controlar as possibilidades de moradia do escravizado urbano, Miguel Tacón y Rosique objetivava desenvolver uma ferramenta que facilitasse a identificação da tênue fronteira existente entre o exercício dos diferentes arranjos de moradia e a possibilidade da fuga. Se, por um lado, o ofício definia que os cativos sem licença subscrita pelo Estado seriam "considerados como cimarrones y conducidos por los comissários y capitanes al depósito de la Real Junta de Fomento, Agricultura y Comercio",[13] por outro o Estado em questão oferecia gratuitamente o visto por ele exigido, evitando, assim, prováveis transtornos para a classe senhorial. A isenção de taxas para esse serviço demonstrava que o objetivo dessa medida era dificultar a vida do escravizado, não a do seu proprietário.

Quatro meses depois, o próprio Tacón Y Rosique foi obrigado a intervir em outra situação em que a possibilidade do "viver sobre si" estava colocada, só que agora de forma indireta. No dia 13 de julho de 1835, o capitão-general de Cuba recebeu um ofício escrito por um dos comissários de bairro de Havana descrevendo que

> en la noche pasada fué aprehendido un negro de nombre Ricardo Carabalí, esclavo de la viuda Luiza Diulf, jornalero, [...] dentro del cuarto de una negra Catarina esclava del licenciado en medicina Don Francisco Hernandez con la que llevaba amores y en cuya casa estuve hace meses acomodado el referido negro por que sabia las entradas y salidas francas de la casa.[14]

O caso amoroso entre o escravizado Ricardo e a cativa Catarina foi descoberto pelo proprietário desta última porque na noite referida um cachorro latiu enquanto o cativo entrava furtivamente na casa de sua amada. Incomodado com o barulho, o médico Francisco Hernandez foi acompanhado por seu filho verificar o que alardeava o cão. E qual não foi a sua surpresa ao apanhar um escravizado desconhecido na sua casa. Assustado com a descoberta, Ricardo tentou fugir, mas acabou ferido no braço por uma espada e, logo em seguida, detido.[15] O susto de Francisco Hernandez aponta que ele não sabia das incursões amorosas de Catarina, muito menos que tal intercurso ocorria sob o seu nariz.

Ao que tudo indica, Catarina fez da casa de seu senhor o lugar em que vivia e dividia seus momentos mais íntimos, o que assinala que, mesmo sem autorização, ela exercia algum tipo de ingerência sobre sua moradia (ainda que também fosse a casa de seu senhor). É provável que a escrava tivesse um quarto separado da casa principal, o que facilitaria a entrada velada de seu amante. Tal hipótese permite pensar que o "viver sobre si" não dependia, necessariamente, da saída da casa senhorial, podendo ser, antes de tudo, uma prática com sentidos simbólicos muito mais eficazes do que a materialidade de outra residência. Por sua vez, o tempo em que Ricardo passara despercebido na casa do médico sugere que sua senhora, a viúva Luiza Diulf, não sabia e/ou não se importava com o lugar em que seu escravizado passava as noites, contanto que ele lhe entregasse os jornais devidos. Vale lembrar que o caso veio a público graças à denúncia do médico, não por causa de uma reclamação da viúva em busca de seu escravizado desaparecido – observação que reforça a hipótese de que Ricardo cumpria o acordo apalavrado com sua proprietária.

Para além do pitoresco que marcou esse episódio, existe um ponto de grande relevância nesse documento: o fato de o comissário de bairro afirmar não ser sua "facultat determinar este asunto".[16] Sua isenção se devia à dificuldade de definir as infrações que haviam sido cometidas, se é que de fato existiram. Ainda que, aparentemente, o carabalí Ricardo não tivesse infringido o acordo com sua senhora quanto à possibilidade de "viver sobre si", ele não tinha autorização para estar na casa da família Hernandez. Dessa forma, se atendesse ao pedido do médico, o comissário manteria o escravizado preso sob alegação de invasão de propriedade. Todavia, o cativo em questão não estava (legalmente) violando lei alguma, pois havia sido recebido na casa durante meses. Não era culpa dele se a cativa Catarina estava enganando seu senhor.

Além disso, a prisão arbitrária do escravizado acabaria prejudicando a viúva-proprietária, que, provavelmente, contava com os ganhos de Ricardo para se manter. Sem saber como proceder, o comissário levou o caso ao capitão-general, que, na ilha, era a instância máxima para resolver esse tipo de questão.

Infelizmente, não foi possível encontrar o desfecho dessa história. A reputação de "mãos de ferro" que Miguel Tacón Y Rosique cultivou em Cuba permite aventar a possibilidade de ter mantido o escravizado Ricardo preso por um curto período ou obrigado o pagamento de algum tipo de fiança. De todo modo, esse evento serviu de alerta para os desdobramentos que a prática do "viver sobre si" poderia ter na Havana de 1830 e que, muitas vezes, poderiam deixar as autoridades de mãos atadas.

Para evitar que episódios desse tipo se repetissem, cerca de seis meses depois do ocorrido o mesmo Tacón Y Rosique sancionou uma lei na qual definia que

> todo esclavo que salga de su fondo mas de dos leguas de día y a cualquier hora de noche, lleve precisamente licencia escrita del dueño, mayoral o la persona á cuyo cargo esté, pues de lo contrario será considerado cimarrón, y pagará su dueño cuatro pesos de captura que están designados para estos.[17]

Logo se vê que o capitão-general arrochou posturas municipais elaboradas por seus antecessores. Já que o Estado cubano não podia legislar sobre os acordos firmados entre escravizados e senhores, ele tentava gerenciar a circulação dos cativos nos espaços públicos. A partir de janeiro de 1836, todo escravizado que se distanciasse mais de duas léguas (aproximadamente dez quilômetros) de sua casa – que poderia ser ou não a residência senhorial – sem a autorização do proprietário estaria sujeito à prisão sob a acusação de aquilombamento. Para reaver o cativo, o senhor de escravizados deveria pagar uma multa de quatro pesos à Secretaria de Polícia.[18]

Durante os quatro anos de governo de Miguel Tacón y Rosique, tornou-se particularmente necessário estabelecer um delicado equilíbrio entre três dimensões fundamentais da dinâmica urbana e social de Havana: a intensificação da entrada de africanos escravizados; seu emprego em diversas frentes da vida cotidiana da cidade – inclusive nas ambiciosas obras públicas que buscavam modernizá-la –; e os usos próprios que os cativos faziam do espaço urbano. A gestão colonial, ao mesmo tempo que dependia do trabalho forçado de escravizados para viabilizar sua agenda de ordenamento e monumentalização da capital, também enfrentava o desafio de controlar a mobilidade e as práticas sociais dos escravizados dentro da malha urbana. A cidade se tornava um território de tensões, entre repressão e ação, entre disciplina e resistência cotidianas, evidenciando que a construção material da "civilização urbana" implicava, inevitavelmente, a negociação constante com a presença viva e atuante da população escravizada.

IMAGEM Festa do Dia de Reis em Havana

Frédéric Mialhe, *Dia de Reyes (Habana)*, c. 1850. Beinecke Rare Book and Manuscript Library, Yale University Library.

Pierre Toussaint Frédéric Mialhe foi um artista francês que, em 1838, contratado pela Real Sociedad Patriótica de Cuba, registrou inúmeras paisagens da ilha. Justamente por isso, testemunhou em primeira mão grande parte das mudanças que Havana sofreu durante o governo de Tacón y Rosique.

Produzida em 1839 e publicada mais de dez anos depois, a litogravura de Mialhe representa a comemoração do Dia de Reis em Havana, parte da Epifania católica, uma das mais importantes festividades para a população negra de Cuba, sobretudo para os escravizados e libertos denominados congos. Por isso, era uma das poucas que podiam ocorrer na porção intramuros de Havana. Segundo Fernando Ortiz, umas das razões para a relevância atribuída aos *cabildos* congos de Havana estava no fato de que eles veneravam Baltazar, o rei negro, como um de seus santos protetores. Essa devoção se manifestava especialmente no dia 6 de janeiro, quando se celebra a visita dos Três Reis Magos – Gaspar, Baltazar e Melchior – ao menino Jesus. Embora não haja menção em Evangelho algum, existia a crença de que esses Reis Magos simbolizavam as três "raças" humanas e que os escravizados e libertos congos (que, em tese, tiveram contato com o catolicismo ainda na África) aproveitavam a ocasião para consagrar seus próprios reis e rainhas. Sendo assim, a cada quatro anos, os membros dos *cabildos* congos elegiam os chefes de suas associações no Dia de Reis.

Todavia, para além da sagração divina e da eleição de seus líderes, o Dia de Reis era um dos momentos mais significativos para a população negra e mestiça de Havana, pois também era uma ocasião em que diversos grupos africanos (e seus descendentes) rememoravam práticas e costumes oriundos da África e os reliam na dinâmica estabelecida no Novo Mundo. Vestimentas, ornamentos e instrumentos utilizados nessa festividade apontam parte de sua origem africana. Como registrado por Mialhe, também era acompanhada por negros trajando fraque e cartola, e observada por ciganos e até mesmo *vecinos* mais abastados.[19]

Ao longo da década de 1830, a sociedade cubana experimentou um aumento expressivo da população negra, tanto escravizada quanto livre, o que contribuiu para intensificar as tensões raciais na colônia. Esse crescimento coincidiu com o início de uma articulação mais evidente de discursos abolicionistas, ainda restritos a setores ilustrados da elite *criolla*, mas já suficientemente organizados para promover ações simbólicas significativas, como a compra de alforrias e a circulação de textos críticos à escravidão.

É preciso destacar a figura do poeta Juan Francisco Manzano, um escravizado posteriormente libertado com o apoio de intelectuais como Domingo del Monte. Manzano emerge como expressão notável desse momento. A *Autobiografía de un esclavo*,[20] publicada entre 1835 e 1839, é um poderoso testemunho da brutalidade do regime escravista e representa um marco na literatura afrodescendente no Caribe, articulando denúncia, subjetividade e política em um gênero literário até então inacessível aos cativos. Ainda que a maior parte da narrativa se concentre nos engenhos em que Manzano viveu, em suas memórias de infância a vida em Havana também era marcada pelo signo da escravidão.

A publicação do livro esteve diretamente ligada à presença do cônsul britânico Richard Robert Madden em Havana, cuja estadia, entre 1836 e 1839, representou um ponto de inflexão no embate entre as autoridades coloniais e os defensores da abolição do tráfico de escravizados no Atlântico. Enviado como agente da política antiescravista do Império Britânico, Madden atuou de forma incisiva na documentação dos abusos cometidos no contexto do tráfico ilegal, pressionando autoridades coloniais espanholas e denunciando a conivência de figuras centrais do poder, como o próprio Miguel Tacón Y Rosique.

No mesmo contexto histórico, Cirilo Villaverde publicou, em 1839, a primeira versão de *Cecilia Valdés*, romance ambientado entre 1812 e 1831, que projetou um retrato minucioso das relações de poder, cor da pele e classe na Havana oitocentista, abordando diretamente a hierarquia racial e de gênero e a violência simbólica exercida sobre os indivíduos racializados, ainda que sob o verniz de civilidade.[21] Embora inicialmente centrado em uma trama de moralidade familiar, o romance evoluiu nas versões posteriores – especialmente na de 1882 – para uma crítica incisiva das estruturas escravistas e do racismo institucionalizado na sociedade cubana.

As duas obras circularam amplamente em Havana na época de sua publicação. Ambas refletem, cada uma a seu modo, o ambiente de crescente inquietação racial que prenunciava as lutas abolicionistas em Cuba e a emergência de uma nova sensibilidade literária – mais atenta às tensões sociais e às vozes subalternizadas – que se somava a uma série de rebeliões perpetradas pelos escravizados e pela população livre "de cor" da ilha.

Esse contexto turbulento pode ser atestado na manhã do dia 9 de outubro de 1841, quando o cativo conhecido como Blas foi morto a tiros depois de liderar um motim organizado por escravizados que trabalhavam na construção de um edifício, localizada na rua da Amizade, em frente ao Campo de Marte de Havana.[22] No mesmo dia em que recebera o oficio noticiando o levante, o então capitão-general de Cuba Jerónimo Valdés (1841-1843) reportou o evento aos seus superiores, oferecendo mais informações sobre o ocorrido. No documento produzido para tranquilizar o secretário de Estado e Despacho do Governo Ultramarino, Valdés contou que o motim ocorrera na propriedade de Domingo Aldama, um dos homens mais ricos de Cuba.

Segundo as informações obtidas pelos militares chamados para controlar a situação, o conflito fora causado por 19 dos 55 escravizados que trabalhavam na construção do futuro Palácio Aldama, que se recusaram a seguir as ordens do capataz e transformaram suas ferramentas de trabalho em armas. Valdés seguiu afirmando que nem mesmo o apelo do proprietário e a interferência das autoridades amainaram os ânimos dos escravizados, obrigando que as tropas invadissem o local e fizessem uso da força. Como resultado do embate, seis escravizados foram mortos (incluindo Blas) e dez ficaram feridos, "sin que por parte de los blancos haya habido desgracia alguna".[23]

O capitão-general identificava duas razões para o levante dos escravizados de Domingo Aldama. A primeira era a origem lucumí dos sublevados, que, segundo Valdés, era uma "raza de negros [que] da frecuentemente muestras de sediciosa y de sanguinaria com sus actos de sublevacion".[24] A segunda razão estava na difusão do discurso abolicionista dos britânicos em Havana, pois tal ideal estava sendo "acalentado en los negros".[25]

Para aqueles que conhecem a história cubana, principalmente os eventos que marcaram as décadas de 1830 e 1840,[26] fica notório que a leitura feita por Valdés sobre o motim passava, acima de tudo, pela tensão racial que marcava o cotidiano da ilha, em especial de Havana. Palavras como "raza", "blancos" e "negros" foram empregadas diversas vezes no oficio que o capitão-general enviou para a metrópole. E em certa medida, Valdés tinha razão.

"Lucumí" ou "ucumí" era como em Cuba se designavam os povos iorubás que habitavam o sudoeste da atual Nigéria e o nordeste do Benim moderno.[27] Conforme visto, desde o século XVI, africanos dessas localidades foram escravizados em Havana, executando uma série de atividades no mundo urbano. No entanto, a partir das últimas décadas do Setecentos, os impérios de Oió e Daomé organizaram seus Estados em torno da escravização e do tráfico de cativos, transformando a baía do Benim na segunda maior exportadora de africanos escravizados do continente. Foi nesse mesmo período que Cuba recebeu autorização real para ampliar o tráfico transatlântico, que deixava de ser feito pelo sistema de *asiento*. A combinação do crescimento de oferta e demanda acabou resultando na entrada expressiva de lucumís na ilha entre as décadas de 1820 e 1840.

Cerca de quarenta anos depois, quando Cuba se tornou uma das maiores exportadoras de açúcar do mundo – graças à mão de obra escravizada sustentada pelo tráfico –, o Império de Oió entrou em colapso devido a uma série de disputas internas (que envolviam não só questões dinásticas, mas também revoltas de cunho religioso) e foi dominado pelo Império de Daomé. Milhares foram escravizados e enviados para as possessões do Novo Mundo que ainda mantinham a instituição escravista.[28]

Desde cedo, os lucumís foram vistos pelos senhores como os escravizados mais inteligentes e que trabalhavam melhor, porém eram os mais difíceis de subjugar – talvez por isso, também eram conhecidos pela tendência suicida.[29] Exemplo desse espírito insubmisso foi a revolta ocorrida em Havana em 1812, liderada por um negro livre de ascendência lucumí. Quando a escravidão em Cuba passou a ser fortemente questionada pelo governo britânico – inclusive por seus representantes em solo cubano –, a "índole rebelde" dos lucumís potencializou-se, tornando-se uma ameaça para a ilha. Não foi por acaso que Valdés classificou o levante dos escravizados de Domingo Aldama como "un hecho sumamente util en esta Capital".[30] O recado havia sido dado. Cabia às autoridades tomar as providências necessárias.

É provável que os conflitos entre o capitão-general de Cuba e o novo cônsul britânico David Turnbull tenham influenciado a interpretação que o primeiro fez do motim.[31] No entanto, o discurso abolicionista que tanto incomodara Jerónimo Valdés não foi mencionado no inquérito aberto para apurar o levante. O mesmo não pode ser dito sobre a origem lucumí dos escravizados sublevados.

A fim de averiguar quais teriam sido as motivações dos insurretos, as autoridades de Cuba ouviram dez testemunhas entre oficiais das tropas, capatazes e escravizados de Domingo Aldama. Ainda que alguns detalhes tenham sido narrados de forma distinta, o desenrolar dos fatos obedeceu a uma ordem muito parecida em todos os depoimentos recolhidos. O mais longo e detalhado foi o testemunho do capitão Tedança, que comandou a invasão na construção.

Segundo seu relato, apenas os 19 escravizados lucumís se envolveram no conflito, não conseguindo o apoio dos outros 36 cativos que trabalhavam na mesma construção. Na realidade, não ficou claro se os revoltosos queriam ou não apoio dos demais.[32] Mas, sem dúvida alguma, eles esperavam algum tipo de solidariedade de Apinário, capataz da obra que, embora executasse outras atividades, era igualmente lucumí e escravizado. Apinário manteve-se do lado de seu proprietário, a quem servia havia muito tempo, chegando inclusive a tentar dissuadir Blas de levar o motim adiante.[33]

Os depoimentos apontam que, depois da ordem restaurada, com medo de que o ímpeto rebelde dos lucumís se espalhasse entre os demais cativos, Domingo Aldama decidiu que os escravizados dessa nação (mesmo aqueles que não haviam participado do levante) ficariam em barracões diferentes para não influenciar os congos e jejes que trabalhavam na fábrica. Corroborando a opinião de Jerónimo Valdés, Aldama acreditava ser a índole lucumí a responsável pelo motim, pois seus cativos recebiam bom tratamento (incluindo vestimenta adequada e três rações diárias) e podiam até ser remunerados pelos serviços realizados aos domingos. Aos olhos de Aldama, os escravizados não tinham do que reclamar.

De fato, não fora o tratamento recebido que mobilizou Blas e seus companheiros. O problema começou quando os cativos foram informados de que passariam os próximos três meses trabalhando na construção da estrada de ferro que ligaria a capital cubana à região produtora de açúcar. Os sublevados se recusaram a exercer tal tarefa, exigindo a alternativa de trabalhar como jornaleiros pelas ruas da capital cubana.

O levante revela, então, parte da complexidade que marcava a escravidão urbana de Havana. Exemplos disso são: a organização do motim propriamente dito; as identidades africanas relidas no Novo Mundo (que ao mesmo tempo que uniu os lucumí, os separou dos escravizados de origens diferentes); e a possibilidade de trabalhar na construção de estradas de ferro que ligavam a região produtora de açúcar da ilha aos portos da capital cubana. O evento ainda revela a existência de homens como Domingo Aldama, um dos mais ricos da ilha, que perpetuara a fortuna herdada por meio do incremento da produção de açúcar (o que significava investimentos em tecnologia e em escravizados).

Depois do incidente na propriedade de Aldama, Valdés publicou um *bando de gobierno* no qual deixava claro que recrudesceria as medidas contra a população de escravizados e libertos. O incremento da vigilância da "população de cor" anunciado por Tacón y Rosique teria um peso ainda mais forte, o que, em certa medida, também era uma resposta à presença de David Turnbull na ilha. Contrário à pactuação entre o governo peninsular e as elites *criollas*, o cônsul inglês lutava abertamente pela liberdade de todos os emancipados e oferecia ajuda para os demais cativos que o procurassem.

Vale dizer que entre 1839 e 1843 mais de 73 mil africanos escravizados desembarcaram em Cuba. Ainda que a média anual tivesse caído se comparada aos cinco anos anteriores, esse período foi marcado não só pelo incremento da pressão abolicionista inglesa, mas também por uma nova política peninsular, profundamente preocupada com o aumento da população negra da ilha, sobretudo a população negra e livre, que vinha demonstrando afeição e ligação com o abolicionismo. Não por acaso, em 1841 teve início um estudo minucioso com o intuito de aumentar o número de brancos que viviam em Cuba, substituindo assim a população negra livre.[34]

Nenhuma administração colonial encarnou de forma tão contundente essas tensões quanto a do capitão-general Leopoldo O'Donnell (1843-1848), que assumiu o posto em outubro de 1843, com a incumbência de controlar e, de preferência, diminuir a população negra da ilha. Não por coincidência, em 1844, sob sua gestão, o governo reprimiu uma suposta sublevação de negros: *La Escalera*, a aparente conspiração de escravizados e negros livres que teria ocorrido em Havana e em outras regiões de Cuba naquele ano. O nome remete aos métodos de tortura aplicados durante os interrogatórios, em especial o uso de uma escada (*escalera*) à qual os acusados eram amarrados para sofrer castigos físicos. Embora nunca tenha sido comprovada de forma conclusiva a extensão ou mesmo a existência articulada de tal conspiração, o termo passou a designar o conjunto de processos repressivos empreendidos pelo governo colonial, sobretudo sob a liderança de O'Donnell, contra negros e mestiços em Cuba.[35]

A repressão atingiu não apenas escravizados, mas também uma nascente camada negra e parda abastada, composta por artífices, músicos, professores e pequenos proprietários, que passava a ocupar um lugar mais visível no tecido urbano de Havana. Centenas de pessoas foram executadas, deportadas ou tiveram seus bens confiscados, configurando um dos episódios mais brutais da história escravista cubana. *La Escalera*, portanto, não apenas exemplifica o uso da violência estatal como instrumento de manutenção da ordem colonial e escravista, mas também marca um ponto de inflexão nas relações raciais na ilha, reforçando os mecanismos de segregação e controle sobre a população negra. Esse episódio foi um dos mais severos momentos de repressão racial na história cubana, consolidando a cisão racial como fundamento da ordem social e reafirmando os pilares da escravidão, que permaneceria vigente até 1886.

Justamente por isso, 1843 é entendido como o ano de encerramento de um longo ciclo da escravidão urbana em Havana, iniciado em 1763 e marcado por transformações profundas nas dinâmicas raciais e sociais da cidade que a transformaram na segunda maior cidade escravista das Américas. A partir desse momento, especialmente com os acontecimentos de *La Escalera* no ano seguinte, iniciou-se uma nova fase de intensificação do controle estatal sobre a população negra e mestiça, em um contexto de crescente temor por parte das autoridades coloniais ante o expressivo aumento no número de libertos na capital e em toda a ilha, e da manutenção do tráfico transatlântico.

A partir de 1844, as complexidades que marcaram a dinâmica escravista de Havana também precisaram lidar com a racialização das políticas metropolitanas, em parte afiançadas pela elite sacarocrata, que não abriu mão do seu projeto escravista – haja vista a entrada de mais de 227 mil africanos escravizados entre 1844 e a abolição formal do tráfico para Cuba.[36] A presença negra nos espaços urbanos de Havana e os sinais de ascensão social dessa população passaram a ser percebidos pelas autoridades coloniais não mais como expressões de integração à ordem escravista, mas como ameaças diretas à sua estabilidade. Essa mudança de perspectiva coincidiu com um crescimento expressivo das articulações abolicionistas no interior da elite *criolla*. Nesse novo cenário, Havana se transformou em um dos centros da luta contra a escravidão, ainda que sob outros termos: além dos rumores criados pelas rebeliões ou fugas de escravizados, a escrita, o ativismo político e as novas redes de sociabilidade que articulavam resistência intelectual, crítica moral e estratégias jurídicas foram construídos. Uma luta pela liberdade que se tornava cada vez mais racializada e que, sob a perspectiva de muitos cubanos, também passou a ser sinônimo da busca pela independência da ilha.

Rio de Janeiro e seus rumores

No dia 5 de agosto de 1834, o *Jornal do Commmercio* noticiou a fuga de doze escravizados. Segundo o anúncio, todos eram africanos ladinos, que estavam em um lugar chamado Jacaré Piratininga (em Niterói) e de lá fugiram por estarem envolvidos em roubo de café. O anunciante deu a descrição de cada um dos escravizados, e chamou especial atenção para Thomas Moçambique, que além de muito vivo e de estatura ordinária era capoeira.[37]

Há muito que a capoeira era uma prática condenada pelos proprietários e autoridades responsáveis pela ordem e segurança do Rio de Janeiro – e de outras cidades do império –, já que a luta/dança era comumente utilizada como forma de resistência entre a população escravizada, e muitos cativos foram presos por praticar a capoeira.[38]

O anúncio em questão traz aspectos importantes para pensar o Rio de Janeiro em meados da década de 1830. A fuga em massa de uma região significativamente distante da Corte, o fato de todos serem africanos escravizados que já viviam no Brasil havia algum tempo, o envolvimento no roubo de café e o pedido para que qualquer informação do possível paradeiro dos foragidos fosse levada até a rua da Quitanda, lembram que o Rio de Janeiro era o lócus político de um império escravista. Mas tais informações, lidas em conjunto, também sugerem que o incremento da população escravizada na cidade e suas redondezas havia criado uma demanda mais complexa do que a Intendência-Geral conseguia lidar.

Exatamente uma semana depois do anúncio da fuga, foi decretado o Ato Adicional de 1834, que alterava a Constituição de 1824 e fazia do Rio de Janeiro um município neutro. Obviamente a fuga dos escravizados não esteva diretamente ligada a um decreto que abrangia a organização política de todo o império, mas é interessante pensar que a ação daqueles africanos escravizados refletia, em parte, uma dificuldade de controlar os cativos foragidos dentro e fora do perímetro urbano da Corte. E *controle* era a palavra de ordem para as autoridades brasileiras.

A década de 1830 foi marcada por transformações significativas no cenário político brasileiro. A abdicação de d. Pedro I, em 1831, em favor de seu filho ainda menor de idade desencadeou a instauração do período regencial (1831-1840), durante o qual se acirraram disputas políticas e sociais já latentes desde o período colonial. Esse novo arranjo de poder, caracterizado pela instabilidade institucional e pela fragilidade da autoridade central, precipitou um ciclo de movimentos insurrecionais que eclodiram em diferentes regiões do Império. Entre 1831 e 1835, registrou-se uma série de revoltas de caráter urbano nos principais centros do país, cujo protagonismo coube às camadas populares e setores armados que cuidavam da segurança das províncias.[39] As reivindicações desses levantes incidiram, sobretudo, no aumento do custo de vida nas cidades, na concentração do comércio em mãos de portugueses e na desvalorização da moeda nacional – fatores que acirravam o descontentamento social e evidenciavam a precariedade do pacto político que sustentava a ordem imperial nascente.

Em meio ao primeiro ciclo de insurreições, que entraram para os anais da história como revoltas regenciais, iniciou-se um processo de centralização de poder pelos próprios liberais. As mudanças propostas pelo Ato Adicional também tinham por objetivo auxiliar na administração do Rio de Janeiro. Importante lembrar que o Ato Adicional representou uma diminuição dos poderes locais, já que os conselhos municipais ficaram a cargo das assembleias provinciais, a despeito de suas pretensões centralizadoras; era criada uma espécie de centralização intermediária, mesmo em face do enfraquecimento do Rio de Janeiro. Tal medida surtiu efeitos positivos nos levantes mencionados, mas não teve força para conter movimentos mais articulados como os ocorridos a partir de 1835; a polícia provincial não deu conta do recado. Aparentemente, a decadência das municipalidades resultou no acirramento das facções locais, que, desesperadas, tiveram que recorrer a um entendimento com o poder central.[40]

Conforme exposto, com a proclamação do Ato Adicional, o Rio passou a ser o Município Neutro – unidade político-administrativa que separava a capital do império da província de mesmo nome. A medida visava resolver tensões entre os interesses locais da cidade e os da província fluminense, além de garantir maior controle político sobre a sede do poder. Com isso, o Rio de Janeiro passou a ter um status especial: não integrava província alguma, estando diretamente subordinado ao governo central, e era administrado por um presidente nomeado pelo imperador. Essa reconfiguração não apenas reforçou o papel do Rio como centro administrativo e simbólico, mas também implicou em transformações significativas na gestão urbana, incluindo maior autonomia para as câmaras municipais e o fortalecimento da burocracia local. No contexto da escravidão urbana, o município neutro teve papel relevante na regulamentação da vida de cativos e libertos, com leis e posturas específicas voltadas para o controle da população negra e a manutenção da ordem social escravista.

O perímetro urbano da cidade havia crescido desde 1820, tendo sido criadas duas novas freguesias: Santa Cruz (1833) e Glória (1834). O que se observa a partir de então é a ampliação da atuação estatal, tanto da Câmara Municipal como da polícia, no controle dos milhares de escravizados que continuavam sendo responsáveis, ao lado dos libertos, pelo funcionamento da cidade. Embora parte dos documentos contidos no Arquivo Geral da Cidade do Rio de Janeiro tenha se perdido no incêndio que acometeu a instituição na década de 1950, alguns pedidos de licença para escravizados saírem ao ganho foram salvos e, por meio de uma leitura seriada, permitem observar que a cada ano o número de senhores que recorriam à Câmara para tratar dos trâmites legais aumentava. É possível que esse crescimento tenha tido duas razões: o aumento do segmento escravizado da cidade por meio do tráfico ilegal e o recrudescimento das ações da polícia e dos demais órgãos administrativos da cidade.

MAPA 17 Mapa do município neutro do Rio de Janeiro

Mapa do Município Neutro. Gravado por Hermann Giesecke e Alphonse Devrient. Laemmert Editores, Rio de Janeiro, 1870. Biblioteca Acadêmico Luiz Viana Filho, Senado Federal. Em 1834, a cidade do Rio de Janeiro foi transformada em Município Neutro, permanecendo como capital do país, enquanto a província passou a ter a mesma organização político-administrativa das demais, tendo sua capital na Vila Real da Praia Grande, que no ano seguinte passou a se chamar Niterói.

Vale dizer que os dados relativos ao tráfico transatlântico indicam alguma eficácia inicial das medidas adotadas pelos liberais no poder durante a década de 1830. Conforme visto, às vésperas da promulgação da Lei de 1831, a intensificação da pressão internacional pela abolição do tráfico impulsionou um aumento expressivo nas importações de africanos escravizados, atingindo uma média anual de 60 mil desembarques entre 1826 e 1830, com um pico de 78,8 mil em 1829 – sendo notável o crescimento no número de crianças e mulheres traficadas. Após 1831, observou-se uma queda acentuada: apenas 7 mil africanos ingressaram no Brasil em 1831, cerca de 10 mil em 1832 e pouco mais de 15 mil em 1833. Embora o tráfico não tenha sido completamente extinto, os sinais de retração eram evidentes.

Entretanto, o posicionamento dos liberais moderados em relação ao tráfico não foi consensual. Além disso, uma parcela significativa de parlamentares conservadores e proprietários de escravizados opunha-se à sua abolição, alegando que tal medida comprometeria a estabilidade econômica do país. Esse discurso ganhou força especialmente a partir de 1833, quando a economia brasileira demonstrou sinais de recuperação, impulsionada pela expansão cafeeira no Vale do Paraíba e pela inserção mais favorável do açúcar no mercado mundial – duas commodities sustentadas pelo trabalho escravo.

O debate em torno da aplicação da Lei de 1831 refletiu-se amplamente nos jornais do período regencial, evidenciando seu impacto na formação da opinião pública. Partidos políticos, associações econômicas e grupos de intelectuais utilizaram os jornais como plataformas para a defesa de seus projetos de país e suas visões sobre a escravidão.[41] Nesse cenário, destaca-se a atuação de renomados intelectuais negros, como Francisco de Paula Brito, Antônio Rebouças e Antônio Sabino, que, apesar de divergirem em posições políticas, convergiam na condenação do tráfico de africanos como prática imoral e ilegal.[42]

Por alguns anos, a lei que aboliu o tráfico de africanos escravizados para o Império do Brasil se fez valer. No entanto, não chegou a ter um impacto significativo na composição demográfica do Rio de Janeiro, que em meados da década de 1830 tinha ultrapassado Havana e se tornado a maior cidade escravista das Américas.

Antes mesmo do Ato Adicional e da criação do município neutro, em abril de 1834, a Câmara Municipal publicou onze posturas em aditamentos ao Código de Posturas de 1830, das quais quatro diziam respeito diretamente à dinâmica escravista do Rio. Uma dessas posturas versava sobre venda ilegal de cativos. Em diálogo com o Acordo assinado para o fim do tráfico em 1831, daquela data em diante,

> os vendedores de escravos que tem casas estabelecidas para esse fim, ou que o fazem em leilão, assignarão termo nesta Câmara de não comprarem escravos, nem os receberem para vender, se não de pessoas reconhecidas como seus legítimos Senhores, ou que apresentem pessoas estabelecidas que como taes os afianciem, assim como que mostrem igualmente que os ditos escravos chegaram a este império antes da prohibição do tráfico de

escravatura, obrigando-se a ter um livro, que será rubricado gratuitamente pelo fiscal respectivo, em que faça os assentos dos escravos que comprão ou recebem para vender, declarando a data da compra ou recebimento, o sexo, o nome, nação, préstimo, idade provável do escravo, assim como quaesquer signaes porque se faça conhecido, declarando igualmente quando, donde e como houve o vendedor: os quaes assentos serão assignados pelos vereadores, sendo pessoas reconhecidas, ou por quem se responsabilize por elles não o sendo, e serão patentes ao Fiscal, ou qualquer autoridade policial que o exija. Os infractores sofferão a pena de 8 dias de prisão e de 30$000 rs [30 mil réis] de multa, e nas reincidências, a de 30 dias de prisão e 60$000 rs [60 mil réis] de multa, além dos que incorrerem pelo código.[43]

Assim como as demais normas que visavam ao cerceamento da entrada de africanos escravizados no Brasil, a postura assinada por Francisco Gomes de Campos foi letra morta até o final da década de 1840. Até hoje, nenhum trabalho que analisou a dinâmica escravista no Rio de Janeiro encontrou o referido livro que, em tese, ficaria a cargo do fiscal responsável. Apesar da possibilidade de esse documento ter se perdido com o tempo (principalmente durante o incêndio no Arquivo da Cidade), a política nacional adotada pelo Brasil que viabilizou a entrada de milhares de africanos escravizados entre 1831 e 1849 foi deveras eficiente, e não seria posta em prova pela Câmara Municipal da sua própria capital.[44]

Mas se havia a necessidade de regularizar a venda dos escravizados é porque muitos escravizados deveriam estar sendo comprados por senhores urbanos, aumentando ainda mais a população cativa do Rio. A forte presença de africanos recém-chegados, crioulos e ladinos pode ser atestada por meio da leitura de outras duas leis que compunham o aditamento:

Os donos das hospedarias, estalagens, ou quaesquer outras casas publicas, que admittem indivíduos a tomarem aposento nellas, assignarão termo nesta Câmara de não receberem escravos não conhecidos por si ou seus senhores, nem pessoas suspeitas por qualquer outro motivo, tendo um livro, que será rubricado

> gratuitamente pelo fiscal respectivo, em que lancem todos os dias os nomes, empregos e mais signaes das pessoas que ali tomarem aposento sendo os ditos assentos assignados pelas próprias pessoas, e não sabendo escrever, ou sendo escravo, por outras a seu rogo, ou pelas que os afiançarem, e o livro será patente a qualquer hora do dia ou da noite ao fiscal, ou a qualquer autoridade policial que o exija, depositando nos cofres da Câmara Municipal 150$000 rs [150 mil réis] de caução. Os infractores sofferão a pena de 8 dias de prisão e 30$000 rs [30 mil réis] de multa, e nas reincidências, 30 dias de prisão e 60$000 rs [60 mil réis] de multa, além das que incorrerem no Código. Os que já tiverem obtido licença serão obrigados a tirá-la pela maneira aqui determinada por lhes ficarem as que já tiverem de nenhum vigor, levando-se-lhes em conta o que houverem pago.[45]

O intuito da Câmara com a 7ª postura produzida em 1834 era controlar um aspecto inerente à escravidão urbana: a maior mobilidade dos cativos, principalmente nas casas públicas. Fazendo as vezes de feitor, a Câmara tentava evitar crimes graves, provavelmente roubos e furtos, e diminuir os índices de fuga de escravizados. Mas diferentemente do que ocorria no eito, a vigilância dos escravizados urbanos não era feita apenas sobre os cativos que, se acordados com seus senhores, podiam muito bem ir e vir o quanto lhes aprouvesse. Partindo do bom senso de uma sociedade escravista, a Câmara também vigiava os donos de hospedarias e estalagens que recebessem escravizados desconhecidos em seus recintos. Os espaços "públicos" ou abertos ao público estavam, cada dia mais, na mira das autoridades.

A vida dos responsáveis pela ordem da capital imperial teria sido muito mais tranquila se os problemas advindos da dinâmica escravista se limitassem aos ajuntamentos e bebedeiras que ocorriam nas tabernas e estalagens do Rio. Ainda que já tivessem aparecido algumas vezes nos jornais do Rio de Janeiro, foi no aditamento de 1834 que as autoridades decretaram que estavam

> proibidas as casas conhecidas vulgarmente pelos nomes de casas de zungu e batuques. Os donos, ou chefes de taes casas serão punidos com a pena de 8 dias de prisão e 30$000 rs [30 mil réis] de

multa, e, nas reincidências, com as de 30 dias de prisão e 60$000 rs [60 mil réis] de multa.[46]

Os zungus teriam se originado das casas de quilombos que surgiram nos primeiros anos do século XIX. De acordo com alguns estudos, tais casas, que possivelmente serviram de ponto de encontro de escravizados fugidos, também reuniram diferentes comunidades de africanos e crioulos. O fato de servir como ponto de ajuntamento da população negra fez com que os zungus fossem duramente combatidos pela polícia, praticamente desaparecendo da documentação policial na segunda metade do século XIX. Todavia, os zungus não foram apenas locais de encontro entre cativos para danças e batuques.

Em 1830, o *Diário do Rio de Janeiro* publicou o desaparecimento de um "preto barbeiro [...] que costuma dormir pelos zungus, como no da Ilha Secca, Guarda Velha e da Rua São Joaquim".[47] Dois anos depois, o jornal *A Verdade* descreveu a ousadia de um escravizado que trabalhava na Casa Imperial, conhecido como sr. Canhoto, que havia fugido "por ter querido vir dançando o candombe com seus parceiros de Santa Cruz", porém um deles não gostava de zungu.[48]

Observa-se então que os zungus tinham sentidos e usos múltiplos. A origem dessas casas também estava no angu, comida típica do escravizado e facilmente encontrada nas ruas cariocas, o que leva a crer que tal organização nem sempre aconteceu em locais determinados, mas também nas ruas, em volta das negras com seus tabuleiros de angu.[49]

A proibição de casas que eram, ao mesmo tempo, refúgio para escravizados foragidos e locais de dança e batuque revelava muito bem a dupla atuação da polícia frente ao segmento escravizado: deveria evitar que os cativos fugissem, mas também garantir que população cativa se comportasse de forma adequada. Ainda que o trono estivesse vazio, o Rio era a Corte e a capital do Brasil: batucadas e ajuntamentos de escravizados e libertos não seriam tolerados. Em nome da ordem, os deputados não só proibiram essas casas, como também se mostraram preocupados com uma prática que causou muitos transtornos às autoridades de Havana: o jogo. Por isso,

> todas as pessoas que forem encontradas nas ruas, praças e mais lugares públicos, bem como em vendas, barracas, corredores de

> casas e torres de Igrejas a jogar qualquer espécie de jogo, serão multadas em 2$000 rs [2 mil réis] e soffrerão 8 dias de prisão e o duplo nas reincidências, sendo escravo pagará a multa o respectivo senhor, ao qual é salvo o direito de requerer ao juiz executor a commutação da prisão em açoutes, na forma do artigo 60 do Código Criminal. Os donos das vendas e barracas em que forem encontradas taes pessoas a jogar, incorrerão nas penas de 8 dias de prisão e 30$000 rs [30 mil réis] de multa, e nas reincidências, na de 30 dias de prisão e 60$000 rs [60 mil réis] de multa.[50]

Se tomado na sua totalidade, o aditamento de 1834 era uma peça que demonstrava a preocupação com a conservação da ordem de um projeto de cidade que dialogava tanto com a necessidade proeminente de mão de obra escravizada como com os ditames de civilização que haviam fundado a nação brasileira. Não por acaso, as onze posturas aprovadas em caráter provisório tratavam não só do cerceamento da mobilidade de escravizados, mas também determinava a proibição e punição pela retirada indevida de árvores e da areia das praias da cidade, e obrigava a assinatura de termos de compromisso para todos que desejassem abrir casas de jogo de bilhar ou então de brechó.[51] Conforme mencionado há pouco, a busca por uma cidade mais *civilizada* – ou, que ao menos, fosse mais fácil de ser administrada – também esteve presente na criação do município neutro, criado poucos meses depois da publicação das leis municipais analisadas.

No entanto, ao mesmo tempo que novas posturas municipais eram implementadas para garantir, entre outros aspectos, a melhor administração da Corte escravista, o Rio de Janeiro se tornou palco de um importante estratagema político. Entre finais de 1834 e começo de 1835, observa-se o delineamento de uma política abertamente favorável à continuidade do tráfico transatlântico de africanos escravizados, promovida, sobretudo, por atores políticos que viriam a compor o núcleo do futuro Partido Conservador. Essa guinada pró-escravista atingiu figuras anteriormente associadas à contenção do infame comércio, como Diogo Antônio Feijó – autor da assinatura da Lei de 1831 e seu principal defensor nos anos subsequentes. No entanto, diante da crescente demanda por força de trabalho nas lavouras de café, o próprio Feijó começou a flexibilizar sua posição, adotando um discurso mais conciliador em relação ao tráfico, o que lhe garantiu apoio político suficiente para vencer a eleição à Regência Una, em 1835.[52] Tal acomodação, contudo, não se traduziu em estabilidade: em 1837, ante a intensificação das tensões políticas, Feijó renunciou ao cargo, abrindo caminho para uma inflexão conservadora na trajetória política do império.

O termo "regresso" passou a designar o gabinete que se consolidou após a saída de Feijó, em clara alusão ao projeto político liderado pelos conservadores – um retorno à ordem escravista e à centralização do poder como pilares da estabilidade imperial. O Partido Conservador emergente fez da defesa intransigente da escravidão a base de sua agenda, promovendo não apenas a manutenção do sistema escravista, mas também incentivando a reabertura clandestina do tráfico de africanos e a limitação sistemática das possibilidades de liberdade jurídica. Trata-se de uma construção política eficaz, que mobilizou amplos setores da elite senhorial e encontrou ressonância até mesmo entre segmentos liberais, revelando a profundidade dos compromissos escravistas no interior do sistema político brasileiro da Regência.

Como era de imaginar, a manutenção ilegal do tráfico complexificou ainda mais o cotidiano carioca. Por um lado, o incremento da produção cafeeira fez com que o risco da sustentação do tráfico valesse a pena para plantadores, traficantes e parlamentares do Brasil (que, por vezes, eram a mesma pessoa). Entre 1835 e 1850, o Brasil recebeu pouco mais de 840 mil africanos escravizados de forma ilegal. A intensidade dos desembarques nos portos da região sudeste – com pouco mais de 677 mil africanos escravizados – reforça o fato de que a maior parte dos escravizados que aportaram ilegalmente no Brasil tinha as *plantations* de café como destino final.[53]

Dos cerca de 850 mil africanos escravizados introduzidos ilegalmente no Brasil após a promulgação da Lei de 1831, apenas pouco mais de 11 mil conseguiram comprovar judicialmente a ilicitude de sua condição e assim foram reconhecidos como "africanos livres". Essa categoria jurídica, embora representasse uma ruptura formal com o cativeiro, era marcada por uma fragilidade institucional profunda, o que a tornava altamente vulnerável à manipulação por parte do Estado brasileiro, cujas práticas, na década de 1830 e seguintes, estavam fortemente alinhadas aos interesses escravistas. A dificuldade logística e diplomática de repatriar esses indivíduos ao continente africano – como previa a legislação – foi frequentemente utilizada como justificativa para mantê-los no território nacional sob tutela estatal. Na prática, essa tutela converteu-se em um novo regime de exploração, em que milhares de africanos livres foram cedidos a particulares e instituições públicas, sendo obrigados a prestar trabalho forçado em condições muitas vezes análogas à escravidão.[54]

Essa estratégia permitiu que grandes proprietários rurais, sobretudo nas regiões de expansão cafeeira, acumulassem riquezas significativas por meio da apropriação da força de trabalho desses indivíduos, cuja liberdade era meramente formal. Da mesma forma, órgãos públicos se utilizaram largamente dessa mão de obra para obras e serviços diversos, contribuindo para a manutenção de uma estrutura estatal que, ao mesmo tempo que reconhecia legalmente a liberdade de certos africanos, negava-lhes, na prática, direitos e proteções correspondentes. Tal fragilidade criava brechas para situações como a denunciada pelo periódico O *Exaltado* em 1835: a tentativa de roubo de duzentos africanos livres que se encontravam nos Armazéns Nacionais da Armação, localizados na cidade do Rio de Janeiro. O mandante do crime foi Honório José Antônio de Carvalho, que tinha como objetivo reduzir os africanos livres ao cativeiro. A polícia foi envolvida no caso, e a tentativa de roubo foi interrompida com a detenção de Honório.[55]

Ainda em abril de 1835, o periódico O *Sete de Setembro* publicou a resposta do ministro da Justiça à mensagem recebida da Assembleia Legislativa Provincial. O documento alertava que o uso irregular dos africanos livres poderia ser uma faca de dois gumes, sobretudo em grandes cidades, nas quais esses africanos livres estariam misturados com o restante da população negra e escravizada. Era uma referência direta ao Levante dos Malês, ocorrido em janeiro de 1835, quando escravizados e libertos de Salvador iniciaram uma rebelião. As origens desse movimento são anteriores ao período regencial e remetem ao início do século XIX, quando se iniciou um ciclo de rebeliões de escravizados africanos na cidade e em seu entorno.[56] Assim como no Rio de Janeiro, em Salvador os escravizados e libertos eram os principais responsáveis pelo trabalho pesado da cidade, saindo ao ganho para realizar diferentes tipos de atividades. Todavia, a composição étnica dessa escravaria era muito diversa da encontrada na Corte. Segundo os dados levantados por João José Reis, grande parte dos africanos de Salvador eram oriundos da região noroeste da África, tendo grande concentração de jejes, nagôs e hauçás.[57] Tal concentração possibilitou que os africanos destinados ao ganho – quer escravizados, quer libertos – se organizassem em *cantos* que, nas palavras de Reis, eram "grupos etnicamente delimitados, que se reuniam para oferecer seus serviços em locais também delimitados geograficamente".[58]

Esses cantos permitiram que certos grupos de africanos aperfeiçoassem suas formas de resistência. O Levante dos Malês, ápice desse ciclo, foi planejado fundamentalmente por africanos islamizados nagôs, que pretendiam acabar com a escravidão de seus irmãos, assim como disseminar os princípios do Islã. Valendo-se da autonomia de trânsito que desfrutavam em Salvador, onde muitos "viviam sobre si", os malês articularam uma rebelião descoberta na véspera de sua eclosão e rapidamente sufocada. No mesmo ano, medidas enérgicas foram tomadas a fim de dificultar futuras rebeliões; no caso específico de Salvador, foi aprovada uma lei provincial que proibia a prática do escravizado "viver sobre si", a fim de cercear a movimentação dos cativos no mundo urbano.[59]

A presença de escravizados pôde ser verificada em diversos movimentos insurretos do período regencial, como a Revolta dos Cabanos (1835-1840), a Balaiada (1838-1841) e a Cabanagem (1835-1840). Contudo, entre esses movimentos, o Levante dos Malês na cidade de Salvador, em 1835, foi o único liderado por escravizados e libertos africanos, trazendo novas questões para o segundo ciclo de revoltas regenciais. Como já foi pontuado, a partir de 1835 foi possível averiguar outro ciclo de revoltas regenciais. Nesse caso, as rebeliões atingiram áreas mais amplas de diferentes províncias, colocando em risco a ordem do país. Os maiores exemplos desse segundo ciclo foram: a Cabanagem no Pará (1835-1840); a Sabinada em Salvador (1837-1838); a Balaiada no Maranhão (1838-1841); a Farroupilha no Rio Grande do Sul (1835-1845); a Revolução Liberal em São Paulo, Minas Gerais e Rio de Janeiro (em 1842); e a Praieira em Pernambuco (1848-49) – os três últimos levantes citados tiveram como protagonistas os proprietários (de terras e escravizados) dessas capitanias.[60]

O fato é que algo semelhante à rebelião dos malês era tudo que não poderia acontecer no Brasil. Justamente por isso, em junho do mesmo ano, entrou em vigência uma lei de âmbito nacional, que estabelecia pena de morte para qualquer escravizado que atentasse contra a vida de seus senhores, administradores e feitores.[61] Essa lei, promulgada, lembrava que a cidade do Rio de Janeiro era o centro irradiador da nação,[62] uma espécie de laboratório das elites dirigentes sobre como governar um império de proporções continentais. Por isso, era absolutamente inadmissível que boatos sobre possíveis insurreições escravas ganhassem espaço ou, pior, se efetivassem.[63] Como a escravidão continuava sendo a fonte mão de obra para o funcionamento da cidade, as autoridades tiveram que criar estratégias administrativas que viabilizassem o maior controle do segmento escravizado que não parava de crescer.

Três anos depois da maior rebelião de escravizados urbanos já vista no Brasil, um levantamento populacional indicava que pouco mais de 37 mil habitantes do Rio eram escravizados, o que representava 38% de toda a população da cidade.[64] Levando em conta os dados do tráfico transatlântico, é possível afirmar que até meados da década de 1830 o Rio de Janeiro tinha significativo número de escravizados oriundos da África Central junto à crescente presença de africanos transportados do oriente do continente, sobretudo da região de Moçambique.

É possível afirmar que africanos de mais de quarenta portos de procedências conviviam nas ruas cariocas, sem contar a significativa presença de crioulos da cidade, que nessa mesma década compunham 25% da população cativa. Os africanos livres continuavam sendo utilizados a torto e a direito, como bem demonstra o *Jornal dos Debates*, que em 1837 comemorava as novas instalações do Calabouço, parte delas destinadas aos africanos livres, como o recém-inaugurado Hospital. Mas a principal razão de comemoração se devia ao fato de que

> dos 110 africanos livres que existem prestando serviço a essa casa, grande proveito se tem colhido e se colherá, visto achar-se o maior número deles aplicados aos ofícios de pedreiro, canteiro, carpinteiro, ferreiro etc., e como mostram aproveitamento, é inegável o interesse que prometem para o futuro; sendo além disso de utilidade à casa para serviços externos, em condições de

gêneros materiais etc., o que não pode ser feito pelos presos e sentenciados do Calabouço.[65]

Havia espaço de sobra para o uso ilegal de africanos livres no Rio de Janeiro. As novas demandas criadas pela equação que contabilizava o aumento da procura de mão de obra escravizada pelos produtores de café, a manutenção do tráfico transtlâtico ilegal e a necessidade de manter a ordem em um momento de fragilidade política também estiveram presentes na elaboração do novo Código de Posturas pela Câmara Municipal do Rio de Janeiro em 1838. Um primeiro exame do código permite observar um enrijecimento das leis que passaram a governar a cidade. A seção "Polícia" foi acrescida em três títulos e mais de trinta artigos, que versaram, principalmente, sobre os diversos meios de manter a segurança, as comodidades e a tranquilidade dos habitantes:

> Tít. 4º Art. 6º. Nenhuma pessoa de qualquer estado, condição ou sexo (inclusive pessoas encarregadas da condução de gêneros) poderá transitar pelas ruas deste município senão com vestes descentes, isto é, não deixando patente qualquer parte do corpo que ofenda a honestidade e moral pública. O contraventor, além da multa de 10$000 rs [10 mil réis], sofrerá 4 dias de prisão, e o duplo na reincidência tanto a despeito da multa como o tempo de prisão: sendo escravo, estará 8 dias de calabouço.[66]

Assim como apresentado nas posturas de 1830, a presença dos escravizados se concentrou na seção de Polícia, tornando-se mais constante no código de 1838. O cativo, que em 1830 era proibido de três ou quatro coisas, além de se comprometer a ajudar a apagar o fogo dos incêndios, começou realmente a ser tratado como suspeito em potencial. Os artigos a seguir ilustram bem como os escravizados passaram a ser encarados:

> Tít. 7º Art. 6º. Todo escravo que for encontrado das 7 horas da tarde em diante sem escrito se seu Senhor, datado do mesmo dia, no qual declare o fim que vai, sofrerá 8 dias de prisão, dando-se parte ao Senhor.[67]

> [...]
>
> Tit. 10. Art. 23. Ninguém poderá expor à venda em loja, nem mesmo em particular, pólvora e armas ofensivas de qualquer natureza que sejam, sem que obtenham licença da Câmara Municipal, obrigando-se as não vender a escravos, nem a pessoas de suspeita, prestando, além da licença, uma fiança, perante o juiz de paz, de pessoa idônea e de probidade conhecida. Os infratores incorrerão na multa de 20$ rs. e 8 dias de prisão, e, no caso de reincidência, em 30$ rs. e 20 dias de cadeia.[68]

A incorporação de leis que haviam sido aprovadas em caráter provisório aponta que a mobilidade escrava, característica do espaço urbano, continuava sendo uma questão para os responsáveis pela ordem no Rio de Janeiro que, quando necessário, não se faziam de rogados e agiam como verdadeiros feitores urbanos. No caso específico do Rio de Janeiro, o Estado-feitor chegou ao seu limite entre os anos de 1839 e 1840, quando foi elaborado um projeto de aditamento às posturas municipais de 1838, no qual todos os 18 artigos versavam sobre o escravizado urbano.

De maneira geral, tal projeto pretendia abarcar todas as questões referentes aos cativos citadinos. Os primeiros artigos pareciam reforçar a preocupação da Câmara em controlar a procedência dos escravizados do Rio de Janeiro a fim de evitar que africanos desembarcados ilegalmente fossem comercializados na cidade:

> Art. 1º. Em todos os Juízos de Paz do Império, haverá um livro de matrícula de todos os escravos existentes, ou que d'ora em diante nascerem com declaração dos nomes, naturalidades, idades, estados, ocupações, e signaes característicos dos escravos, e bem assim dos nomes, e residências dos Senhores.[69]

Além do livro de matrícula, todos os senhores deveriam participar aos juízes de paz sobre o nascimento e a morte de qualquer escravizado, bem como avisar à Câmara caso eles e seus cativos mudassem de distrito. A compra e a venda de escravizados urbanos também deveriam ser feitas por meio de uma nova burocracia:

> Art. 5º. Nenhum escravo poderá ser vendido senão perante o Juiz de Paz do Distrito do vendedor, do que se lavrará termo em um livro para esse fim destinado, escrito pelo Escrivão que declarará no termo não só o preço da venda como também o nome do escravo, sua naturalidade, idade, estado, ocupação e signaes característicos e os nomes do comprador e vendedor, que assignarão, ou alguém por eles, o dito termo, juntamente com o Juiz, servindo de título ao comprador uma certidão deste termo.
>
> Art. 6º. Os escrivães não lavrarão este termo sem exigir do vendedor ou comprador o conhecimento de pagamento de meia siza do escravo vendido, cujo conhecimento será ditado no referido termo e arquivado no Cartório do Distrito. O transgressor será punido com suspensão por um ano e multa de 20$000 [20 mil réis].[70]

Além de exigir que os senhores matriculassem todos os seus cativos, sob pena de multa, e que todos os libertos se apresentassem ao juiz de paz de seu distrito com seus títulos de liberdade, a preocupação com a fuga de cativos também esteve presente nesse documento. O artigo 9º proibia que qualquer escravizado viajasse por mar ou por terra além de duas léguas de distância (aproximadamente dez quilômetros) em relação à casa de seu senhor sob pena de ser preso como fugido.[71] Contudo, o *caráter feitorial* do projeto ficou especialmente claro no 14º artigo:

> Fica proibido aos Senhores de escravos que consentirem que eles morem sobre si, a pretexto de quitandarem, ou por qualquer outro: os transgressores serão punidos com 5 a 15 dias de prisão, e multa de 10 a 30 $ [10 a 30 réis] e os escravos castigados com 100 açoites, e trarão por 1 ano ferro ao pescoço, penas estas que serão dobradas havendo reincidência.[72]

Era a primeira vez que o Estado intervinha legalmente em um acordo privado da dinâmica escravista. Segundo o artigo, senhor e escravizado seriam punidos caso se constatasse que o cativo "vivia sobre si" – algo que até então nunca havia sido proibido pelas autoridades. A penalidade reservada ao escravizado não só recairia sobre seu único bem (seu corpo) como tinha um forte caráter exemplar. Não por acaso, o uso do ferro no pescoço também era aplicado aos escravizados fugitivos, indicando que a Câmara Municipal passou a ver o ato de "viver sobre si" como um ato diretamente relacionado às fugas. As explicações possíveis para tamanha intromissão residem no recrudescimento da legislação que tratava de controlar os escravos urbanos. Ao que tudo indica, era mais uma faceta do projeto liberal em curso.

Seria de se esperar, portanto, que a partir da década de 1840 as escrivaninhas da Câmara Municipal fossem invadidas por documentos produzidos a partir do recrudescimento do controle dos escravizados. No entanto, esse Projeto de Aditamento de Postura, que chegou a ser citado pela historiografia como uma das ferramentas utilizadas pela polícia do Rio de Janeiro para controlar a vida dos escravizados na cidade,[73] tem uma peculiaridade: ele não foi aprovado. O conjunto de posturas que objetivava o aumento do controle dos escravizados e libertos da cidade, procurando, inclusive, estabelecer melhor a diferença entre as duas condições (tendo em vista a forma como se misturavam em uma "cidade esconderijo"),[74] não foi sancionado.

O porquê da reprovação consiste em uma série de fatores. Em primeiro lugar, não se sabe ao certo quem foi o responsável por sua elaboração, no caso de conjecturar prováveis disputas internas na Câmara Municipal. Segundo, não é possível afirmar se foi a própria Câmara que barrou o projeto, o Ministério do Império ou até mesmo a Assembleia Geral, devido, especialmente, ao fato de estar em acordo com os fundamentos políticos defendidos pelos liberais saquaremas, que haviam conquistado o poder em 1837. Em linhas gerais, tal projeto privilegiava o governo do Estado em detrimento do governo da casa, por meio da adoção de uma política que coibiria os exageros dos círculos familiares – inclusive no que dizia respeito ao governo dos escravizados –, afinando-os às diretrizes estatais.[75] Assim sendo, tal projeto de aditamento era uma radicalização das posturas aprovadas em 1838, em que a preocupação com a ordem de uma cidade sabidamente escravista estava evidente. Era necessário que o Estado distinguisse o governo da casa (espaço privado) e o governo das ruas e praças (espaços públicos), o que, em última instância, poderia representar uma intromissão estatal mais direta dos poderes particulares, ferindo assim um dos princípios básicos da Constituição de 1824: o direito à propriedade.

Mas havia outra razão para impedir a aprovação dessas posturas. Como pontuado, entre meados da década de 1830 e da década de 1840, as elites conservadoras do país – com o apoio de muitos parlamentares liberais – conduziram um processo político que visava à centralização e à estabilidade institucional como caminho para preservar a ordem social baseada na escravidão e no poder dos grandes proprietários. Foi essa política que salvaguardou a continuidade do tráfico ilegal. É bem verdade que essa medida devia ser acompanha pelo aumento do controle estatal da circulação cativa, tendo em vista o número de africanos que desembarcavam e trabalhavam ilegalmente na cidade. Era exatamente este o objetivo dos primeiros quatro artigos do projeto de aditamento: documentar a procedência de todos os escravizados comprados e vendidos na cidade. No entanto, tal controle não poderia, de forma alguma, permitir que o próprio Estado combatesse firmemente essa ilegalidade.[76]

Por conhecer muito bem os meandros da sociedade escravista brasileira e, sobretudo, a natureza do tráfico de escravizados após 1837, os parlamentares não aprovaram o projeto de Aditamento às Posturas de 1838. Compartilhando interesses socioeconômicos com a elite agrícola cafeicultora, quando eles próprios não faziam parte dela, esses políticos defendiam um Brasil fundado na mão de obra escrava.[77] Por que, então, colocar em risco uma dinâmica que permitia a plasticidade necessária à manutenção da instituição escravista na cidade?

O veto desses dezoito artigos também reforça um aspecto comum na escravidão citadina ressignificada a partir de 1791, fosse no Rio de Janeiro, fosse em Havana: o responsável pelo escravizado era em primeiro e em último lugar o seu proprietário. No caso brasileiro, é possível afirmar que, após a independência, muitos senhores, quase todos cidadãos, tinham seu direito à propriedade afiançado pelo Estado. Seguindo a lógica de uma sociedade escravista, o segmento social que poderia ser controlado, por meio de posturas municipais, só poderia ser aquele passível de assumir responsabilidade pelos seus atos, ou seja, homens e mulheres livres proprietários de cativos. Isso não significa dizer que os escravizados não seriam punidos; todas as posturas que recaíam sobre os cativos tinham a prisão e o açoite como formas de castigo para esse segmento social. Todas, porém, acionavam, de alguma forma, seu dono.[78]

Foi nos primeiros anos do reinado de Pedro II (1840-1889) que o Rio de Janeiro se consolidou como a maior cidade escravista das

Américas. Ainda que exercendo funções de soberano constitucional, sua figura esteve intrinsecamente vinculada a uma ordem social sustentada pela escravidão. Essa sustentação corroborava uma prática já observada no período colonial, mas que se intensificou a cada nova aposta feita em prol da escravidão: em diversos momentos, o Estado assumiu um papel análogo ao de feitor – condição que também pode ser observada nos órgãos administrativos de Havana.

No contexto do final da década de 1830 e nas décadas subsequentes, o dinamismo urbano da capital imperial se intensificou, articulando-se cada vez mais aos fluxos da economia cafeeira em expansão. Esse processo de modernização urbana, no entanto, continuou a ser sustentado pelo trabalho de milhares de africanos escravizados, independentemente de sua entrada no país ter ocorrido sob condições legais ou ilegais. Assim, a edificação material e simbólica do Rio de Janeiro enquanto centro político e econômico deu-se, de maneira incontornável, sobre os alicerces da escravidão.

Quando necessário, o Estado continuou usando os escravizados urbanos como mão de obra para as mais diferentes atividades, fazendo vista grossa às ilegalidades que rondavam africanas e africanos livres. Além da manutenção da rede de serviços urbanos e da forte presença dos cativos nas atividades comerciais da cidade, os escravizados citadinos seguiam sendo responsáveis pelo funcionamento de órgãos geridos pelo Estado. O Jardim Botânico da Lagoa Rodrigos de Freitas, por exemplo, contava mais de setenta cativos, dos quais

> dez estão empregados no serviço mais pesado, a saber: uns cavando e condusindo terra forte para outros applicarem sobre as ruas nos lugares que faltão ao nivelamento, ou repararem os multiplicados desmanchos das vallas, ruas e canteiros, causados pelas chuvas. Os Escravos que de ordinário se empregão neste serviço são – Pedro, Manoel Cabinda, Miguel, Francisco, Fortunato, Raymundo, José Congo, Antonio Moçambique, Manoel Crioulo e Manoel de S. Thomé.
>
> Seis ocupão-se nos serviços de plantações e viveiros. São estes Joaquim Pardo, João Antonio, Claudino, Manoel Crioulo, Paulo e Constantino.

> Trez estão continuadamente com as tezouras aparando as banquetas de murta, e de outros arbustos que guarnecem as ruas, e canteiros: são estes Julião, Joaquim Crioulo e Matheus.
>
> Dois estão empregados em vários objectos de jardinagem que não podem ser conservados sem cuidados (taes como caramanchos, são estes Feliz e Delfino).
>
> Os mais não são bastante para mandarem as más hervas que crescem pelos canteiros, valas e passeios.[79]

Ainda que o Estado Imperial se utilizasse diretamente do trabalho de escravizados (muitas vezes sendo seu proprietário), cabia-lhe também a responsabilidade de garantir a ordem e o bom funcionamento da cidade, o que implicava o controle rigoroso sobre a população cativa. Esse controle incluía o monitoramento, a contenção e a punição daqueles considerados desobedientes ou desviantes das normas estabelecidas.

A correspondência entre diferentes autoridades municipais da época evidencia que numerosos escravizados continuaram a utilizar o espaço urbano como arena de negociação e resistência, engajando-se em práticas cotidianas que, muitas vezes, representavam verdadeiros enfrentamentos à escravidão – especialmente no que tange à conquista de condições mais dignas de existência ou mesmo à obtenção da liberdade individual. Nesse contexto, a polícia imperial se consolidou como o principal instrumento de repressão e disciplinamento dos cativos, funcionando como braço armado do Estado escravista e o mais efetivo mecanismo de vigilância e coerção sobre a população negra da cidade.

Um exemplo importante foi a Casa de Correção, cuja construção foi iniciada em 1834, apenas finalizada em 1850. Mesmo inconclusa, a instituição passou a ser utilizada pela polícia e pelos demais órgãos administrativos da Corte. Ao visitar o Rio de Janeiro no final dos anos de 1830, Daniel Kidder ficou surpreso ao visitar a Casa de Correção. Segundo ele, era

> para ali que se mandam os escravos desobedientes ou insubordinados. Os negros são recebidos a qualquer hora do dia ou da noite e aí ficam até que o seu senhor os venha reclamar. [...] Quadro triste esse que contemplávamos de passagem, destacando-se de quando em vez, várias dezenas de sentenciados acorrentados em pelotões e marchando sob a guarda de soldados, desde os

muros da Casa de Correção até as barracas de Mata-Porcos, onde pernoitam depois de um dia de penoso trabalho.[80]

O uso da mão de obra de escravizados presos e não reclamados por seus senhores em obras públicas permaneceu como uma prática recorrente do Estado brasileiro ao longo do século XIX, especialmente na cidade do Rio de Janeiro. Tal estratégia revelava-se economicamente vantajosa para os cofres públicos, ao reduzir significativamente os custos de construção e manutenção da infraestrutura urbana, ao mesmo tempo que fornecia ocupação forçada a centenas de cativos detidos por diferentes razões, desde delitos comuns até práticas de insubordinação à ordem escravista. A administração municipal, portanto, exerceu papel central na operacionalização desse sistema, alternando entre as funções de senhor direto e de feitor simbólico da ordem urbana. Fosse como senhor, fosse como feitor, as autoridades municipais e policiais do Rio de Janeiro lidaram cotidianamente com a escravidão, utilizando o que era de seu interesse e tentando controlar as ações de escravizados que poderiam colocar a tranquilidade da capital imperial em perigo.

A sessão de anúncios nos mais diferentes jornais da cidade também corrobora a força da escravidão urbana no Rio de Janeiro como reflexo fidedigno do peso que o escravismo exercia no Brasil. Nos anos finais da década de 1830 até meados da década de 1840, milhares de escravizados (africanos e crioulos) eram vendidos, comprados ou alugados para que trabalhassem em casas senhoriais, casas comerciais e também na alfândega e nas principais vias da cidade. Um número significativo desses escravizados continuou fugindo, encontrando-se nos arredores dos chafarizes da cidade, dormindo e comendo nos zungus e lutando capoeira, e também criando e mantendo quilombos nas cercanias da cidade.

Assim como em Havana, 1843 encerrou um ciclo dentro dessa cidade, que se manteve a maior urbe escravista das Américas enquanto vicejou a escravidão. Em 1843, o cais do Valongo, maior porto de desembarque de africanos escravizados em todo o mundo, foi reformado para a chegada da Teresa Cristina, futura esposa de dom Pedro II e imperatriz do Brasil. Ainda que as funções de praça escravista já tivessem sido desativadas em 1831, a reforma do Valongo esteve diretamente articulada com a pactuação que permitiu que milhares de africanos escravizados desembarcassem em pequenos portos clandestinos do litoral fluminense e paulista, em uma tentativa de ludibriar os britânicos, que haviam enrijecido a pressão abolicionista no país. Essa reforma era, pois, a primeira tentativa de apagar as marcas da escravidão cravadas nas pedras do Valongo.

Em que pese a diminuição do número de escravizados a partir da segunda metade da década de 1840 – sobretudo por conta da drenagem das *plantations* cafeeiras, que passaram a absorvê-los –, não haveria exagero algum em afirmar que, enquanto se manteve como cidade escravista, o Rio de Janeiro também era uma cidade-esconderijo que, assim como Havana, tornou-se palco privilegiado de uma intrincada luta abolicionista.

Cidades sob controle

É forçoso pontuar que, entre 1834 e 1843, Rio de Janeiro e Havana foram cidades em que era possível vislumbrar a escolha feita por suas respectivas elites, que no caso de Havana contou com o apoio da metrópole. A fim de manter a competitividade no mercado internacional, Brasil e Cuba não só mantiveram a escravidão como criaram uma série de estratégias para que o cativeiro continuasse sendo alimentado pelo tráfico transatlântico de africanos escravizados, a despeito da crescente pressão inglesa e dos movimentos insurretos impetrados pelos próprios cativos. Ainda que a maior parte dos escravizados continuasse alocada nas zonas agrícolas, Rio e Havana mantiveram sua dependência em relação aos cativos citadinos. Por um lado, esses escravizados eram responsáveis pelo transporte e pelo embarque do café e do açúcar produzidos nas hinterlândias das duas cidades. Por outro, o incremento econômico gerado pela produção monocultora escravista dinamizou parte da rede de serviços urbanos que, como era de esperar, continuou sendo servida por escravizados.

À medida que aumentava o segmento escravizado das duas urbes, crescia a preocupação das autoridades em controlar cativos que, para trabalhar, precisavam desfrutar da maior mobilidade de trânisto. Posturas, leis, decretos e *bandos de buen gobierno* foram elaborados para que as cidades que dependiam dos escravizados para funcionar não se tornassem reféns deles. Instrumentos legais que precisavam lidar com uma realidade que caminhou *pari passu* com a aposta na escravidão: as cidades escravistas também eram cidades negras, nas quais a releitura da população cativa imporia tons e ritmos muitas vezes indigestos para proprietários e representantes do Estado. O que se observa até 1843 foi que os muitos crimes cometidos pelos cativos, os milhares de fugas realizados, as ações de resistência cotidianas e até mesmo as atitudes mais radicais, como a dos escravizados de Domingo Aldama, não conseguiram desestabilizar o peso da escravidão.

A rede de interesses que sustentou o escravismo (via tráfico) no Brasil e em Cuba até meados do século XIX estava tão bem engendrada que o livre trânsito pelos escravizados, ainda que potencilamente perigosa, era também um dos alicerces da aposta escravista. Mesmo porque essas cidades tinham "muros invisíveis" que mantiveram a escravidão urbana como uma instituição válida e economicamente eficiente até sua abolição final. E esses muros eram resultados não só do pacto feito entre a classe senhorial e o Estado, mas também das ações estatais que souberam respeitar um dos condicionantes basilares do escravismo moderno: o fato de o escravizado ser, antes de qualquer coisa, uma propriedade. O máximo que os órgãos administrativos conseguiram exercer foi o papel de feitor público.

O que se observa a partir de 1844 é o início de uma mudança na atuação das elites do Brasil e de Cuba que começaria a afetar a escravidão urbana da década seguinte em diante. A brusca diminuição do tráfico ilegal a partir de 1850 fez com que um número cada vez maior de escravizados urbanos fosse vendido para fazendas de café e engenhos de açúcar com o intuito de manter a forte produtividade agrícola nas duas localidades. A importância do café e do açúcar para o funcionamento das economias do Brasil e de Cuba era tal que, a partir da segunda metade do século XIX, principalmente a partir de 1860, os ganhos do cativeiro citadino eram menos vantajosos do que as arrobas de açúcar e as sacas de café.

Nesse novo contexto histórico, Havana e Rio de Janeiro converteram-se em palcos privilegiados de múltiplas formas de luta abolicionista, expressas tanto em ações coletivas quanto em iniciativas individuais de resistência, mobilização e denúncia. Esse processo marcou o início de um novo capítulo em suas trajetórias urbanas, agora tensionadas pela crescente contestação ao regime escravista que as havia sustentado como as duas maiores cidades escravistas das Américas.[81]

EPÍLOGO

Tratar da conformação das duas maiores cidades escravistas das Américas é, antes de tudo, analisar a força que a instituição escravista exerceu em determinadas localidades do Novo Mundo. Um exercício que trabalha com a conservação de determinada relação de poder pautada na violência inerente à escravidão moderna, mas que também foi fruto de uma série de escolhas cujas consequências podem, em parte, ser atestadas até os dias de hoje.

O que *irmanou* Havana e Rio de Janeiro é mais complexo do que pode parecer e, justamente por isso, foi tomada não como conclusão, mas sim como ponto de partida deste livro. O objetivo primeiro era tentar entender os porquês das trajetórias semelhantes entre duas cidades. Rio de Janeiro e Havana estiveram longe de ser as únicas e maiores cidades escravistas das Américas entre 1763 e 1844. Tanto Brasil como Cuba contavam com outras urbes em que o peso da escravidão também era relevante para o funcionamento do aparelho urbano – isso sem contar outras cidades americanas, cujo percentual escravista era igualmente elevado.

No entanto, o papel capital que Rio de Janeiro e Havana exerceram em meio à dinâmica política dos impérios de que faziam parte foi, a um só tempo, formador e transformador da relação estabelecida entre o espaço urbano e a escravidão nas duas cidades. E mesmo em meio às vicissitudes do mundo citadino – muitas vezes tomadas como evidência de que a escravidão mais amena –, a força que a instituição escravista engendrou no cotidiano dessas urbes revelou a eficácia de uma série de escolhas políticas de sujeitos que fizeram da sua condição de proprietário o amálgama de suas identidades.

Nem mesmo os horrores e o medo da Revolução do Haiti (1791-1804) interromperam projetos econômicos que se rascunhavam desde a década de 1760. Diferentemente do que ocorreu com a maior parte dos senhores das Américas, cubanos e luso-brasileiros decidiram aprender com o medo e apostaram na manutenção da escravidão, projetando-a para o futuro e reiventando-a para que fosse possível atender às novas demandas criadas por um mundo em que interesses abolicionistas e capitalistas conviviam.

As reinvenções ocorreram nos dois lados da relação escravista. A revolução de Saint-Domingue, em 1791, trouxe um novo paradigma para a resistência dos escravizados, pontuando que a ruptura radical era possível. Diversos cativos fizeram do movimento que gerou o Haiti um exemplo a ser seguido, chegando algumas vezes a pagar com suas vidas por tamanha ousadia. As resistências cotidianas também se mantiveram no Rio e em Havana, onde o percentual de fuga era proporcional ao de escravizados, que tentavam, na medida do possível, driblar as "muralhas invisíveis" das duas irmãs do Atlântico. Amparadas por estados escravistas, as classes senhoriais do Brasil e de Cuba conseguiram administrar as múltiplas resistências, reforçando as vantagens socioeconômicas que os cativos representavam para o funcionamento das cidades-capitais. Cada estratégia de resistência descoberta era respondida com posturas municipais, *bandos de buen gobierno* ou então com recrudescimento dos órgãos de repressão.

E não há como negar a eficácia da atuação da classe senhorial e dos Estados. Durante o período analisado, nem mesmo a pressão da Grã-Bretanha, a maior potência do mundo atlântico, rivalizou com a aliança travada pelas oligarquias do Brasil e de Cuba. O que o movimento abolicionista inglês conseguiu até meados de 1840 foi criar condições precárias de liberdade nas duas maiores cidades escravistas das Américas. Se muitos africanos conseguiram comprovar a ilegalidade de sua jornada até o Novo Mundo, outros tantos viveram e morreram nas fazendas de café, nos engenhos de açúcar e nas casas mais abastadas das duas cidades, confundidos com os milhares de cativos ali existentes.

Essa estrutura institucional complexa, ao mesmo tempo pública e privada, foi fundamental para definir o lugar social dos escravizados no tecido urbano. O que estava em jogo não era apenas o controle físico de seus corpos, mas a inscrição de sua existência no que Orlando

Patterson chamou de *morte social*: a total alienação jurídica, política e simbólica do sujeito escravizado. No Rio de Janeiro e em Havana, essa morte social não se restringia aos engenhos ou às plantações, mas se estendia às praças, aos mercados, às docas e às ruas – os lugares por onde os cativos circulavam cotidianamente, sustentando a vida urbana com sua força de trabalho e eram reconhecidos, em tese, apenas por essa condição: a de pessoas escravizadas. Sua presença era essencial, mas sua condição era de permanente exclusão. Ainda assim, essa exclusão não era total nem absoluta: como mostrou Igor Kopytoff, a escravidão variava em sua intensidade e nos seus graus de integração, num jogo que levava em conta os determinantes públicos e privados que regiam a instituição escravista.[1] No espaço urbano, essas variações se traduziam em um número maior de zonas de negociação, em que os cativos podiam adquirir habilidades, estabelecer laços de solidariedade, exercer pequenas formas de autonomia econômica e, em alguns casos, até conquistar a alforria – mesmo que precárias e constantemente ameaçadas de reversão.

A partir dessa perspectiva, a pergunta sobre por que Rio de Janeiro e Havana se tornaram as maiores cidades escravistas das Américas entre 1763 e 1843 ganha contornos mais profundos. Trata-se não apenas de identificar os fatores econômicos ou políticos que favoreceram essa centralidade, mas de reconhecer o modo como a escravidão estruturou a própria concepção de cidade nesses contextos. A vida urbana, longe de ser um contraponto à brutalidade do cativeiro rural, foi marcada por uma engrenagem complexa de violência institucional, vigilância cotidiana e exclusão simbólica. E, no entanto, foi também nesses espaços que escravizados e seus descendentes reconstruíram histórias, forjaram alianças e ampliaram os limites da existência possível.

A tessitura que a escravidão passou a ter após a década de 1790 era mais espessa do que parecia, e seu entrelace se fazia sentir nas urdiduras do mundo urbano e nos entremeios do cativeiro rural. A escravidão teceu as tramas do mundo atlântico (principalmente após a Era das Revoluções),[2] se tornando uma instituição axial no estudo das diversas instâncias dessa categoria espaço-tempo, sobretudo no que diz respeito à população cativa. Não por acaso as trajetórias de escravizados narradas neste livro aparecem de forma fragmentada. A escravidão teve de fato este poder: fragmentar histórias, especialmente daqueles que eram cativos. E foi dessa maneira que boa parte dos órgãos estatais responsáveis pela administração das cidades registrou a vida cativa, pois era justamente aí que sua força e sua crueldade se faziam mais latentes, no entrave feito em vidas que, em tese, deveriam permanecer despedaçadas.

Toda e qualquer forma de reconstrução coube aos cativos e seus descendentes, que, em meio a um dos processos mais violentos da história da humanidade, cujos espaços de liberdade eram poucos e precários, conseguiram recriar suas histórias. Analisar as razões que transformaram Rio de Janeiro e Havana nas maiores cidades escravistas do Novo Mundo leva ao reconhecimento da força que a instituição exerceu não só nas duas urbes, mas também nas localidades que elas capitanearam. Foi nesse contexto que escravizados das mais diferentes origens exerceram múltiplas atividades urbanas, viveram e morreram. Esse era o peso dado pela condição dos escravizados no Rio de Janeiro e em Havana, e parte expressiva das singularidades experimentadas pelos cativos em cada uma dessas cidades consistia nas tantas formas que encontraram para viver o cativeiro e lutar pela liberdade, tanto a possível como a imaginada.

Ao versar sobre as possíveis formas de acabar com a escravidão no Brasil no ano de 1870, o deputado brasileiro Aureliano Tavares Bastos fez um minucioso estudo sobre o problema do escravismo nas Américas e, estabelecendo comparações interessantes entre a situação de Havana e a do Rio de Janeiro no que diz respeito à proporção de cativos, disse que "Em Havana, está verificado que, enquanto a população livre (branca e de cor) cresce em um ano de 11.950 indivíduos, a de escravos diminuiu de 350 [...] – É o mesmo que no Rio de Janeiro se verifica pelo censo de 1870".[3]

Não foi por mero acaso que Tavares Bastos atrelou a diminuição da população escravizada ao aumento da população branca e de cor nas duas cidades. Em Cuba, após a conspiração de La Escalera em (1844) em Havana, as elites coloniais e peninsulares intensificaram seus esforços para implementar uma política de imigração europeia com o objetivo explícito de embranquecer a população. A presença negra – sobretudo dos libertos e livres – passou a ser vista como uma ameaça à ordem, o que justificou, segundo as autoridades, a necessidade de reconfigurar o perfil demográfico de Cuba. Essa era uma estratégia que articulava racismo científico e controle social em defesa do projeto colonial escravista. Dito de outra forma, a população negra só interessava quando estava reduzida à condição de escravidão.

Os pressupostos do racismo científico também fomentaram políticas imigratórias no Império do Brasil, ainda que nas décadas finais do século XIX, sua eficácia tenha sido menor se comparada ao que foi implementado em Cuba.

Mas havia uma força que desde meados da década de 1840 se adensava nas fímbrias brasileiras e cubanas: o abolicionismo. Não por acaso, as maiores cidades escravista das Américas – reconhecidamente cidades negras – se tornaram palcos privilegiados da luta pelo fim da instituição escravista no Brasil e em Cuba.[4] Uma luta complexa e polifônica que passou a contar com a presença de outros segmentos populacionais, mas que teve a população escravizada como sua grande protagonista. Uma luta que imprimiu outros ritmos, sentidos e usos para as cidades do Rio de Janeiro e Havana.

AGRADECIMENTOS

A pesquisa que deu origem a este livro foi meu doutoramento em história social pela Universidade de São Paulo. À época, assim como agora, havia muito o que agradecer. Ainda bem. Começo com Rafael de Bivar Marquese, meu orientador, e sua insistência em olhar além. À Fapesp, cuja bolsa de pesquisa garantiu que uma investigação multiarquivística fosse feita com a qualidade que se deve. Na Espanha, agradeço aos funcionários do Archivo General de Indias e do Archivo Nacional de Madrid. E também à professora Consuelo Naranjo. Em Cuba, contei com a ajuda imprescindível dos funcionários do Instituto Juan Marinellos, do Archivo Nacional de Cuba e da Biblioteca Nacional José Martí, além do conhecimento compartilhado dos professores Carlos Venega, Aisnara Perera Días, Maria de Los Ángeles Meriño Fuente e María del Carmen Barcia. No Rio de Janeiro, agradeço aos arquivistas do Arquivo Nacional, da Biblioteca Nacional e do Arquivo Geral da Cidade do Rio de Janeiro. Meu obrigado aos professores Jaime Rodrigues, Andrea Slemian, Ricardo Salles e Carlos Bacellar, que avaliaram o trabalho final. E à generosidade de Jaime Rodrigues, Flávio Gomes e João José Reis, professores com quem aprendi e sigo aprendendo tanto.

Agradeço também às boas conversas com os amigos-historiadores: Julia Galli O'Donnell, Leonardo Pereira, Érik Hörner, Álvaro Nascimento, Angela Moreira, Alain Youssef, Waldomiro Lourenço Jr., Renata Moraes, Juliana Barreto Farias e Camillia Cowling. Aos amigos de outras histórias, agradeço igualmente a Achilles Chirol, Miruna Genuino, Mariana Proença, Tula Axiotellis, Hélen Queiroz e Gilda Paiva.

Para a produção deste livro, um agradecimento especial ao amigo João Marcelo Maia e ao professor Cezar Honorato, e também a meus editores Thadeu Santos e Livia Vianna.

E por fim, e sempre, agradeço ao meu cais de pedra: meus pais, Ana e Luiz, pelo dito, pelas entrelinhas e pelas ações. Aos meus irmãos Uyrá, Kauê e Pablo, agradeço pela irmandade. Tiago Lessa chegou para virar o companheiro da vida inteira, com quem construo a aposta no futuro. Um futuro feliz que, aqui em casa, atende pelos nomes de Tereza e Antônio.

NOTAS

APRESENTAÇÃO

1 Ver capítulo 2, nota 2.

INTRODUÇÃO

1 A partir de meados da década de 1960, a escravidão urbana é tema de importantes pesquisas. Ainda que haja assimetrias entre os estudos que analisam a escravidão urbana em diferentes cidades das Américas, em um estudo comparativo sobre a escravidão no Rio de Janeiro e em Havana como este *Irmãs do Atlântico*, destaca-se a obra inaugural de Richard C. Wade, *Slavery in the Cities*, 1964. Sobre a escravidão urbana no Brasil, com ênfase no Rio de Janeiro, ver a tese de doutorado de Mary Karasch defendida em 1972, *A vida dos escravos no Rio de Janeiro (1808-1850)*, 2000; e Kátia Mattoso, *Ser escravo no Brasil*, 1982, tradução do original francês de 1979. Ver também João José Reis, *Rebelião escrava no Brasil*, 2003; Leila Mezan Algranti, *O feitor ausente*, 1988; Marilene Rosa Nogueira da Silva, *Negro na rua*, 1988; Luiz Carlos Soares, "Os escravos de ganho no Rio de Janeiro do século XIX", 1988; Sidney Chalhoub, *Cidade febril*, 1996; Carlos Eugênio Líbano Soares, *Zungú*, 1998; Sidney Chalhoub, *Visões de liberdade*, 1990; Flávio dos Santos Gomes, *Histórias de quilombolas*, 1995; Roberto Guedes Ferreira, *Na pia batismal*, 2000; Mariza de Carvalho Soares, *Devotos da cor*, 2000; Carlos Eugênio Líbano Soares, *Capoeira escrava e outras tradições rebeldes no Rio de Janeiro, 1808-1850*, 2002; Jupiracy Affonso Rego Rossato, *Sob os olhos da lei*, 2002; Manolo Florentino, "Dos escravos, forros e fujões no Rio de Janeiro imperial", 2003; Zephyr L. Frank, *Dutra's World*, 2004; Carlos Eduardo Moreira de Araújo, *O duplo cativeiro*, 2004; Juliana Barreto Farias, Carlos Eugênio Líbano Soares e Flávio dos Santos Gomes, *No labirinto das nações*, 2005; Silvia H. Lara, *Fragmentos setecentistas*, 2007;

Eneida Maria Mercadante Sela, *Modos de ser, modos de ver*, 2008; Ynaê Lopes dos Santos, *Além da senzala*, 2010. Sobre Cuba, ver: Pedro Deschamps Chapeaux, *El Negro en la economia habanera del siglo XIX*, 1971; Idem, *Los Cimarrones urbanos*, 1983; Pedro Deschamps Chapeaux e Juan Pérez de la Riva, *Contribución a la historia de la gente sin historia*, 1974; Verena Martinez-Alier, *Marriage, Class and Colour in Nineteenth-Century*, 2001; Ada Ferrer, "Esclavitud, ciudadanía y los límites de la nacionalidad cubana", 1995; Luz Maria Mena, *No Common Folk*, 2001; Gloria García, *La Esclavitud desde la esclavitud*, 2003b; Daniel E. Walker, *No more, No more*, 2004; Matt D. Hilds, *The 1812 Aponte Rebellion in Cuba and the Struggle against Atlantic Slavery*, 2006; María del Carmen Barcia Zequeira, *Los Ilustres apellidos*, 2009a; Alejandro de la Fuente, *Havana and the Atlantic in the Sixteenth Century*, 2008.

2 Michel-Rolph Trouillot, *Silenciando o passado*, 2024.

3 Na historiografia brasileira, vale ressaltar trabalhos que demonstram a articulação de trabalhadores negros (cativos, libertos e livres) no contexto urbano escravista. Ver João José Reis, "A greve negra de 1857 na Bahia", 1993; Marcelo Badaró Mattos, *Escravizados e livres*, 2008; Antonio Luigi Negro e Flávio dos Santos Gomes, "Além de senzalas e fábricas", 2006; João José Reis, *Ganhadores*, 2019.

4 Neste ponto, há uma aproximação teórico-metodológica com a historiadora Saidiya Hartman e a crítica contundente que ela faz sobre os limites do arquivo colonial e suas implicações para a escrita da história da escravidão. Ver Saidiya Hartman, *Perder a mãe*, 2021.

5 Michael Zeuske, "Comparing or Interlinking?", 2008.

6 "Era das Revoluções" é um termo cunhado por Eric Hobsbawm, que, mesmo depois de sofrer importantes críticas, continua sendo uma categoria analítica importante para o exame do mundo atlântico entre finais do século XVIII e as primeiras décadas do século XIX. Ver Eric John Hobsbawm, *A era das revoluções (1789-1848)*, 2001.

7 A adequação da instituição escravista ao sistema capitalista vem sendo chamada por alguns estudiosos de "segunda escravidão" e aponta como a manutenção do escravismo foi fundamental para o desenvolvimento industrial de países europeus, inclusive aqueles que defenderam o abolicionismo. À medida que se sofisticava o processo de industrialização nas economias centrais, crescia a demanda por artigos tropicais nos principais centros urbanos do hemisfério Norte. O que era produzido e exportado por meio das estruturas tradicionais do escravismo colonial deixava de ser suficiente. Paralelamente, o aumento da competitividade no mercado mundial fez com que os produtores coloniais não conseguissem acompanhar esse ritmo frenético. Era preciso que as colônias ou os países

recém-formados se adequassem a um sistema de produção especializado. Por diferentes razões, Brasil, Cuba e Estados Unidos conseguiram adequar a escravidão à expansão capitalista, sendo que os dois primeiros investiram no crescimento exógeno da população escravizada, incrementando o tráfico transatlântico de africanos. Embora tal perspectiva já estivesse presente em importantes trabalhos que analisaram a escravidão moderna de forma comparada, como o clássico de Erik Williams, trabalhos recentes trataram essa perspectiva de forma mais sistemática. Ver Erik Williams, *Capitalismo e escravidão*, 2012; Dale W. Tomich, *Through the Prism of Slavery*, 2004; Robin Blackburn, *The American Crucible*, 2011.

8 Fernand Braudel, *Civilização material, economia e capitalismo*, 2009, p. 439.

PARTE 1

1 Angél Rama, *A cidade das letras*, 1985; Sérgio Buarque de Holanda, *Raízes do Brasil*, 2015.

2 Importantes estudos comparados sobre as cidades americanas de origem ibérica são Richard Morse, "Some Characteristics of Latin American Urban History", 1962; Stuart B. Schwartz, "Cities of Empires", 1969; Richard Morse, *Trends and Patterns of Latin American Urbanization, 1750-1920*, 1974; Richard Morse, "O desenvolvimento urbano da América Espanhola colonial", 1999; José Luis Romero, *As cidades e as ideias*, 1999.

3 Robert C. Smith, "Colonial Towns of Spanish and Portuguese America", 1995.

4 Para escravidão urbana nos Estados Unidos, ver Clifton Ellis e Rebecca Ginsburg (orgs.), *Slavery in the City*, 2017.

5 Kris Lane, *Pillaging the Empire*, 1998; Kenneth Maxwell, *Chocolates, piratas e outros malandros*, 1999.

6 John H. Elliott, *Empires of the Atlantic World*, 2006.

CAPÍTULO 1: AS CHAVES DO ATLÂNTICO IBÉRICO

1 De origem irlandesa, Ricardo Wall foi um dos secretários mais importantes do governo do rei Carlos III. Depois de ocupar o cargo de embaixador em Londres, Ricardo Wall assumiu a Secretaria do Estado em 1754 e, com a morte do marquês de Eslava em junho de 1759, passou a cuidar dos assuntos de guerra. Ver Allan Kuethe, *Cuba, 1753-1815*, 1986. Ver também Archivo Histórico Nacional, Autógrafo de Ricardo Wall, 1777.

2 Archivo General de Simancas, Tropas de la Habana, 1762.

3 *Ibidem*.

4 Kenneth Maxwell, *Marquês de Pombal*, 1997; Charles Boxer, *O império marítimo português*, 2002.

5 Dauril Alden, *Royal Government in Colonial Brazil*, 1968.
6 Maria Fernanda Bicalho, *A cidade e o império*, 2003.
7 *Ibidem*.
8 *Ibidem*; Charles Boxer, *op. cit.*
9 Apesar do contexto da transferência da capital da América portuguesa estar bem delimitado dentro das questões que assolaram o Novo Mundo a partir de meados de 1750, a historiografia é unânime ao afirmar certo obscurantismo quanto aos pormenores da decisão tomada pelas autoridades lusas ainda em 1762. Ver Maria Fernanda Bicalho, *op. cit.*; Charles Boxer, *op. cit*; Kenneth Maxwell, *op. cit.*
10 Maria Fernanda Bicalho, *op. cit.*; Kirsten Schultz, *Versalhes tropical*, 2008.
11 Robin Blackburn, *A construção do escravismo no Novo Mundo*, 2003.
12 John H. Elliott, *Empires of the Atlantic World*, 2006.
13 Manuel Moreno Fraginals, *Cuba, Espanha, Cuba*, 1995.
14 Sobre os primeiros anos da história de Havana, ver José Martín Félix Arrate y Acosta, *Llave del nuevo mundo*, 1964 (1792); Emilio Roig de Leuchsering, *La Habana*, 1963; Alejandro de la Fuente, *Havana and Atlantic in the Sixteenth Century*, 2008.
15 Alejandro de la Fuente, *op. cit.*, 2008.
16 *Idem*, *Esclavitud*, 1510-1816, 2009.
17 Constitución X, "El Adecentamiento de la Iglesia en Cuba y la regulación de la esclavitud", 1680. Citado por Eduardo Torres-Cuevas e Eusebio Reyes, *Esclavitud y sociedad*, 1986.
18 "Viver sobre si" era uma prática difundida em cidades escravistas e consistia na autorização para escravizados urbanos morarem em outros lugares que não a casa de seus proprietários. Ou seja, quem "vivia sobre si" tinha certa autonomia de escolha de onde habitar.
19 Estudos recentes que analisaram a história de Havana entre o século XVI e meados do século XVIII defendem a tese da proeminência da escravidão urbana nesse período. Ver Manuel Moreno Fraginals, *op. cit.*; Gloria García, *La Esclavitud desde la esclavitud*, 2003b; Alejandro de la Fuente, *op. cit.*, 2008. María del Carmen Barcia Zequeira, *Los Ilustres apellidos*, 2009a. Até mesmo análises mais antigas, que entendiam a escravidão urbana como uma face menos importante do escravismo cubano, indicam diversos documentos que permitem atestar o peso que a escravidão citadina tinha na capital cubana. Ver também Fernando Ortiz, *Los Negros esclavos*, 1987.
20 As diversas definições e práticas dos *cabildos de nación* em Havana podem ser encontradas nas obras de Fernando Ortiz, *Cuban Counterpoint*, 1947; Pedro Deschamps Chapeaux, *El Negro en la economia habanera del siglo*

XIX, 1971; María del Carmen Barcia Zequeira, "Negros en sus espacios", 2009b. Sobre a história dos *cabildos de nación* e das confrarias no mundo hispânico, ver Isidoro Moreno, *La Antigua hermandad de los negros de Sevilla*, 1997; Patricia Mulvey, *The Black Lay Brotherhoods of Colonial Brazil*, 1976.

21 Para a importância da morte para sociedades da África Subsariana, ver *A questão ancestral*, 2008. Ver também João José Reis, *A morte é uma festa*, 1991.

22 María del Carmen Barcia Zequeira, *op. cit.*, 2009a.

23 Num contexto marcado pelas ações de piratas e corsários, no século XVII, o governador de Havana criou o Batallón de Pardos y Morenos, formado pelos chamados "homens de cor". A incorporação desses grupos ao serviço militar lhes conferia determinados privilégios, como acesso limitado a posições de prestígio, benefícios fiscais e certa mobilidade social, ainda que dentro das hierarquias raciais do período colonial. Ver María del Carmen Barcia Zequeira, "Poder étnico y subversión social", 2005.

24 Emilio Roig de Leuchsering, *La Habana*, 1963; Alejandro de la Fuente, *op. cit.*, 2008.

25 Ver Josef Opatrný, "Cuba en el contexto internacional", 2009. Para uma síntese sobre o sistema de *asiento* para Cuba e sua desarticulação no século XVII, ver Arthur F. Corwin, *Spain and the Abolition of Slavery in Cuba, 1817-1886*, 1967.

26 Arturo Sorghedui d'Mares e Alejandro de la Fuente, "La Organización de la sociedad criolla (1608-1699)", 1994.

27 Ver Joan Casanovas, *Bread, or Bullets*, 1998. Para a história do tabaco em Cuba, ver Fernando Ortiz, *op. cit.*, 1947.

28 Evelyn Jennings, *Constructing the Spanish Empire in Havana*, 2020.

29 Ovidio Ortega Pereyra, *El Real Arsenal de La Habana*, 1998.

30 Archivo General de Simancas, *Comercio. Negros. Cuba*, 1752.

31 Luis Fabiano de Freitas Tavares, *Da Guanabara ao Sena*, 2011.

32 Ver Fania Fridman, *Donos do Rio em nome do rei*, 1999, pp. 85-87; Fania Fridman, "Geopolítica e produção da vida cotidiana no Rio de Janeiro Colonial", 2001.

33 Fania Fridman, *op. cit.*, 2001.

34 Eliane Fleck e Marcia Amantino (orgs.), *Franciscanos, jesuítas e beneditinos na América colonial, séculos XVI-XVIII*, 2023; Vitor Hugo Franco, *Escravos da religião*, 2021.

35 Leonardo Marques. "The Making of a Slave-Trading Entrepôt: Rio de Janeiro in the Economic Spaces of Mining, 1565-1763", 2023.

36 Luiz Felipe de Alencastro, *O trato dos viventes*, 2000.

37 Maurício Abreu, *Geografia histórica do Rio de Janeiro (1502-1700)*, 2011.

38 Maria Inez Turazzi, *Rio, um porto entre tempos*, 2016.

39 João Fragoso, "A formação da economia colonial no Rio de Janeiro e de sua primeira elite senhorial (séculos XVI e XVII)", 2001.

40 Luiz Felipe de Alencastro, *op. cit.*; Jaime Rodrigues, *De costa a costa*, 2005.

41 Maurício Abreu, *op. cit.*

42 Patrícia Mulvey, *op. cit.*, pp. 38-75.

43 Importantes trabalhos sobre irmandades negras no Brasil escravista: Anthony John R. Russell-Wood, "Black and Mulatto Brotherhoods in Colonial Brazil", 1974, pp. 567-602; Julita Scarano, *Devoção e escravidão*, 1975; João José Reis, *op. cit.*, 1991; Mariza de Carvalho Soares, *Devotos da cor*, 2000; Anderson J. Oliveira, *Devoção negra*, 2025; Luciline Reginaldo, *Os rosários de Angola*, 2011.

44 Charles Boxer, *A idade de ouro no Brasil*, 2000.

45 Anthony John R. Russell-Wood, "O Brasil colonial", 1999.

46 Antônio Carlos Jucá de Sampaio, "Os homens de negócio do Rio de Janeiro e sua atuação nos quadros do Império português (1701-1750)", 2001, pp. 73-105.

47 Maurício Abreu, *op. cit.*

48 Dados do site Slave Voyages.

49 Arquivo Histórico do Ultramar, *Avulsos*, 1758.

50 Parte dos conflitos causados pelo adensamento do tráfico de pessoas escravizadas e pela disputa na compra e (re)venda dos africanos recém-desembarcados no século XVII pode ser encontrada em: Nireu Cavalcanti, "O comércio de escravos novos no Rio de Janeiro setecentista", 2005; Claudio de Paula Honorato, "O mercado do Valongo e o comércio de escravos africanos", 2011, pp. 138-165.

51 Mariza de Carvalho Soares, *op. cit*, pp. 299-303.

52 Dauril Alden, *Royal Government in Colonial Brazil*, 1968, p. 12.

CAPÍTULO 2: RECONSTRUÇÕES URBANAS E SENTIDOS ESCRAVISTAS (1763-1765)

1 Jane Landers, *Atlantic Creoles in the age of Revolutions*, 2010, p. 138.

2 A expressão *mulato* e seus derivados são utilizados nesta obra sempre em referência ao contexto de época. Compreende-se importante revisão feita por movimentos sociais que denunciam a atribuição racista que *mulato* implica a pardos, mestiços ou não brancos. (N. da E.)

3 Elena Schneider, *The Occupation of Havana*, 2018, p. 25.

4 Ramiro Guerra y Sanchez, *Manual de historia de Cuba (económica, social y politica)*, 1938, p. 166.

5 Allan Kuethe, "Havana in the Eighteenth Century", 1991, pp. 20-23.

6 Alejandro de la Fuente, "Esclavitud, 1510-1816", 2009, pp. 129-151.

7 Embora parte da historiografia cubana que abordou a tomada de Havana pelos ingleses (sobretudo os trabalhos produzidos até 1960) tenha demonstrado que o número de africanos escravizados que entrou nos portos da cidade durante os dez meses de ocupação foi algo próximo de 10 mil, estudos mais recentes indicam uma quantidade significativamente menor. Ver David Murray, *Odius Commerce*, 1980, p. 4; Levi Marrero, *Cuba: economia y sociedad*, 1984, p. 12; Pablo Tornero Tinajero, *Crecimiento económico y transformaciones sociales*, 1996, p. 35. Ainda que não leve em consideração o número de cativos que adentraram em Havana pelo contrabando, os números disponíveis no site Slave Voyages corroboram as últimas análises. Todavia, é importante ressaltar que, a despeito da expressiva diferença entre os números apresentados, antes da invasão inglesa, o número de africanos escravizados que desembarcavam a cada ano em Havana dificilmente ultrapassava 250 indivíduos. Ver Aimes Hubert Hillary Suffern Aimes, *A History of Slavery in Cuba, 1511-1868*, 1907, p. 29.

8 Diversos trabalhos afirmam que a reconstrução de Havana após a invasão inglesa serviu como importante experiência para o governo ilustrado de Carlos III, que pautou as ações da metrópole em outras localidades da América hispânica sem, todavia, lograr o mesmo sucesso. Ver John H. Elliott, *Empires of the Atlantic World*, 2006, pp. 298-310; Allan Kuethe, "Havana in the Eighteenth Century", 1991, pp. 24-49.

9 Allan Kuethe, *op. cit.*, 1991, pp. 30-32.

10 Archivo Histórico Nacional, Tropas de la Habana: guerra con Inglaterra, 1763.

11 Ovidio Ortega Pereyra, "El Real Arsenal de la Habana", 2005, pp. 16-20.

12 Allan Kuethe, *op. cit.*, 1991, pp. 33-38.

13 Ver capítulo 2, nota 2.

14 Archivo Histórico Nacional, Apuntaciones sobre la ciudad de La Habana, 1776. Ver John H. Elliott, *op. cit.*, pp. 303-304; Sherry Johnson, "'La Guerra Contra los Habitantes de los Arrabales'", 1997, p. 197; Carlos Venegas Fornias, *La urbanización de las murallas*, 1990, p. 41.

15 Levi Marrero, *op. cit.*, p. 4.

16 Ramiro Guerra y Sanchez, *op. cit.*, p. 171; Allan Kuethe, *op. cit.*, 1991, pp. 66-71.

17 Evelyn Jennings, *Constructing the Spanish Empire in Havana*, 2020, pp. 86-88.

18 Dados do site Slave Voyages.

19 Ver Pablo Tornero Tinajero, *op. cit.*, pp. 45-75. No artigo que escreveu sobre Havana no século XVIII, Kuethe também destacou as transações comerciais realizadas entre negociantes havaneiros e comerciantes de outras

procedências, principalmente estadunidenses. Ver Allan Kuethe, *op. cit.*, 1991, pp. 13-39.

20 Alejandro de la Fuente. *op. cit.*, 2009, p. 138. Na apresentação de seu livro, María del Carmen aponta que, assim como ocorria em diversas relações entre senhores e escravizados, muitos cativos pertencentes à Coroa acabavam adotando *del Rey* como sobrenome. Ver María del Carmen Barcia Zequeira, *Los Ilustres apellidos*, *op. cit.*, p. 18.

21 Evelyn Jennings, *op. cit.*, pp. 97-120.

22 *Ibidem*, pp. 125-130.

23 Archivo Nacional de Cuba, Intendencia General de Hacienda, 1777.

24 Segundo Pedro Deschamps Chapeaux e Juan Pérez de la Riva, *Contribución a la historia de la gente sin historia*, 1974, p. 17, as atividades aduaneiras que até 1763 eram executadas por escravizados e libertos passaram a ser feitas exclusivamente por alforriados e livres. Uma das razões era assegurar que os homens que compunham os batalhões de pardos e negros livres de Havana tivessem uma fonte de renda garantida, que não concorresse com o trabalho escravizado. Sobre *mulato*, ver capítulo 2, nota 2.

25 Arquivo do Conselho Ultramarino, Carta do vice-rei do Brasil conde de Cunha a Francisco Xavier de Mendonça Furtado, 1763-1777.

26 Izabela Gomes Gonçalves, *A sombra e a penumbra*, 2010, p. 6.

27 Dauril Alden, *Royal Government in Colonial Brazil*, 1968, p. 13.

28 Arquivo Histórico do Ultramar, Minuta escrita pelo vice-rei conde de Cunha, caixa 90, doc. 76. Rio de Janeiro, 1767. Citada por Izabela Gomes Gonçalves, *op. cit.*, p. 79.

29 Maria Fernanda Bicalho, *A cidade e o império*, 2003; Izabela Gomes Gonçalves, *op. cit.*

30 Izabela Gomes Gonçalves, *op. cit.*

31 No estudo sobre mestiçagem na América portuguesa setecentista, Larissa Viana apontou que o termo "pardo" passou a ser utilizado para designar uma identidade reivindicada por parte da população mestiça da cidade, que pretendia "fugir" do estigma da escravidão. As milícias foram uma das ferramentas utilizadas por esses homens para se distinguir socialmente. Ver Larissa Viana, *O idioma da mestiçagem*, 2007, pp. 179-204.

32 Michel Mendes Marta, "As milícias de cor na cidade do Rio de Janeiro, séculos XVIII e XIX", 2011, p. 47-66. Para os batalhões de negros e pardos na América portuguesa em outras capitanias, ver Luis G. Silva, "Gênese das milícias de pardos e pretos na América portuguesa", 2013, pp. 111-144.

33 Mariza de Carvalho Soares, "A biografia de Ignácio Monte, o escravo que virou rei", 2006, pp. 47-68.

34 Fabio Pesavento, *Um pouco antes da Corte*, 2009, p. 58.

35 Arquivo Nacional, *Relação de Portarias Expedidas pela Provedoria da Fazenda Real do Rio de Janeiro no período do vice-reinado de Antônio Álvares da Cunha (1763-1767)*, 1767.

36 Arquivo Histórico do Ultramar, avulsos, caixa 84, doc. 19. Rio de Janeiro, [s/d].

37 Arquivo Histórico do Ultramar, códice 225, [s/d], citado por Claudio Honorato, *O mercado do Valongo e o comércio de escravos africanos*, 2011, p. 125.

38 Importante ressaltar que, desde o terremoto que destruiu Lisboa, em 1755, o marquês de Pombal iniciou uma forte política de reestruturação urbana em todo o Império Ultramarino português, pautada pelos ideais ilustrados. Conforme pontuado por Marins, o objetivo principal das ações pombalinas era garantir o controle da "arquitetura e do traçado urbano, e também dos convívios e arranjos nos círculos dirigentes de poder". Ver Paulo Cézar Garcez Marins, *Através da rótula*, 2001, p. 95. Ao analisar os espaços urbanos do Rio de Janeiro, Luanda e ilha de Moçambique, Selma Pantoja demonstrou como o marquês de Pombal tentou imprimir o ideal ilustrado na reestruturação de cidades "periféricas" do mundo lusitano. Ver Selma Pantoja, *O encontro nas terras de além-mar*, 1994.

39 Silvia H. Lara, *Fragmentos setecentistas*, 2007, p. 51.

40 Luís Edmundo, *O Rio de Janeiro no tempo dos vice-reis*, 1915.

41 Sobre a defesa da escravidão em meio à ideologia escravista, ver David Brion, *O problema da escravidão na cultura ocidental*, 2001, pp. 435-491. No caso específico dos debates sobre escravidão durante as reformas pombalinas, ver Tâmis Parron, "A nova e curiosa relação, 1764", 2008, pp. 92-107.

42 Nireu Cavalcanti, "O comércio de escravos novos no Rio de Janeiro setecentista", 2005.

43 Arquivo Geral da Cidade do Rio de Janeiro, "Auto dos homens de negócios e comerciantes de escravos", 1758-1768.

CAPÍTULO 3: ESCRAVIDÃO URBANA EM PALCOS ILUSTRADOS (1766-1790)

1 Archivo Nacional de Cuba, Intendencia General de Hacienda, 1778.

2 Archivo General de Simancas, Secretaria del Despacho de Guerra, Milicias de la Habana, 1782.

3 Nesse caso, trata-se do *cabildo* que exercia, no mundo urbano da América hispânica, função muito semelhante à Câmara Municipal das cidades da América portuguesa.

4 Archivo Nacional de Cuba, Ordenanzas para los Comissarios del Barrio, 1770.

5 Carlos Venegas Fornias, *La urbanizacion de las murallas*, 1990, p. 43.

6 Archivo Histórico Nacional, Apuntes sobre las operaciones del capitán general de Cuba, 1777.

7 Archivo Nacional de Cuba, Contrata de provisión de viandas para los forzados y negros del Rey, 1772.

8 Na obra elaborada em conjunto pela Escola de Arquitetura da Universidad de La Habana, as duas alamedas construídas sob o comando de Antonio Fernández Trevejos durante o governo do marquês de la Torre foram encaradas pelos especialistas como tentativas iniciais de instituir valores paisagísticos na cidade. Ver *Transformación urbana de Cuba*, 1974, pp. 27-28.

9 Carlos Venegas Fornias, *op. cit.*, pp. 14-15.

10 Grande parte da reconstrução de Havana após a invasão inglesa foi feita com o dinheiro vindo da Nova Espanha, que, na época, era a possessão mais rica de todo o Império Espanhol, graças as suas minas de prata. Ver Allan Kuethe, *Cuba*, 1753-1815, 1986, p. 61.

11 Para as etapas e os resultados obtidos com o recolhimento das *macoquinas*, ver Archivo Histórico Nacional, Apuntaciones sobre la ciudad de La Habana, 1776.

12 Archivo Histórico Nacional, Apuntes sobre las operaciones del capitán general de Cuba, 1777.

13 Barcia Zequeira assinalou que, em 1761, a população de Havana girava em torno de 37 mil habitantes. Esse número duplicou em quinze anos. Ver María del Carmen Barcia Zequeira, "Negros en sus espacios", 2009.

14 Ver capítulo 2, nota 2.

15 Segundo o dicionário de Esteban Pichardo, *guano* era uma espécie de palma abundante em Cuba e que, antes da chegada dos espanhóis, já era utilizada em construções pelos grupos indígenas da ilha. Ver Estéban Pichardo, *Diccionario provincial casi-razonado de vozes cubanas*, 1861, pp. 126-127.

16 *Ibidem*, p. 25.

17 Archivo Histórico Nacional, Apuntes sobre las operaciones del capitán general de Cuba, 1777, pp. 22-28.

18 *Ibidem*, pp. 29-30.

19 Reinaldo Funes Montes, *From Rainforest to Cane Field in Cuba*, 2008, p. 60.

20 Em 1767, foi estabelecido o cargo de comandante-geral da marinha do porto de Havana, ilha de Cuba e Índias Ocidentais. Ver Reinaldo Funes Montes, *op. cit.*, pp. 60-61.

21 Dauril Alden, *Royal Government in Colonial Brazil*, 1968, pp. 4-6.

22 *Ibidem*, pp. 24-26.

23 Marquês do Lavradio, *Cartas do Rio de Janeiro*, carta 176, 1978.

24 Relatório do marquês do Lavradio, "vice-rei do Rio de Janeiro, entregando o governo a Luiz de Vasconcelos e Souza, que o sucedeu no vice-reinado — 19 de junho de 1779", 1843.

25 Mariza de Carvalho Soares, *Devotos da cor*, 2000.

26 Marquês do Lavradio, *op. cit.*, 1978.

27 *Idem*, *op. cit.*, 1843, pp. 450-451.

28 Arquivo Nacional, códice 70, [s/d], p. 231.

29 Marquês do Lavradio, *op. cit.*, 1843, p. 451.

30 Claudio Honorato, *Valongo*, 2008.

31 Sobre a política escravista da Espanha a partir da década de 1770, ver David Murray, *Odius Commerce*, 1980, pp. 6-9; Pablo Tornero Tinajero, *Crecimiento económico y transformaciones sociales*, 1996, pp. 38-40.

32 Ramiro Guerra y Sanchez, *Manual de história de Cuba*, 1938, p. 181.

33 *Ibidem*, pp. 183-185.

34 Pablo Tornero Tinajero, *op. cit.*, p. 40. De acordo com o site Slave Voyages, entre 1780 e 1789, 13.607 africanos escravizados aportaram em Cuba.

35 Archivo Nacional de Cuba, Intendencia General de Hacienda, [s/d].

36 *Ibidem*.

37 Archivo Nacional de Cuba, Expediente n. 453 firmado por el Sr. Intendente General, 1788.

38 Archivo General de Indias, Contrataciones, 1784.

39 Levi Marrero, *Cuba: economia y sociedad*, 1984, pp. 7-8.

40 Ramiro Guerra y Sanchez, *op. cit.*, p. 211.

41 Archivo General de Indias, Estado, 1789.

42 Archivo General de Indias, Santo Domingo, doc. 230, [s/d]. Legajo 2207.

43 Archivo General de Indias, Santo Domingo, doc. 232, [s/d]. Legajo 2207.

44 Apoiado nas análises feitas por Aimes, Franklin Knight afirmou que, entre 1521 e 1761, a média de escravos importados para Cuba girava em torno de 250 indivíduos por ano. Ver Franklin Knight, *Slave Society in Cuba during the Nineteenth Century*, 1970, p. 10.

45 *Real cédula por la que Su Majestad conced libertad para el comercio de negros con las islas de Cuba, Sto. Domingo, Puerto Rico, y provincia de Caracas a los españoles y extranjeros*, 1789.

46 Franklin Knight, *op. cit.*, p. 8.

47 *Real Cédula del 31 de Mayo de 1789 sobre el trato que debe darse a los esclavos*, 1789.

48 Philip A. Howard, *Changing History*, 1998, p. 3.

49 O síndico era um homem livre que representava um escravizado em juízo, sobretudo no que dizia respeito ao processo de *coartación*. Esse processo consistia na venda (a prazo) da liberdade de escravizados, uma prática que tinha respaldo do aparato jurídico e era relativamente corrente em Cuba.

50 Para uma importante síntese sobre o governo dos escravos nas Américas, ver Rafael de Bivar Marquese, *Feitores do corpo, missionários da mente*, 2002.

51 O capelão embarcou de última hora no navio inglês *Benjamin*, com a incumbência de atenuar os possíveis conflitos espirituais dos germânicos que se lançaram na viagem à Índia, em outubro de 1781. Devido às péssimas condições de viagem, a embarcação aportou no Rio de Janeiro em abril do ano seguinte e, no curto tempo em que esteve na cidade, Langstedt descreveu alguns aspectos que lhe chamaram a atenção. Ver Jean Marcel Carvalho França, *Visões do Rio de Janeiro colonial*, 1900, p. 172.

52 Fundação Biblioteca Nacional, *Riscos iluminados ditos de figurinos de brancos e negros dos usos do Rio de Janeiro e Serro Frio* (obra atribuída a Carlos Julião), s/d.

53 Arquivo Nacional, fundo Marquês do Lavradio, 1771.

54 Para os significados da vestimenta dos africanos no Rio de Janeiro por meio da obra de Carlos Julião, ver Silvia Escorel, *Vestir poder e poder vestir*, 2000. Ver também Valéria Piccoli G. Silva, *Figurinhas de brancos e negros*, 2010.

55 Para a história da praça do Mercado do Rio de Janeiro e a apropriação de africanos oriundos da África Ocidental (muitas vezes chamados de *minas*), ver Juliana Barreto Farias, *Mercados minas*, 2012, pp. 32-33. Ainda que o recorte de sua pesquisa seja o intervalo entre 1830 e 1890, a autora fez um breve histórico do mercado, mostrando que desde a segunda metade do século XVIII já era o local de trabalho (e de reconstrução de identidade) de centenas de homens e mulheres "de cor", libertos e escravizados.

56 A existência do pequeno e médio comércio de regiões da América portuguesa com localidades africanas é assunto cada vez mais trabalhado pela historiografia brasileira. Trabalhos recentes apontam que tais redes de comércio muitas vezes conectavam negociantes de pequeno e médio porte do Novo Mundo com comerciantes de diferentes pontos da costa africana e que nem sempre o escravizado era o produto negociado. Ver Nielson Bezerra, *Mosaicos da escravidão*, 2010.

57 Para as apropriações de africanos e crioulos do espaço urbano durante o século XVIII, ver Anthony John R. Russell-Wood, *Escravos e libertos no Brasil colonial*, 2005; Silvia H. Lara, *Fragmentos setecentistas*, 2007.

58 Emanuel Araújo, *O teatro dos vícios*, 2008; Silvia H. Lara, *op. cit.*, pp. 81-90.

59 Silvia H. Lara, *op. cit.*, pp. 65-67.

60 Saint-Domingue era o nome da parcela francesa da ilha Hispaniola, que foi colonizada a partir de 1697 e deu origem ao Haiti em 1804. Sua capital é Porto Príncipe. Santo Domingo, por sua vez, era a capital da parcela colonial hispânica daquela mesma ilha. Atualmente, é a capital da República Dominicana.

PARTE II

1 A Rebelião de Aponte foi um evento de significativa repercussão na história de Cuba, tendo sido incorporado pela historiografia oficial desde

meados do século XIX, bem como nas análises clássicas sobre a escravidão em Cuba, como no trabalho de Fernando Ortiz, *Cuban Counterpoint*, 1947 (1ª edição, Estados Unidos). O levante também figurou na análise de muitos historiadores que escreveram sob forte influência da Revolução de 1959, como o trabalho de Juan R. Betancourt, *El Negro*, 1959. Análises mais recentes enfatizaram a reconstituição dos eventos e personagens da rebelião, utilizando variadas fontes documentais para tanto. Ver José Luciano Franco, *Las Conspiraciones de 1810 y 1812*, 1977; Matt Child, *The 1812 Aponte Rebellion in Cuba and the Struggle Against Atlantic Slavery*, 2006.

2 Para a trajetória de Tiburcio Peñalver e a importância para a Rebelião de Aponte, ver Matt Child, *op. cit.* (principalmente o capítulo 2).

3 Matt Child, *op. cit*, pp. 46-48.

4 *Ibidem*, p. 3.

5 Fundação Biblioteca Nacional, Ofício do marquês de Aguiar ao conde dos Arcos, 1814.

6 *Ibidem*.

7 O fato de não terem sido encontrados outros documentos sobre o ocorrido aponta que a versão do marquês de Aguiar era de fato plausível.

8 Para as redes subterrâneas de comunicação entre as comunidades afro-americanas no Caribe durante o período da Revolução Haitiana, ver Julius Scott, *The Common Wind*, 2018.

9 Sobre a Revolução do Haiti, ver Cyril Lionel Robert James, *Jacobinos negros*, 2000; Carolyn Fick, *Making Haiti*, 1991; Laurent Dubois, *Os vingadores do Novo Mundo*, 2023; Bethânia Pereira, *Revolução Haitiana*, 2025.

10 Michel-Rolph Trouillot, *Silenciando o passado*, 2024; Susan Buck-Morss, *Hegel e o Haiti*, 2017.

11 "Haitianismo" é um conceito historiográfico e político que designa o medo das elites escravistas e coloniais de que a Revolução do Haiti (1791-1804) – única revolta de escravizados bem-sucedida que levou à abolição da escravidão e à criação de uma república negra – se repetisse em outros contextos atlânticos. Ver Marcel Dorigny, *Les abolitions de l'esclavage*, 1995; David P. Geggus, *The Impact of the Haitian Revolution in the Atlantic World*, 2001. Nos casos cubano e brasileiro, ver Ada Ferrer, "Noticias de Haití en Cuba", 2003, pp. 675-94; Josef Opatrný, *El Rumor de Haití en Cuba*, 2004; Luiz Mott, "A revolução dos negros do Haiti e o Brasil", 1982, pp. 55-62; Flávio dos Santos Gomes, "Experiências transatlânticas e significados locais", 2002; Alain Youssef, "Haitianismo em perspectiva comparativa", 2009; Marcos Morel, *A revolução do Haiti e o Brasil escravista*, 2017.

12 Alguns aspectos das diferentes repercussões que a Revolução de Saint-Domingue e a criação do Haiti na Grã-Bretanha podem ser encontrados

em Michael Duffy, "The French Revolution and British Attitudes at the West Indias Colonies"; Rogen Buckley, "The Admission of Slave Testimony at British Military Courts in the West Indies, 1800-1809". Ambos os trabalhos estão no livro editado por David Gaspar e David P. Geggus, *A Turbulent Time*, 1997, pp. 78-101 e 226-250.

13 Ver Robin Blackburn, *The American Crucible*, 2011, p. 175.

14 Durante muito tempo, o período chamado de "Era das Revoluções" por Hobsbawm lançava luz apenas aos eventos que ocorreram no continente europeu. Ver Eric Hobsbawm, *A era das revoluções* (1789-1848), 2001. Para um quadro mais amplo das revoluções que marcaram o mundo atlântico na passagem do século XVIII para o século XIX, ver Robin Blackburn, *A queda do escravismo colonial*, 2002.

15 A ideia de que a escravidão moderna passou por mudanças axiais após a revolução de Saint-Domingue, readequando-se a uma dinâmica capitalista de funcionamento, aparece em diferentes trabalhos que analisaram as transformações do mundo atlântico a partir de 1791. Para essas mudanças do escravismo e "segunda escravidão", ver Dale W. Tomich, *Through the Prism of Slavery*, 2004.

CAPÍTULO 4: ESCRAVIDÃO E MEDO NA TESSITURA DO URBANO (1791-1807)

1 A comitiva de que sir Staunton fazia parte tinha interesses claramente comerciais e, em setembro de 1792, partiu de Portsmouth (Inglaterra) rumo à China. Ver Jean Marcel Carvalho França, *Visões do Rio de Janeiro colonial*, 1900, p. 197.

2 Jean Marcel Carvalho França, *op. cit.*, p. 203.

3 *Ibidem*, pp. 204-205.

4 *Ibidem*.

5 *Ibidem*, p. 242.

6 *Ibidem*.

7 Sobre o desenvolvimento do abolicionismo inglês e da política antitráfico, ver Robin Blackburn, *A queda do escravismo colonial*, 2002, pp. 45-124 e 147-178; Robin Blackburn, *The American Crucible*, 2011, pp. 329-390.

8 Jean Marcel Carvalho França, *op. cit.*, p. 242.

9 Arquivo Geral do Município do Rio de Janeiro, Documentos sobre a escravidão e mercadores de escravos, 1777-1831, pp. 297-300.

10 Carlos A. Lima, *Artífices do Rio de Janeiro, 1790-1818*, 2008, pp. 109-124.

11 Luís Edmundo, *O Rio de Janeiro no tempo dos vice-reis*, 1915, p. 153.

12 Silvia H. Lara, *Fragmentos setecentistas*, 2007.

13 Para a preocupação das autoridades coloniais no controle da fuga de escravizados e na formação de quilombos, ver Stuart B. Schwartz, "Mocambos,

quilombos e Palmares", 1978, pp. 83-87. Ver também Silvia H. Lara, "Do singular ao plural", 1996, pp. 81-109.

14 Kirsten Schultz citou um documento produzido por Paulo Fernandes Viana (intendente-geral da polícia do Rio de Janeiro entre 1808 e 1820), no qual há uma forte menção às inúmeras medidas tomadas pelo conde de Bobadela com o intuito de prevenir as fugas e formações de quilombos na cidade e na capitania do Rio de Janeiro. Ver Kirsten Schultz, *Versalhes tropical*, 2008, p. 78.

15 Arquivo Geral do Município do Rio de Janeiro, "Documentos sobre a escravidão e mercadores de escravos", 1777-1831, p. 295.

16 Flávio dos Santos Gomes, "Quilombos do Rio de Janeiro no século XIX", 1996, pp. 263-290. Em recente trabalho, Nielson Bezerra mostrou que parte significativa do açúcar, da aguardente e da farinha produzidos no recôncavo da Guanabara foi utilizada, desde o tempo dos vice-reis até meados do século XIX, como moeda de troca no comércio que pequenos negociantes fluminenses estabeleceram com regiões específicas da costa ocidental africana. Ver Nielson Bezerra, *Mosaicos da escravidão*, 2010.

17 Heloisa M. Starling, *Ser republicano no Brasil colônia*, 2018, p. 202.

18 Kenneth Maxwell, *A devassa da devassa*, 1985.

19 Em certa medida, a Conjuração Carioca pode ser tomada como uma das expressões do que Maxwell chamou de "geração de 1790". Ver Kenneth Maxwell, *op. cit.*, pp. 157-208.

20 Kenneth Maxwell, *op. cit.*, pp. 165-166.

21 Arquivo Geral do Município do Rio de Janeiro, Documentos sobre a escravidão e os mercadores de escravos, 1800, f. 302.

22 Para a Conjuração Baiana, ver István Jancsó, *Na Bahia contra o Império*, 1996; Luis Henrique Dias Tavares, *Da sedição de 1798 à revolta de 1824 na Bahia*, 2003; Patrícia Valim, *Corporação dos enteados*, 2018.

23 Valentim Alexandre, *Os sentidos do Império*, 1993, p. 93.

24 *Ibidem*, pp. 92-164; Fernando A. Novais, *Portugal e Brasil na crise do antigo sistema colonial (1777-1808)*, 2001.

25 O episódio no qual alguns negros e pardos das milícias do Rio de Janeiro saíram estampando o rosto de Dessalines foi primeiramente trabalhado em Luiz R. B. Mott, "A revolução dos negros no Haiti e no Brasil", 1982. Para outras repercussões que a revolução dos escravizados de Saint-Domingue e a proclamação da República do Haiti tiveram no Brasil, ver João José Reis e Flávio dos Santos Gomes, *Repercussions of the Haitian Revolution in Brazil, 1791-1850*, 2009, pp. 284-313.

26 Archivo General de Indias, Expediente sobre captura de esclavos cimarrones, 1796.

[27] *Papel Periódico de la Havana*, 12 de janeiro de 1792, citado por Antonio Núñes Jiménez, *Los Esclavos negros*, 1998, p. 196.

[28] Nessa época, Ignacio Montalvo Ambuldi, o conde de Montalvo, já era proprietário de dois engenhos, quinhentos escravizados e mais de 14 mil cabeças de gado. Ver Manuel Moreno Fraginals, *O engenho*, v. 1, 1988, p. 131.

[29] *Papel Periódico de la Havana*, 12 jan. 1792, citado por Antonio Núñes Jiménez, *Los Esclavos negros*, 1998, p. 196.

[30] *Papel Periódico de la Havana*, 1º mar. 1792, citado por Antonio Núñes Jiménez, *Los Esclavos negros*, 1998, p. 199.

[31] *Papel Periódico de la Havana*, 5 abr. 1792, citado por Antonio Núñes Jiménez, *Los Esclavos negros*, 1998, p. 200.

[32] Essa cifra foi contabilizada no site Slave Voyages. Os dados trabalhados por David Murray na década de 1980 apontam um número muito próximo: entre 1789 e 1796, pouco mais de 35 mil africanos escravizados teriam entrado nos portos de Havana. Ver David Murray, *Odius Commerce*, 1980, p. 18.

[33] Archivo General de Indias, Expediente sobre captura de esclavos cimarrones, 1796.

[34] María Dolores González-Ripoll Navarro, *Voces de gobiernos*, 1994, pp. 149-162. A mesma autora fez uma análise mais detalhada do governo de las Casas y Aragorri em *Cuba, la isla de los ensayos*, 1999, pp. 79-98.

[35] María Dolores González-Ripoll Navarro, *op. cit.*, 1994.

[36] *Ibidem*, p. 157.

[37] Carmen Bernand, *Negros esclavos y libres en las ciudades hispanoamericanas*, 2001, pp. 29-43.

[38] A historiografia cubana tem importantes obras que analisam não só o funcionamento, mas as possibilidades de articulação e ressignificação da vida da população escravizada que participava dos *cabildos de nación*.

[39] Segundo Fraginals, las Casas y Aragorri era tio do conde de O'Reilly, casado com uma das filhas da família O'Farril. Tratava-se de dois dos mais importantes sobrenomes da elite açucareira de Cuba. Ver Moreno Fraginals, *Cuba. Espanha. Cuba*, 2005, p. 131.

[40] Francisco de Arango y Parreño foi um dos intelectuais de maior destaque na história de Cuba. Sua articulação com a elite colonial, o bom trânsito desfrutado em meio às autoridades metropolitanas e a competência de sua argumentação fizeram com que sua trajetória e suas obras fossem objetos de análise de diferentes estudiosos, principalmente os especializados em história intelectual e história da escravidão em Cuba. Sobre Arango y Parreño, ver Dale Tomich, "A riqueza do império", 2003, pp. 1-33.

[41] Eric Williams, *From Columbus to Castro*, 1970, pp. 237-249; Laurent Dubois, *Avengers of the New World*, 2004.

42 Dale Tomich, *op. cit.*, 2003, pp. 7-9.

43 Pablo Tornero Tinajero, *Crecimiento económico y transformaciones sociales*, 1996, pp. 44-46.

44 *Ibidem*, pp. 54-55.

45 Carlos Venegas Fornias, *Cuba y sus pueblos*, 2002, p. 47; María Dolores González-Ripoll Navarro, *Cuba, la isla de los ensayos*, 1999, p. 84.

46 Franklin Knight, "Origins of Wealth and the Sugar Revolution in Cuba, 1750-1850", 1970, pp. 231-253.

47 As questões relativas à produção dos censos populacionais de Cuba e sua confiabilidade foram trabalhadas por importantes autores como Carlos Venegas Fornias, *op. cit.*

48 Reinaldo Funes Monzote, *From Rainforest to Cane Field in Cuba*, pp. 39-82.

49 Levi Marrero, *Cuba, economia y sociedad*, 1984, p. 21. Segundo Venegas Fornias, o Real Consulado tinha três sessões, sendo a Junta de Fomento a mais importante. Tal sessão abria caminhos, aumentava a população nos campos e evitava o crescimento das cidades grandes, melhorava as docas, incentivava a educação e abria canais de navegação e irrigação – tarefas que compartilhava com a Real Sociedade Patriótica. Ver Carlos Venegas Fornias, *op. cit.*, p. 48. Para que a existência da instituição estivesse garantida, suas despesas eram pagas por meio da *avería*, imposto de 0,5% cobrado sobre o valor de todos os gêneros e efeitos comerciais que saíssem ou entrassem por mar em todos os portos da ilha. Ver Levi Marrero, *op. cit.*, p. 25; Carlos Venegas Fornias, *op. cit.*, p. 48.

50 Sobre essa instituição, ver Izaskun Álvarez Cuartero, "Las Sociedades Económicas de Amigos del País en Cuba, 1787-1832", 1994, pp. 35-46; Carlos Venegas Fornias, *op. cit.*, p. 48. Importante destacar que a primeira Sociedad Económica de Amigos del País fundada em Cuba foi na cidade de Santiago, em 1787. Ver Levi Marrero, *op. cit.*, p. 17.

51 Archivo General de Simancas, *Negros prisioneiros de Bahiaja*, 1794; Archivo General de Indias, *Gobernador Habana sobre que suspenda la remisión de negros*, 1796; Archivo General de Indias, *Gobernador Habana sobre negros auxiliares de Sto. Domingo*, 1794.

52 Segundo as informações obtidas por las Casas, os escravizados que compunham os *palanques* haviam chegado ao ponto de solicitar que o governo britânico lhes desse o território que estavam ocupando. Archivo General de Indias, *Gobernador Habana sobre negros del Palenque de Jamayca*, 1795.

53 Para as repercussões que a Revolução do Haiti teve em Cuba, ver María Dolores González-Ripoll Navarro *et al.*, *El Rumor de Haití en Cuba*, 2004. Ver também Ada Ferrer, "Speaking of Haiti", 2009b, pp. 223-2456; Ada Ferrer, "Cuba in the age of Haitian Revolution", 2009a, pp. 23-38.

54 Archivo General de Simancas, Sublevación de negros en la Habana, 1795.

55 Archivo Nacional de Cuba, Intendencia, 1795. Infelizmente, as péssimas condições físicas do documento impedem a verificação de quais teriam sido as possíveis razões para o infanticídio.

56 Archivo Nacional de Cuba, Intendencia, legajo 842, n. 6, 1795.

57 *Ibidem*, legajo 938, n. 69, 1795.

58 De acordo com o banco de dados Slave Voyages, 16.013 africanos escravizados desembarcaram em Cuba, entre 1790 e 1792. Esse número passou para 10.043 no triênio seguinte.

59 Levi Marrero, *op. cit.*, pp. 26-27; Allan Kuethe, "Havana in the Eighteenth Century", 1991, pp. 133-138.

60 Ao tratar do *bando de gobierno* de 1796, Tornero Tinajero destacou o "miedo al negro" que passou a assolar parte da população cubana após o acirramento da insurreição em Saint-Domingue. Tal questão já havia sido pontuada por Arango y Parreño quatro anos antes, quando um dos mentores do projeto de *plantation* assinalou o perigo que o empoderamento das milícias de pardos e negros poderia representar para Cuba ante o exemplo da colônia francesa. Ver Pablo Tornero Tinajero, *op. cit.*, p. 56.

61 Archivo General de Indias, SGU, legajo 7245, n. 51, 1798.

62 Archivo General de Indias, Estado, legajo 1, n. 76, 1798.

63 Alexander von Humboldt, *Ensayo político sobre la isla de Cuba*, 1836, p. 6.

64 Ramiro Guerra y Sanchez, *Manual de historia de Cuba*, 1938; Levi Marrero, *op. cit.*; Carlos Venegas Fornias, *op. cit.*; José Antonio Piqueras Arenas, *La Vida política entre 1780 y 1878*, 2009.

65 Levi Marrero, *op. cit.*, p. 27.

66 Alexander von Humboldt, *op. cit.*, p. 11.

67 Archivo General de Indias, Estado, legajo 2, número 4, 1799.

68 Archivo General de Indias, Papeles de Cuba, legajo 1679, 1799.

69 *Ibidem*.

70 Um interessante trabalho que aprofunda as questões que marcaram o governo do marquês de Someruelos é o de Sigfrido Vázquez Cienfuegos, *Tan difíciles tiempos para Cuba*, 2008.

71 Sigfrido Vázquez Cienfuegos, "Cuba ante la crisis de 1808", 2002, pp. 263-271.

72 Archivo General de Indias, Estado, legajo 2, n. 14, 1799.

73 Ada Ferrer, "Cuba en la Sombra de Haití", 2004, pp. 179-231.

74 Sigfrido Vázquez Cienfuegos, *op. cit.*, pp. 415-454.

75 Archivo General de Indias, Papeles de Cuba, legajos 1676 e 1691.

76 Archivo General de Indias, Incendio en la Habana, 1802.

77 Archivo General de Indias, Papeles de Cuba, legajo 1691, 9 jun. 1802.

78 *Ibidem*, 24 mar. 1803.

79 Ibidem, 23 ago. 1804.
80 Ibidem, 3 mar. 1806.
81 Ibidem, 3 nov. 1806.
82 Ibidem, 30 dez. 1806.
83 Carlos Venegas Fornias, *op. cit.*, p. 66.
84 Manuel de Godoy y Álvarez de Faria Ríos Sánchez Zarzosa foi um dos políticos mais importantes no reinado de Carlos IV, tendo forte atuação durante os inúmeros conflitos que marcaram a passagem do século XVIII para a centúria seguinte. Manoel Godoy foi o principal ministro do rei espanhol a partir de 1801.
85 Sigfrido Vázquez Cienfuegos, "Criterios políticos durante la coyuntura entre 1807 y 1809", 2010, pp. 32-47.
86 Ibidem.
87 A Revolta de Aranjuez foi um motim popular contra Carlos IV liderado pelo seu filho, o príncipe Fernando VII, em março de 1808.
88 Importante ressaltar que a atitude de Napoleão Bonaparte acabou com a aliança entre França e Espanha, fazendo com que Carlos IV e seus súditos passassem a tratar a Inglaterra como aliada.

CAPÍTULO 5: CAPITAIS E A APOSTA NA ESCRAVIDÃO (1808-1815)

1 Valentim Alexandre, *Os sentidos do império*, 1993.
2 Paulo Cézar Garcez Marins, *Através da rótula*, 2001.
3 John Luccock, *Notas sobre o Rio de Janeiro e partes meridionais do Brasil*, 1975.
4 John Mawe, *Viagens ao interior do Brasil*, 1944, pp. 106-107.
5 Maurício Abreu, *Geografia histórica do Rio de Janeiro, 1502-1700*, 2011.
6 Nireu Cavalcanti, "O comércio de escravos no Rio de Janeiro setecentista", 2005.
7 Embora diversos trabalhos apontem que a comitiva que acompanhou a família real em 1808 era composta por mais de 15 mil pessoas, no estudo que fez sobre a história do Rio de Janeiro, Cavalcanti questionou tal cifra. Ver Nireu Cavalcanti, *op. cit.*
8 Ver Kirsten Schultz, *Versalhes tropical*, 2008.
9 Maria Beatriz Nizza da Silva, "A Intendência-Geral da Polícia: 1808-1821", 1986.
10 Thomas Holloway, *Polícia no Rio de Janeiro*, 1997.
11 Maria Odila Leite da Silva Dias, "A interiorização da metrópole", 2005.
12 Ilmar R. Mattos, "Construtores e herdeiros", 2005.
13 Maria de Fátima Silva Gouvêa, "As bases institucionais da construção da unidade dos poderes no Rio de Janeiro Joanino", 2005; Andréa Slemian, *Vida política em tempo de crise*, 2006.

14 Sobre a implementação da Décima Urbana, ver Nireu Cavalcanti, *op. cit.*

15 De acordo com Marins, o objetivo principal dessa medida era deixar tangíveis os limites entre os espaços privados (casas) e públicos (ruas e vias), delimitação essa que, até então, era constantemente dificultada pela grande quantidade de janelas que invadiam as ruas do Rio. Ver Paulo Cézar Garcez Marins, *op. cit.*

16 Ynaê Lopes dos Santos, *Além da senzala*, 2010; Nireu Cavalcanti, *op. cit.*

17 Sonia Gomes Pereira, *A reforma urbana de Pereira Passos e a construção da identidade carioca*, 1998.

18 Em 1814 foi criada a freguesia de Santana, demonstrando como a ocupação das adjacências do campo de mesmo nome estava atrelada ao crescimento urbano do Rio de Janeiro. Ver Noronha Santos, *As freguesias do Rio antigo*, 1965.

19 Sonia Gomes Pereira, *op. cit.*

20 Manolo Florentino, *Em costas negras*, 1997.

21 Ver Eric John Hobsbawm, *A era das revoluções 1789-1848*, 2001.

22 A passagem do século XVIII para o século XIX também trouxe mudanças para muitas sociedades africanas envolvidas no tráfico. Levando em conta os desdobramentos da abolição do tráfico ao norte da linha do Equador decretada pela Grã-Bretanha em 1807, conflitos travados dentro do continente africano acabaram exercendo forte influência na demanda por escravizados no Novo Mundo. Dois trabalhos que analisaram o tráfico transatlântico no Brasil e que abordaram como alternâncias de algumas dinâmicas e estruturas de poder em sociedades africanas reverberaram na comercialização de cativos para o Rio de Janeiro: Manolo Florentino, *op. cit.*, 1997, pp. 70-139; Jaime Rodrigues, *De costa a costa*, 2005, pp. 45-127.

23 De acordo com Manolo Florentino, entre 1811 e 1830, 235 navios saíram dos portos da África Oriental para o Rio de Janeiro, quantia significativamente maior do que as 15 embarcações contabilizadas no intervalo de 1795 e 1811. Já a saída de navios da Costa Ocidental sofreu uma queda percentual: se entre 1795 e 1811 cerca de 3% dos navios que transportavam africanos escravizados saíam dessa grande região, a partir de 1811 o percentual diminui para 1,5%. Ver Manolo Florentino, *op. cit.*, p. 234.

24 Manolo Florentino, *op. cit.*; João Fragoso, *Homens de grossa aventura*, 1998.

25 No seu estudo sobre o Valongo, Cláudio Honorato sublinhou que, antes mesmo da transferência da Corte para a região próxima ao mercado, o local já suscitava preocupação das autoridades. Tanto que, em 1800, a Real Junta passou a exigir que todos os cirurgiões que embarcassem nos navios que transportavam africanos escravizados para exercer "a arte

farmacêutica" deveriam ter licença prévia. Ver Claudio Honorato, *Valongo*, 2008, p. 88

26 Citado por Claudio Honorato, *op. cit.*, 2008, p. 91. (Arquivo Nacional, Plano de Inspeção de Saúde, Série Saúde, IS4 1).

27 *Gazeta do Rio de Janeiro*, 13 jun. 1812.

28 *Gazeta do Rio de Janeiro*, 26 jan. 1814; *Gazeta do Rio de Janeiro*, 15 out. 1814.

29 Manolo Florentino, *op. cit.*, 1997, pp. 215-216.

30 Carlos A. Lima, *Artífices do Rio de Janeiro, 1790-1818*, 2008.

31 Mary Karasch, *A vida dos escravos no Rio de Janeiro (1808-1850)*, 2000, pp. 259-291; Marilene Rosa Nogueira da Silva, *Negro na rua*, 1988; Luiz Carlos Soares, *O "povo de Cam" na capital do Brasil*, 2007, pp. 107-191.

32 Para a lógica de trabalho de mulheres negras (escravizadas e libertas) no Rio de Janeiro durante os últimos anos de vigência da escravidão, ver Sandra Graham, *Proteção e obediência*, 1992. Ainda que o trabalho de escravizados não fosse seu objeto de estudo, essa foi uma questão tangenciada por Camillia Cowling na sua análise sobre as ferramentas que "mulheres de cor" encontraram para lutar pela liberdade em Havana e no Rio de Janeiro entre 1870 e 1888. Ver Camillia Cowling, *Concebendo a liberdade*, 2018.

33 Para o estranhamento que a dinâmica escravista e o legado africano causaram aos viajantes que visitaram o Rio de Janeiro, ver Eneida Maria M. Sela, *Modos de ser, modos de ver*, 2008. Importante salientar que, entre os viajantes analisados pela historiografia que examinaram a escravidão no Rio de Janeiro após a elevação a Corte do Império Português, Jean-Baptiste Debret teve especial destaque devido ao longo tempo em que ficou na cidade, bem como as dezenas de registros feitos sobre o cotidiano escravista no Rio de Janeiro. Para análise da história do Rio na obra de Debret, ver Valéria A. E. Lima, *Debret, historiador e pintor*, 2007; Patrick Straumann (org.), *Rio de Janeiro, cidade mestiça*, 2001.

34 Ao caminhar pela região portuária do Rio de Janeiro no início do século XIX, Luccock chegou a afirmar que a cidade mais parecia o coração da África. Ver John Luccock, *op. cit.*, p. 74.

35 Norbert Elias, *O processo civilizador*, 1990 (capítulo introdutório).

36 Por meio do edital de 27 de junho de 1808, dom João criou o cargo de "juiz do crime". Subordinados ao intendente, cada um dos dois juízes de crime da cidade tinha que cuidar do policiamento e do julgamento dos crimes cometidos em seu distrito. Ver Thomas Holloway, *op. cit.*, p. 46.

37 Arquivo Nacional, códice 318, edital de 20 de abril de 1808, fl. 3.

38 Arquivo Nacional, códice 318, edital de 7 de maio de 1818, fl. 11.

39 John Mawe, *op. cit.*, p. 140.

40 Para a experiência dos africanos minas na cidade do Rio de Janeiro, alguns já citados neste estudo, são: Juliana B. Farias, *Mercados minas*, 2012; Juliana B. Farias, Carlos Eugênio Líbano Soares, Flávio dos Santos Gomes, *No labirinto das nações*, 2005; Mariza de Carvalho Soares, *Devotos da cor*, 2000; Sheila Faria, *Sinhás pretas*, 2004; Mariza de Carvalho Soares (org.), *Rotas atlânticas da diáspora africana*, 2007. *Mina* era a denominação dada aos africanos escravizados que embarcavam na Costa da Mina, que abrange parte dos atuais países de Gana, Togo, Benim e Nigéria.

41 Arquivo Nacional, códice 403, v. 1, maio 1811.

42 Leila Mezan Algranti, *O feitor ausente*, 1988, pp. 209-210; Luiz Carlos Soares, *op. cit.*, p. 443. Importante ressaltar que o levantamento feito pelos dois autores teve como base a análise do códice 403 (Arquivo Nacional), composto pelas prisões feitas pela polícia da Corte no período joanino.

43 A competitividade por trabalho entre a população de escravizados do Rio de Janeiro já foi abordada em estudo anterior. Ver Ynaê Lopes dos Santos, *op. cit.*, pp. 83-88.

44 Carlos E. M. Araújo, *O duplo cativeiro*, 2004.

45 As mudanças que assolaram o mundo atlântico fizeram com que a escravidão passasse a ser questionada no mundo colonial. Esse questionamento esteve presente em muitos debates travados entre políticos portugueses e luso-brasileiros que, ao fim e ao cabo, optaram pela manutenção da instituição no Império Português. Um exame criterioso desses debates pode ser encontrado em: Márcia Regina Berbel, Rafael Marquese, Tâmis Parron, *Escravidão e política*, 2010, pp. 128-138.

46 Kirsten Schultz, *op. cit.*, pp. 182-216.

47 Jean-Baptiste Debret, *Viagem pitoresca e histórica ao Brasil*, 1989, p. 37.

48 Fundação Biblioteca Nacional, Ofício do marquês de Aguiar ao conde dos Arcos, documento II-33, 24 e 29, [s/d].

49 *Ibidem*, grifos meus.

50 Sigfrido Vázquez Cienfuegos, "Cuba ante la crisis de 1808", 2002, p. 266.

51 Existe um debate entre a historiografia sobre a verdadeira autoria do projeto juntista de Cuba. Ainda que muitos estudos apontem Arango como autor da peça, outros trabalhos afirmam que Someruelos teria redigido a proposta e depois voltado atrás. Ver Ramiro Guerra y Sanchez, *Manual de história de Cuba*, 1938, p. 251.

52 Rafael Marquese, "1808 e o impacto do Brasil na construção do escravismo cubano", 2008, pp. 118-131.

53 José Antonio Piqueras Arenas, "La vida política entre 1780 y 1878", 2009, p. 279.

54 Manuel Barcia, *Seeds of Insurrection* 2008, pp. 25-48.

55 Carlos Venegas Fornias, *La Urbanización de las murallas*, 1990.

56 Os dados utilizados nessa pesquisa foram coletados, compilados e publicados em Los Esclavos *negros* pelo historiador cubano Núñes Jiménez. Pouco utilizado pela historiografia, o material que compõe Los Esclavos *negros* tem uma rica quantidade de informações sobre a dinâmica escravista de Havana registrada nos principais jornais da cidade entre 1790 e 1886. Ver Antonio Núñes Jiménez, Los Esclavos *negros*, 1998.

57 O termo *chino* tem dois significados na dinâmica escravista de Cuba. De acordo com Pezuela, até 1847, *chino* era a palavra que designava os filhos de mulatas com negros de Cuba. A partir de 1847, começa a designar os chineses (e seus descendentes) que passam a ser importados como escravizados para a ilha. Ver Jacobo de la Pezuela, *Dicionnario Geografico, Estadístico, Historico de la Isla de Cuba*, 1866, p. 233. Sobre *mulato*, ver capítulo 2, nota 2.

58 Em sua análise sobre a dinâmica do tráfico de africanos escravizados para Cuba, Tornero Tinajero apontou que, desde os primeiros anos do século XIX, o baixo número de mulheres comercializadas nos portos cubanos preocupava parte das autoridades que, ante as pressões inglesas para a abolição do tráfico a partir de 1807, entendiam que deveria haver um investimento interno na perpetuação do escravismo. O mesmo autor lança a possibilidade de essa baixa entrada de mulheres nos portos cubanos ter sido fomentada pelos próprios traficantes, a fim de manter a dependência dos proprietários da ilha. Ver Pablo Tornero Tinajero, *Crecimiento económico y transformaciones sociales*, 1996, pp. 57-59. No entanto, estudos mais recentes sobre as dinâmicas que pautaram o tráfico transatlântico (sobretudo na costa ocidental e centro-ocidental da África) apontam que o baixo número de exportação de africanas escravizadas era decorrente da estrutura de oferta das sociedades africanas envolvidas no comércio, que por sua vez estavam pautadas na importância que o trabalho das mulheres tinha em muitos povos africanos. Ver Manolo Florentino, "Dos escravos, forros e fujões no Rio de Janeiro imperial", 2003, pp. 70-154; Paul Lovejoy, *A escravidão na África*, 2002; Claude Meillassoux, *Antropologia da escravidão*, 1986.

59 Ver capítulo 2, nota 2.

60 Laird W. Bergad, Fe Iglesias García, María del Carmen Barcia, *The Cuban Slave Market, 1790-1880*, 1995, pp. 85-94.

61 De acordo com as estimativas feitas por Humboldt com base nos registros da aduana, entre 1790 e 1815 mais de 137 mil escravos teriam desembarcado legalmente em Havana. O estudo de Murray aponta uma cifra ainda maior: pouco mais de 140 mil africanos escravizados teriam desembarcado em Cuba nesse período. Todavia, as análises mais recentes,

baseadas nos dados coletados pelo site Slave Voyages, indicam a cifra de 127 mil. Ver Alexander von Humboldt, *Ensayo político sobre la isla de Cuba*, 1836, p. 143; David Murray, *Odius Commerce*, 1980, p. 18.

62 Laird W. Bergad, Fe Iglesias García, María del Carmen Barcia, *op. cit.*, pp. 38-52.

63 Segundo os dados levantados em trabalhos sobre o tráfico transatlântico em Cuba entre 1790 e 1880, 90% do total de africanos escravizados eram classificados como carabalís (27%), congos (28%), gangás (16%), lucumís (9%) e mandingas (9%). Ver Laird W. Bergad, Fe Iglesias García, María del Carmen Barcia, *op. cit.*, p. 72.

64 Estéban Pichardo, *Diccionario provincial casi-razonado de vozes y frases cubanas*, 1861, pp. 49-67.

65 Fernando Ortiz, *Los Negros esclavos*, 1987, pp. 36-66.

66 No seu estudo sobre a origem dos africanos escravizados em Cuba, Grandío Moráguez faz uma interessante síntese historiográfica sobre o debate acerca das designações dadas a esses homens e mulheres assim que aportavam na ilha. Ver Oscar Grandío Moráguez, "The African Origins of Slave Arriving in Cuba, 1789-1865", 2008, pp. 176-201.

67 A (re)configuração das identidades africanas no Novo Mundo é um assunto debatido pelos cientistas sociais há muito tempo. O estudo ímpar de Sidney W. Mintz e Richard Price, *O nascimento da cultura afro-americana*, 1992, faz uma interessante síntese dessas discussões e aponta para a necessidade de exames aprofundados sobre a experiência americana da diáspora africana.

68 Oscar Grandío Moráguez, *op. cit.*

69 Alejandro de la Fuente, "Denominaciones étnicas de los esclavos introducidos en Cuba", 1986, pp. 75-96.

70 Oscar Grandío Moráguez, *op. cit.*, pp. 184-185. Ainda que o tráfico de africanos escravizados para Cuba não fosse o seu objeto de análise, Rodrigues sublinhou a relevante atuação de portugueses e brasileiros no tráfico para a ilha durante as primeiras décadas do século XIX. Segundo o autor, a preferência pelo tabaco comercializado pelos luso-brasileiros com os povos da África Ocidental teria viabilizado o envolvimento de comerciantes de origem lusitana no comércio de africanos escravizados para Cuba. Ver Jaime Rodrigues, *op. cit.*, 2005, pp. 114-116.

71 A proibição do tráfico, em 1807, teria também dificultado a exportação realizada na África Ocidental, região fortemente patrulhada pela esquadra inglesa, o que reforçaria a maior importação de africanos da região centro-ocidental, principalmente aqueles designados como congos e mondongos. Ver Oscar Grandío Moráguez, *op. cit.*, pp. 191-193.

72 Duas sínteses que examinam a hierarquização feita pela antropologia da primeira metade do século XX sobre os grupos africanos que viveram em Cuba podem ser vistas em: Jorge Castellanos e Izabel Castellanos, *Raíces Africanas de los negros de Cuba*, 1988; Jesús Guanche, "Identificación de los componentes étnicos africanos en Cuba", 2005, pp. 237-251.

73 Antonio Núñes Jiménez, *op. cit.*

74 Importante ressaltar que a palavra "tacha", que aparece em muitos dos anúncios dos jornais cubanos, é utilizada para designar os possíveis defeitos e máculas dos escravizados ofertados, como os cativos beberrões ou aqueles que já haviam fugido. Em português, a palavra também tem significados semelhantes e, por isso, será utilizada tanto no contexto cubano como no luso-brasileiro.

75 Oscar Grandío Moráguez. *op. cit.*

76 Estéban Pichardo, *op. cit.*, p. 49; Fernando Ortiz, *op. cit.*, p. 45.

77 *Ibidem.*

78 *Ibidem.*

79 As cifras dos bairros extramuros se tornam ainda mais significativas quando analisadas no conjunto de Havana. Segundo os dados levantados por Humboldt, em 1810 a capital cubana tinha praticamente 43 mil moradores. O bairro de Jesús María abrigava mais de 27% da população de Havana, sendo que 8% dos escravizados da cidade moravam ali. Ver Alexander von Humboldt, *op. cit.*, pp. 17-24.

80 Archivo General de Indias, Santo Domingo, legajo 1284, n. 342.

81 *Ibidem.*

82 *Ibidem*, legajo 1284, n. 343.

83 *Ibidem.*

84 Manuel Chust tem dois importantes trabalhos sobre a experiência constitucional de Cádis: *La cuestión nacional americana en las Cortes de Cádiz (1810-1814)*, 1999; "Nación y federación", 2004.

85 Para a proposta feita por Guridi y Alcocer no debate constitucional de Cádis, ver Márcia Regina Berbel, Rafael Marquese, Tâmis Parron, *op. cit.*, 2010, pp. 116-128.

86 Ramiro Guerra y Sanchez, *op. cit.*, pp. 218-220; José Antonio Piqueras Arenas, *op. cit.*, p. 280.

87 Márcia Regina Berbel, Rafael Marquese, Tâmis Parron, *op. cit.*, pp. 124-128.

88 Em novembro de 1810, foi oficialmente decretada a Liberdade de Imprensa em todo o território espanhol. No entanto, temendo as possíveis repercussões, o capitão-general de Cuba só promulgou a oficialização três meses depois, quando instaurou um órgão de censura que deveria

controlar o conteúdo das informações divulgadas. Ver Ramiro Guerra y Sanchez, *op. cit.*, p. 228.

89 Archivo General de Indias, Santo Domingo, legajo 1248, n. 350.

90 Matt Child, *The 1812 Aponte Rebellion in Cuba and the Struggle Against Atlantic Slavery*, 2006, p. 3.

91 De acordo com Child, autor do estudo mais recente sobre a Rebelião de Aponte, os indícios encontrados não permitem afirmar que os diferentes levantes ocorridos no lado ocidental e no oriental de Cuba estavam interligados. Ver Matt Child, *op. cit.*

92 Esse José Aponte era um ex-escravizado que conquistou sua liberdade por meio dos préstimos no serviço militar cubano logo após a invasão inglesa de 1762.

93 Importantes estudos que analisaram as razões e consequências da conspiração de Aponte são: José Luciano Franco, *Las Conspiraciones de 1810 y 1812*, 1977; Matt Child, *op. cit.*

94 Alexander von Humboldt, *op. cit.*, p. 24.

95 Archivo General de Indias, Papeles de Cuba, legajo 1691, 1800.

96 Ver capítulo 2, nota 2.

97 Archivo General de Indias, Santo Domingo, legajo 1284, n. 350, 07 abr. 1812.

98 *Ibidem.*

99 Juan Ruiz de Apodaca chegou a Cuba no dia 13 de abril de 1812 e ficou no poder por mais quatro anos. Em 1816, ele foi elevado ao posto de vice-rei da Nova Espanha.

100 Archivo General de Indias, Santo Domingo, 28 out. 1812.

101 Archivo General de Indias, Santo Domingo, 5 ago. 1813.

102 David Murray, *op. cit.*

103 Archivo General de Indias, Santo Domingo, 5 ago. 1813.

104 A diversidade que marcou a colonização espanhola nas Américas fez com que os movimentos de independência de suas colônias americanas fossem plurais e complexos. No entanto, alguns trabalhos conseguiram construir um quadro analítico amplo, em que é possível examinar questões comuns aos diferentes movimentos emancipacionistas da América hispânica. Ver John Lynch. "As origens da Independência da América espanhola", 2001, pp. 19-72; Tulio Halpering Donghi, *Reforma y Disolución de los Imperios Ibéricos*, 1985.

105 Ramiro Guerra y Sanchez, *op. cit.*, pp. 189-233.

106 *Ibidem*, p. 236.

107 1815: ano que a Inglaterra decretou o fim do tráfico ao norte do Equador.

108 Carlos Venegas Fornias, *op. cit.*, p. 79; Reinaldo Furnes Monzote, *op. cit.*, pp. 124-125.

CAPÍTULO 6: NAS URDIDURAS DO URBANO (1816-1821)

1 Archivo Nacional de Cuba, Gobierno Superior Civil, 1816, p. 11. Os homens que assinaram o documento foram: Alejandro Ramírez (intendente de la Real Hacienda), Andres de Zayas, conde de Santa Maria de Loreto, José Ilincheta, Antonio Duarte y Zenea, José Maria Peñalver y Cárdenas, Pedro María Ramirez e Isidoro Arteaga y Cervantes.

2 *Ibidem* (grifo meu).

3 *Ibidem*, pp. 5-6.

4 *Ibidem*, p. 9.

5 Dados do site Slave Voyages.

6 De acordo com os dados do Slave Voyages, entre 1812 e 1815, 16.203 africanos escravizados desembarcaram em Cuba. Em 1816, esse número subiu para 18.384 cativos. Ver site Slave Voyages. Murray apresentou dados um pouco diferentes: entre 1812 e 1815, aproximadamente 24 mil africanos escravizados teriam entrado na ilha; em 1816, o número teria sido de 17.733. Ver David Murray, *Odius Commerce*, 1980, p. 18. No entanto, a despeito das diferentes cifras, é consenso na historiografia que a partir de 1816 o tráfico transatlântico para Cuba passa a operar em outra escala.

7 Pablo Tornero Tinajero, *Crecimiento económico y transformaciones sociales*, 1996, pp. 28.

8 David Murray, *op. cit.*, pp. 50-62.

9 Importante salientar que o anúncio de escravizados homens para a realização de duas ou mais atividades manteve-se em Havana até a década de 1830.

10 Antonio Núñes Jiménez, *Los Esclavos negros*, 1998, pp. 300-301.

11 Em sua análise sobre Havana, Venegas Fornias apontou que a coartação era uma das principais formas de obtenção da liberdade por parte dos escravizados. Em estudo recente, Varella analisou tal processo, que consistia na compra a prazo da alforria, demonstrando como muitos escravizados citadinos se valeram da maior autonomia de trânsito e do acesso facilitado ao dinheiro para galgar sua liberdade. Ver Carlos Venegas Fornias, *Cuba y sus pueblos*, 2002; Claudia Varella, "The Price of 'Coartación' in the Hispanic Caribbean", 2012.

12 Francisco de Borja Cienfuegos-Jovellanos González-Coto, *Memorias del artillero José María Cienfuegos Jovellanos, 1763-1825*, 2004, pp. 138-139 (grifo meu).

13 *Ibidem* (grifo meu).

14 *Ibidem*.

15 *Ibidem*.

16 Ver capítulo 2, nota 2.

17 Dados censitários obtidos em Ramón Sagra, *Historia economico-politica y estadística de la isla de Cuba*, 1831, p. 5.

[18] De acordo com os dados censitários apresentados por Venegas Fornias, entre 1817 e 1820, Havana era a quarta cidade mais populosa do Novo Mundo, perdendo apenas para a Cidade do México, Nova Iorque e Salvador. Ver Carlos Venegas Fornias, *Cuba y sus pueblos*, 2002, p. 137.

[19] O incremento da população de escravizados (e consequentemente de libertos) e o medo de insurreições de caráter racial foram temas que andaram juntos na história de Cuba. Desde que a elite *criolla* definiu os termos de seu projeto econômico, as autoridades tentaram encontrar formas de manter a desigualdade racial, sem levar essa tensão ao limite. Sobre as diferentes políticas a respeito da racialização da sociedade cubana durante o século XIX, ver: Consuelo Naranjo Orovio, Armando García González, *Racismo e Inmigración em Cuba en el siglo* XIX, 1993 (no caso específico da criação da Junta de Poblácion Blanca em 1817, ver pp. 54-63); Consuelo Naranjo Orovio, "La amenaza haitiana, un miedo interesado", 2004, pp. 83-178.

[20] Antonio Núñes Jiménez, *op. cit.*, pp. 300-337.

[21] O longo debate e os inúmeros acordos firmados entre britânicos e espanhóis antes da assinatura final do tratado, em 23 de setembro de 1817, foram analisados pormenorizadamente por Murray. No capítulo em que examinou as questões diplomáticas referentes à assinatura do acordo, o autor demonstrou como as autoridades hispânicas tiveram que negociar tanto com os abolicionistas ingleses como com os representantes da oligarquia *criolla* cubana. Na época, a Espanha era a única localidade que ainda não havia se comprometido formalmente com o fim do tráfico, graças às benesses que o comércio representava para as poucas colônias que ainda restavam sob o domínio espanhol. Ver David Murray, *op. cit.*, pp. 50-71.

[22] Desde o ano anterior, a pressão britânica para o fim do comércio transatlântico de africanos escravizados já havia causado forte impacto na conformação da população de Cuba. O medo do fim do comércio fez com que, em 1816, a sacarocracia cubana importasse mais de 18 mil africanos escravizados.

[23] David Murray, *op. cit.*, pp. 72-77.

[24] Esses são os dados oferecidos pelas estimativas do Slave Voyages e pelos cálculos feitos por David Murray. Ver David Murray, *op. cit.*, p. 18.

[25] De acordo com os dados recolhidos pelo Slave Voyages, 91.741 africanos escravizados adentraram legalmente em Cuba entre 1816 e 1820.

[26] Importante salientar que, além de morada dos escravizados urbanos que haviam conseguido comprar sua liberdade, Havana também era o local para onde se dirigiam muitos alforriados de outras partes de Cuba, que viam a cidade como um lugar mais favorável para a busca de trabalho e a reconstrução da vida em liberdade.

27 Biblioteca Nacional José Martí, Bando de Buen Gobierno del escelentísimo señor Don Juan Manuel Cagigal, 1819.

28 *Ibidem*, pp. 1-2.

29 Arthur F. Corwin, *Spain and the Abolition of Slavery in Cuba, 1817-1886*, 1967, pp. 28-29.

30 Durante as negociações para a assinatura do Tratado de Madri, a oligarquia *criolla* de Cuba chegou a argumentar que a escravização de africanos tinha um caráter civilizador, no que os britânicos concordaram, contra-argumentando, contudo, que tal empreitada civilizatória deveria ser realizada na própria África. Ver David Murray, *op. cit.*, pp. 52-54.

31 Biblioteca Nacional José Martí, Bando de Buen Gobierno, 3ª postura, 1819, p. 2.

32 *Ibidem*, postura 13, p. 7.

33 Ver capítulo 2, nota 2.

34 Biblioteca Nacional José Martí, Bando de Buen Gobierno, posturas 11, 12, e 50, 1819, pp. 6-7 e 27.

35 Ver capítulo 2, nota 2.

36 Biblioteca Nacional José Martí, Bando de Buen Gobierno, posturas 45 e 58, 1819.

37 *El Negrito*, v. 1, n. 1, 28 mar. 1821. Cuban Heritage Collection, University of Miami Libraries.

38 *Ibidem*.

39 David Murray, *op. cit.*, pp. 50-71; Arthur F. Corwin, *op. cit.*, pp. 27-29.

40 Os debates parlamentares sobre o Tratado de Madri (1817) e a reação de O'Gavan foram finamente analisados em Márcia Regina Berbel, Rafael Marquese, Tâmis Parron, *Escravidão e política*, pp. 139-147.

41 *El Negrito*, v. 1, n. 1. 28 mar. 1821.

42 Jane Landers, *Atlantic Creoles in the age of Revolutions*, 2010, pp. 163-166.

43 Márcia Regina Berbel, Rafael Marquese, Tâmis Parron, *op. cit.*, pp. 144-146.

44 De acordo com os trabalhos que analisaram os debates sobre o tráfico transatlântico durante o Triênio Liberal, é consenso que parte das reivindicações feitas pela elite *criolla* para a manutenção do tráfico transatlântico devia-se às posturas tomadas pelo rei português dom João VI, que em 1817 havia se recusado a seguir os termos acordados com a Inglaterra anos antes, mantendo o comércio de africanos escravizados para suas possessões. Ver David Murray, *op. cit.*; Márcia Regina Berbel, Rafael Marquese, Tâmis Parron, *op. cit.*, p. 143.

45 Félix Varela foi uma figura fundamental no debate sobre a escravidão, o tráfico e a condição colonial de Cuba. Sobre sua trajetória ver José Antonio Piqueras Arenas, *Félix Varela y la prosperidad de la patria criolla*, 2007.

46 Arquivo Nacional, códice 410, v. 2, f. 16.

47 Ibidem, f. 38.

48 Ibidem, f. 61.

49 Ibidem, f. 168.

50 Os dados dos desembarques feitos no Valongo foram retirados de: Manolo Florentino, "Dos escravos, forros e fujões no Rio de Janeiro imperial", 2003, p. 51. Já o número total de africanos escravizados nas Américas entre 1816 e 1821 foi obtido por meio do site Slave Voyages.

51 Johann Baptist von Spix, *Viagem pelo Brasil*, 2016.

52 Luiz Carlos Soares, *O "povo de Cam" na capital do Brasil*, 2007, pp. 405-406.

53 Importante ressaltar, que dentre os 1.046 escravos homens inventariados, 336 não tiveram suas profissões declaradas e 150 eram menores de 10 anos. No caso das mulheres, aquelas cujas atividades não foram definidas somaram 620 casos. Ver Luiz Carlos Soares, *op. cit.*, p. 406.

54 Theodor von Leithold, Friedrich Ludwig von Rango, *O Rio de Janeiro visto por dois prussianos em 1819*, 1966, p. 29.

55 Ibidem, p. 19.

56 Ibidem, p. 22.

57 Luiz Carlos Soares, *op. cit.*, p. 384.

58 Zephyr L. Frank, *Dutra's World*, 2004.

59 Os resultados obtidos no exame dos inventários *post mortem* analisados por Soares entre 1810 e 1820 reforçam que o escravizado era um dos bens mais inventariados. Ver Luiz Carlos Soares, *op. cit.*, p. 396.

60 Mesmo levando em consideração apenas a população das freguesias urbanas do Rio de Janeiro, o segmento de escravizados era mais representativo do que em Havana, pois compunha 45,5% dos habitantes das cinco freguesias destacadas.

61 Conforme pontuado no capítulo anterior, após a transferência da Corte, muitas famílias (inclusive aquelas que haviam sido atingidas pela Lei das Aposentadorias) migraram para a freguesia do Engenho Velho, onde a nova residência da família real estava sendo construída, e para a região de Botafogo, que, na época, era uma região repleta de pequenas chácaras.

62 Ynaê Lopes dos Santos, *Além da senzala*, 2010.

63 Ver Zephyr L. Frank, *op. cit.*, p. 27.

64 Theodor von Leithold, Friedrich Ludwig von Rango, *op. cit.*, p. 17. Sobre *mulato*, ver capítulo 2, nota 2.

65 Luiz Carlos Soares, *op. cit.*, pp. 229-230.

66 *Gazeta do Rio de Janeiro*, 1815 e 1820.

67 Flávio dos Santos Gomes, *Histórias de quilombolas*, 1995.

68 Mary Karasch, *A vida dos escravos no Rio de Janeiro (1808-1850)*, 2000, p. 253.

69 Arquivo Nacional, códice 403.

70 Segundo os dados apresentados por Florentino, a abolição do tráfico ao norte da linha do Equador decretada em 1815 influenciou a composição étnica dos africanos escravizados desembarcados no Valongo. O que se observa a partir de 1811 é uma diminuição percentual dos navios negreiros que saíam dos portos da África Ocidental e Centro-Ocidental, e um aumento expressivo das embarcações provenientes dos portos da África Oriental. Ver Manolo Florentino, *Em costas negras*, 1997, p. 234.

71 Sobre a política pró-escravista do Império Português entre 1810 e 1815, ver Márcia Regina Berbel, Rafael Marquese, Tâmis Parron, *op. cit.*, pp. 128-132.

72 *Ibidem*, p. 132-133.

73 Nos últimos anos, a experiência constitucional portuguesa em meio à Era das Revoluções tem recebido estudos cuidadosos, como o de Valentim Alexandre, *Os sentidos do império*, 1993. No caso da participação de deputados brasileiros, ver Márcia Regina Berbel, *A nação como artefato*, 1999.

74 Márcia Regina Berbel, Rafael Marquese, *A escravidão nas experiências constitucionais ibéricas 1810- 1824*, 2005.

75 Para entender o que foi a experiência constitucional de Cádis, ver Márcia Regina Berbel, Rafael Marquese, *op. cit.*, pp. 5-19.

76 As discordâncias políticas entre brasileiros e portugueses não foram os únicos motivos para a proclamação da independência. Jancsó e Pimenta afirmam que, nas primeiras décadas do Oitocentos, o conceito de nação, mesmo que fluido, já se espalhava pelo mundo atlântico. A América Portuguesa já vivera experiências revolucionárias nas quais o gérmen nacionalista fazia parte das reivindicações, ainda que de forma difusa. Ver István Jancsó, João Paulo Pimenta, *Peças de um mosaico*, 2000, pp. 127-176.

77 Nos últimos momentos das Cortes Constituintes, o estremecimento foi tamanho que alguns deputados brasileiros se recusaram a jurar a Constituição e sete fugiram para a Inglaterra. Lá escreveram e publicaram o manifesto de Falmouth, explicitando as diferenças com as Cortes portuguesas. Ver Márcia Regina Berbel, Rafael Marquese, *op. cit.*, pp. 28-30.

CAPÍTULO 7: SOBERANIAS EM CAPITAIS ESCRAVISTAS (1823-1833)

1 *Correio do Rio de Janeiro*, 2 out. 1822.

2 Luiz Felipe de Alencastro, "A vida privada e a ordem privada no império", 2004, p. 17.

3 Manolo Florentino, *Tráfico, cativeiro e liberdade*, 2005, p. 51.

4 Ricardo Salles, *E o vale era o escravo*, 2008, pp. 46-56.

5 Maria Graham, *Diário de uma viagem ao Brasil e de uma estada nesse país durante parte dos anos de 1821, 1822, 1823*, 1990, p. 29.

6 Carl Schlichthorst, *O Rio de Janeiro como ele é (1824-1826)*, 1937, p. 132.

7 Ibidem.
8 Ibidem, p. 136.
9 Arquivo Nacional, códice 383, 1822.
10 *Voz Fluminense*, 10 dez. 1829.
11 Outros códices documentais localizados no Arquivo Nacional apontam que durante as décadas de 1820 e 1830 muitos senhores continuaram acionando o poder público para a execução do castigo de açoite. Ver Arquivo Nacional, códice 385, 1826.
12 *Diário Mercantil*, 7 dez. 1824.
13 *Jornal do Commercio*, 17 jun. 1828.
14 *Jornal do Commercio*, 9 jul. 1829.
15 Arquivo Geral da Cidade do Rio de Janeiro, códice 40.3.72, 1825.
16 Flávio dos Santos Gomes, *Histórias de quilombolas*, 1995.
17 *Despertador Constitucional*, 25 fev. 1825.
18 *O Spectador Brasileiro*, 11 set. 1825.
19 A organização desse volume, produzido sob a égide de um Estado independente, demonstra uma preocupação a mais das autoridades responáveis: passou a ser importante saber onde os delitos ocorrerriam, bem como quais os oficiais de polícia realizaram as prisões.
20 Fundação Biblioteca Nacional, códice 403, v. 3.
21 Ibidem, p. 275.
22 Ibidem, p. 284.
23 *A Aurora Fluminense*, 18 fev. 1827.
24 *L'echo de L'Amerique de Sud*, 11 jul. 1827.
25 *L'echo de L'Amerique de Sud*, 15 set. 1827.
26 Sobre o monopólio dos negros nos chafarizes, ver Fundação Biblioteca Nacional, *Annaes do Parlamento Brasileiro*, 21 set. 1872.
27 Thomas Flory, *El Juez de Paz y el Jurado en el Brasil Imperial, 1808-1871*, 1986, pp. 86-97.
28 Thomas Holloway, *Polícia no Rio de Janeiro*, 1997, pp. 67-70.
29 Jupiracy Affonso Rego Rossato, *Sob os olhos da lei*, 2002, p. 145.
30 Segundo Rossato, a participação dos profissionais liberais na composição das posturas municipais ocorreu durante as discussões que antecederam o texto final. Ver Jupiracy Rossato, *op. cit.*, p. 72.
31 Arquivo Geral da Cidade do Rio de Janeiro, *Posturas de 1830*, Typographia Imperial Nacional (grifo meu).
32 Importante notar que a palavra "senhor" apareceu em três momentos, um a menos que "escravo".
33 Arquivo Geral da Cidade do Rio de Janeiro, Posturas Municipais, 1830.
34 Ibidem.

35 Ibidem.

36 Jaime Rodrigues, O *infame comércio*, 2000, pp. 97-98.

37 Alguns trabalhos têm se debruçado sobre a problemática do fim do tráfico de escravos no âmbito da construção do Estado nacional brasileiro, baseados fundamentalmente nas atas da Câmara, do Senado e nas memórias de parlamentares brasileiros. Exemplos dessa literatura são: Jaime Rodrigues, *op. cit.*; Márcia Regina Berbel, Rafael Marquese, *A escravidão nas experiências constitucionais ibéricas 1810-1824*, 2005; Tâmis Parron, *A política da escravidão no Império do Brasil*, 2011, pp. 41-120.

38 Jaime Rodrigues, *op. cit.*

39 Segundo Costa, essa viragem na construção do Estado nacional brasileiro teve um dos seus pilares, a escravidão, operando na zona de ilegalidade. Wilma Peres Costa, "O Império do Brasil: dimensões de um enigma", 2005, p. 32.

40 Emília Viotti da Costa, "Introdução ao estudo da Emancipação política do Brasil", 1987, pp. 17-54.

41 Uma interessante análise da Noite das Garrafadas, que pontua parte do debate historiográfico sobre a importância que movimentos populares exerceram na abdicação de dom Pedro I, pode ser encontrada em Carlos E. M. Araújo, *Cárceres imperiais*, 2009, pp. 15-34.

42 Arquivo Geral da Cidade do Rio de Janeiro, códice 18.1.68, postura V/1831, Editais de Postura 1830-1836.

43 *Ibidem*, Postura VIII/1831.

44 *Ibidem*, Posturas II, VI/1831.

45 *Ibidem*, Postura III/1831.

46 Carlos E. M. Araújo, *op. cit.*, pp. 24-26.

47 Segundo Holloway, havia uma forte preocupação do ministro da Justiça Diogo Feijó em fortalecer os aparatos policiais, sobretudo no Rio de Janeiro. As prisões realizadas pela polícia sofreram significativo aumento no segundo semestre de 1831, quando, em um intervalo de dezoito dias, 244 detenções chegaram a ser feitas, sendo 52 de escravos. Ver Thomas Holloway, *op. cit.*, pp. 75-86.

48 *Ibidem*.

49 Um livro com abordagem ampla sobre os escravizados que pertenciam ao Estado é o de Ilana P. Rocha, *Escravos da nação*, 2018.

50 Fundação Biblioteca Nacional, documento II-32, 10 e 8 – Elemento Servil, Sessão Manuscrito, 1832.

51 Arquivo Nacional, códice 331, Polícia da Corte. Correspondência da Polícia, v. 2 e 3, 1831-1833.

52 Archivo Nacional de Cuba, Miscelanias, legajo 969 B, 1825.

53 Archivo Nacional de Cuba, Intendencia General de Hacienda, legajo 230, n. 8, 1823.

[54] Ibidem.

[55] Archivo Nacional de Cuba, Intendencia General de Hacienda, legajo 941, nº 32, 1823.

[56] Na sessão de manuscritos da Biblioteca Nacional estão arquivadas algumas das cartas trocadas entre Francisco Stoughton e Dionísio Vives. Ver Fundação Biblioteca Nacional, documentos I, 28, 14, 41 / I, 28, 14, 003 / I, 28, 14, 39, manuscritos.

[57] Ramiro Guerra y Sanchez, *Manual de historia de Cuba*, 1938.

[58] Archivo General de Indias, Estado, legajo 90, n. 100, 1823.

[59] Dados do site Slave Voyages.

[60] Ver capítulo 2, nota 2.

[61] Antonio Núñes Jiménez, *Los Esclavos negros*, 1998, p. 323.

[62] Archivo Nacional de Cuba, Intendencia General de Hacienda, legajo 7, n. 64, 1826.

[63] Ibidem.

[64] Ao analisar o "estado general de las entradas y salidas que tuvo el Real Consulado desde 15 de octubre de 1794 que se estableció el derecho hasta 1831", Pezuela apontou os gastos (geralmente anuais) que o Real Consulado tinha na manutenção do Deposito de Cimarrones. Ver Jacobo de la Pezuela, *Diccionario geografico, estadistico, historico de la Isla de Cuba*, 1863, pp. 206-255.

[65] Biblioteca Nacional José Martí, Ordenanzas de Buen Gobierno, Adiciones a este Bando (n. 7152), 1824, p. 25.

[66] Ibidem, p. 34.

[67] Ibidem, p. 36.

[68] Ibidem.

[69] Sobre a rebelião de escravizados de 1825, ver Gloria García, *Conspiraciones y Revueltas*, 2003a, pp. 83-92.

[70] Segundo o site Slave Voyages, no ano de 1825, 24.192 africanos escravizados adentraram em Cuba. Até então, o único ano em que a ilha havia recebido um número maior de escravo fora em 1817.

[71] Biblioteca Nacional José Martí, Ordenanzas de Buen Gobierno, Adiciones a este Bando (n. 7152), 1826, p. 41.

[72] Ver capítulo 2, nota 2.

[73] Carlos Venegas Fornias, *Cuba y sus pueblos*, 2002, pp. 83-89.

[74] Biblioteca Nacional José Martí, Ordenanzas de Buen Gobierno, Adiciones a este Bando (n. 7152), 1827, p. 46.

[75] Em duas posturas editadas em 1828, Dionísio Vives se mostrou deveras preocupado com o incêndio em Jesús María, sobretudo porque aquele bairro comportava muitas fábricas de pólvora que funcionavam na

ilegalidade. Ver Biblioteca Nacional José Martí, Ordenanzas de Buen Gobierno, Adiciones a este Bando (n. 7152), 1828, pp. 49-50.

76 Sobre os negros emancipados de Cuba, ver Inés Roldán de Montaud, "En los borrosos confines de la libertada", 2011, pp. 159-192.

77 José Antonio Saco (1797-1879) foi uma figura proeminente do pensamento cubano oitocentista. Esse intelectual exerceu papel relevante em diversos campos do saber, incluindo a literatura, a história, a sociologia, a economia e a docência. Seu legado inclui a firme defesa de uma identidade nacional autônoma, a rejeição à anexação norte-americana e o comprometimento com a abolição da escravidão em Cuba.

78 José Antonio Saco, *El juego e la vagancia en Cuba*, 1960, pp. 57-58.

79 *Ibidem*, p. 77.

80 Ver capítulo 2, nota 2.

81 Archivo Nacional de Cuba, Miscélania de Expedientes, legajo 441, n. 7, 1833.

82 Ver capítulo 2, nota 2.

CAPÍTULO 8: RUMORES DE MUITAS VOZES EM CIDADES ESCRAVISTAS (1834-1843)

1 José Antonio de Olañeta, *Juicio de residencia del escelentisimo señoe Don Miguel Tacón, vizconde del Bayamo, marqués de la Union de Cuba*, 1839.

2 *Bosquejo de la Conducta del Teniente General Miguel Tacón*, 1838.

3 Um histórico detalhado da vida de Miguel Tacón pode ser encontrado em Juan Pérez de la Riva, El General Tacón *y su época* (1834-1838), 1963, pp. 13-96.

4 Felicia Chateloin, *La Habana de Tacón*, 1989.

5 *Ibidem*, p. 60.

6 Juan Pérez de la Riva, *Correspondencia reservada del capitán general* Don Mi*guel Tacón con el gobierno de Madrid* 1854-1836, 1963.

7 Manuel M. Miquel, "Para muestra, un botón", 2019.

8 *Carlista* era o nome atribuído aos homens que compuseram um movimento político tradicionalista na Espanha, que pretendia estabelecer um ramo alternativo da dinastia Bourbon no trono espanhol.

9 Guilhermo Calleja Leal, "La Labor urbanística del capitán general de Cuba Miguel Tacón y Rosique (1834-1838)", 2023, pp. 185-232.

10 Um importante trabalho que analisa a relação entre a construção das ferrovias de Cuba e os interesses econômicos da sacarocracia da ilha é o de Oscar Zanetti, Alejandro García, *Sugar and Railroads*, 1998 (publicação em espanhol de 1987).

11 Manuel M. Miquel, *op. cit.*, p. 74.

12 Archivo Nacional de Cuba, Fundo Gobierno Superior Civil, legajo 937, expediente 33067.

13 *Ibidem.*

14 Archivo Nacional de Cuba, Gobierno Superior Civil, legajo 937, expediente 33075.

15 *Ibidem.*

16 *Ibidem.*

17 Archivo Nacional de Cuba, Gobierno Superior Civil, legajo 998, expediente 33082, 1835.

18 Felicia Chateloin, *op. cit.*; Luz Maria Mena, *No Common Folk*, 2001; Carlos Venegas Fornias, "La Habana, patrimonio de las Antillas", 2000, pp. 49-65.

19 Sobre *cabildos* e resistência escrava e negra em Havana, ver Daniel Walker, *No more, no more*, 2004; Ivor Miller, *Voice of the Leopard*, 2009.

20 Juan Francisco Manzano, *A autobiografia do poeta-escravo*, 2015

21 Cirilo Villaverde, *Cecilia Valdés ou La Loma del Ángel*, 1882.

22 Archivo Histórico Nacional, Ultramar, legajo 8, expediente 10-1-1, 1841.

23 Archivo Histórico Nacional, Ultramar, legajo 8, expediente 10-3-1, 1841.

24 *Ibidem.*

25 *Ibidem.*

26 Um trabalho que analisa de forma contundente as décadas de 1830 e, principalmente, de 1840 da história cubana é o de Robert L. Paquette, *Sugar is Made with Blood*, 1988.

27 Em Cuba, os africanos de origem iorubá se definiam em subgrupos como "lucumí-adó", "lucumí-oyo" e "lucumí-egba", demonstrando que o termo "lucumí" abarcava uma gama significativa de grupos e identidades africanas. Ver Fernando Ortiz, *Los Negros esclavos*, 1987, pp. 50-52; Michele Reid, "The Yoruba in Cuba", 2004, pp. 111-129.

28 Os iorubás chegaram a compor quase 30% da população de escravizados de Cuba entre 1817 e 1860. Ver Michele Reid, *op. cit.*, pp. 112-115.

29 Fernando Ortiz, *op. cit.*, p. 72.

30 Archivo Histórico Nacional, Ultramar, legajo 8, expediente 10-3-1, 1841.

31 Robert L. Paquette, *op. cit.*

32 Archivo Histórico Nacional, Ultramar, legajo 8, expediente 10-7, 1842.

33 *Ibidem.*

34 Archivo Histórico Nacional, *Sobre reemplazar com blancos los colonos de color*, Ultramar, 91, Exp. 3.

35 Sobre *La Escalera*, ver Aisha Finch, *Rethinking Slave Rebellion in Cuba: La* Escalera and the insurgencies of 1841–1844. Chapel Hill: University of North Carolina Press, 2015.

36 Ver Alejandro de la Fuente, Ariela J. Gross, *Becoming Free, Becoming Black*, 2020.

37 *Jornal do Commercio*, 5 ago. 1834.
38 Carlos Eugênio Líbano Soares, *A capoeira escrava e outras tradições rebeldes no Rio de Janeiro, 1808-1850*, 2002.
39 José Murilo de Carvalho, *A construção da ordem*, 2003, p. 251.
40 Maria Odila Leite da Silva Dias, "Ideologia liberal e construção do Estado", 2005, p. 145.
41 Alain Youssef, *Imprensa e escravidão*, 2016.
42 Keila Grinberg, *O fiador dos brasileiros*, 2002.
43 Arquivo Geral da Cidade do Rio de Janeiro, códice 18.1.66, Editais de Postura 1830-1836, 6ª postura, 1834.
44 Tâmis Parron, *A política da escravidão no Império do Brasil*, 2011.
45 Arquivo Geral da Cidade do Rio de Janeiro, códice 18.1.66, Editais de Postura 1830-1836, 7ª postura, 1834.
46 *Ibidem*, 8ª postura, 1834.
47 *Diário do Rio de Janeiro*, 14 dez. 1830.
48 *A Verdade: Jornal Miscellanico*, 14 dez. 1832.
49 Carlos Eugênio Líbano Soares, *Zungú*, 1998a, pp. 16-57.
50 Arquivo Geral da Cidade do Rio de Janeiro, códice 18.1.66, Editais de Postura 1830-1836, 9ª postura, 1834.
51 *Ibidem*, posturas 1ª a 5ª, 1834.
52 Tâmis Parron, *op. cit.*, p. 30; Ilmar R. Mattos, *O Tempo Saquarema*, 2004. Ver também Sidney Chalhoub, *A força da escravidão*, 2012.
53 Dados do site Slave Voyages. Para tráfico transatlântico na ilegalidade, ver Luiz F. Saraiva, Thiago Pessoa, Silvana Santos (orgs.), *Tráfico & traficantes na ilegalidade*, 2021.
54 Beatriz Mamigonian, *Africanos livres*, 2017.
55 *O Exaltado: Jornal Litterario, Politico e Moral*, 15 abr. 1835.
56 Trabalhos que analisaram as revoltas ocorridas na capitania da Bahia nos primeiros anos do século XIX apontam que parte das reivindicações feitas pelos cativos estava em pleno diálogo com a Revolução do Haiti. Ver João José Reis e Flávio dos Santos Gomes, *Repercussions of the Haitian Revolution in Brazil, 1791-1850*, 2009.
57 João José Reis, "A greve negra de 1857", 1993, p. 9.
58 *Ibidem*, p. 13.
59 *Ibidem*.
60 José Murilo de Carvalho, *op. cit.*, pp. 252-255.
61 João José Reis, *Rebelião escrava no Brasil*. 2003, pp. 511-512.
62 Ilmar R. Mattos, *op. cit.*
63 Alguns boatos de rebeliões escravas no Rio de Janeiro inspiradas na rebelião dos malês chegaram ao conhecimento das autoridades do Rio de Janeiro. Arquivo Nacional, códice 335, v. 1, 1833-1840.

[64] Mary Karasch, *A vida dos escravos no Rio de Janeiro (1808-1850)*, 2000, p. 111.

[65] *Jornal dos Debates*, 28 nov. 1837.

[66] Arquivo Geral da Cidade do Rio de Janeiro, códice 6.1.28, Projecto de postura em additamento às posturas de 11 de setembro de 1838.

[67] *Ibidem*.

[68] *Ibidem*.

[69] *Ibidem*.

[70] *Ibidem*.

[71] *Ibidem*. Fica claro que os termos de abonação e fiança, abundantes na década de 1820, haviam perdido seu sentido, pois as viagens feitas pelos cativos mascates devem ter se convertido em boa oportunidade para a fuga.

[72] Arquivo Geral da Cidade do Rio de Janeiro, códice 6.1.28, Projecto de postura em additamento às posturas de 11 de setembro de 1838.

[73] Deneílson Souza Brito, *Uma cidade sem senzalas*, 2003; Jupiracy Affonso Rego Rossato, *Sob os olhos da lei*, 2002.

[74] Termo cunhado por Chalhoub que sintetiza parte das complexidades de uma cidade escravista com as proporções do Rio de Janeiro, em que muitas vezes era difícil distinguir um escravizado de um liberto. Ver Sidney Chalhoub, *op. cit.*

[75] Ilmar R. Mattos, *op. cit.*

[76] Wilma Peres Costa, "Estratégias ladinas", 2003, pp. 58- 74.

[77] Interessante trabalho que analisa a dimensão econômica da escravidão no Império do Brasil, destacando a política pró-escravista sustentada em meio à ilegalidade do tráfico, é o de Clemente G. Penna, *Economias urbanas*, 2023.

[78] Ilmar R. Mattos, *op. cit.*, pp. 206-231.

[79] Fundação Biblioteca Nacional, Jardim Botânico da Lagoa Rodrigo de Freitas, n. 1 e 2, manuscritos, II – 35, 1 e 24, 1844.

[80] Daniel Parrish Kidder, *Reminiscências de viagens e permanências no Brasil*, 1975, p. 75.

[81] Camillia Cowling, *Concebendo a liberdade*, 2018.

EPÍLOGO

[1] Igor Kopytoff, "Slavery", 1982, pp. 207-230.

[2] Ver Eric J. Hobsbawm, *A era das revoluções (1789-1848)*, 2001.

[3] Aureliano Cândido Tavares N. Bastos, *Escravidão*, 1870, p. 92.

[4] Camillia Cowling, *Concebendo a liberdade*, 2018.

BIBLIOGRAFIA E FONTES

FONTES

RIO DE JANEIRO, BRASIL

Arquivo Geral da Cidade do Rio de Janeiro

Cartas de libertação de escravos, códice: 6.1.13; 6.1.14; 6.1.15.
Mercadores de escravos (1777-1831), códice: 6.1.23.
Escravidão (1814-1831), códice 6.1.25.
Escravos (1844), códice 6.1.29.
Capitães do mato, códice 40.3.72, 1825.
Escravos ao ganho:
1820-1828 códice 6.1.23.
1833-1841 códice 6.1.43.
1841-1855 códice 6.1.44.
1842- 1845 códice 6.1.45.
Feira de leilão de móveis e de animais e escravos (1828), códice 6.1.62.
Livros de registros das leis referentes à Câmara Municipal (1828-1847), códice 18.1.66.
Câmara Municipal – Posturas (1830- 1831), códice 18.1.67, 18.1.68 (1830-1849), 18.1.69 (1830-1858).
Legislação do Império (1831), códice 18.1.71.
Câmara Municipal – Posturas (1832-1888), códice 18.1.72; 18.2.1; 18.2.2 até
18.2.12 (documentos quase ilegíveis e sem roteiro).
Editais de Postura (1830-1836), códice 18.1.68, posturas II, II, V, VI e VIII/1831; códice 18.1.66, posturas I a IX/1834.
Projecto de postura em additamento às posturas de 11 set. 1838, códice 6.1.28.

"Auto dos homens de negócios e comerciantes de escravos", 1758-1768, códice 6.1.9.
Código de Posturas da Ilustríssima Câmara Municipal do Rio de Janeiro. Rio de Janeiro, Typographia Dous de Dezembro, 1854.
Código de Posturas: Leis, Decretos, Editais e Resoluções da Intendência Municipal do Distrito Federal. Rio de Janeiro, Papelaria e Typographia Mont'Alverne, 1894.
Colleção das decisões do governo do Império do Brazil. Rio de Janeiro, Typographia Nacional, 1873, "Posturas municipais aprovadas por portaria de 23/12/1833", p. 569-573.
Leis e Coleção de Leis do Império do Brazil – 1830 – Rio de Janeiro, Typographia Nacional, 1876.
Posturas de 1830 – Typographia Imperial Nacional (documento fotografado).

Arquivo Nacional

Livros da polícia:
Devassas da polícia sobre vários delitos – 1809-1815, códice 401.
Devassas da polícia sobre vários delitos – 1809-1817, códice 402.
Relação de presos feita pela polícia – 1810-1821, códice 403 – 2 v.
Registros da correspondência da polícia (ofícios da polícia aos ministros de Estado, juízes de crime, vara, câmaras) – 1809-1822, códice 323 – 6 v.
Registros das Ordens e Ofícios expedidos pela polícia aos juízes de crime dos bairros de São José, Santa Rita, Da Sé, Candelária – 1819-1823, códice 330 – 4 v.
Correspondência da Polícia – 1816-1839, códice 331, vários volumes.
Correspondência: 1833-1840, códice 335, v. 1.
Cidades, ordem pública – códice 318, cidades, ordem pública. Edital 20 abr. 1808, fl. 3. Edital 7 maio 1818, fl. 11.
Códice 70 – v. 7, p 231.
Códice 403.
Códice 403 – v. 1, maio 1811.
Códice 410 – Termos de Bem-Viver, v. 2, f. 16.
Correspondência da Polícia – 1831-1833, códice 331, v. 2 e 3.
Termos de Bem-Viver. Coleção Polícia da Corte. Códice 410, v. 1 e 2.
Relatórios dos presidentes de província, época do Império (1835-1843), rolo 033-0-78.
Relatórios dos presidentes do Império – Relatórios ministeriais, época do Império, rolo 007-082.

Códice 323 – Registro de correspondência da Polícia (ofícios aos ministros de Estado, juízes do crime, câmaras etc.), 1809-1842, v. 15, ofício enviado ao presidente da província do Rio de Janeiro pelo chefe de polícia da Corte. 14 set. 1839, folha 59.

Seção de Justiça:
IJ6 165 – 1831.
IJ6 166 – 1833.
IJ6 172 – 1837.
IJ6 173 – 1836.
IJ6 177 – 1837.
IJ6 179 – 1842.
IJ6 187 – 1838.
IJ6 204 –1845.

Polícia: Ofícios e ordens, 1828-1833, códice 330, v. 5. Código de Posturas da Ilustríssima Câmara Municipal do Rio de Janeiro. Rio de Janeiro, Typographia Dous de Dezembro, 1854.

Código de Posturas: Leis, Decretos, Editais e Resoluções da Intendência Municipal do Distrito Federal. Rio de Janeiro, Papelaria e Typographia Mont'Alverne, 1894.

Colleção das decisões do governo do Império do Brazil. Rio de Janeiro, Typographia Nacional, 1873, "Posturas municipais aprovadas por portaria de 23/12/1833", pp. 569-573.

Leis e Coleção de Leis do Império do Brazil – 1830 – Rio de Janeiro, Typographia Nacional, 1876.

Posturas de 1830 – Typographia Imperial Nacional (documento fotografado).

Portaria do vice-reinado – Relação de Portarias Expedidas pela Provedoria da Fazenda Real do Rio de Janeiro no período do vice-reinado de Antônio Álvares da Cunha – 1763-1767, fundo 86, códice 73, v. 1 e 2.

Série Saúde – IS4 1, Plano de Inspeção de Saúde.

Fundo Marquês do Lavradio, série 1, microfilme 024-97, 1771.

Bilhetes expedidos para a prisão do Calabouço, códice 383, 1822.

Receita de bilhete de correção de escravos, códice 385, 1826.

Fundação Biblioteca Nacional

Manuscritos:

Anotações das memórias de um escravo (Feliciano Joaquim). Rio de Janeiro, 4 de julho de 1943. I – 36,26,2 n. 1.

Documento C – 935,6.
Documento C – 432-51.
Documento C – 517-8.
Documento C – 876,22.
Castigos aplicados aos escravos pela autoridade, a pedido de senhores. Rio de Janeiro, 1835-1864.
Documento I-48,17,36 – Escravos Obras Públicas.
Documento I-48,17,39,001 – Escravos Obras Públicas.
Documento I-18,14,003 n. 1.
Documento I-28,14,003 n. 9.
Documento I-28,14,003 n. 20.
Documento I,28,14,003 n. 25.
Documento I,28,14,003 n. 29.
Documento I,28,14,003 n. 10.
Documento I,28,14,39 n. 13.
Documento I,28,14,39 n.14.
Documento I,28,14,39 n. 15.
Elemento Servil, 1832.
Documento I-28,14,41.
Documento I-28,14,003.
Documento I-28,14,39.
Documento II-32,10,8.
Jardim Botânico da Lagoa Rodrigo de Freitas, n. 1 e 2, 1844.
Documento II-35,1,24.
Ofício do marquês de Aguiar ao conde dos Arcos:
Documento II-33,24,27.
Documento II-33,24,29.
Despertador Constitucional: Extraordinário. 25. fev. 1825.
Relação de presos feita pela polícia, 1810-1821:
Códice 403, v. 3.
Annaes do Parlamento Brasileiro, 21 set. 1872.

Instituto Histórico e Geográfico do Brasil

Arquivo do Conselho Ultramarino: correspondência de vice-reis, 1763-1777. Documento 278 – Carta do vice-rei do Brasil conde de Cunha a Francisco Xavier de Mendonça Furtado.

HAVANA, CUBA

Archivo General de Indias (Sevilha, Espanha)

Fondo Santo Domingo.
   Legajo 2207, documento n. 230; n. 232.
   Legajo 1284, n. 60, 28 out. 1812; n. 342; n. 343; n. 350, 07 abr. 1812.
   Legajo 1286, n. 5, 5 ago 1813.
Fondo Indiferencia General.
Fondo Papeles de Cuba.
   Legajo 1676.
   Legajo 1679, 03 mar. 1806; 24 mar. 1803; 23 ago. 1804; 03 nov. 1806; 30 dez. 1806.
   Legajo 1691, 1800; 09 jun. 1802.
   Legajo 1799.
Fondo Ultramar.
Fondo Assuntos Políticos.
Periódicos:
   La Cena.
   El Aviso.
Estado:
   Legajo 1, n. 76, 1798.
   Legajo 2, n. 4; n. 14, 1799; n. 32 – Incendio en la Habana, 1802.
   Legajo 4, n. 1 – Expediente sobre captura de esclavos cimarrones, 1796.
   Legajo 5A, n. 12 – Gobernador Habana sobre negros del Palenque de Jamayca, 1795; n. 24 – Gobernador Habana sobre que suspenda la remission de negros, 1796.
   Legajo 5B, n. 132 – Gobernador Habana sobre negros auxiliares de Sto. Domingo, 1794.
   Legajo 16, n. 22, 1789.
   Legajo 90, n. 100, 1823.
   Jose Aponte. Contrataciones, 1784:
   Legajo 5527, n. 1.
   SGU, 1798:
   Legajo 7245, n. 51.

Archivo Histórico Nacional de Madrid (Madri, Espanha)

Fondo Estado.
Fondo Ultramar:

Legajo 8, expediente 10-1-1, 10-3-1, 1841; expediente 10-7, 1804.
Sobre reemplazar com blancos los colonos de color, 91, expediente 3.
Apuntes sobre las operaciones del capitán general de Cuba:
Diversos-Colecciones, legajo 32, n. 23, 1777.
Apuntes sobre la cuidad de La Habana:
Diversos-Colecciones, legajo 29, n. 1, 1776.
Tropas de la Habana: guerra con Inglaterra:
Diversos-Colecciones, legajo 28, n. 27, 1763.
Autógrafo de Ricardo Wall:
Diversos-Colecciones, legajo 4, n. 281, 1777.

Archivo Nacional de Cuba (Havana, Cuba)

Fondo Asuntos Políticos.
Fondo Escribanias de Salinas.
Fondo Gobierno Superior Civil:
Legajo 937, expediente 33067 e 33075.
Legajo 998, expediente 33082, 1835.
Legajo 1469, n. 57998, 1816, p. 11.
Fondo Miscelania de Livros:
Legajo 969B, 1825.
Legajo 441, n. 7, 1833.
Fondo Intendencia de Hacienda:
Legajo 628, n. 20
Legajo 7, n. 64, 1826.
Legajo 230, n. 8, 1823.
Legajo 494, n. 3, 1778.
Legajo 628, n. 20, 1777.
Legajo 842, n. 6, 1795.
Legajo 863, n. 5, 1795.
Legajo 938, n. 69, 17953 firmado por el Sr. Intendente General.
Legajo 970, n. 35, 1788.
Legajo 1.036, n. 15.
Contrata de provisión para los forzados y negros del Rey – Legajo 540, n. 7, 1772.
Fondo Junta de Fomento.
Fondo Consejo de Administración:
Ordenanzas para los Comisarios del Barrio. Sociedad Economica de Amigos del País, 1770.
Expedinte n. 45

Biblioteca Nacional José Martí (Havana, Cuba)

Bando de Buen Gobierno del escelentísimo señor don Juan Manuel Cagigal. (Habana: Oficina de Arazoza y Soler, impresores del Gobierno y Capitanía General y de Cámara por S. M., 1819).

Ordenanzas de Buen Gobierno:

Bando de Buen Gobierno, 1819, postura 3, p. 2; posturas 11, 12 e 50, pp. 6-7 e 27; posturas 45 e 58.

Adiciones a este Bando, n. 7152, 1824, p. 25; 1827, p. 46; 1828, pp. 49-50.

Manuscritos:

Coleção Pérez; Coleção Sociedad Coleção Tacón

Constitución X, "El adecentamiento de la iglesia en Cuba y la regulación de la esclavitud", libro I, título II, 1680.

Archivo General de Simancas (Simancas, Espanha)

SGU:

Tropas de la Habana: guerra con Inglaterra, legajo 7302, n. 7, 1762.

Negros prisioneiros de Bahiaja.

Legajo 7159, n. 36, 1794.

Sublevación de negros en la Habana:

Legajo 6854, n. 57, 1795.

Secretaria del Despacho de Guerra.

Comercio. Negros. Cuba:

Legajo 6799, n. 36, 1752.

Milicias de la Habana:

Legajo 6842, n. 77, 1782.

Arquivo Histórico Ultramarino (Lisboa, Portugal)

Avulsos:

Caixa 84, documento 19, Rio de Janeiro, 1758.

Códice 225, Rio de Janeiro.

Minuta escrita pelo vice-rei conde de Cunha, caixa 90, doc. 76, Rio de Janeiro, 1767.

PERIÓDICOS

A *Aurora Fluminense*, 18 fev. 1827.

A *Verdade: Jornal Miscellanico*, 14 dez. 1832.

Diário do Rio de Janeiro, 14 dez. 1830.
Diário Mercantil, 7 dez. 1824.
El Negrito, 28 mar. 1821.
Gazeta do Rio de Janeiro, 13 jun. 1812; 26 jan. 1814; 15 out. 1814; 2 out. 1822.
Jornal do Commercio, 17 jun. 1828; 09 jun. 1829; 05 ago. 1834.
Jornal dos Debates: Politicos e Litterarios, 28 nov. 1837.
L'Écho de L'Amérique de Sud, 11 jul. 1827; 15 set. 1827.
O Exaltado: Jornal Litterario, Politico e Moral, 15 abr. 1835.
O Spectador Brasileiro, 11 set. 1825.
Papel Periódico de la Havana, 12 jan. 1792; 1º mar. 1792; 5 abr. 1792.
Voz Fluminense, 10 dez. 1829.

MAPAS E IMAGENS

Archivo General de Indias (Sevilha, Espanha)
Archivo Histórico de la Armada Juan Sebastián de Elcano (Madri, Espanha)
Arquivo Geral da Cidade do Rio de Janeiro (Rio de Janeiro, Brasil)
Arquivo Histórico do Exército (Rio de Janeiro, Brasil)
Arquivo Nacional da Torre do Tombo (Lisboa, Portugal)
Bibliothèque Nationale de France (Paris, França)
Boston Public Library (Boston, Estados Unidos)
Centro Geográfico del Ejército (Madri, Espanha)
Fundação Biblioteca Nacional (Rio de Janeiro, Brasil)
Harvard Library (Cambridge, Estados Unidos)
Library of Congress (Washington, Estados Unidos)
Mapoteca do Ministério das Relações Exteriores (Brasília, Brasil)
Museu Histórico Nacional (Rio de Janeiro, Brasil)
Museus Castro Maya (Rio de Janeiro, Brasil)
National Maritime Museum (Londres, Reino Unido)
Senado Federal (Brasília, Brasil)
University of Miami Libraries (Miami, Estados Unidos)
Yale University Library (New Haven, Estados Unidos)

SITE

Slave Voyages: The Trans-Atlantic Slave Trade Database
https://www.slavevoyages.org/

BIBLIOGRAFIA

BIBLIOGRAFIA *IRMÃS DO ATLÂNTICO*

SANTOS, Ynaê Lopes dos. "A imprensa de Havana e os escravizados: um perfil da escravidão e do trabalho escravo nos anúncios de jornal (Havana, 1790-1815)". *Revista Brasileira do Caribe*, v. 24. São Luís, 2023, pp. 13-30.

______. "Global Because a Slaveholding Order: An Analysis of the Urban Dynamics of Rio de Janeiro Between 1790 and 1815". *Almanack*, v. 1. Guarulhos, 2020, pp. 1-31.

______. "La Habana Bourbônica: reforma ilustrada e escravidão em Havana (1763-1790)". *Revista de Indias*, v. 77. Madri, 2017, pp. 81-113.

______. "Urban Slavery as a Scenario? A Critical Examination of the Historiography of Urban Slavery in Rio de Janeiro and Havana". *Landa*, v. 5. Florianópolis, 2017, pp. 532-561.

______. "A Havana de Vives: escravidão e vadiagem na dinâmica urbana da capital cubana (1823-1832)". *Revista eletrônica da ANPHLAC*, v. 20. [s.l.], 2016a, pp. 27-47.

______. "Na tecitura do urbano: Rio de Janeiro e Havana na trama da escravidão (1816-1821)". *Almanack*, v. 1. Guarulhos, 2016b, pp. 105-128.

______. "Que lancem todos os dias os nomes, empregos e mais sinais: circulação escrava e tentativas de controle estatal nas leis municipais do Rio de Janeiro e de Havana na década de 1830". *Revista do Arquivo Geral da Cidade do Rio de Janeiro*, v. 9. Rio de Janeiro, 2015, p. 31.

______. "Tornar-se corte: trabalho escravo e espaço urbano no Rio de Janeiro (1808-1815)". *Revista de História Comparada* (UFRJ), v. 7. Rio de Janeiro, 2013, pp. 262-292.

BIBLIOGRAFIA

ABREU, Maurício de Almeida. *Evolução urbana do Rio de Janeiro*. Rio de Janeiro: IPLANRIO, 1997.

ABREU, Maurício de Almeida. *Geografia histórica do Rio de Janeiro (1502-1700)*. Rio de Janeiro: Andrea Jakobsson Estúdio/Prefeitura do Rio de Janeiro, v. 2, 2011.

AIMES, Hubert Hillary Suffern. *A History of Slavery in Cuba, 1511-1868*. Nova York: G. P. Putnam's Sons, 1907.

ÁLVAREZ CUARTERO, Izaskun. "Las sociedades económicas de amigos del país en Cuba, 1787-1832: una aportación al pensamiento ilustrado". In:

NARANJO OROVIO, Consuelo; MALLO GUTIÉRREZ, Tomás (orgs.). *Cuba, la perla de las Antillas: Actas de las I Jornadas sobre Cuba y su História*. Madri: Dice Calles, 1994, pp. 35-46.

ALDEN, Dauril. *Royal Government in Colonial Brazil: with Special Reference to the Administration of the Marquis of Lavradio, Viceroy, 1769-1779*. Berkeley: University of California Press, 1968.

ALENCASTRO, Luiz Felipe de. *O trato dos viventes: formação do Brasil no Atlântico Sul*. São Paulo: Companhia das Letras, 2000.

ALENCASTRO, Luiz Felipe de. "A vida privada e a ordem privada no império". In: ALENCASTRO, Luiz Felipe de (org.). *História da vida privada no Brasil: Império: a corte e a modernidade nacional*. São Paulo: Companhia das Letras, v. 2, 2004, p. 17.

ALEXANDRE, Valentim. *Os sentidos do império: questão nacional e questão colonial na crise do antigo regime português*. Porto: Edições Afrontamento, 1993.

ALGRANTI, Leila Mezan. *O feitor ausente: estudo sobre a escravidão urbana no Rio de Janeiro (1808-1821)*. (Dissertação defendida em 1983 na Universidade de São Paulo). Petrópolis: Vozes, 1988.

ARAÚJO, Carlos Eduardo Moreira de. *Cárceres imperiais: a casa de correção do Rio de Janeiro. Seus detentos e o sistema prisional no Império, 1831-1860*. Tese (Doutorado em História) – Instituto de Filosofia e Ciências Humanas, Universidade Estadual de Campinas. Campinas, 2009.

_______. *O duplo cativeiro: escravidão urbana e o sistema prisional no Rio de Janeiro, 1790-1821*. Dissertação (Mestrado em História) – Instituto de História, Universidade Federal do Rio de Janeiro. Rio de Janeiro, 2004.

ARAÚJO, Emanuel. *O teatro dos vícios: transgressão e transigência na sociedade urbana colonial*. Rio de Janeiro: José Olympio, 2008.

ARAÚJO, Telmo Renato da Silva. *O pensamento racial em Nina Rodrigues e Fernando Ortiz*. Dissertação (Mestrado em História) – Faculdade de Ciências Humanas e Sociais, Universidade Estadual Paulista. Franca, 2003.

ARRATE Y ACOSTA, José Martín Félix. *Llave del nuevo mundo: antemural de las Indias Occidentales*. Havana: Comisión Nacional Cubana de la UNESCO, 1964.

ASSUNÇÃO, Matthias R.; ZEUSKE, Michel. "'Race', Ethnicity and Social Structure in 19th Century Brazil and Cuba". *Ibero-Amerikanisches Archiv*. Berlin, Jahrgang 24.3/4, 1998, pp. 375-443.

BARCIA ZEQUEIRA, María del Carmen. *Los ilustres apellidos: negros en la Habana colonial*. Havana: Editorial de Ciencias Sociales, 2009a.

_______. "Negros en sus espacios: vida y trabajos en la Habana colonial (espacios físicos, espacios sociales, espacios laborales)". In: PIQUEIRAS, José Antonio (org.). *Trabajo libre y coativo en sociedades de plantación*. Madri: Siglo XXI, 2009b.

______. "Poder étnico y subversión social: los batallones de pardos y morenos de Cuba". ISLAS, vol. 1, n. 1. Havana, 2005, pp. 6-9.

______. *La Otra familia: parientes, redes y descendencia de los esclavos en Cuba.* Havana: Fondo Editorial Casa de las Américas, 2003.

BARCIA, Manuel. *Seeds of Insurrection: Domination and Resistance on Western Cuban Plantations, 1808-1848.* Baton Rouge: Louisiana State University Press, 2008.

BATISTA, Vera M. *O medo na cidade do Rio de Janeiro: dois tempos de uma história.* Rio de Janeiro: Editora Revan, 2003.

BASTOS, Aureliano Cândido Tavares N. *Escravidão*, v. IV, 1870. Fundação Biblioteca Nacional (documento 11,1,027), p. 92.

BERBEL, Márcia Regina. *A nação como artefato.* São Paulo: Hucitec/Fapesp, 2010.

BERBEL, Márcia Regina; MARQUESE, Rafael B.; PARRON, Tâmis. *Escravidão e política: Brasil e Cuba, 1790-1850.* São Paulo: Hucitec, 2010.

BERBEL, Márcia Regina; MARQUESE, Rafael B. *A escravidão nas experiências constitucionais ibéricas, 1810-1824.* Texto apresentado no Seminário Internacional Brasil: de um Império a outro, 1750-1850 – Faculdade de Filosofia, Letras e Ciências Humanas, Universidade de São Paulo. São Paulo, 2005.

BERBEL, Márcia Regina; MARQUESE, Rafael B. "La esclavitud en las experiencias constitucionales ibéricas, 1810-1824". In: FRASQUET, Ivana (org.). *Bastillas, cetros y blasones. La independencia en Iberoamérica.* Madri: Fundación Mapfre, 2006.

BERGAD, Laird W.; GARCÍA, Fe Iglesias; BARCIA ZEQUEIRA, María del Carmen. *The Cuban Slave Market, 1790-1880.* Cambridge: Cambridge University Press, 1995.

BERGER, Paulo. *As freguesias do Rio antigo vistas por Noronha Santos.* Rio de Janeiro: Editora O Cruzeiro, 1965.

BERNAND, Carmen. *Negros esclavos y libres en las ciudades hispanoamericanas.* Madri: Fundación Histórica Tavera, 2001.

BETANCOURT, Juan R. *El negro: ciudadano del futuro: o todos somos felices, o nadie podrá ser feliz.* Havana: Talles Tipográficas de Cárdenas y Cia., 1959.

BEZERRA, Nielson. *Mosaicos da escravidão: identidades africanas e conexões atlânticas do recôncavo da Guanabara (1780-1840).* Tese (Doutorado em História) – Instituto de História, Universidade Federal Fluminense. Niterói, 2010.

BICALHO, Maria Fernanda. *A cidade e o império: o Rio de Janeiro no século XVIII.* Rio de Janeiro: Civilização Brasileira, 2003.

BLACKBURN, Robin. *The American Crucible: Slavery, Emancipation and Human Rights.* Londres/Nova York: Verso, 2011.

______. *A construção do escravismo no Novo Mundo: do barroco ao moderno, 1492-1800*. Rio de Janeiro: Record, 2003.

______. *A queda do escravismo colonial: 1776-1848*. Rio de Janeiro: Record, 2002.

BLASSINGAME, John W. "Bibliographical Essay: Foreign Writers. View Cuban Slavery". *The Journal of Negro History*, v. 57, n. 4. Chicago, out. 1972, pp. 415-424.

BLOCH, Marc. *Apologia da história ou ofício do historiador*. Rio de Janeiro: Zahar, 2002.

BOSQUEJO de la Conducta del Teniente General Miguel Tacón. Marseille: Imprimiere des Bouchez, 1838.

BOXER, Charles. *A idade de ouro no Brasil: dores de crescimento de uma sociedade colonial*. Rio de Janeiro: Nova Fronteira, 3. ed., 2000.

______. *O império marítimo português: 1415-1825*. São Paulo: Companhia das Letras, 2002.

BRAUDEL, F. *Civilização material, economia e capitalismo: séculos XV-XVIII – os jogos das trocas*. Rio de Janeiro: Martins Fontes, 2. ed., v. 2, 2009.

BRION, David. *O problema da escravidão na cultura ocidental*. Rio de Janeiro: Civilização Brasileira, 2001.

BRITO, Deneílson Souza. *Uma cidade sem senzalas: moradias escravas e autonomia na cidade do Rio de Janeiro (1789-1850)*. Monografia (Trabalho de Conclusão de Curso) – Instituto de História, Universidade Federal do Rio de Janeiro. Rio de Janeiro, 2003.

BUCK-MORSS, Susan. *Hegel e o Haiti*. São Paulo: n-1, 2017.

BUCKLEY, Rogen. "The Admission of Slave Testimony at British Military Courts in the West Indies, 1800-1809". In: GASPAR, David; GEGGUS, David (orgs.). *A Turbulent Time: The French Revolution and the Greater Caribbean*. Bloomington/Indianapolis: Indiana University Press, 1997.

CALLEJA LEAL, Guilhermo. "La labor urbanística del capitán general de Cuba Miguel Tacón y Rosique (1834-1838): primer intento de organización monumental de la ciudad de la Habana". *Revista de História Militar*, I extraordinário de 2023, pp. 185-232.

CAMPOS, Adrelino. *Do quilombo à favela: a produção do "espaço criminalizado" no Rio de Janeiro*. Rio de Janeiro: Bertrand Brasil, 2004.

CARDOSO, Fernando H. *Capitalismo e escravidão no Brasil meridional: o negro na sociedade escravocrata do Rio Grande do Sul*. Tese (Doutorado em Ciências) – Faculdade de Filosofia, Ciências e Letras, Universidade de São Paulo. São Paulo, 1962.

CARVALHO, José Murilo de. *A construção da ordem: a elite política imperial; Teatro de sombras: a política imperial*. Rio de Janeiro: Civilização Brasileira, 2003.

CARVALHO, Marcus Joaquim Maciel de. *Liberdade: rotinas e rupturas do escravismo no Recife – 1822-1850*. Recife: Editora da UFPE, 2. ed., 1998.

CASANOVAS, Joan. *Bread, or Bullets: Urban Labor and Spanish Colonialism in Cuba, 1850-1898*. Pittsburgh: University of Pittsburgh Press, 1998.

CASTELLANOS, Jorge; CASTELLANOS, Isabel. "Raíces Africanas de los negros de Cuba". In: CASTELLANOS, Jorge; CASTELLANOS, Isabel. *Cultura afrocubana*. Tomo 1. Miami: Ediciones Universal, 1988.

CAVALCANTI, Nireu. "O comércio de escravos novos no Rio de Janeiro setecentista". In: FLORENTINO, Manolo (org.). *Tráfico, cativeiro e liberdade*. Rio de Janeiro: Civilização Brasileira, 2005.

CAVALCANTI, Nireu. *Rio de Janeiro setecentista. A vida e a construção da cidade da invasão francesa até a chegada da corte*. Rio de Janeiro: Zahar, 2004.

CHALHOUB, Sidney. *A força da escravidão: ilegalidade e costumes do Brasil oitocentista*. São Paulo: Companhia das Letras, 2012.

______. *Cidade febril: cortiços e epidemias na cidade imperial*. São Paulo: Companhia das Letras, 1996.

______. *Visões de liberdade: uma história das últimas décadas da escravidão na Corte*. São Paulo: Companhia das Letras, 1990.

CHATELOIN, Felicia. *La Habana de Tacón*. Havana: Editorial Letras Cubanas, 1989.

CHILD, Matt. *The 1812 Aponte Rebellion in Cuba and the Struggle Against Atlantic Slavery*. Chapel Hill: The University of North Carolina Press, 2006.

CHUST, Manuel. "Nación y federación: cuestiones del doceañismo hispánico". In: CHUST, Manuel. *Federalismo y cuestión federal en España*. Castelló de la Plana: Universitat Jaume I, 2004.

______. *La cuestión nacional americana en las Cortes de Cádiz (1810-1814)*. Madri: Centro Francisco Tomás y Valiente/Fundacíon Instituto Social/Instituto de Investigaciones Historicas/Unam, 1999.

CIENFUEGOS-JOVELLANOS GONZÁLEZ-COTO, Francisco de Borja. *Memorias del artillero José María Cienfuegos Jovellanos, 1763-1825*. Gijón: Ideias en Metal, 2004.

COPPER, Frederick; HOLT, Thomas C.; SCOTT, Rebecca. *Além da escravidão: investigações sobre raça, trabalho e cidadania em sociedades pós-emancipação*. Rio de Janeiro: Civilização Brasileira, 2005.

CORWIN, Arthur F. *Spain and the Abolition of Slavery in Cuba, 1817-1886*. Austin: University of Texas Press, 1967.

COSTA, Ana de Lourdes R. *Ekabó: trabalho escravo, condições de moradia e reordenamento urbano em Salvador no século XIX*. Dissertação (Mestrado em Arquitetura e Urbanismo) – Faculdade de Arquitetura e Urbanismo, Universidade Federal da Bahia. Salvador, 1989.

COSTA, Emília Viotti da. *Coroas de glória, lágrimas de sangue: a rebelião dos escravos de Demerara em 1823*. São Paulo: Companhia das Letras, 1998.

______. "Introdução ao estudo da emancipação política do Brasil". In: COSTA, Emília Viotti da. *Da monarquia à república: momentos decisivos*. São Paulo: Brasiliense, 5. ed., 1987.

______. *Da senzala à colonia*. São Paulo: Difel, 1966.

COSTA, Wilma Peres. "O Império do Brasil: dimensões de um enigma". *Almanack Braziliense*, n. 1. São Paulo, 2005a, pp. 27-43.

______. "A independência na historiografia brasileira". In: JANCSÓ, István (org.). *Independência: história e historiografia*. São Paulo: Hucitec/Fapesp, 2005b, pp. 55-118.

______. "Estratégias ladinas: o imposto sobre o comércio de escravos e a 'legalização' do tráfico no Brasil (1831-1850)". *Novos Estudos CEBRAP*, n. 67. São Paulo, nov. 2003, pp. 58-74.

COWLING, Camillia. *Concebendo a liberdade: mulheres de cor, gênero e a abolição da escravidão nas cidades de Havana e Rio de Janeiro*. Campinas: Editora da Unicamp, 2018.

______. *Matrices of Opportunity: Women of Colour, Gender and the Ending of Slavery in Rio de Janeiro and Havana, 1870-1888*. Tese (Doutorado em História) – Universidade de Nottingham. Nottingham, 2006.

CUNHA, Manuela Carneiro da. "Sobre os silêncios da lei: lei costumeira e positiva nas alforrias de escravos no Brasil do século XIX". In: *Antropologia do Brasil. Mitos, história e etnicidade*. São Paulo: Brasiliense, 1986.

CURTIN, Philip D. *The Atlantic Slave Trade: A Censur*. Madison: Wisconsin University Press, 1969.

DAVIS, David Brion. *O problema da escravidão na cultura ocidental*. Rio de Janeiro: Civilização Brasileira, 2001.

DE LA FUENTE, Alejandro; GROSS, Ariela. *Becominh Free, Becoming Black: Race, Freedom, and Law in Cuba, Virginia and Louisiana*. Cambridge: Cambridge University Press, 2020.

______. "Esclavitud, 1510-1816". In: NARANJO OROVIO, Consuelo (org.). *Historia de Cuba*. Madri: CSIC Ediciones Doce Calles, 2009, pp. 129-151.

______. *Havana and the Atlantic in the Sixteenth Century*. Chapel Hill: The University of North Carolina Press, 2008.

______. "La esclavitud, la ley y la reclamación de derechos en Cuba: repensando el debate de Tannenbaum". *Debate y Perspectivas*, n. 4. Madri, dez. 2004.

______. "Myths of Racial Democracy: Cuba, 1900-1912". *Latin American Research Review*, vol. 34, n. 3. Cambridge, 1999, pp. 36-73.

______. "La organización de la sociedad criolla, 1608-1699". In: BARCIA ZEQUEIRA, María del Carmen; GARCÍA, Gloria; TORRES-CUEVAS,

Eduardo (orgs.). *Historia de Cuba: La Colonia. Evolución socioeconómica y formación nacional de los Orígenes hasta 1867*. Havana: Politica, 1994, pp. 139-179.
_______. "Denominaciones étnicas de los esclavos introducidos en Cuba: siglos XVI e XVII". *Anales del Caribe*, v. 6. Havana, 1986, pp. 75-96.
DE LA RIVA, PÉREZ. *El café: historia de su cultivo y explotación en Cuba*. Havana: Jesus Monteiro Editor, 1944.
DESCHAMPS CHAPEAUX, Pedro. *Los cimarrones urbanos*. Havana: Editorial de Ciencias Sociales, 1983.
_______. *El negro en la economía habanera del siglo XIX*. Havana: UNEAC, 1971.
DESCHAMPS CHAPEAUX, Pedro; PÉREZ DE LA RIVA, Juan. *Contribución a la historia de la gente sin historia*. Havana: Editorial de Ciencias Sociales, 1974.
DIAS, Maria Odila Leite da Silva. "A interiorização da metrópole". In: *A interiorização da metrópole e outros estudos*. São Paulo: Alameda, 2005a, pp. 32-33.
_______. "Ideologia liberal e construção do Estado". In: *A interiorização da metrópole e outros estudos*. São Paulo: Alameda, 2005b, p. 145.
_______. *Quotidiano e poder em São Paulo no século XIX*. São Paulo: Brasiliense, 1984.
DORIGNY, Marcel. *Les Abolitions de l'esclavage: de Légré a Schoelcher, 1794-1848*. Paris: Gallimard, 1995.
DUBOIS, Laurent. *Avengers of the New World: The Story of the Haitian Revolution*. Cambridge/Londres: The Belknap Press of Harvard University Press, 2004. [Ed. bras.: *Os vingadores do Novo Mundo: a história da Revolução do Haiti*. Niterói: EdUFF, 2023.]
DUFFY, Michael. "The French Revolution and British Attitudes at the West Indias Colonies". In: GASPAR, David; GEGGUS, David (org.). *A Turbulent Time: The French Revolution and the Greater Caribbean*. Bloomington/Indianapolis: Indiana University Press, 1997, pp. 78-101.
EDMUNDO, Luís. *O Rio de Janeiro no tempo dos vice-reis*. Rio de Janeiro: Athenas, 1915.
ELIAS, Norbert. *O processo civilizador: uma história dos costumes*. Rio de Janeiro: Zahar, 1990.
ELKINS, Stanley. *A problem in American Institutional and Intelectual Life*. Chicago: The University of Chicago Press, 1959.
ELLIOTT, John H. *Empires of the Atlantic World: Britain and Spain in America (1492-1830)*. New Haven: Yale University Press, 2006.
ELLIS, Clifton; GINSBURG, Rebecca (orgs.). *Slavery in the City: Architecture and Landscapes of Urban Slavery in North America*. Charlottesville: University of Virginia Press, 2017.

ESCOREL, Silvia. *Vestir poder e poder vestir: o tecido social e a trama cultural nas imagens do traje negro (Rio de Janeiro, século XVIII)*. Dissertação (Mestrado em História) – Departamento de História, Universidade Federal do Rio de Janeiro. Rio de Janeiro, 2000.

FARIAS, Juliana Barreto; GOMES, Flávio dos Santos; SOARES, Carlos Eugênio Líbano; MOREIRA, Carlos Eduardo de Araújo. *Cidades negras: africanos, crioulos e espaços urbanos no Brasil escravista do século XIX*. São Paulo: Alameda, 2006.

FARIAS, Juliana Barreto; GOMES, Flávio dos Santos; SOARES, Carlos Eugênio Líbano. *No labirinto das nações: africanos e identidades no Rio de Janeiro, século XIX*. Rio de Janeiro: Arquivo Nacional, 2005.

FARIA, Sheila S. de Castro. *Sinhás pretas, damas mercadoras: as pretas minas nas cidades do Rio de Janeiro e São João del Rey (1700-1850)*. Tese (Professor Titular) – Departamento de História, Universidade Federal Fluminense. Niterói, 2004.

FERNANDES, Florestan. *A integração do negro na sociedade de classes*. Tese de Cátedra – Faculdade de Filosofia, Letras e Ciências Humanas, Universidade de São Paulo. São Paulo, 1964.

FERREIRA, Roberto Guedes. "Autonomia escrava e (des)governo senhorial na cidade do Rio de Janeiro da primeira metade do século XIX". In: FLORENTINO, Manolo (org.). *Tráfico, cativeiro e liberdade: Rio de Janeiro, séculos XVII-XIX*. Rio de Janeiro: Civilização Brasileira: 2005, pp. 229-283.

______. *Na pia batismal: família e compadrio entre escravos na freguesia de São José do Rio de Janeiro*. Dissertação (Mestrado em História) – Instituto de História, Universidade Federal Fluminense. Niterói, 2000.

FERRER, Ada. "Cuba in the Age of Haitian Revolution". In: LORINI, Alessandra; BASOSI, Duccio (orgs.). *Cuba in the World, the World in Cuba: Essays on Cuba History, Politics and Culture*. Florença: Firenze University Press, 2009a, pp. 23-38.

______. "Speaking of Haiti: Slavery, Revolution, and Freedom in Cuba Slave Trade Testimony". In: GEGGUS, David Patrick; FIERING, Norman (org.). *The World of the Haitian Revolution*. Bloomington: Indiana University Press, 2009b, pp. 223-247.

______. "Cuba en la sombra de Haití: notícias, sociedad y esclavitud". In: GONZÁLES-RIPOLL, María Dolores; NARAJO, Consuelo; FERRER, Ada; GARCÍA, Gloria; OPATRNÝ, Josef (orgs.). *El rumor de Haití en Cuba: Temor, raza y rebeldía*. Madri: CSIC, 2004, pp. 179-231.

______. "Noticias de Haití en Cuba". *Revista de Indias*, v. LXIII, n. 299. Madri, set.-dez. 2003, pp. 675-694.

______. *Insurgent Cuba: Race, Nation, and Revolution, 1868-1898*. Chapel Hill: University of North Carolina Press, 1999.

______. “Esclavitud, ciudadanía y los límites de la nacionalidad Cubana: La Guerra de los Diez Años, 1868-1878”. *Historia Social*, n. 2. Valência, 1995, pp. 101-125.

FINCH, Aisha. *Rethinking slave rebellion in Cuba: La Escalera and the insurgencies of 1841-1844*. Chapel Hill: University of North Carolina Press, 2015.

FLECK, Eliane; AMANTINO, Marcia (orgs.). *Franciscanos, jesuítas e beneditinos na América colonial, séculos XVI-XVIII*. São Leopoldo: Oikos, 2023.

FICK, Carolyn. *Making Haiti: Saint Domingue Revolution from Below*. Knoxville: University Tennessee Press, 1991.

FLORENTINO, Manolo. *Em costas negras: uma história do tráfico de escravos entre a África e o Rio de Janeiro*. São Paulo: Companhia das Letras, 1997.

______. “Dos escravos, forros e fujões no Rio de Janeiro imperial”. *Revista da USP – Dossiê Brasil Império*, n. 58. São Paulo, 2003, pp. 104-115.

FLORENTINO, Manolo (org.). *Tráfico, cativeiro e liberdade: Rio de Janeiro, séculos XVII*. Rio de Janeiro: Civilização Brasileira, 2005.

FLORY, Thomas. *El Juez de Paz y el Jurado en el Brasil Imperial, 1808-1871: Control social y estabilidad política en el nuevo Estado*. México: Fondo de Económica, 1986.

FRAGINALS, Manuel Moreno. *Cuba. Espanha. Cuba. Uma história comum*. Tradução de Ilka Stern Cohen. Bauru: Edusc, 2005.

______. *O engenho: complexo econômico-social cubano do açúcar*, 3 vols. São Paulo: Editora Unesp/Hucitec, 1988.

FRAGOSO, João. “A formação da economia colonial no Rio de Janeiro e de sua primeira elite senhorial (séculos XVI e XVII)”. In: FRAGOSO, João; BICALHO, Maria Fernanda; GOUVÊA, Maria de Fátima (orgs.). *O antigo regime nos Trópicos: a dinâmica imperial portuguesa (séculos XVI-XVIII)*. Rio de Janeiro: Civilização Brasileira, 2001, pp. 29-71.

______. *Homens de grossa aventura: acumulação e hierarquia na praça mercantil do Rio de Janeiro 1790-1830*. Rio de Janeiro: Civilização Brasileira, 1998.

FRANÇA, Jean Marcel Carvalho. *Visões do Rio de Janeiro colonial – antologia de textos (1531-1800)*. Rio de Janeiro: EdUERJ/José Olympio, 1900.

FRANCO, José Luciano. *Las Conspiraciones de 1810 y 1812*. Havana: Editorial de Ciencias Sociales, 1977.

FRANCO, Vitor Hugo. *Escravos da religião: família e comunidade na fazenda de São Bento de Iguassú (recôncavo do Rio de Janeiro, século XIX)*. Curitiba: Appris, 2021.

FRANK, Zephyr L. *Dutra's World: Wealth and Family in Nineteenth-Century Rio de Janeiro*. Albuquerque: University of New Mexico, 2004.

FREYRE, Gilberto. *Casa-grande & senzala: formação da família brasileira sob o regime da economia patriarcal*. São Paulo: Global, 51. ed., 2009.

_______. *Sobrados e mucambos: decadência do patriarcado rural e desenvolvimento do urbano*. Rio de Janeiro: Record, 13. ed., 2002.

FRIDMAN, Fania. *Donos do Rio em nome do rei: uma história fundiária da cidade do Rio de Janeiro*. Rio de Janeiro: Zahar/Garamond, 1999.

_______. "Geopolítica e produção da vida cotidiana no Rio de Janeiro colonial". In: *Actlas do colóquio internacional: universo urbano português, 1415-1822*. Lisboa: CNCDP, 2001, pp. 299-319.

FUNES MONZOTE, Reinaldo. *From Rainforest to Cane Field in Cuba: An Environmental History Since 1492*. Chapel Hill: The University of North Caroline Press, 2008.

GARCÍA CARRANZA, Araceli; SUÁREZ, Normal; QUESADA MORALES, Alberto. *Cronología Fernando Ortiz*. Havana: Fundación Fernando Ortiz, 1996.

GARCÍA, Gloria. *Conspiraciones y revueltas: La actividad política de los negros en Cuba (1790-1845)*. Santiago de Cuba: Editorial Oriente, 2003a.

_______. *La esclavitud desde la esclavitud*. Havana: Editorial de Ciencias Sociales, 2003b.

GASPAR, David; GEGGUS, David (org.). *A Turbulent Time: The French Revolution and the Greater Caribbean*. Bloomington/Indianapolis: Indiana University Press, 1997.

GEGGUS, David P. (org.). *The Impact of the Haitian Revolution in the Atlantic World*. Columbia: University of South Carolina Press, 2001.

GENOVESE, Eugene. *Roll, Jordan, Roll: the World the Slaves Made*. Nova York: Vintage, 1974.

GINZBURG, Carlo. *O queijo e os vermes: o cotidiano e as ideias de um moleiro perseguido pela inquisição*. São Paulo: Companhia das Letras, 1987.

GOLDIN, Cláudia D. *Urban Slavery in the American South, 1820-1860*. Chicago: University of Chicago Press, 1976.

GOMES, Flávio dos Santos. "Experiências transatlânticas e significados locais: idrias, temores e narrativas em torno do Haiti no Brasil escravista". *Tempo*, n. 13. Rio de Janeiro, 2002, pp. 209-246.

_______. *Histórias de quilombolas: mocambos e comunidades de senzalas no Rio de Janeiro – século XIX*. Rio de Janeiro: Arquivo Nacional, 1995.

_______. "Quilombos do Rio de Janeiro no século XIX". In: REIS, João José; GOMES, Flávio dos Santos (orgs.). *Liberdade por um fio: história dos quilombos no Brasil*. São Paulo: Companhia das Letras, 1996, pp. 263-290.

GONÇALVES, Izabela Gomes. *A sombra e a penumbra: o vice-reinado do conde de Cunha e as relações entre centro e periferia no Império Português (1763-1767)*. Dissertação (Mestrado em História) – Instituto de História, Universidade Federal Fluminense. Niterói, 2010.

GONZÁLEZ-RIPOLL, María Dolores. "Organización político-administrativa y mecanismos del poder colonial, siglos XVI-XVIII". In: NARANJO OROVIO, Consuelo (coord.). *História de Cuba*. Madri: CSIC, 2009, pp. 253-272.

______. *Cuba, la isla de los ensayos: cultura y sociedad (1790-1815)*. Madri: CSICCH, 1999.

______. "Voces de gobierno: los bandos del capitán general Luis de las Casas, 1790-1796". In: NARANJO OROVIO, Consuelo; MALLO GUTIÉRREZ, Tomás (org.). *Cuba, la perla de las Antillas: actas de la I Jornada sobre Cuba y su Historia*. Madri: Doce Calles, 1994.

GONZÁLEZ-RIPOLL NAVARRO, María Dolores et al. *El rumor de Haití en Cuba: temor, raza y rebeldía, 1789-1844*. Madri: CSIC, 2004.

GOUVÊA, Maria de Fátima Silva. "As bases institucionais da construção da unidade dos poderes no Rio de Janeiro Joanino: administração e governabilidade no Império Luso-Brasileiro". In: JANCSÓ, István (org). *Independência: história e historiografia*. São Paulo: Hucitec/Fapesp, 2005, p. 723.

GRAHAM, Maria. *Diário de uma viagem ao Brasil e de uma estada nesse país durante parte dos anos de 1821, 1822 e 1823*. São Paulo/Belo Horizonte: EDUSP/Itatiaia, 1990.

GRAHAM, Sandra Lauderdale. *Proteção e obediência: criada e seus patrões no Rio de Janeiro (1860-1910)*. São Paulo: Companhia das Letras, 1992.

GRANDÍO MORÁGUEZ, Oscar. "The African Origins of Slave Arriving in Cuba, 1789-1865". In: ELTIS, David; RICHARDSON, David (orgs.). *Extending the Frontiers: Essays on the New Transatlantic Slave Trade Database*. New Haven/Londres: Yale University Press, 2008, pp. 176-201.

GRINBERG, Keila. *O fiador dos brasileiros: cidadania, escravidão e direito civil no tempo de Antônio Pereira Rebouças*. Rio de Janeiro: Civilização Brasileira, 2002.

GUADALUPE ORTEGA, J. *The Cuba Sugar Complex in the Age of Revolution, 1789-1844*. Tese (Doutorado em História) – University of California. Los Angeles, 2007.

GUANCHE, Jesús. "Identificación de los componentes étnicos africanos en Cuba: contribución a su estudio en los siglos XIX y XX". *Revista del CELSA*, n. 7. Varsovia, 2005, pp. 237-251.

GUERRA Y SANCHEZ, Ramiro. *Manual de historia de Cuba (económica, social y política)*. Havana: Habana Cultural, 1938.

GUIMARÃES, Antônio Sérgio. "O projeto UNESCO na Bahia". *Comunicação ao colóquio internacional "O projeto UNESCO no Brasil: uma volta crítica ao campo 50 anos depois"*. Salvador: Centro de Estudos Afro-Orientais da Universidade Federal da Bahia, 2004.

______. "Cor, classes e status nos estudos de Pierson, Azevedo e Harris na Bahia: 1940-1960". In: CHOR, Marcos; SANTOS, Ricardo (orgs.). *Raça, ciência e sociedade*. Rio de Janeiro: Fiocruz/Centro Cultural Banco do Brasil, 1996.

HALPERING DONGHI, Tulio. *Reforma y disolución de los imperios ibéricos*. Madri: Alianza Editorial, 1985.

HARTMAN, Saidiya. *Perder a mãe: uma jornada pela rota atlântica da escravidão*. Rio de Janeiro: Bazar do Tempo, 2021.

HOBSBAWM, Eric John. *A era das revoluções (1789-1848)*. São Paulo: Paz e Terra, 14. ed., 2001.

HOLANDA, Sérgio Buarque de. *Raízes do Brasil*. Rio de Janeiro: Editora José Olympio, 26. ed., 1994.

HOLLOWAY, Thomas. *Polícia no Rio de Janeiro: repressão e resistência numa cidade do século XIX*. Rio de Janeiro: Fundação Getulio Vargas, 1997.

HONORATO, Claudio de Paula. "O mercado do Valongo e o comércio de escravos africanos, 1758-1831". In: SOARES, Mariza de Carvalho; BEZERRA, Nielson (orgs.). *Escravidão africana no recôncavo da Guanabara*. Niterói: EdUFF, 2011, pp. 138-165.

______. *Valongo: o mercado dos escravos no Rio de Janeiro, 1758-1831*. Dissertação (Mestrado em História) – Instituto de História, Universidade Federal Fluminense. Niterói, 2008.

HOWARD, Philip A. *Changing history: Afro-Cuban Cabildos and Societies of Color in the Nineteenth Century*. Baton Rouge: Louisiana State University Press, 1998.

HUMBOLDT, Alexander von. *Ensayo político sobre la isla de Cuba*. Tradução de D. J. de V. Y. M. Paris: Librería de Lecointe, 1836.

JAMES, Cyril Lionel Robert. *Jacobinos negros: Toussaint L'ouverture e a Revolução de São Domingos*. São Paulo: Boitempo, 2000.

JANCSÓ, István; PIMENTA, João Paulo G. "Peças de um mosaico: ou apontamentos para o estudo da emergência da identidade nacional brasileira". In: MOTTA, Carlos Guilherme (org.). *Viagem incompleta: a experiência brasileira 1500-2000. Histórias – Volume 1*. São Paulo: Senac, 2000, pp. 127-176.

JANCSÓ, István. *Na Bahia contra o império: história do ensaio da Sedição de 1798*. São Paulo: Hucitec, 1996.

JENNINGS, Evelyn. *Constructing the Spanish Empire in Havana: State Slavery in Defense and Development, 1762-1835*. Baton Rouge: Louisiana State University Press, 2020.

JOHNSON, Sherry. "'La Guerra Contra los Habitantes de los Arrabales': Changing Patterns of Land Use and Land Tenancy in and around Havana, 1763-1800". *Hispanic American Historical Review*, n. 77, v. 2, 1997.

KARASCH, Mary. *A vida dos escravos no Rio de Janeiro (1808-1850)*. São Paulo: Companhia das Letras, 2000.

KIDDER, Daniel Parrish. *Reminiscências de viagens e permanências no Brasil*. São Paulo: Martins/Edusp, 1975.

KLEIN, Herbert. *Slavery in the Americas: A Comparative Study of Virginia and Cuba*. Chicago: Elephant Papersbacks, 1989 (1ª edição em 1969).

KNIGHT, Franklin W. "Origins of wealth and the Sugar Revolution in Cuba, 1750-1850". *Hispanic American Historical Review*, v. 57, n. 2, 1977, pp. 231-253.

______. *Slave Society in Cuba During the Nineteenth Century*. Madison: University of Wisconsin Press, 1970.

KNIGHT, Franklin W.; LISS, Peggy K. *Atlantic Port Cities: Economy, Culture, and Society in the Atlantic World, 1650-1850*. Tennessee: University of Tennessee Press/Knoxville, 1991.

KOPYTOFF, Igor. "Slavery". *Annual Review of Anthropology*. San Mateo, v. 11, 1982, pp. 207-230.

KUETHE, Allan J. "Havana in the Eighteenth Century". In: KNIGHT, Franklin W.; LISS, Peggy K. (orgs.). *Atlantic Port Cities: Economy, Culture, and Society in the Atlantic World, 1650-1850*. Knoxville: University of Tennessee Press, 1991, pp. 13-39.

______. *Cuba, 1753-1815: Crown, Military, and Society*. Knoxville: University of Tennessee Press, 1986.

LANDERS, Jane. *Atlantic Creoles in the Age of Revolutions*. Cambridge: Harvard University Press, 2010.

LANE, Kris. *Pillaging the Empire: Piracy in the Americas, 1500-1750*. Armonk: M.E. Sharpe, 1998.

LARA, Silvia H. *Fragmentos setecentistas: escravidão, cultura e poder na América portuguesa*. São Paulo: Companhia das Letras, 2007.

______. "Do singular ao plural: Palmares, capitães do mato e o governo dos escravos". In: REIS, João José; GOMES, Flávio Soares (orgs.). *Liberdade por um fio: história dos quilombos no Brasil*. São Paulo: Companhia das Letras, 1996, pp. 81-109.

______. *Campos de violência: escravos e senhores na capitania do Rio de Janeiro, 1750-1808*. Rio de Janeiro: Paz e Terra, 1988.

LEITE, Fábio. *A questão ancestral: a África negra*. São Paulo: Casa das Áfricas/Palas Athenas, 2008.

LEITHOLD, Theodor von; RANGO, Friedrich Ludwig von. *O Rio de Janeiro visto por dois prussianos em 1819*. São Paulo: Editora Nacional, 1966.

LEUCHSERING, Emilio. *La Habana: Apuntes históricos*. Tomo I e II. Havana: Editora del Consejo Nacional de Cultura, 1963.

LIMA, Carlos A. *Artífices do Rio de Janeiro, 1790-1818*. Rio de Janeiro: Apicuri, 2008.

LIMA, Valéria A. E. *Debret, historiador e pintor: a viagem pitoresca e histórica ao Brasil, 1816-1839*. Campinas: Editora Unicamp, 2007.

LOPES DE BARROS, Rodrigo. "Notas sobre criminologia e literatura em Cuba e no Brasil". XII Congresso Internacional da ABRALIC. Curitiba, 2011.

LOVEJOY, Paul. *A escravidão na África: uma história de suas transformações*. Rio de Janeiro: Civilização Brasileira, 2002.

LUCCOCK, John. *Notas sobre o Rio de Janeiro e partes meridionais do Brasil*. São Paulo: Edusp, 1975.

LYNCH, John. "As origens da Independência da América espanhola". In: BETHELL, Leslie (org.). *História da América Latina: da independência até 1870*. São Paulo: Edusp/Imprensa Oficial, v. 3, 2001, pp. 19-72.

MACHADO, Maria Helena P. T. *Crime e escravidão: trabalho, luta, resistência nas lavouras paulistas (1830-1888)*. São Paulo: Editora Brasiliense, 1987.

MAESTRI, Mário. *O sobrado e o cativo: a arquitetura urbana erudita no Brasil escravista. O caso gaúcho*. Passo Fundo: Editora UPF, 2002.

MAMIGONIAN, Beatriz. *Africanos livres: a abolição do tráfico de escravos no Brasil*. São Paulo: Companhia das Letras, 2017.

MANZANO, Juan Francisco. *A autobiografia do poeta-escravo*. São Paulo: Hedra, 2015

MARINS, Paulo Cézar Garcez. *Através da rótula: sociedade e arquitetura urbana no Brasil, séculos XVII a XX*. São Paulo: Humanitas/FFLCH-USP, 2001.

MARQUES, Leonardo. "The Making of a Slave-Trading Entrepôt: Rio de Janeiro in the Economic Spaces of Mining, 1565-1763". *Culture & History Digital Journal*, v. 12, n. 2, e019. Madri, dez. 2023.

MARQUÊS DO LAVRADIO. *Cartas do Rio de Janeiro*. Rio de Janeiro: Editora SEEC, 1978.

______. Relatório sobre o governo – 19 de junho de 1779. *Revista do IHGB*, tomo 4, v. 4, n. 16. Rio de Janeiro, 1843.

MARQUESE, Rafael. "1808 e o impacto do Brasil na construção do escravismo cubano". *Revista USP*, n. 79. São Paulo, set./out. 2008, pp. 118-131.

______. "Governo dos escravos e ordem nacional: Brasil e Estados Unidos, 1820-1860". In: JANCSÓ, István (org.). *Brasil: formação do Estado e da nação*. São Paulo: Hucitec/Fapesp/Editora Unijuí, 2003, pp. 251-267.

______. *Feitores do corpo, missionários da mente: senhores, letrados e o controle de escravos nas Américas, 1660-1860*. São Paulo: Companhia das Letras, 2002.

MARRERO, Levi. *Cuba: economia y sociedad. Azúcar, ilustración y consciencia (1763-1868)*. Madri: Editorial Playor, v. 9 e 10, 1984.

MARTA, Michel Mendes. "As milícias de cor na cidade do Rio de Janeiro, séculos XVIII e XIX". In: SOARES, Mariza de Carvalho; BEZERRA, Nielson (orgs.). *Escravidão africana no recôncavo da Guanabara*. Niterói: EdUFF, 2011, pp. 40-59.

MARTINEZ-ALIER, Verena. *Marriage, Class and Colour in Nineteenth Century: A Study of Racial Atitudes and Sexual Values in a Slave Society*. Ann Arbor: University of Michigan Press, 2001.

MATTOS, Hebe M. *Escravidão e cidadania no Brasil monárquico*. Rio de Janeiro: Zahar, 2000.

MATTOS, Ilmar. "Construtores e herdeiros: a trama dos interesses na construção da unidade política". *Almanack Braziliense*, n. 1. São Paulo, maio 2005, pp. 8-26.

______. *O tempo Saquarema: a formação do estado imperial*. São Paulo: Hucitec, 2004.

MATTOS, Marcelo Badaró. *Escravizados e livres: experiências comuns na formação da classe trabalhadora carioca*. Rio de Janeiro: Bom Texto, 2008.

MATTOSO, Kátia. *Ser escravo no Brasil*. Tradução de Sonia Furhmann. São Paulo: Editora Brasiliense, 1982.

MAWE, John. *Viagens ao interior do Brasil: principalmente aos distritos de ouro diamantino*. Rio de Janeiro: Zelto Valverdas, 1944.

MAXWELL, Kenneth. *Chocolates, piratas e outros malandros: ensaios tropicais*. São Paulo: Paz e Terra, 1999.

______. *Marquês de Pombal: paradoxo do iluminismo*. Rio de Janeiro: Paz e Terra, 1997.

______. *A devassa da devassa: a inconfidência mineira: Brasil-Portugal, 1750-1808*. São Paulo: Paz e Terra, 1985.

MEILLASSOUX, Claude. *Antropologia da escravidão: o ventre de ferro e dinheiro*. Rio de Janeiro: Zahar, 1986.

MELLO E SOUZA, Antonio Cândido. *A Revolução de 1930 e a cultura*. São Paulo: Cebrap, 1984.

MENA, Luz Maria. *No Common Folk: Free Black and Race Relationships in the Early Modernization of Havana, 1830s-1840s*. Tese (Doutorado em Geografia) – Departamento de Geografia, Universidade de Berkeley. Berkeley, 2001.

MENESES, Ulpiano, T. Bezerra de. "Morfologia das cidades brasileiras: introdução ao estudo histórico da iconografia urbana". *Revista da USP*, n. 30. São Paulo, 1996, pp. 145-155.

MILLER, Ivor. *Voice of the Leopard: African Secret Societies and Cuba*. Jackson: Universty Press of Mississippi, 2009.

MINTZ, Sidney W.; PRICE, Richard. *O nascimento da cultura afro-americana: uma perspectiva antropológica*. São Paulo: Pallas, 1992.

MIQUEL, Manuel M. "Para muestra, un botón: Miguel Tacón Rosiques (1834-1838), una clave para comprender la historia de Cuba en siglo XIX".

Revista Estudios Sociales, ano 51, v. XLII, n. 159. Santo Domingo, 2019, pp. 65-90.

MORALES DE LOS RIOS FILHO, Adolfo. *O Rio de Janeiro Imperial*. Rio de Janeiro: A Noite, 1946.

MOREL, Marco. *A Revolução do Haiti e o Brasil escravista: o que não deve ser dito*. Jundiaí: Paco, 2017.

______. *As transformações dos espaços públicos: imprensa, atores políticos e sociabilidade na cidade imperial (1820-1840)*. São Paulo: Hucitec, 2005.

MAXWELL, Kenneth. *Chocolates, piratas e outros malandros: ensaios tropicais*. São Paulo: Paz e Terra, 1999.

MORENO FRAGINALS, Manuel. *O engenho: complexo econômico-social cubano do açúcar*. São Paulo: Editora Unesp/Hucitec, v. 1, 1988.

______. *Cuba. Espanha, Cuba: uma história comum*. Bauru: Edusc, 1995.

MORENO, Isidoro. *La Antigua hermandad de los negros de Sevilla: etnicidad, poder y sociedad en 600 años de historia*. Sevilha: Universidad de Sevilla, 1997.

MORSE, Richard. "O desenvolvimento urbano da América Espanhola colonial". In: BETHELL, Leslie (org.). *História da América Latina*, v. 2. São Paulo: Edusp, 1999, pp. 57-98.

______. "Trends and Patterns of Latin American Urbanization, 1750-1920". *Comparative Studies and History*, v. 16, n. 4. Cambridge, set. 1974, pp. 416-447.

______. "Some Characteristics of Latin American Urban History". *The American Historical Review*, v. 67, n. 2. Oxônia, jan. 1962, pp. 317-338.

MOTT, Luiz Roberto de Barros. "A revolução dos negros no Haiti e no Brasil". *História: Questões & Debates*, v. 4, n. 1. Curitiba, 1982, pp. 55-63.

MULVEY, Patricia. *The Black Lay Brotherhoods of Colonial Brazil: A History*. Tese (PhD) – City University of New York. Nova York, 1976.

MURRAY, David. *Odius Commerce: Britain, Spain and the Abolition of the Cuban Slave Trade*. Cambridge: Cambridge University Press, 1980.

NARANJO OROVIO, Consuelo; GÁRCIA GONZÁLEZ, Armando. *Racismo e Inmigración en Cuba en el siglo XIX*. Madri: Doce Calles, 1993.

NARANJO OROVIO, Consuelo. "La amenaza haitiana, un miedo interesado: poder y fomento de la población blanca en Cuba". In: GONZÁLES-RIPOLL, María Dolores et al. (orgs.). *El Rumor de Haití en Cuba: temor, raza y rebeldía (1789-1844)*. Madri: CSIC, 2004, pp. 83-178.

NEGRO, Antonio Luigi; GOMES, Flávio dos Santos. "Além de senzalas e fábricas: uma história social do trabalho". *Tempo Social – Revista de Sociologia da USP*, v. 18, n. 1. São Paulo, 2006, pp. 217-240.

NORONHA SANTOS, F. *As freguesias do Rio antigo*. Rio de Janeiro: O Cruzeiro, 1965.

NOVAIS, Fernando A. (org.). *História da vida privada no Brasil*. São Paulo: Companhia das Letras, v. 1, 1997.

NOVAIS, Fernando A. *Portugal e Brasil na crise do antigo sistema colonial (1777-1808)*. São Paulo: HUCITEC, 7. ed., 2001.

NÚÑEZ JIMÉNEZ, Antonio. *Los Esclavos negros*. Havana: Fundación de la Naturaleza y el Hombre, 1998.

OLAÑETA, José Antonio de. *Juicio de residencia del escelentisimo señoe Don Miguel Tacón, vizconde del Bayamo, marqués de la Unión de Cuba*. Filadélfia: Imprensa de A. Walker, 1839.

OLIVEIRA, Anderson José. *Devoção negra: santos pretos e catequese no Brasil colonial*. São Paulo: Cosac, 2. ed., 2025.

OLIVEIRA. Cecília Helena. L. de Salles. *Astúcia liberal: relações de mercado e projetos políticos no Rio de Janeiro, 1820-1824*. Bragança Paulista: Edusf/Ícone, 1999.

OPATRNÝ, Josef. "Cuba en el contexto internacional". In: NARANJO OROVIO, Consuelo. *Historia de Cuba*. Madri: CSIC Ediciones Doce Calles, 2009, pp. 233-253.

ORTEGA PEREYRA, Ovidio. *El Real Arsenal de La Habana*. Havana: Editorial Letras Cubanas, 1998.

ORTEGA PEREYRA, Ovidio. "El Real Arsenal de La Habana". In: GARCÍA RODRÍGUEZ, Mercedes (org.). *Cuba y sus puertos (siglos XV al XXI): memorias del I coloquio internacional "Ciudades portuarias de Iberoaméricas y el Caribe"*. Havana: Instituto de Historia de Cuba, 2005, pp. 16-20.

ORTIZ, Fernando. *Hampa afro-cubana: los negros esclavos. Estudio sociológico y de derecho publico*. Santa Ana: Grupo Editorial Nuevo Mundo, 2011.

______. *Los Negros brujos*. Havana: Editorial de Ciencias Sociales, 2007 (1ª edição 1906).

______. *Los Negros esclavos*. Havana: Editorial de Ciencias Sociales, 1987.

______. *Los Negros curros*. Havana: Editorial de Ciencias Sociales, 1986.

______. *Cuban Counterpoint: Tobacco and Sugar*. Nova York: Alfred A. Knopf ed., 1947.

ORTIZ. Fernando. "Los cabildos afrocubanos". *Revista Bimestre Cubana*, v. XVI, n. 1. Havana, jan./fev. 1921, p. 3.

ORTIZ, Renato. *Cultura brasileira e identidade nacional*. São Paulo: Editora Brasiliense, 1985.

PANTOJA, Selma. *O encontro nas terras de além-mar: os espaços urbanos do Rio de Janeiro, Luanda e Ilha de Moçambique na era da Ilustração*. Tese (Doutorado em Sociologia) – Departamento de Sociologia da Universidade de São Paulo, Universidade de São Paulo. São Paulo, 1994.

PAQUETTE, Robert L. *Sugar is Made with Blood: The Conspiracy of La Escalera and the Conflict Between Empires over Slavery in Cuba*. Middletown: Wesleyan University Press, 1988.

PARRON, Tâmis Peixoto. *A política da escravidão no Império do Brasil, 1826-1865*. Rio de Janeiro: Civilização Brasileira, 2011.

______. "A nova e curiosa relação, 1764: escravidão e Ilustração em Portugal durante as reformas pombalinas". *Almanack Brasiliense*, n. 8. São Paulo, nov. 2008, pp. 92-107.

PATTERSON, Orlando. *Escravidão e morte social*. São Paulo: Edusp, 2008.

______. "The Study of Slavery". *Annual Review of Sociology*, v. 3. San Mateo, 1997, pp. 407-449.

PENNA, Clemente G. *Economias urbanas: capital, créditos e escravidão na cidade do Rio de Janeiro, c. 1820-1860*. São Paulo, Hucitec, 2023.

PEREIRA, Bethânia. *Revolução Haitiana: a revolução de escravizados que abalou o mundo*. Curitiba: Juruá Editora, 2025.

PEREIRA, Julio César Medeiros da Silva. *À flor da terra: o cemitério dos pretos novos no Rio de Janeiro*. Rio de Janeiro: Garamond Universitária, 2007.

PEREIRA, Sonia Gomes. *A reforma urbana de Pereira Passos e a construção da identidade carioca*. Tese (Doutorado em Comunicação e Cultura) – Escola de Comunicação, Universidade Federal do Rio de Janeiro. Rio de Janeiro, 1998.

PÉREZ DE LA RIVA, Juan. *Correspondencia reservada del capitán general Don Miguel Tacón con el gobierno de Madrid, 1854-1836: El general Tacón y su época, 1834-1838*. Havana: Consejo Nacional de Cultura/Biblioteca Nacional José Martí/Departamento de Colección Cubana, 1963.

PÉREZ JR., Louis A. "Twenty-Five Years of Cuban Historiography: Views from Abroad". *Cuban Studies*, n. 18. Pittsburgh, 1988, pp. 87-101.

______. "In the Service of the Revolution: Two Decades of Cuban Historiography 1959-1979". *The Hispanic American Historical Review*, v. 60, n. 1. Durham, fev. 1980, pp. 79-89.

PESAVENTO, Fabio. *Um pouco antes da corte: a economia do Rio de Janeiro na segunda metade do Setecentos*. Tese (Doutorado de Ciências Sociais) – Centro de Ciências Sociais Aplicadas da Faculdade de Economia, Universidade Federal Fluminense. Niterói, 2009.

PEZUELA, Jacobo de la. *Dicionnario Geografico, Estadístico, Historico de la Isla de Cuba*. Tomo 3. Madri: Imprenta del Banco Industrial y Mercantil, 1866.

______. *Dicionnario Geografico, Estadístico, Historico de la Isla de Cuba*. Tomo 2. Madri: Establecimento del Mellado, 1863.

PICHARDO, Estéban. *Diccionario provincial casi-razonado de vozes cubanas*. Havana: Imprenta del Gobierno, capitanía General y Real Hacienda, 1861.

PIQUERAS ARENAS, José Antonio. "La Vida política entre 1780 y 1878". In: NARANJO OROVIO, Consuelo (org.). *Historia de Cuba*. Madri: CSIC/Ediciones Doce Calles, 2009, p. 279.

______. *Félix Varela y la prosperidad de la patria criolla*. Madri: Fundación Mapfre/Ediciones Doce Calles, 2007.

PRADO Jr., Caio. *Formação do Brasil contemporâneo*. São Paulo: Brasiliense, 1996.

RAMA, Angél. *A cidade das letras*. São Paulo: Editora Brasiliense, 1985.

REGINALDO, Luciline. *Os rosários de Angola: irmandades de africanos e crioulos na Bahia setecentista*. São Paulo: Alameda Editorial, 2011.

REID, Michele. "The Yoruba in Cuba: Origins, Identities, and Transformations". In: FALOLA, Toyin; CHILD, Matt. *The Yoruba Diaspora in the Atlantic World*. Bloomington, Indiana: University Press, 2004.

REIS, João José. *Ganhadores: a greve negra de 1857*. São Paulo: Companhia das Letras, 2019.

______. *Rebelião escrava no Brasil: a história do Levante dos Malês em 1835*. São Paulo: Companhia das Letras, 2003.

______. "A greve negra de 1857 na Bahia". *Revista USP: Dossiê Brasil/África*, v. 18. São Paulo, jun./ago. 1993, pp. 06-29.

______. *A morte é uma festa: ritos fúnebres e revolta popular no Brasil do século XIX*. São Paulo: Companhia das Letras, 1991.

______. *Negociação e conflito*. São Paulo: Companhia das Letras, 1989.

REIS, João José; GOMES, Flávio dos Santos. "Repercussions of the Haitian Revolution in Brazil, 1791-1850". In: GEGGUS, David Patrick; FIERING, Norman (ed.). *The World of the Haitian Revolution*. Bloomington: Indiana University Press, 2009, pp. 284-313.

ROCHA, Ilana P. *Escravos da nação: o público e o privado na escravidão brasileira, 1760-1876*. São Paulo: Edusp, 2018.

RODRIGUES, Jaime. *De costa a costa: escravos, marinheiros e intermediários do tráfico negreiro de Angola ao Rio de Janeiro (1780-1860)*. São Paulo: Companhia das Letras, 2005.

______. *O infame comércio: propostas e experiências no final do tráfico de africanos para o Brasil (1800-1850)*. Campinas: Editora da Unicamp, 2000.

ROIG DE LEUCHSERING, Emilio. *La Habana: apuntes históricos*. Havana: Editora del Consejo Nacional de Cultura, tomos 1 e 2, 1963.

ROLDÁN DE MONTAUD, Inés. "En los borrosos confines de la libertad: el caso de los negros emancipados en Cuba, 1817-1870". *Revista de Indias*, v. LXXI, n. 251. Madrid, 2011, pp. 159-192.

ROMERO, José Luis. *América Latina: as cidades e as ideias*. Rio de Janeiro: Editora UFRJ, 1999.

ROSSATO, Jupiracy Affonso Rego. *Sob os olhos da lei: o escravo urbano na legislação municipal da cidade do Rio de Janeiro (1830-1838)*. Dissertação (Mestrado em História) – Instituto de História, Universidade Federal Fluminense. Niterói, 2002.

RUSSELL-WOOD, Anthony John R. *Escravos e libertos no Brasil colonial*. Rio de Janeiro: Civilização Brasileira, 2005.

______. "O Brasil colonial: o ciclo do ouro, c. 1690-1750". In: BETHELL, Leslie (org.). *História da América Latina: a América Latina colonial*, v 2. São Paulo: Edusp, 1999, p. 423.

______. "Black and Mulatto Brotherhoods in Colonial Brazil: a Study in Collective Behavior". *Hispanic American Historical Review*, v. 54, n. 4. Durham, 1974, pp. 567-602.

SACO, José Antonio. *El juego e la vagancia en Cuba: Estudio sobre la esclavitud*. Biblioteca Popular de Clásicos Cubanos, n. 1. Havana: Editorial Lex, 1960.

SAGRA, Ramón. *Historia económico-politica y estadística de la isla de Cuba*. Habana: Imprenta de las viudas Arazoza y Soler, 1831.

SALLES, Ricardo. *E o vale era o escravo: Vassouras, século XIX. Senhores e escravos no coração do império*. Rio de Janeiro: Civilização Brasileira, 2008.

SAMPAIO, Antônio Carlos Jucá de. "Os homens de negócio do Rio de Janeiro e sua atuação nos quadros do Império português (1701-1750)". In: FRAGOSO, João; BICALHO, Maria Fernanda; GOUVÊA, Maria de Fátima (orgs.). *O antigo regime nos trópicos: a dinâmica imperial portuguesa (séculos XVI-XVIII)*. Rio de Janeiro: Civilização Brasileira, 2001, pp. 73-105.

SANTOS, Ynaê Lopes dos. *Além da senzala: arranjos escravos de moradia no Rio de Janeiro (1808- 1850)*. São Paulo: Hucitec/Fapesp, 2010.

SARAIVA, Luiz F.; PESSOA, Thiago; SANTOS, Silvana (orgs.). *Tráfico & traficantes na ilegalidade: o comércio proibido de escravos no Brasil, 1831-1850*. São Paulo: Hucitec, 2021.

SCARANO, Julita. *Devoção e escravidão: a irmandade de Nossa Senhora do Rosário dos pretos no distrito diamantino no século* XVIII. São Paulo: Nacional/ Conselho Estadual de Cultura, 1975.

SCHLICHTHORST, Carl. *O Rio de Janeiro como ele é, 1824-1826: huma vez e nunca mais*. São Paulo: Editora Getulio Costa, 1937.

SCHNEIDER, Elena. *The Occupation of Havana: War, Trade, and Slavery in the Atlantic World*. Williamsburg/Chapel Hill: Omohundro Institute/University of North Carolina Press, 2018.

SCHULTZ, Kirsten. *Versalhes tropical: império, monarquia e a corte real portuguesa no Rio de Janeiro, 1808-1821*. Rio de Janeiro: Civilização Brasileira, 2008.

SCHWARCZ, Lilia Moritz. *O espetáculo das raças: cientistas, instituições e questão racial no Brasil, 1870-1930*. São Paulo: Companhia das Letras, 1993.

SCHWARTZ, Stuart. "Mocambos, quilombos e Palmares: a resistência escrava no Brasil colonial". *Estudos Econômicos – O Protesto Escravo I*. São Paulo, 1987, v. 17 pp. 61-88.

______. "Cities of empires: Mexico and Bahia in the Sixteenth Century". *Journal of Inter-American Studies*, v. 11, n. 4. Cambridge, out. 1969, pp. 616-637.

SCOTT, Julius. *The Common Wind: Afro-American Currents in the Age of the Haitian Revolution*. Londres: Verso Books, 2018.

SCOTT, Rebecca. *Degrees of Freedom: Cuba and Louisiana after Slavery*. Cambridge: Harvard University Press, 2005.

______. *Slave Emancipation in Cuba: The Transition to Free Labour, 1860-1899*. Princeton: Princeton University Press, 1985.

SELA, Eneida Maria M. *Modos de ser, modos de ver: viajantes europeus e escravos africanos do Rio de Janeiro, 1808-1850*. Campinas: Editora Unicamp, 2008.

SHARPE, Jim. "A história vista de baixo". In: BURKE, Peter (org.). *A escrita da história novas perspectivas*. São Paulo: Editora Unesp, 1992, pp. 39-62.

SILVA, Luis G. "Gênese das milícias de pardos e pretos na América portuguesa: Pernambuco e Minas Gerais, séculos XVII e XVIII". *Revista de História*, São Paulo, n. 169, jul./dez. 2013, pp. 111-144.

SILVA, Maria Beatriz Nizza da. "A Intendência-Geral da Polícia: 1808-1821". *Acervo*, v. 1, n. 2. Rio de Janeiro, jul./dez. 1986, pp. 137-151.

SILVA, Marilene Rosa Nogueira da. *Negro na rua: a nova face da escravidão*. São Paulo: Hucitec, 1988.

SILVA, Valéria Piccoli G. *Figurinhas de brancos e negros: Carlos Julião e o mundo colonial português*. Tese (Doutorado em Arquitetura e Urbanismo) – Faculdade de Arquitetura e Urbanismo, Universidade de São Paulo. São Paulo, 2010.

SILVA JÚNIOR, Waldomiro Lourenço. *A escravidão e a lei: gênese e conformação da tradição legal castelhana e portuguesa sobre a escravidão na América, séculos XVI-XVIII*. Dissertação (Mestrado em História Social) – Faculdade de Filosofia, Letras e Ciências Humanas, Universidade de São Paulo. São Paulo, 2009.

SLEMIAN, Andréa. *Vida política em tempo de crise: Rio de Janeiro (1808-1850)*. São Paulo: Hucitec, 2006.

SKIDMORE, Thomas E. *Preto no branco, raça e nacionalidade no pensamento brasileiro*. Rio de Janeiro: Paz e Terra, 1989.

SMITH, Robert C. "Colonial Towns of Spanish and Portuguese America". *Journal of the Society of Architectural Historians*, v. XIV, n. 5. Chicago, dez. 1995, pp. 3-12.

______. "Arquitetura civil no período colonial". *Revista do Patrimônio Histórico e Artístico Nacional*, v. 17. Rio de Janeiro, 1969, pp. 27-126.

SMITH, Robert F. "Twentieth-Century Cuban Historiography". *The Hispanic Historical Review*, v. 44, n. 2. Durham, fev. 1964, pp. 44-73.

SOARES, Carlos Eugênio Líbano. *A capoeira escrava e outras tradições rebeldes no Rio de Janeiro, 1808-1850*. Campinas: Editora Unicamp, 2002.

______. *Zungú: rumor de muitas vozes*. Rio de Janeiro: Arquivo Público do Rio de Janeiro, 1998.

SOARES, Luiz Carlos. O "*povo de Cam*" *na capital do Brasil: a escravidão urbana no Rio de Janeiro do século XIX*. Rio de Janeiro: 7 Letras/Faperj, 2007.

______. "Os escravos de ganho no Rio de Janeiro do século XIX". *Revista Brasileira de História*, v. 16. São Paulo, 1988, pp. 107-142.

SOARES, Mariza de Carvalho. "A biografia de Ignácio Monte, o escravo que virou rei". In: VAINFAS, Ronaldo; SANTOS, Georgina; NEVES, Guilherme (orgs.). *Retratos do império: trajetórias individuais no mundo português nos séculos XVI a XIX*. Niterói: EdUFF, 2006, pp. 47-68.

______. *Devotos da cor: identidade étnica, religiosidade e escravidão no Rio de Janeiro, século XIII*. Rio de Janeiro: Civilização Brasileira, 2000.

SOARES, Mariza de Carvalho (org.) *Rotas atlânticas da diáspora africana: da Baía do Benin ao Rio de Janeiro*. Niterói: EdUFF, 2007.

SORGHEDUI D'MARES, Arturo; DE LA FUENTE, Alejandro. "La organización de la sociedad criolla (1608-1699)". In: BARCIA ZEQUEIRA, María del Carmen. GARCÍA, Gloria. TORRES-CUEVAS, Eduardo (orgs.). *Historia de Cuba. La Colonia. Evolución socioeconómica y formación nacional de los Orígenes hasta 1867*. Havana: Editora Politica, 1994, pp. 139-179.

SOUSA, Jorge Prata (org.). *Escravidão: ofícios e liberdade*. Rio de Janeiro: Arquivo Público do Estado do Rio de Janeiro, 1998.

SPIX, Johann Baptist von. *Viagem pelo Brasil (1817-1820)*. São Paulo/Belo Horizonte: Edusp/Itatiaia, v. 1, 2016. (Coleção Reconquista do Brasil.)

STARLING, Heloisa M. *Ser republicano no Brasil colônia: a história de uma tradição esquecida*. São Paulo: Companhia das Letras, 2018.

STRAUMANN, Patrick (org.). *Rio de Janeiro, cidade mestiça: nascimento da imagem de uma nação*. São Paulo: Companhia das Letras, 2001.

TANNENBAUM, Frank. *Slave and Citizen*. Boston: Beacon Press, 1991. (Primeira edição de 1946.)

TAVARES, Luis Fabiano de Freitas. *Da Guanabara ao Sena: relatos e cartas sobre a França Antártica nas guerras de religião*. Niterói: EdUFF, 2011

TAVARES, Luis Henrique Dias. *Da sedição de 1798 à revolta de 1824 na Bahia*. São Paulo: Editora Unesp, 2003.

THOMPSON, Edward. *Costumes em comum: estudos sobre cultura popular tradicional*. São Paulo: Companhia das Letras, 1998.

______. *A formação da classe operária inglesa*, 3 volumes. Rio de Janeiro: Paz e Terra, 1997 (1ª edição de 1963).

TOMICH, Dale W. *Through the Prism of Slavery: Labor, Capital, and World Economy*. Boulder: Rowman & Littlefield, 2004.

______. "A riqueza do império: Francisco de Arango Y Parreño, economia política e a segunda escravidão em Cuba". *Revista de História*, v. 149, n. 2. São Paulo, 2003, pp. 11-43.

TORNERO TINAJERO, Pablo. *Crecimiento económico y transformaciones sociales*. Madri: Ministerio de Trabajo y Seguridad Social, 1996.

TORRES-CUEVAS, Eduardo; REYES, Eusebio. *Esclavitud y Sociedad: Notas y documentos para la Historia de la Esclavitud negra en Cuba*. Havana: Editorial de Ciencias Sociales, 1986.

TRANSFORMACIÓN *urbana de Cuba: La Habana*. Barcelona: Editorial Gustavo Gili S.A., 1974.

TROUILLOT, Michel-Rolph. *Silenciando o passado: poder e a produção da história*. Rio de Janeiro: Cobogó, 2024.

TURAZZI, Maria Inez. *Rio, um porto entre tempos: modos de ser, modos de conhecer*. Rio de Janeiro: Bazar do Tempo, 2016.

VALIM, Patrícia. *Corporação dos enteados: tensão, contestação e negociação política na Conjuração Baiana de 1798*. Bahia: EdUFBA, 2018.

VARELLA, Claudia. "The Price of 'Coartación' in the Hispanic Caribbean: How Much Freedom Does the Master Owe to the Slave?". *International Journal of Cuban Studies*, v. 4, n. 2, jun.-ago. 2012, pp. 200-210.

VÁZQUEZ CIENFUEGOS, Sigfrido. "Criterios políticos durante la coyuntura entre 1807 y 1809, el papel del Marqués de Someruelos". *Memorias, Revista Digital de Historia y Arqueología desde el Caribe colombiano*, ano 7, n. 12. Barranquilla, jul. 2010, pp. 32-47.

______. *Tan difíciles tempos para Cuba: el gobierno del Marqués de Someruelos, 1799-1812*. Sevilha: Secretariado de Publicaciones de la Universidad de Sevilla, 2008.

______. "Cuba ante la crisis de 1808: el proyecto juntista de la Habana". In: SÁNCHEZ RUBIO, María Rocío *et al*. *IX Congresso internacional de história da América (actas)*, tomo 1. Mérida, 2002, pp. 263-271.

VENEGAS FORNIAS, Carlos. *Cuba y sus pueblos: censos y mapas de los siglos XVIII y XIX*. Havana: Centro de Investigación y Desarrollo de la Cultura Cubana Juan Marinello, 2002.

______. "La Habana, patrimonio de las Antillas". *Tiempos de América*, n. 5-6. Castelló de la Plana, 2000, pp. 49-65.

______. *La urbanización de las murallas: dependencia y modernidad*. Havana: Letras Cubanas, 1990.

VERGER, Pierre. *Fluxo e refluxo do tráfico de escravos entre o Golfo do Benin e a Bahia de Todos os Santos, dos séculos XVII ao XIX*. São Paulo: Corrupio, 3. ed., 1987.

VIANA, Larissa. *O idioma da mestiçagem: as irmandades de pardos na América portuguesa*. Campinas: Editora Unicamp, 2007.

VILLAVERDE, Cirilo. *Cecilia Valdés ou La Loma del Ángel*. Nova York: Imprenta Literaria, 1882 (1ª edição de 1839).

WADE, Richard. *Slavery in the Cities: The South, 1820-1860*. Oxônia: Oxford University Press, 1964.

WALKER, Daniel E. No More, No More. *Slavery and Cultural Resistance in Havana and New Orleans*. Minneapolis: University of Minessota Press, 2004.

WILLIAMS, Eric. *Capitalismo e escravidão*. São Paulo: Companhia das Letras, 2012.

_______. *From Columbus to Castro: The History of the Caribbean 1492-1959*. Nova York: Vintage Books, 1970.

WISSENBACH, Maria Cristina Cortez. *Sonhos escravos, vivências ladinas: escravos e forros em São Paulo, 1850-1880*. São Paulo: Hucitec, 1998.

YOUSSEF, Alain. *Imprensa e escravidão: política, tráfico negreiro no Império do Brasil (Rio de Janeiro, 1822-1850)*. São Paulo: Intermeio, 2016.

_______. *Haitianismo em perspectiva comparativa: Brasil e Cuba (sécs.* XVIII *e* XIX). 4º Encontro Escravidão e Liberdade no Brasil Meridional. Curitiba, 2009.

ZANETTI, Oscar; GARCÍA, Alejandro. *Sugar and Railroads: A Cuban history, 1837-1959*. Chapel Hill: University of North Carolina Press, 1998.

ZEUSKE, Michael. "Comparing or Interlinking? Economic Comparisons of Early Nineteenth-Century Slave Systems in the Americas in Historical Perspective" In: LAGO, Enrico dal; KATSARI, Constantina (orgs.). *Slave System Ancient and Morden*. Cambridge: Cambridge University Press, 2008, pp. 148-184.

Composto em Seria Pro e Neutra Text e
impresso em papel off-white na Plena Print.